DISRUPTION

사물인터넷 비즈니스의 모든 것

디스럽션

초판 1쇄 발행 2015년 1월 20일
초판 9쇄 발행 2020년 9월 4일

지은이 강시철
발행인 이재진 단행본사업본부장 신동해 편집장 이남경
마케팅 이현은 권오권 국제업무 김은정 제작 정석훈

브랜드 리더스북 주소 경기도 파주시 회동길 20
주문전화 02-3670-1595 팩스 031-949-0817
문의전화 031-956-7068
홈페이지 www.wjbooks.co.kr
페이스북 www.facebook.com/wjbook
포스트 post.naver.com/wj_booking

발행처 (주)웅진씽크빅 출판신고 1980년 3월 29일 제406-2007-000046호

ⓒ 2015 강시철, 저작권자와 맺은 특약에 따라 검인을 생략합니다.
ISBN 979-11-85424-20-0 13320

사물인터넷 비즈니스의 모든 것

디스럽션

| 강시철 지음 |

리더스북

디스럽션, 파괴 없이는 생존할 수 없다

드디어, 마법의 봉인이 풀렸다.

영혼이 깃든 사물이 우리 주위를 에워싸고 있다. 이들은 스스로 사고하고 판단한다. 또 서로 암묵적으로 연결돼 어떤 때는 한 대의 거대한 로봇처럼 움직인다. 더욱 놀라운 것은 그들의 촉수가 우리의 신체와 연결돼 있다는 것이다. 마치 우리 몸속에 몰래 심어놓은 인터넷 임시 파일인 쿠키가 있어서 언제든 우리를 탐색하기라도 하는 것처럼, 사물은 우리의 생각과 행동에 섬세하게 반응한다. 어떤 때는 이들이 감정마저 지니고 있는 것은 아닐까 하는 생각이 들기도 한다. "우리의 DNA가 디지털 신호로 바뀌어 인간이 빛 속에서 사는 날이 올 수도 있지 않을까?"라는 상상은, 인간의 압제에 저항하는 로봇이 탄생하고 스스로를 복제해 시온 왕국을 건설한 서기 2100년의 세상으로 영화 〈매트릭스〉에 구현되기도 했다.

사물과 인간의 연결이 모든 비즈니스를 혁명적으로 변화시킬 것이라는 전망이 이어지는 가운데, 초유의 사태가 발생했다. 그동안 당신에게 눈길조차 주지 않던 소비자들이 당신과 덜커덕 연결된 것이다. 이 연결은 과거 온라인, 모바일, 소셜미디어시대의 연결과는 차원이 다르다. 그 시절까지 소비자는 '방문자'였고, '참여자'였다. 즉 그들은 기분 내킬 때만 잠시 연결되던 까다로운 손님이었다.

그러나 이제는 그들 스스로가 네트워크의 일부가 되고 있다. 날이 갈수록 연결의 수를 늘려나가고 있는 사물들처럼, 소비자들의 몸과 마음이 그들 스스로에 의해 네트워크 세상에 연결되어가고 있다. 이제 온라인과 오프라인의 경계는 무의미해졌다. 정보의 주체가 누구인지도 모호하다. 결국 사물이 나 자신이고 내가 사물의 일부가 된다. 물아일체物我一體. 장자莊子가 꿈꾸던 자유로운 사유의 세계가 우리에게 열렸다.

비즈니스 세계에 새로운 거대 담론, '사물인터넷 비즈니스'가 등장한 것이다.

소비자는 모든 비즈니스의 근본이다. 소비자가 바뀌면 모든 것이 달라진다. 이 소비자가 스스로를 인터넷에 연결해 자신의 민낯을 고스란히 보여주는 '연결된 소비자'가 된 것을 단순히 '변화'라고만 하는 것은 적절하지 않다. 지금은 소비자의 기존 개념을 파괴하고 머릿속에서 지워야 할 때다. 연결된 소비자의 등장은 우리가 알던 비즈니스의 모든 문법을 되돌아보게 한다. 바로 '디스럽션 DISRUPTION'이 생긴 것이다.

웹2.0시대를 처음 맞이할 때 겪었던 불안과 좌절감은 오히려 행복한 고민으로 여겨질 것이다. 사람을 상대하는 것도 힘들었는데 사물과 연결되어 신神의 경지에 이른 이들을 상대로 비즈니스를 한다는 것이 과연 가능키나 한 이야기인가? 웹3.0시대에 들어선 지 수년이 지났음에도 불구하고 사물인터넷시대의 비즈니스는 아직 완전한 모습을 드러내지 않았다. 마케터들은 이제 고객을 너무 잘 알아서 그들에게 제공할 다양한 메뉴 중 어떤 것을 선택해야 할지 망설이는 행복한 고민에 빠질 수도 있다. 이 고민에는 과연 어떤 선택에 대한 결정을 미욱한 인간이 내려도 좋은지에 대한 갈등도 동반될 것이다.

사물인터넷 비즈니스 연구는 내게 미래에 대해 막연한 희망과 불안감을 동시에 느끼게 했다. 미래가 영화 〈그녀Her〉에 나온 인공지능 '사만사Samantha'의 세계일지, 〈터미네이터〉의 '스카이넷Skynet'의 세계가 될지, 또는 〈아이언맨〉의 '자비스JARVIS'의 세계가 펼쳐질지, 그도 저도 아니면 아직 아무도 상상해내지 못한 새로운 신세계가 열릴지, 우리는 아직 알 수 없다.

다만, 한 가지만은 분명하다. 비즈니스를 하는 이라면 그 누구도 사물인터넷 비즈니스를 알지 못하고는 그 일을 지속적으로 할 수 없다는 것이다. 미국의 경제학자 제러미 리프킨Jeremy Rifkin은 "한국이 매년 사회간접자본에 쏟아붓는 돈의 25퍼센트를 사물인터넷 등 새로운 사회적 생산기반에 투자하라"고 조언하면서 "21세기에 머물러 있으면서 사물인터넷을 기반으로 한 하이브리드 경제와 협력적 공유사회로 전환하기 위한 행동을 취하지 않는다면 그만큼 재앙에 가까워지는 것"이라고 강조했다. 그의 경고가 맞다면,《디스럽션》은 당신에게 사물인터넷과 공유경제가 중심이 되는 '한계비용 제로 사회'로의 안내장이 돼줄 것이다.

나는 30년 넘게 마케팅을 연구하고, 강의하고, 실행하는 것을 직업으로 삼았다. 그리고 운이 좋게도 남보다 먼저 사물인터넷 비즈니스가 거대 담론으로 자리 잡는 과정을 세밀하게 관찰할 기회를 가졌다. 이는 정말로 신 나고 흥미로운 과정이었다. 이렇게 채록된 사물인터넷 비즈니스의 편린들을 엮어서 초보적인 이론적 체계를 만들고자 했고, 그 결과를 이 책으로 정리했다. 말하자면《디스럽션》은 사물인터넷 비즈니스 전략의 프로토타입이라 할 수 있다.

　이 책에서는 사물인터넷 비즈니스를 마케팅과 제품개발 전략 중심으로 풀었다. 신이 된 소비자를 이해하고, 이에 대한 마케팅 전략과 제품개발 전략을 살펴봄으로써 사물인터넷 비즈니스의 큰 축을 구성하고자 했다. 어떤 검색엔진과 온라인 서점에서도 사물인터넷 비즈니스를 주제로 한 책은 적어도 이 책을 탈고하는 시점까지는 찾아내지 못했다. 웹3.0시대로 접어든 지 꽤 오랜 시간이 지났음에도 불구하고 사물인터넷시대의 비즈니스는 그 흔한 지침서조차 내보내질 못했다.《디스럽션》이 첫 번째 안내서라는 사실이 나도 놀랍다. '최초'라는 단어에는 극성이 있다. 잘 풀리면 소위 '대박'이지만 반대의 경우엔 '대망신'이다. 그동안 몇 번의 학교 수업과 강연을 통해 시식 행사를 해본 결과는 긍정적인 쪽이었다.

　나는 강의할 때 학생들에게 늘 강의파일을 원본 그대로 준다. 이에 감사를 표하는 학생들도 있었다. 그런데 사실 고마워할 일은 아니다. 내 강의파일은 다음 학기에는 구닥다리가 될 게 뻔하기 때문이다. 그만큼 비즈니스의 세계는 변화가 빠른 것이다. 이 책은 집필기간 동안에만도 6번이나 대수술을 받았다. 또한 6개월 뒤, 1년 뒤에 지금까지 상상하지 못한 혁신적인 비즈니스들이 출현해《디스럽션》의 업그레이드 버전을 요구할지도 모른다.

그렇지만 지금 시점에서《디스럽션》은 아직 잘 알려지지 않은 많은 내용을 담고 있다. 다양한 가상 사례를 들어 설명하고자 노력했지만 간명하게 제시하기 어려운 부분이 적지 않았다. 이럴 땐 그림이 백 마디 말보다 낫다. 그래서 어떤 것들은 이미지로 내용을 전하고자 했다. 이 책에 자사 소유의 이미지를 사용할 수 있도록 허락해준 기업 관계자 분들께 감사를 전한다. 더불어 이 책이 나오기까지 도움을 주신 모든 분들께도 진심으로 감사의 마음을 표하고 싶다.

2015년 1월

강시철

Contents

민첩성(Agility) | 전체성(Allness)

사물인터넷, 미래 비즈니스 전 영역을 좌우할 메가트렌드

  냉장고가 마트에 달걀과 우유를 주문하고, 자동차 내비게이션은 새로 문을 연 식당을 안내한다. 식당 테이블은 연극 티켓부터 카페 라테까지 안 파는 게 없다. 마트의 카트는 게릴라세일 장소로 가라고 채근한다. 부엌의 오븐은 새로운 냉동식품 요리를 소개하며 주문 버튼을 반짝인다. 체중계와 냉장고는 잔소리꾼이 된 지 오래다. 다이어트해야 오래 산다고 떠들면서 내 스마트폰에 저칼로리 음식 쿠폰을 은근슬쩍 들이민다.

  디즈니 만화에서 보던 마법의 세상이 현실이 됐다. 사물인터넷 Internet of Things, IoT이 우리 생활의 중심으로 들어온 것이다. 인간과 사물, 또 사물과 사물이 소통을 하면서 사물의 역할이 스마트하게 재정의되고 있다. 인터넷에 연결된 사물을 사용하는 소비자들은 마법과 첨단과학의 세계를 넘나들게 됐다. 그들의 능력은 그리스 신화에 등장하는 웬만한 신보다 더 뛰어나다. 더불어 기업도 신이 되고 있다. 애플, 구글, 삼성, 페이스북, 아마존 등 빅브라더들이 당신을 신으로 만들고 있다.

  인터넷이 처음 선보였을 때, 가상공간에 시장이 존재하게 됐다고 호들갑 떨던 이들은 이미 잊혀진 지 오래다. 시장은 이제 사물 속으로 빨려 들어가고 있다. 누가 공급자고 소비자인지, 상대가 경쟁자인지 파트너인지 구분하는 일은 무의미하게 됐다. 불과 몇 년 전만 해도 누구도 예상치 못했던 비즈니스의 신세계가 펼쳐지고 있는 것이다. 사물인터넷이 앞으로 10년 이상 비즈니스 전 영역을 좌우할 메가트렌드라는 인식이 널리 퍼졌다. IBM, 시스코^{Cisco}와 같은 정보통신기술^{Information Communication Technology, ICT} 업계의 큰 어깨들은 사물인터넷이 우리의 삶을 송두리째 바꿔놓을 것이라는 예언을 서슴지 않는다. 인터넷과 스마트폰의 등장으로 우리의 삶이 변화한 것은 변화 축에도 못 낀단다. 시스코는 "2020년에는 4000억 개의 기기들이 인터넷으로 연결될 것"이라 했다. 인간과 거의 모든 사물들이 연결되는 세상이 되는 것이다.

초고속 인터넷과 모바일로 사물과 사물, 인간과 동식물, 그리고 장소가 서로 연결되고 그들 사이에서 끊임없이 정보가 교환되면 어떤 일이 일어날까? 사물이 구매·소비·사용·폐기되는 정보가 끊임없이 수집되고 실시간으로 분석되면 비즈니스는 어떻게 변화할까? 《디스럽션》은 이런 질문에 대한 답변을 찾고자 했다.

이제 소비자는 더 이상 떼 지어 다니지 않는다. 한 사람 한 사람 단위로 선명하게 민낯을 드러내고 있다. 이에 따라 과거에는 확률에 의존했던 소비자의 행위와 생각이 실시간으로 수집되고 분석된다. 심지어는 소비자 스스로가 표현하지 못하는 마음속 깊은 욕구까지도 읽어내는 방법론이 속속 등장하고 있다. 드디어 사물처럼 비즈니스에도 영혼이 깃들기 시작한 것이다.

이런 새로운 시대의 비즈니스 현상을 가장 잘 묘사하는 단어를 고민하다 나는 '디스럽션Disruption'이란 단어를 자주 떠올렸다. 해석하자면 '붕괴'에 가깝다. 이 용어는 하버드비즈니스스쿨의 클레이톤 크리스텐슨Clayton Christensen 교수가 처음으로 사용했다. 그는 '디스럽티브 이노베이션disruptive innovation'을 "시장에서 원한 적이 없는 방식으로 제품이나 서비스를 혁신하는 것"이라 했다. 우리 주변에서 일어나는 수많은 혁신 중 어떤 혁신은 기존의 기술을 송두리째 바꿔 기존 시장을 붕괴시키기에 이른다. 이것이 '디스럽티브 이노베이션', '디스럽션'이다.

이 책에서는 비즈니스가 변화하고 새로운 질서를 잡아가는 과정을 크게 세 분야로 나눠 다루고자 했다.

첫 번째 주제는 '소비자의 변화'다. 모든 비즈니스의 근본인 소비자에게 두 가지 엄청난 변화가 생겼다. 첫 번째 변화는 연결co-nnection이다. 사물인터넷시대의 소비자는 더 이상 방문자나 참여자가 아니다. 소비자 자신이 인터넷의 일부가 된 것이다. 이는 인간이 사물의 지배자에서 사물의 동반자로 바뀌었음을 의미한다. 소비자들은 인터넷을 통해 스마트 기기와 제품에 연결되고 그들과 소통을 시작하면서 집단지성을 자신의 일부로 이용할 수 있게 됐다.

사물과 연결된 소비자들은 기업과 전례 없이 긴밀하게 연결되고 소통하게 됐다. 기업이 원하든 원하지 않든 이제 소비자들이 항상 그들의 촉수와 연결돼 있는 기이한 모습이 연출되고 있다. 나는 이런 소비자들을 일컬어 '커넥슈머ConnecSumer'라 부른다.

커넥슈머는 '커넥티드 컨슈머connected consumer'에서 나왔다. 사실 커넥티드 컨슈머는 인터넷 초창기 때부터 존재해왔다. 소셜미디어를 중심으로 소비자의 참여와 창작이 활발해진 웹2.0시대에는 창작과 참여 등을 주요 특징으로 하는 커넥티드 컨슈머를 C세대라고 불렀다. 이 커넥티드 컨슈머가 웹3.0시대인 사물인터넷시대에는 콘텐츠 참여자가 아니라 콘텐츠의 구성요소로 존재한다. 커넥슈머의 특징 중 놀라운 점은 그들이 스스로 '계량된 자아quantified-self'를 만들어 마케터에게 자신의 세세한 정보를 제공한다는 것이다. 커넥슈머는 그들의 신체적, 감정적, 생리학적 변화는 물론 그들이 겪고 있는 상황의 변화까지도 실시간으로 생생하게 전달한다.

이제 고객을 왕이라 부르면 불경죄에 걸릴 수 있다. 그들은 왕도 넘볼 수 없는 '신'이 됐기 때문이다. 두 번째 변화는 바로 소비자가 신과 같은 능력을 가지게 됐다는 것이다. 사물인터넷시대의 커넥슈머는 그리스 신화에 나오는 일반 신보다 능력이 더 뛰어나다. 증거는 얼마든지 있다. 2장 '신이 된 소비자'에서 그 증거들을 상세히 소개할 것이다. 그런데 만일 소비자들이 정말로 신이 됐다면 신을 상대로 비즈니스를 한다는 것이 가당키나 한 일일까?

걱정할 필요는 없다. 해답은 의외로 간단하다. 당신이 신전에서 일하면 된다. 신전은 신을 위한 모든 서비스가 제공되는 곳이다. 사물인터넷시대가 소비자에게 준 마법 같은 능력은 비즈니스 도구로서도 훌륭하다. 그들이 사용하는 기기와 상품은 소통의 수단이자 마케팅 플랫폼이 됐다. 신을 상대로 한 비즈니스에선 표적이니 전술이니 하는 전쟁용어를 거둬야 한다. 대신에 그들에게 놀라운 경험을 제공하고 그들과 교감할 수 있는 전환적 사고가 필요하다. 이와 관련해서는 4장 '스마트데이터'에서 스마트데이터와 스마트 기기들을 이용한 비즈니스 전략을 살펴보며 이와 같이 사고하는 방법을 알아볼 것이다.

두 번째 주제는 사물인터넷 비즈니스 전략이다. 비즈니스 전략은 마케팅을 중심으로 연구했다. 기존 비즈니스 방법의 대전환은 데이터 혁명에서 시작됐다. 사물인터넷 비즈니스를 혁신적으로 만들어준 두 가지 요소는 센서와 데이터다. 센서는 대상 물체의 변화를 감지하고 이를 알려주는 역할을 한다. 특히 기술의 발달로 센서의 크기는 점차 작아지고 가격은 더욱 착해지고 있다. 센서를 통해 수집된 데이터는 실시간으로 저장, 분류, 분석돼 액티브데이터로 재탄생한다. 소비자와 연결된 스마트 기기 간의 상호작용을 통해 수집되는 액티브데이터는 사용자 행동을 기반으로 한 데이터다. 액티브데이터는 소셜미디어 데이터, 위치 데이터, 그리고 마케터의 이력 데이터와 결합돼 실시간으로 고객을 분석, 예측하고 그에 대한 처방을 내리는 데 사용된다.

과거에 확률 차원에서 사용되던 마케팅 데이터는 이제 초정밀 실시간 데이터로 변화하고 있다. 그저 엄청난 데이터의 곳간에 불과했던 빅데이터가 딥러닝deep learning이라는 인공지능 기술 및 액티브데이터 분석 방법과 만나 스마트데이터로 변화하고 있다. 3장 '액티브데이터와 딥러닝'에서는 언제 어디서든지 실시간으로 고객의 니즈를 간파하고 그에 대한 처방을 내릴 수 있는 첨단 마케팅 정보들이 마케터들의 손바닥 위로 전송되기 시작한 상황에 대해 살펴본다.

　마케팅 전략은 고객을 규정하는 고객세분화에서 시작된다. 지금까지의 마케팅에선 고객세분화의 기준과 단계를 정하는 것을 마케터의 역량과 통찰력에 의존하다 보니 세분화에 오류가 많았다. 동일한 사람이 산골에 사는 촌로로 분류되기도 하고 대기업의 CEO로 분류되기도 한다. 스마트데이터의 세계에선 고객이 처한 상황에 대한 정보, 즉 컨텍스트context를 읽는 것이 가능하다. 5장 '컨텍스트 기반 시장세분화'에서는 컨텍스트를 기반으로 고객의 잠재적 니즈와 심리적 욕구까지도 자세히 파악하고 이를 기준으로 고객을 분류하는 컨텍스트 세분화 방법을 살펴본다.

　시장이 컨텍스트를 기반으로 세분화되면 처방적 타기팅이 가능해진다. 일반적인 타기팅 방법은 세분시장의 규모와 성장률, 구조적 매력, 기업의 목표와 자원 등을 감안해 표적시장을 정하고 그 표적시장에 모든 마케팅 역량을 집중하는 것이다. 그러나 처방적 타기팅은 표적고객에게 전달할 여러 마케팅 대안 중 어떤 선택이 최상의 선택일지까지도 실시간으로 정해서 성공적인 마케팅을 할 수 있도록 도와준다. 즉 사물인터넷 비즈니스 전략의 토양 위에 세워진 마케팅 과학은 예전에 특별한 경우에만 가능했던 실시간 마케팅Real Time Marketing, RTM을 마케팅 전략의 중심으로 가져왔다. RTM은 소비자 욕구의 변화까지 충족시켜주는 마케팅 기법으로, 적은 마케팅 비용으로도 고객들에게 더욱 매력적인 구매 체험을 제공한다.

7장 '실시간 마케팅'에서는 RTM으로 가능하게 된 적시체험Right Time Experience, RTE에 대해서도 상세하게 소개한다. RTE는 고객이 필요로 할 때 그에게 맞춰진 제품이나 서비스를 제공하는 마케팅 방법이다. 적시에 욕구가 해결되는 것을 경험한 고객은 '기쁘고 흥분되고 열광하는' 감정을 통해 높은 만족과 가치를 느낌과 동시에 자신이 거래의 주체라는 느낌을 받는다. 그리고 그 결과 해당 브랜드에 대해 긍정적인 감정을 가지게 된다. 아울러 RTM을 도와주는 사물인터넷 기기에 어떤 것이 있는지도 살펴본다.

인간과 사물, 장소가 연결되는 사물인터넷 사회를 의미하는 초연결사회hyper connected society 마케팅은 고객화와 개인화를 넘어 개개인의 컨텍스트, 즉 상황정보까지 꿰뚫는 어댑티브 전략이 중심이 될 것이다. 컨텍스트를 알면 소비자 자신이 인지하거나 의도하지 않아도 그와 관련된 상황정보를 취합하고 그 '의미'를 찾아 소비자에게 더욱 개인화된 혜택을 제공할 수 있다.

8장 '어댑티브 마케팅'에서는 고객에게 맞춤형 가치 제공을 가능케 하는 협동적 필터링collaborative filtering과 고객맞춤화customerization에 대해 알아본다. 어댑티브 마케팅과 같이 고객의 사적인 정보를 토대로 한 마케팅 기법이 나오면 항상 대두되는 것이 프라이버시 문제이다. 이 장에서는 이와 같은 윤리적 문제를 해결할 수 있는 방안 중 하나로 프라이버시 스왑privacy swap이란 개념을 제시한다.

사물인터넷시대의 리테일 마케팅 전략을 수립하려면 고객이 주도customer-driven하는 가치 마케팅 채널이라 불리는 옴니채널 전략을 반드시 이해해야 한다. 소비자들은 인터넷, SNS, 모바일 등 온라인과 백화점, 마트, 아웃렛, 스트리트 숍 등 다양한 형태의 오프라인 매장을 자유롭게 넘나드는 무한 쇼핑 기회를 가지게 됐다.

옴니채널이란 소비자가 어떤 채널을 통해 접근하더라도 항상 일관된 마케팅 서비스를 제공하는 채널 아이덴티티 프로그램channel identity program으로, 소비자가 상품을 검색하고 비교, 평가하는 것부터 구매하고 지불하는 단계, 또는 사후서비스AS를 받거나 환불하는 과정에서 기업의 어떤 채널에 접근해도 동일한 경험을 할 수 있게 해준다. 관련하여 9장 '옴니채널'에서는 O2OOnline to Offline, 또는 Offline to Online 마케팅에서 항상 대두되는 쇼루밍showrooming 현상과 역쇼루밍reverse-showrooming 또는 웹루밍webrooming 현상을 알아보고 옴니채널 사례들을 살펴본다. 그리고 옴니채널의 꽃이라 일컫는 실내 위치확인 시스템indoor positioning system, IPS의 현황과 활용 방안에 대해서도 상세히 알아본다.

10장 '가격의 미래'는 사물인터넷시대에 새롭게 전개될 가격 전략을 연구한 것이다. 상황정보의 변화는 가격을 조망prospecting하는 참조점reference에 변화를 야기한다. 여기서는 소비자와 사물이 연결되면서 만들어지는 상황정보의 다양성이 가격 전략에 어떻게 반영되는지를 중점적으로 다뤘다.

스마트 섭스크립션 가격제smart subscription pricing에서는 임대나 정기구독 방식의 변화를 예측해봤다. 사물인터넷시대의 연결된 상품은 클라우드 컴퓨팅이 뒷받침된다. 연결이란 용어에는 인공지능의 사용이 포함돼 있는 것이다. 이런 인공지능 자체는 개인이 소유할 수도, 소유할 필요도 없다. 따라서 앞으로 많은 물건에 있어 소유란 개념은 의미가 없어질 것이다. 또한 가격은 더욱 역동적으로 변화할 것이다. 주문의 플랫폼이 되는 기기에 따라, 또는 기기가 갖고 있는 주문 권한의 위임 정도에 따라 가격은 다양하게 변화할 것이다. 어댑티브 가격제adaptive pricing는 특정한 시간, 또는 상황에 따라서 상이한 가격을 책정하면서 욕구의 변화에 따른 공정 가격을 요구할 것이다.

한편 사물인터넷시대에는 고객과 리테일 기기 간의 가격 흥정도 가능할 전망이다. 이를 좀 더 정확히 표현하면 고객과 집단지성과의 가격 흥정이다. 가격이란 본래 평등하려야 할 수 없는 개념이다. 가격이 공정하지 않다고 느끼는 고객은 언제든지 흥정을 통해 마케터를 도발할 수 있어야 한다. 이러한 내용은 '암묵적 흥정 가격제tacit bargin pricing'에서 정리했다. 지금도 간혹 사용되고 있는 성과 가격제performance based pricing는 좀 더 확대되어 사용될 전망이다. 소비자가 스스로를 실시간으로 계량화해서 표현할 수 있기 때문이다.

연결된 기기들은 사용자의 실력이나 성실성, 도덕성을 평가할 수 있다. 기기 사용이 능숙하고 성실한 사람들에게는 보상이 뒤따라야 한다. 보험 같은 경우 이들을 보상할 수 있다. '사용자 평가 가격제user assessment pricing'에서 다루는 내용이다.

11장 '사물인터넷 광고'에서는 사물인터넷시대의 광고가 소비자들의 생활 속에 깊숙이 들어가 그들의 삶을 도와주고 편리하게 해주며, 더 많은 가치를 전달하려고 노력할 것이라는 전망과 함께 레이포트Rayport가 제시한 다섯 가지 광고의 재정의를 소개한다. 그는 "제품 자체가 광고 플랫폼이 될 것이고, 크라우드 소싱crowd sourcing이 일반화돼 광고 제작에는 많은 사람들이 참여하게 될 것"이라 봤다. 크라우드 소싱은 제품개발 과정에서 일반 대중이 참여할 수 있도록 하고, 참여자 기여로 혁신을 달성하면 수익을 참여자와 공유하는 방법이다. 여기선 광고 개발에 일반 대중을 참여시키는 것을 의미한다. 또한 대량 생산된 상품이 인터넷에 연결돼 개인적인 상품으로 변하는 초개인화hyper personalization 현상을 예상했다. 그리고 사물이 생명을 갖게 됨에 따라 지루하던 상품이 재미나고 똑똑한 상품으로 변화될 것이라 전망했으며, 마지막으로 광고가 지속적으로 온라인과 오프라인의 경계를 넘나들면서 가치를 전달하는 O2O의 시대를 예견했다.

결국 광고의 역할이 확장돼 상품에 대한 고객 태도의 변화뿐 아니라 구매까지 책임지는 시대가 온 것이라는 주장이다. 이렇게 되면 광고대행사의 역할은 브랜드 인지와 강화에서 끝나지 않는다. 사물인터넷시대에는 광고대행사들이 어떻게 그들의 서비스를 재부팅해야 할지를 알아보자.

세 번째 연구는 사물인터넷 비즈니스의 핵심, 사물인터넷 제품개발이다. 사물인터넷 제품개발 전략을 알아보기 위해 지금까지 나온 다양한 사물인터넷 기기들과 그동안 화제가 됐던 사물인터넷 제품들을 살펴보았다.

　사물인터넷 제품개발의 핵심 키워드는 '커넥티드'다. 연결이 되는 순간 사물에는 놀라운 변화가 생긴다. 연결이란 사물에 영혼이 깃드는 것과 마찬가지기 때문이다. 연결된 사물은 '인공지능artificial intelligence,' '상호운용성inter-operability,' '모니터링monitoring and metering,' '텔레프레즌스telepresence' 등 4가지 핵심 기능을 사용할 수 있게 된다. 12장 '사물인터넷 제품개발을 위한 4가지 핵심 기능'에서는 이 4가지 핵심 기능이 지금까지 선보인 제품들에 어떻게 적용됐고 앞으로 당신이 개발할 제품에는 어떻게 구현돼야 할지 구체적으로 알아본다.

　사물인터넷 제품의 핵심은 웨어러블 기기와 스마트홈 기기다. 13장 '인터넷 오브 미Internet of Me'에서는 웨어러블 기기의 역사, 주요 웨어러블 기기와 그 개발 전략에 대해 다뤘다. 웨어러블 기기를 팔목형, 액세서리형, 안경형, 기타 웨어러블 기기 등으로 분류한 뒤 웨어러블 기기와 패션, 웨어러블 기기의 기능성 게임화에 대해 알아본다. 또 현재 웨어러블 기기들이 가지고 있는 한계를 살펴본 뒤 이를 성공적으로 개발하기 위한 전략적 시사점를 제시한다.

　14장 '인터넷 오브 홈Internet of Home'은 스마트홈과 관련된 기기 개발 전략에 관한 내용이다. 스마트홈 기기의 역사와 스마트홈의 각 분야별 대표 제품에 대한 소개, 아울러 개발 전략을 정리했다. 그리고 스마트홈 시장을 주도하기 위한 글로벌 ICT 기업들의 홈 네트워크 프로토콜 선점 경쟁과 앞으로의 전망에 대해 최근 보도를 중심으로 알아봤다. 또한 스마트홈 기기 산업을 주도하는 제조업체인 삼성과 LG의 동향과 전략, 그리고 이들과 동맹을 맺어 스마트홈 시장의 주도권을 선점하려는 구글과 애플의 전략을 통해 스마트홈 기기의 개발 전략을 제시했다.

15장 '인터넷 오브 더 시티Internet of the City'는 스마트 시티에 사용되는 제품개발 전략이다. 모든 시설이 인터넷으로 촘촘하게 연결된 스마트 시티는 한 대의 거대한 로봇이다. 시티라는 이름의 로봇이 사물을 넘어 '만물인터넷Internet of Everything'의 소행성으로 변화하는 과정을 통해 스마트 시티를 이해해본다. 스마트 시티는 실시간 도시real time city로 변화돼 더욱 편리하고 안전해진다. 주차 시스템, 교통 제어, 폐자원 재활용, 가로등, 환경 분야 등에 적용된 새로운 사물인터넷 기술을 통해 도시가 어떻게 달라질 수 있는지 알아봤다.

사물인터넷 제품의 개발 콘셉트를 연구하다 보니 '어메이징amazing'이란 단어가 떠올랐다. 한때 유행했던 '리마커블remarkable, 대단한'이나 '디퍼런트different, 차별화된'라는 콘셉트로는 인터넷에 연결된 스마트 제품을 설명할 수가 없다. 이는 단순히 대단한 제품이나 차별화된 제품을 뛰어넘어 기존의 제품 분류 방법까지도 붕괴시킬 놀라운 제품이다. 놀라워야 신의 능력을 능가하고 있는 소비자에게 성공적으로 다가갈 수 있는 것이다. 앞으로 기업은 지금까지보다 더 고생해야 할 것 같다. 변화의 속도가 너무 숨 가쁘기 때문이다. 《디스럽션》을 통해 조금이나마 변화를 빠르게 읽고 그에 대처할 수 있길 바란다.

Part One

커넥슈머 혁명

"완성도 높은 첨단과학은 마술과 구별하기 힘들다."

아서 클라크 (Arthur C. Clarke), 《미래의 프로필 (Profiles of the Future, 1961)》

2016년 어느 날, 서울의 한 피트니스센터.

한 남자가 트레드밀 위에서 열심히 달리고 있다. 얼굴은 중년인데 몸은 20대 젊은이 못지않다. 50대 중반의 영길 씨. 나잇살이 붙어나 고민하던 그는 2년 전부터 K피트니스센터를 열심히 다니고 있다. 오늘 그는 10킬로미터 고지를 향해 열심히 달린다. 그가 목표를 달성하면 여러 가지 부상이 있다. 우선은 여신 트레이너 김 선생의 특급 칭찬이 있을 것이고 그의 집에는 다이어트음료 한 박스가 배달될 것이다. 아울러 그의 스마트폰에는 수십 가지 특별쿠폰이 도착할 것이다. 드디어 10킬로미터를 달렸다. 트레드밀의 모니터에는 축하 폭죽 동영상이 나오고 스피커에선 팡파르가 울려 퍼진다.

이 다이어트음료 회사는 지난달 피트니스클럽들과 공동 프로모션을 시작했다. 5월 한 달 동안 20차례 이상 10킬로미터를 달린 50대 남성 고객들에게 자사의 제품 한 박스를 무료로 증정하기로 한 것이다. 조건은 단 한 가지. 참가자들은 '피트니스 트래커'라 부르는 팔목형 밴드를 손목에 차고 운동해야 한다. 영길 씨는 밴드를 별도로 구매할 필요가 없었다. K피트니스센터에 가입할 때 사은품으로 받았기 때문이다.

웨어러블 컴퓨팅 기기인 이 밴드는 영길 씨의 피트니스 매니저다. 밴드 안쪽에 탄소나노튜브가 코팅돼 있어 신체의 변화를 정밀하게 스캔한다. 밴드에서 수집된 모든 데이터는 영길 씨가 다니는 병원의 클라우드 서버로 보내져 실시간으로 분석된다. 이상 징후가 포착되면 실시간 메시지가 영길 씨의 주치의와 본인에게 전달된다. 2014년에 처음 나왔을 때와는 비교도 안 될 정도로 신뢰도가 높아졌다.

새로 나온 운동기구는 모두 피트니스 트래커와 저전력 블루투스, 와이파이(Wi-Fi)로 연결돼 있다. 덤벨이나 역기, 아령 같은 중량 운동기구들도 각종 센서가 내장돼 있다. 운동기구의 센서는 이용자를 인식할 뿐 아니라 운동량과 자세까지도 측정해준다.

밴드에는 또한 기능성 게임이 내장돼 있어 운동을 더욱 재미있게 만들어준다. 밴드를 착용한 사람은 각자 트레이너가 정해준 코스대로 기구를 이용해서 운동하면 된다. 각 기구별로 운동 목표가 달성되면 기구는 이용자의 밴드로 목표 달성 축하메시지를 보낸다.

K피트니스센터는 성과 가격제를 채택, 서울에서 가장 인기 높은 피트니스클럽이 됐다. 밴드를 착용하고 트레이너가 계획해준 대로 한 달 동안 운동 목표를 모두 달성하는 회원들에게는 회비의 절반을 돌려준다. 회비의 50퍼센트를 돌려받는 순간, 운동으로 변화된 자신을 만날 수 있다는 점은 더 큰 덤이다.

사람과 사물, 사물과 사물이 연결되다

● **Chapter 1** ○

사물인터넷 비즈니스 시대가 왔다. 사람과 사물이 서로 연결되고 있다. 예전에 사람들은 자신이 원할 때만 컴퓨터나 스마트폰을 통해 인터넷에 접속했다. 그러나 이젠 사람 자체가 인터넷에 연결됐다. 인간이 인터넷 네트워크 속에 존재하는 디지털 생명체로 변모해가고 있는 것이다. 팔찌, 시계, 안경, 모자, 신발, 심지어는 귀걸이와 반지를 통해 인간은 인터넷 네트워크의 한 부분이 되고 있다.

'색즉시공 공즉시색色卽是空 空卽是色.' 대승불교 경전인 《반야바라밀다심경》에 나온 말이다. 불교에서는 이미 4,000년 전에 사물인터넷시대를 예측했던 것일까. 물질세계를 의미하는 '색'은 결국 물질 없이도 존재하는 인터넷세계인 '공'이요, 인터넷세계인 '공'이 바로 우리가 존재하고 있는 물질세계인 '색'이 됐다. 이를 2015년 버전으로 바꾸면 O2O, 즉 'Online to Offline' 또는 'Offline to

Online'이다. 알파벳 O자의 원이 암시하듯, 인간은 '색'과 '공'의
세계, 사물과 인터넷의 세계를 윤회하듯 자유롭게 넘나들고 있다.

기계론적 유물론의 재림

　　　　　　　　　　인간이 사물과 연결되거나 결합해서 새로
운 능력을 발휘할 것이라는 생각은 그리스 신화에 등장할 정도로
그 뿌리가 깊다. 신화에 나오는 켄타우로스는 사람과 말이 결합한
반인반수로 신에 대적할만한 큰 힘을 지녔다. 하체는 말이고 허리
윗부분은 사람으로, 양손을 갖고 있는 인간과 동물의 융합이다.

　과학문명이 발달하면서 인간과 사물의 결합은 좀 더 구체화되기
시작했다. 사람과 기계가 결합하는 상상을 하기 시작한 것이다. 그
원조는 프랑켄슈타인이다. 무생물에 생명을 부여할 수 있는 방법을
알아낸 제네바의 물리학자 프랑켄슈타인은 죽은 자의 뼈로 거인의
인형을 만든 뒤 전기충격으로 생명을 불어넣는다. 원작에서 엄청난
능력자로 묘사된 이 인조인간은 최근 영화 〈프랑켄슈타인, 불멸의
영웅〉에선 인류를 구원하는 슈퍼히어로가 된다.

　1970년대 와서는 비행기 사고로 죽음에 이른 전직 우주선 조종
사의 눈과 팔, 다리가 첨단 기기로 대체된다. 70년대 중반 안방극
장을 점령했던 〈600만 불의 사나이〉의 스토리다. 〈600만 불의 사
나이〉 이후로 〈로보캅〉, 〈아이언맨〉 등의 영화에서 인간과 기계의
결합은 더 경이로워졌고, 기계를 수족으로 삼은 인간들은 영화와

드라마 속의 지구를 계속 구하고 있다.

이런 이야기가 인기를 끈 배경에는 인간도 사물(기계)의 한 종류라는 기계론적 유물론Mechanistischer Materialismus의 사고가 깔려있다. 인간의 몸을 기계로 대체하면 병에 걸리지도 않고 죽지도 않고 영원히 살 수 있다는 생각, 그리고 기계도 인간처럼 스스로 사고하고 결정할 수 있다는 생각이 잠재한 것이다.

실제로 사고나 질병, 선천적 장애를 가진 사람들이 신체의 일부분을 기계로 바꾸는 사례가 늘어나고는 있지만 그런 경우가 아니라면 자신의 신체 일부를 기계로 바꾸지는 않는다. 그 대신 사람들은 스마트 기기들을 착용하는 것만으로도 초능력의 세계를 만끽한다. 안경을 쓰고 지구 반대편에 있는 친구의 얼굴을 보며 대화하고, 손목시계에 점심 배달을 요청한다. 손짓으로 TV와 가전제품을 지휘하는 팔목형 밴드도 판매되고 있고 머리띠를 두르면 생각만으로도 드론이 날아오른다.

영화 〈루시〉는 인간은 자기 뇌의 10퍼센트 정도밖에 사용하지 못한다는 것을 바탕으로 스토리가 펼쳐진다. 뇌 사용이 22퍼센트가 넘으면 자신의 신체를 완벽하게 통제하고 40퍼센트가 넘으면 주변 모든 사물을 제어할 수 있으며, 62퍼센트가 넘으면 타인의 행동까지 컨트롤이 가능하다고 한다. 검증되지 않은 이론이지만 이 영화적 상상은 사물인터넷 비즈니스 연구에 커다란 시사점을 제공한다.

과연 앞으로 인간이 자신의 뇌 사용 수준을 인위적으로 높일 수 있는 기술이 나올지는 알 수 없으나, 현재 인간은 스스로를 인공지능에 연결시켜 자신의 능력을 높이고 있기는 하다. 인터넷에 연결된 인간은 클라우드 서버 속에 돌아가는 슈퍼 컴퓨팅 파워와 구름 속을 넘나드는 집단지성을 이용할 수 있다. 이런 슈퍼파워 체험에는 묘한 중독성이 있다.

인터넷에 연결되는 순간 우리는 거대한 인공지능에 연결되는 것은 물론 수많은 사물과도 연결된다. 인간은 이제 네트워크에 연결된 하나의 노드node가 될 것이다. 이렇게 사물인터넷시대에는 '연결'이란 키워드가 비즈니스의 모든 문법에 등장하게 된다.

연결된 인간의 미래가 '멋진 미래'가 될지 터미네이터의 '암울한 세계'가 될지는 아무도 모른다. 그러나 한 가지 분명한 사실은 우리의 욕망이 커질수록 우리는 사물과 점점 더 강하게 연결된다는 것이다. 연결의 운명은 비즈니스의 기본 질서를 붕괴할 새로운 개념을 제시한다. 바로 커넥슈머ConnecSumer다.

모든 비즈니스 전략은 물건을 구매할 사람들을 정하는 것에서 시작한다. 그런데 그 대상이 늘 당신의 비즈니스와 연결된 상태인 것이다. 그렇다면 이젠 소비자들을 분류하고 표적으로 삼는 일이 정말로 필요한지 되돌아봐야 한다. 비즈니스 세계에서 60년 넘게 마케팅의 교리로 삼던 STP(시장세분화, 타기팅, 포지셔닝) 전략으로는 도저히 이해할 수 없는 신기한 일들이 벌어지고 있는 것이다.

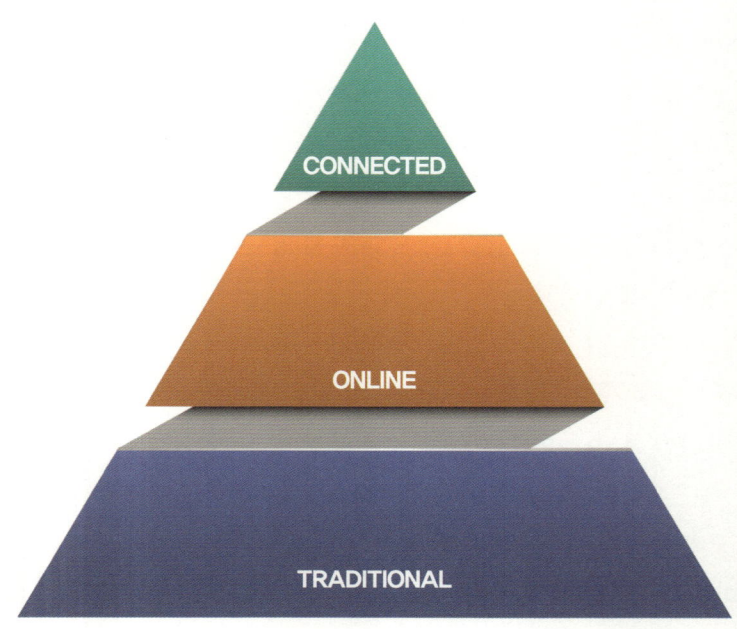

▲소비자의 진화 방향

'어메이징'의 시대

　　　　　커넥슈머의 개념은 사실 새로운 것이 아니다. 그들의 출현은 인터넷이 탄생할 때부터 예고됐다. 우리가 웹1.0시대라 부르는, 인터넷 등장 이후 10년간은 사람들이 인터넷에 연결해서 콘텐츠를 소비하는 데 열중했다. 그들이 인터넷에 연결되어 '커넥티드 컨슈머connected consumer'가 됐다고 불렀다. 그 당시의 핵심 키워드는 '방문'이었다. 인터넷은 방문을 해서 정보를 캐가는 곳이었다.

1990년대 말, 인터넷은 '무한한 정보의 바다'였다. 그래서 인터넷을 항해navigation한다는 표현을 사용했다. 당시의 인터넷은 콘텐츠 제공자가 주도하는 일방적 정보 제공의 광장이었다. 물론 사람들은 인터넷을 이용한 소통에도 활발히 참여했지만, 주도권은 늘 콘텐츠 제공자의 몫이었다. 마케터들은 인터넷을 대중매체와 유사한 형태로 이용했다. 콘텐츠와의 관련성을 기준으로 광고를 배너나 팝업창, 동영상 등 여러 모습으로 제시해 방문자들의 시야를 어지럽혔다. 쌍방향 의사소통이 이루어지는 광고라는 의미로 인터렉티브interactive 광고라는 매력적인 용어를 사용했지만 검색 광고를 제외하고는 여전히 일방적이고 침투적인intrusive 마케팅 메시지가 만연했다.

웹1.0시대의 제품개발은 리마커블remarkable 전략이 핵심이었다. 리마커블 마케팅은 얘기할만한 가치가 있는 제품과 시장을 개발하는 것으로, 2004년 세스 고딘Seth Godin이 《보랏빛 소가 온다Purple Cow》를 통해 유행시켰다. 후터스Hooters의 웨이트리스들의 섹시한 사진으로 첫 장을 시작한 이 책은 리마커블을 강조하며 TV-산업복합체TV-Industrial Complex의 몰락, 탈소비형 소비자post-consumption consumer, 마케팅부서의 무용론을 내세웠다. 고딘은 "대중 마케팅은 지고 있다. 광고보다는 혁신을 하라"고 설파했다.

웹2.0시대가 되면서 사람들의 관심은 온통 소셜미디어에 모아졌다. 사람들이 본격적으로 인터넷을 통해 교감하는 시대, 즉 '보는 인터넷' 시대에서 '참여의 인터넷' 시대가 된 것이다. 소셜미디어는 사람들에게 전례 없는 콘텐츠 주도권을 제공했고, 매체의 권력은 개인에게 넘어가게 됐다. 당신이 올리는 일상의 편린들이 공중파의 드라마나 예능 같은 한 편의 콩트 또는 버라이어티 쇼가 된 것이다. 튀니지의 한 청년이 올린 트위터 글이 '중동의 봄'을 촉발했고, 유튜브를 통해 번진 비호감 가수의 '육갑'은 지구인들을 말처럼 춤추게 했다. SNS세상에선 늙은 소설가가 대통령이 됐고, 공항여신들의 행적이 시시각각 전달된다. 노출증을 즐기는 광고들을 단죄하기 위해 소비자들은 분연히 일어섰고, 침투적 대중광고들은 철퇴를 맞았다. 막대한 예산의 TV광고가 유튜브의 무료 동영상에 굴복하는 웃지 못할 사태까지 벌어졌다.

　구글과 시장조사 업체 닐슨리서치그룹은 웹2.0시대의 커넥슈머들을 'C세대Generation C, Gen-C'라 불렀다. 연결connection, 창작creation, 큐레이션curation, 참여contribute 그리고 공동체community란 5가지 키워드를 중심으로 교감하는 소비자들이다. 이들은 스마트폰과 태블릿 같은 디지털 기기로 항상 연결돼 있고, 페이스북, 트위터, 유튜브 같은 SNS에 올라오는 콘텐츠를 읽는 데 그치지 않고 스스로 콘텐츠를 창작한다. 이 세대는 자기표현 욕구도 강하다. 이들 중 67퍼센트는 SNS에 자신의 사진을 업로드하고 글을 올리며 적극 참여한다. 취향이나 관심사에 따라 공동체를 만들고, 가치 있는 콘텐츠를 가려낼 때도 다른 매체에 의존하지 않고 자기 자신이나 자신이 속한 공동체 안에서 큐레이션한다. 구글의 통계에 따르면 C세대는 주로 18~34세에 속하지만 나이는 말 그대로 숫자에 불과할 뿐, 연령대를 규정하기는 어렵다. C세대란 SNS와 스마트폰을 중심으로 한 디지털 생활 양식을 수용하는 사람들을 의미하기 때문이다.

웹2.0시대에 등장한 비즈니스의 키워드들 중 하나는 '디퍼런트' 다. 하버드대학의 문영미 교수는 "브랜드 간의 경쟁은 기업의 자율조직 시스템에 의해 제품의 하향평준화만 만들어낸다"고 강조했다. 문 교수는 이로 인해 만들어진 과잉 성숙 시장에서 탈출하는 방법은 "역브랜드, 일탈 브랜드, 적대 브랜드 등의 아이디어 브랜드를 만들어 '디퍼런트' 해지는 것"이라고 하며 이 아이디어 브랜드는 '제거와 분열과 변형의 세 가지 혁신'을 통해 창조될 수 있다고 했다.

사물인터넷이 일반화되면서 우리는 웹3.0시대에 들어서고 있다. 웹3.0시대에는 이전의 시대들과의 '단절'이라고 해도 좋을 만큼의 혁명적인 변화가 일어났다. 인간이 '인터넷의 일부'가 된 것이다. 웹3.0시대 이전에는 인간이 모든 것의 중심이었다. 콘텐츠의 소비자였고, 콘텐츠 제작의 동반자였다. 그러나 웹3.0시대에는 콘텐츠

구분	웹1.0	웹2.0	웹3.0
소비자행동	콘텐츠 소비	콘텐츠 창작	콘텐츠 구성체
정보의 중심	기업	소비자	사물
제품개발 전략	리마커블	디퍼런트	어메이징
고객관리	소통	참여	교감

▲시대별 마케팅의 변화

의 일부로 급변했다. 그뿐 아니다. 인간이 지배하던 기기들이 영혼과 지성을 갖게 됐다. 기기들이 클라우드에 연결되는 순간 그들은 서버에 있는 집단지성의 힘을 가지게 된다.

머지않아 영화 〈그녀〉에서 묘사한 것처럼 모든 사물이 인격과 감정을 갖게 될 수도 있다. 웹3.0시대에는 온라인과 오프라인의 경계가 무의미하다. 우리의 DNA와 모든 사물의 원자가 디지털 신호로 치환돼 고속통신망 속에서 생활하는 듯한 느낌마저 준다. 정보의 중심이 누구에게 있는지 구분하는 것 또한 무의미하다. 정보는 이제 모든 사물을 관통해서 흐르고 있다. 결국은 사물이 나 자신이고 내가 사물의 일부가 되는 물아일체의 경지에 이른다.

독일 막스플랑크뇌공학연구소Max Plank Institute for Biological Cybernetics가 미국 오큘러스VROculus VR의 가상현실체험 헤드셋 오큘러스 리프트Oculus Rift를 이용해 개발한 가상현실 프로그램에선 당신이 상상하는 대로 시공을 초월한 신체적 체험을 할 수 있다. 자유로운 사유의 세계가 신체적 체험까지 이어지는 물아일체가 실증되고 있는 것이다.

마케팅 전문가들의 두 가지 주요 임무는 마케팅 전략을 만드는 것과 고객을 관리하는 것이다. 마케팅 전략은 고객을 세분화하고 타기팅하는 것으로 시작한다. 지금까지의 고객세분화와 타기팅은 기업이 보유한 확률적 데이터에 의존했다. 확률의 세계에선 마케팅 비용이 지속적으로 증가할 수밖에 없다. 경쟁 업체가 등장할수록, 소비자의 니즈가 다양해질수록 점점 낮아지는 확률을 다시 견인해야 하기 때문이다. 신의 한 수인 듯 빅데이터가 등장하긴 했다. 그러나 빅데이터가 고여있는 물에 불과하며, 어찌 보면 흙탕물이 잔뜩 섞여있는 위험한 데이터라는 것을 깨닫는 데는 그리 오랜 시간이 필요치 않았다.

이 모든 혼돈의 시대를 잠재워줄 키워드가 바로 '커넥슈머'다. 콘텐츠를 소비하거나 소셜네트워크에 참여하지 않아도 소비자들이 언제나 마케터의 촉수에 연결돼 있는 진정한 커넥티드 컨슈머의 시대가 왔다. 커넥티드 컨슈머는 웹1.0과 2.0시대에도 존재했기에 웹3.0시대의 진정한 커넥티드 컨슈머를 과거와 구별할 필요가 있다. 그래서 이 새로운 소비자들을 커넥슈머라 부르게 된 것이다.

웹3.0시대의 제품개발 전략의 키워드는 '어메이징amazing'이다. 놀라움의 표현인 어메이징은 종교의 영역에서 흔히 사용되는 용어다. 신은 우리가 상상도 못했던 마법 같은 일들을 구현한다고 믿기 때문이다. 사물인터넷 제품을 접하면서 사람들이 느꼈던 감정이 바로 '놀라움'이었다. 인터넷에 연결된 사물이 스스로 학습하고 생각하면서 우리가 상상도 못 했던 놀라운 일들을 해내고 있다. 그리고 이들과 연결된 우리는 신이 돼가고 있다.

소비자들이 신과 같이 놀라운 능력을 가지는 세상이 펼쳐졌다. 천리안, 염동력, 순간이동, 독심술은 기본이다. 요술지팡이와 마법의 갑옷을 동네 마트에서 살 수 있는 날도 머지않았다. 바지 뒷주머니에 방송국을 꼽고 다닌 지는 오래다. 이런 소비자들에게 대단하다거나 차별됐다는 정도의 콘셉트는 이제 명함도 내밀 수 없다. 앞으론 놀라워야 "제품 좀 쓸만하다"라는 평을 들을 수 있다.

놀라운 제품개발의 시작은 '초월적 상상력'이다. 그런데 더욱 재미난 사실은 이런 놀라운 제품을 개발하는 것이 그다지 어렵지 않다는 것이다. 모든 사물들이 연결되면서 우리의 세계가 이미 놀라워졌기 때문이다. 당신의 제품은 그냥 놀라운 세계와 끈을 연결하면 된다. 이 끈을 연결하고 묶는 방법을 터득하면 성공적인 비즈니스를 할 수 있다.

마케팅에 영혼이 깃들다

마케터와 늘 연결돼 있는 커넥슈머들은 과거에는 상상도 못 했던 방대하면서도 상세한 정보를 제공한다. 지금까지의 마케팅은 인구통계, 사회·심리적 데이터와 거래 데이터로부터 나온 서술적 정보를 토대로 분석과 예측, 개선 과정을 폐쇄 순환고리closed loop 속에서 무한 반복했다. 마케팅은 그저 비즈니스의 수단이었고 전문가들의 이론이며 방법론이었다. 마케팅 이론은 거대한 저수지를 만들었고 60년이 넘도록 이 물은 고여있었다. 이제 마케팅 저수지의 수문이 열렸다. 이제 마케팅은 흐르고 흘러 강과 바다를 자유롭게 누비게 됐다.

수문을 연 궁극의 힘은 액티브데이터active data다. 커넥슈머들은 그들이 가는 곳에서 사물과 실시간으로 교감하면서 살아있는 정보인 액티브데이터를 제공한다. 고여 있던 데이터가 흐르기 시작함으로써 마케팅에 처음으로 생명이 깃든 것이다. 확률의 세계에 갇혀 있던 마케팅은 살아 숨 쉬는 초정밀 과학으로 재탄생됐다. 지금까지 마케팅이 녹화방송이었다면 앞으로의 마케팅은 생방송이다.

커넥슈머의 액티브데이터로 무장한 마케터는 예리하게 고객의 마음을 사로잡기 시작했다. 마케터들이 꿈속에서나 그리던 '컨텍스트 기반 세분화contextual segmentation'와 '처방적 타기팅prescriptive targeting'이 현실이 됐다.

컨텍스트 기반 세분화와 처방적 타기팅은 모두 실시간 마케팅을 기반으로 한다. 지금까지의 마케팅은 분석과 기획을 거쳐 실행까지 오는 긴 여정을 차근차근 걸어왔다. 그러나 생명이 깃든 마케팅은 모든 과정을 실시간으로 수행한다. 고객의 행동이 보이고 마음이 읽히는 순간에는 분석과 기획이 필요 없다. 아니, 분석과 기획은 이제 마케터의 본능이 돼야 한다. 액티브데이터를 바탕으로 한 마케팅은 고객의 정황에 따라 고객을 완전 세분화한다. 그리고 의사가 환자 한 사람 한 사람에게 처방을 내리듯이 고객 개개인에게 실시간으로 개인화된 마케팅 서비스를 제공할 수 있게 됐다.

신이 된 소비자

그는 지구 반대편에 있는 사람을 볼 수 있다. 보기만 하는 것이 아니다. 대화도 나눌 수 있다. 그는 생각만으로 물체를 움직인다. '날아'라고 생각하자 모형 헬기가 갑자기 날아오른다. 그는 독심술도 가지고 있다. 처음 보는 사람의 얼굴을 응시하면 이름이 무언지, 키와 몸무게가 어떻게 되는지, 어떤 병이 있는지 순식간에 알아낸다. 그는 공간을 자유롭게 이동한다. 100킬로그램도 넘는 무거운 짐을 지고도 험준한 산을 뛰어 다닐 정도로 엄청난 힘을 지녔으며, 서울의 회의실에서 뉴욕에 있는 회의실까지 눈 깜박할 사이에 순간이동한다.

그는 해리포터처럼 요술지팡이도 가지고 있다. 지팡이에 대고 음식 이름을 말하니, 하늘에서 음식이 날라 온다. 그는 가끔 집에 있는 사물과 수다도 떤다. 그의 말 한마디면 집이 따뜻해지기도, 시원

해지기도 한다. 그가 노래를 부르면 빛이 함께 춤을 추고, 그의 손
짓 한번이면 집은 암흑의 세계로 변한다. 그는 웬만한 백과사전보
다 더 빨리 세상의 모든 질문에 답할 수 있다. 그는 마법의 신발도
가지고 있다. 그의 신발은 언제나 그가 원하는 장소로 안내한다. 이
신발이 있는 한 못 찾는 곳이 없다.

　이 사람은 다름 아닌 바로 '당신'이다. 당신의 능력이 신을 넘어
서고 있다. 올더스 헉슬리Aldous L. Huxley는 지금 우리가 사는 세계가
어쩌면 암울한 '멋진 신세계新世界'가 될지도 모른다고 했다. 그의 말
은 맞았지만 예언은 조금 어긋났다. '신'자의 의미가 다르기 때문이
다. 지금 열리고 있는 신세계는 '神世界', 'Brave God World'다.

　이 '신'을 이해하지 못하면 앞으로의 비즈니스를 이해할 수 없
다. 여기서 말하는 신은 종교적 절대자가 아니다. 그리스 신화에 등
장했고, 산속 연못에서 도끼 삼종 세트를 들고 등장했으며, 방망이
를 주고 혹을 받아간 그런 생활밀착형 신이다.

염동력

　　　　얼마 전 나는 믿기 힘든 영상을 봤다. 평범해 보이는 사람
이 염동력Psychokinesis으로 장난감 헬기를 띄우고 자동차를 움직였
다. 컴퓨터게임을 할 때도 자판이나 마우스가 필요 없다. 생각만으
로도 게임 속 캐릭터가 분주히 움직인다. 누군가 재미로 연출한 영
상이겠거니 하고 지나치려 했는데 제품 가격이 나왔다. 399달러에

시판 중이란다.

바로 뇌파로 컴퓨터나 기계를 조작하는 기술, 뇌-컴퓨터 인터페이스brain computer interface, BCI의 시연 동영상이었다. BCI는 인간의 뇌와 컴퓨터를 직접 연결해 기기를 제어하는 기술이다. 신체의 특정 동작을 의도하거나 외부 자극에 뇌가 반응할 때 나타나는 뇌파 변화의 종류와 패턴 등을 비교·분석해 명령이나 의도를 파악, 기기를 조작하게 된다. 이제 신이나 초능력자들의 능력이라 여겨졌던 염동력을 40만 원 정도면 당신의 것으로 만들 수 있는 것이다.

뇌파에 대한 연구는 원래 뇌손상 환자나 특정 질병의 원인을 파악하기 위한 의학적인 목적으로 시작됐다. 그러다 저가의 뇌파 측정 장치들이 출시되면서 PC를 비롯해 장난감, 게임 등 각종 소비재 상품으로 활용 범위가 넓어지고 있는 추세다. 특히 우리 생활 주변의 기기들이 인터넷으로 연결되면서 뇌-컴퓨터 기술은 우리 실생활에 보다 다양하게 접목될 것으로 예상된다.

예를 들면 생각하는 것만으로 로봇청소기가 움직이고, 조명을 조절하고, 문을 열고, 전기오븐을 작동시켜 요리를 시작할 수 있다. 자동차 운전도 생각만으로 할 수 있다면 운전면허가 필요 없을 것이다. 독수리 타법으로 고생할 필요가 없는 것은 물론이다. 생각만으로 문자를 입력하는 정도는 이미 개발 가능한 기술로 분류되고 있다.

BCI 기술이 고도로 발달하면 음성으로 기기를 조정하는 기술은 미개하게 여겨질 수 있다. 사물인터넷 기기를 만드는 이들이나 컴퓨터나 태블릿을 만드는 기업들은 BCI 기술을 자신의 제품에 어떻게 결합시킬 것인지 항상 고민해야 한다. 현재 시중에 나와 있는 염동력 기기를 만나보자.

이모티브EMOTIV는 뇌파를 전기신호로 바꿔 무선인터넷을 통해 사물에게 명령을 전달하는 모바일 뇌파 측정electro encephalon gram, EEG 기기다. 손오공 머리띠처럼 생긴 이모티브 헤드셋을 머리에 쓰고 생각을 집중하기 시작하면 기기가 뇌파를 읽어 들인다. 집중도를 높이면 뇌파 수치가 올라가고, 최고 수준에 이르면 전기신호가 증폭돼 연결된 기기로 전달된다. 머리 표면에 부착한 전극을 통해 뇌파 전기신호를 측정하고 이를 사용자가 제어하기 원하는 기기에 전송해서 작동시키는 것이다.

이미 시판 중인 이모티브는 뇌파를 통해 3가지 의식 수준, 13가지의 생각, 표정의 변화를 읽을 수 있으며, 2개의 자이로gyro 센서를 이용해 머리의 움직임을 전자신호로 바꿀 수 있다. 앞으로 기술 개발이 진행되면 뇌파로 전달할 수 있는 신호의 가짓수와 종류는 더욱 늘어날 것이고 기기도 더 간결해질 것이라 한다. 근시일 내에 아예 머리에 핀처럼 꼽는 기기가 나올 전망이다. 이 핀에다 다양한 장식을 달면 패션 상품이 될 수도 있다. 또 대머리로 고생하는 이를 위해 가발 형태로도 나올 수 있을 것이다.

이런 뇌파 측정 기술을 단순한 호기심 충족용이나 장난감을 움직이는 도구로 생각하면 오산이다. 이 기술을 구현한 제품은 장애로 인해 몸이 불편한 사람들에게는 구세주와 같은 기기가 될 것이다.

▲이모티브(www.emotiv.com)의 EPOC 헤드셋(Image used with permission from Emotiv, Inc., Photo © Emotiv)

손이 없거나 전신을 사용할 수 없는 사람들이 컴퓨터와 스마트폰을 생각만으로 조작할 수 있고 휠체어를 움직일 수 있게 될 테니 말이다. 실제로 이모티브는 마인드 컨트롤로 움직이는 휠체어를 개발 중이다. 앞으로 생각만으로 자동차를 주행하게 하는 기술도 개발한다고 한다.

BCI 전문 업체 뉴로스카이NeuroSky 역시 마인드웨이브Mind Wave라는 염동력 기기를 판매 중이다. 뉴로스카이는 한국에서 실리콘밸리로 건너간 이구형 박사와 임종진 박사가 2004년 공동 설립한 회사다. 마인드웨이브는 가격이 이모티브보다 훨씬 저렴해 BCI 기술을 대중화시켰다는 평가를 받고 있다. 모양도 한결 간결하고, 구글 글래스와 결합해 사용하기도 한다.

마인드웨이브는 BCI 플랫폼이다. 개발도구인 뉴로스카이 칩을 제공해 누구든지 창의적인 소프트웨어를 만들어 BCI 기기를 개발할 수 있게 했다. 뉴로스카이 홈페이지에서 마인드웨이브를 지원하는 다양한 개발도구를 구입할 수 있고, 현재 이를 기반으로 전 세계 300여 기업들이 BCI 기술을 탑재한 다양한 응용 제품을 연구하고 있다. 2009년 미국에서 출시돼 인기를 끌고 있는 '스타워즈 포스 트레이너Star Wars Force Trainer'와 바비인형으로 유명한 장난감회사 마텔Mattel의 마인드플렉스Mindflex 시리즈가 뉴로스카이 칩을 사용한 제품이다. 마인드플렉스는 헤드셋을 쓰고 정신을 집중하면 공을 움직일 수 있는 장난감이다. 두 사람이 착용하면 집중력이 더 강한 사람의 의도대로 공이 이동한다. 이구형 박사는 이를 '뇌 장풍'이라

▲뉴로스카이의 마인드웨이브 (Image used with permission from NeuroSky, Photo © NeuroSky)

부른다. 앞으로 개발이 가속화되면 만화 〈드래곤볼〉의 손오공처럼 몸의 기를 모두 모아 에네르기파를 쏘는 것도 가능하지 않을까?

천리안과 수정구슬

신이라면 멀리 떨어져 있는 사물을 관찰하는 능력 또한 기본이다. 좀 더 힘이 센 신은 멀리 떨어진 대상과 대화까지 할 수 있다. 천리안과 만리경은 주로 동양의 신들이 애용했다. 서양에는 수정구슬이 있다. 마법사와 마녀들은 수정구슬을 이용해 멀리 있는 사람들을 관찰했다.

백설 공주의 계모가 가진 거울은 성능이 좀 더 뛰어났다. 보여주는 것에서 발전해 말대답을 했고, 거기다 실시간으로 정보를 업데이트하는 능력까지 지니고 있었다. 백설 공주가 독이 든 사과를 먹고 생사를 넘나들자, 바로 "이제는 왕비님이 세상에서 제일 아름답다"는 기특한 분석을 내놓았다. 이런 마법 속의 이야기들이 모두 당신 손바닥 위에서 실현되고 있다.

이역만리에 있는 사람과 대화를 하는 것, 이건 식은 죽 먹기다. 아이폰의 페이스타임을 이용하면 얼굴을 마주 보고 대화하는 것을 공짜로 즐길 수 있다. 스마트폰이 바로 수정구슬이고 요술거울이다. 거울 속의 요정은 아이폰 속으로 이사 가, '시리Siri'라고 개명한 것으로 보인다. 딥러닝 기술로 더욱 지능이 높아져가는 시리는 세상에서 가장 현명한 답변을 내놓을 수 있도록 진화를 거듭하고 있다. 지금 당장 시리에게 "누가 세상에서 가장 예쁘지?"라고 물어보라. 사악한 왕비의 거울에게서보다 더 재치 있는 답변을 얻을 수 있다. "백설 공주. 그런데 당신이 그녀야?"

▼ "이세상에서 가장 아름다운 사람은?"이란 질문에 대한 시리의 답변

독심술

방문이 열리고 새로운 환자가 들어온다. 처음 보는 사람이다. 하지만 의사는 그를 본 순간 그 환자의 중요 정보를 순식간에 알아냈다. 이름, 몸무

게, 병명, 내원 이유, 진료 이력 등. 독심술이라도 익힌 걸까? 의사의 얼굴에 걸쳐진 안경이 낯익다.

　벤처기업 어그메딕스Augmedix는 의료용 구글 글래스 애플리케이션(앱)을 개발했다. 이 앱을 구글 글래스에서 구동하면 환자의 얼굴을 쳐다만 봐도 그 환자의 전자기록이 자동으로 나타난다. 구글 글래스가 자동으로 환자의 안면을 인식하고 서버에 저장된 해당 환자의 정보를 구글 글래스에 불러들인 것이다.

　이 증강현실 앱 덕분에 환자들은 의사의 옆모습이나 뒤통수를 바라보고 이야기하는 대신 서로 눈을 마주치며 이야기할 수 있게 됐고, 의사는 전자기록을 들여다보고 작성하는 시간을 줄여 환자를

▼어그메딕스가 개발한 솔루션을 이용해 구글 글래스로 환자 정보를 보는 의사(Image used with permission from Augmedix, Photo © Augmedix)

위해 보다 많은 시간을 사용할 수 있게 됐다. 예전보다 더욱 인간적인 진료를 할 수 있게 된 것이다.

제2의 구글 글래스를 표명하고 나선 소니의 스마트 아이글래스 Smart Eyeglass도 안면인식 기술을 적용했다고 한다. 글래스로 앞에 있는 사람을 응시하면 영화 〈로보캅〉이나 〈터미네이터〉에 나온 것처럼 푸른색 글씨의 정보가 눈앞으로 흘러간다. 구글 글래스를 따라 한 것이라고 하는 사람들도 있다. 여하튼 안면인식 기술이 좀 더 정밀해지고 보편화되면 앞으로 이런 안경이 더 많이 나올 것이다. 이 대목에서 한 가지가 궁금하다. 이 안경들이 화장발로 유명한 여가수의 '생얼'도 인식할 수 있을까?

요술지팡이

옛날에는 동서양을 막론하고 어떤 소원이든 들어주는 물건이 있으면 좋겠다고 생각했던 것 같다. 그래서 서양에선 마법 램프, 요술지팡이가 있었고 우리나라엔 도깨비방망이가 있었다. 이들에게 주문을 하면 물건이 뚝딱하고 나타났다.

그런 요술지팡이를 회원가입만 하면 가질 수 있다. 모양은 해리포터가 사용하던 것보다는 좀 굵다. 그러나 주문할 수 있는 물건이 엄청나게 많다. 달걀이 다 떨어졌다. 당신은 요술지팡이에다 '달걀'이라고 말한다. 치즈와 오렌지주스도 필요하다. 지팡이로 치즈, 오렌지주스 포장지에 있는 바코드를 향해 레이저를 발사한다. 바코

드를 찍는 경쾌한 리듬이 들린다. 주문한 제품은 24시간 안에 당신 집 마당에 와 있을 것이다. 이 요술지팡이를 당신도 가질 수 있다. 회원가입만 하면…….

이 요술지팡이는 바로 '대시Dash'라는 사물인터넷 주문 기기다. 아마존의 작품이다. 세계 최대 온라인상거래기업 아마존은 2014년 4월부터 음성과 바코드 인식 상품 주문 기기 대시를 통해 상품 주

▼아마존 대시(이미지 출처 : http://www.ladyandblog.com)

문을 받기 시작했다. 대시는 길이 16.2센티미터, 두께 2.9센티미터의 막대형 기기로 음성과 바코드 스캔으로 인식한 상품을 와이파이를 통해 자동으로 아마존 계정 장바구니에 담아준다. 그 뒤 사용자가 스마트폰, 태블릿PC, PC 등으로 아마존 사이트에 접속해 주문 승인과 결제를 하면 배송이 된다. 신선식품 배달서비스 아마존 프레시Amazon Fresh로 생필품 유통시장을 공략 중인 아마존은 아마존 대시를 사용하는 고객이 과일, 유제품, 화장지, 비누 등 50만 개 상품을 주문하면 당일이나 익일 배송해준다. 대시의 조작법은 어린 애들도 사용할 수 있을 만큼 쉽고, 간단하다.

대시는 사물인터넷 커머스의 초보 단계 서비스다. 궁극적인 사물인터넷 커머스는 인터넷에 연결된 사물들이 스스로 학습하고 판단해서 사용자를 대신해 상품을 주문한다. 즉, 기기가 주문의 주체가 되는 것이다. 이 주문의 주 대상 품목은 사용자의 관여도가 낮은 일상 생활용품이나 소모품들이다. 가령 우유가 떨어지면 냉장고가 알아서 쇼핑을 하는 식이다. 아마존은 그렇게 거창하게 시작하지는 않았다. 현 단계에서 대시는 사람이 상황을 인지해 기기에 입력하는 수동 처리 과정을 거치고 있다.

대신 대시는 상품 주문 과정을 단순하게 만들어 온라인 쇼핑에서 매력적인 경험을 제공한다. 대시는 사물인터넷이 현실과 동떨어진 먼 미래의 서비스가 아니라 곧 현실화될 것임을 보여준다. 아마존이 처음부터 50만 개의 품목으로 서비스를 시작했다는 것 자체가 놀라울 따름이다.

이 요술지팡이는 돈이 있어야 사용 가능한 것이니 진짜 요술램프나 방망이, 지팡이와는 다르다고 반박할 수 있다. 그러나 진짜 요술램프나 방망이를 얻으려면 더한 것, 즉 목숨을 걸었어야 했다. 그렇다면 약간의 돈만 지불해도 이용할 수 있는 대시가 더 유리한 선택아닐까?

사물인터넷 커머스의 문을 연 아마존은 소비자에게 빠르고 정확하게 상품을 배송하는 방법 또한 끊임없이 연구하고 있다. 그 성과로 2013년 12월, 8개의 날개를 가진 소형 무인비행기 '킨들 드론Kindle Drone'으로 상품을 16킬로미터 떨어진 곳까지 배송하는 데 성공했다.

킨들 드론은 센서와 카메라로 물체를 감지하고 GPS 항법 비행과 자동 이착륙 등이 가능하다. 작동 원리는 간단하다. 한 고객이 아마존 사이트에서 '30분 이내 배달서비스'를 선택한다. 그러면 그 즉시 아마존의 물류창고에서 해당 상품을 박스로 포장하고, 드론이 이를 싣는다. 드론은 하늘을 날아 GPS에 입력된 고객의 주소지에 도착한다. 목적지 도착으로 'GPS 종료'라는 신호가 잡히면 상품을 잡고 있던 갈고리 발을 슬며시 푼다. 그 다음엔 원래 출발했던 장소로 GPS가 재설정되고 드론은 다시 힘차게 날아오른다. 이때 조심해야 하는 이들은 바로 개구쟁이들이다. 그들은 이 드론을 납치해서 그들의 장난감으로 만들려고 할 수도 있다.

아마존은 현재 전 세계에 100개 이상의 물류창고를 가지고 있으며, 택배 물량의 86퍼센트가 킨들 드론이 운반할 수 있는 무게인 5파

▲아마존 프라임 에어의 옥토콥터(octocopter) 킨들 드론 (이미지 출처 : http://www.amazon.com/b?node=8037720011)

운드 이내이므로 이 무인비행기 도입이 택배 서비스 업계에 획기적인 전환점을 가져다 줄 것으로 예상하고 있다.

제프 베조스Jeff Bezos 아마존 최고경영자CEO는 "작은 무인비행기가 물건을 배송하는 모습이 공상과학 같겠지만 현실이 됐다"며 "소음과 안전, 사생활 침해 문제 등 해결 과제가 남아 있지만 미연방항공청FAA의 승인 여부에 따라 4~5년 뒤 상용화될 것"이라고 드론의 향후 전망을 밝혔다.

안타깝지만 우리나라에선 배송을 목적으로 하는 드론을 볼 일은 없을 것 같다. 미국과 주거 형태가 다르기 때문이다. 미국은 단독주택이 대부분이지만 우리나라는 대부분이 아파트다. 아파트에는 드론이 들어갈 수 없다. 또한 우리나라는 국토 면적도 크지 않고 도시 집중화된 생활을 하기 때문에 지금의 택배 서비스 방법이 아직은 더 유리하다.

순간이동술

1983년 신입사원 시절, 나는 팩스라는 것을 처음 봤다. 전화가 달린 복사기처럼 생긴 기계에 종이를 넣고 전화 다이얼을 돌리면 상대방이 이 종이의 내용을 똑같이 받는단다. 취직 전 군대에서 행정병으로 근무할 때, 문서라는 것은 사람이 직접 가서 전달해야 하는 물건이었다. 그래서 당시 군에는 '문서수발병'이란 문서 배달 담당 보직이 있었다. 그들은 메신저 백을 두르고 문서 배달을 다녔다. 그 광경이 익숙하던 내게 팩스는 문서를 순간이동시키는 마법상자였다.

신화나 동화에 등장하는 거의 모든 신들은 순간이동teleportation의 달인들이다. 심지어 잡신들에게도 순간이동은 기본기에 속한다. 그래서 귀신 영화를 보면 귀신에게 쫓기는 사람은 어지간해서는 도망칠 수가 없다. 아무리 죽을힘을 써서 달려도 귀신은 순간이동을 해서 앞에 나타나기 때문이다. 이렇게 순간적으로 공간을 이동하는 것을 SF물에선 텔레포트Teleport라 부른다. 텔레포트는 드라마 〈스타트랙〉에서 홀로덱Holodeck이란 물체로 처음으로 등장했다.

본인이 원하는 장소로 어디든지 데려다주는 홀로덱의 원리는 이렇다. 홀로덱에 서서 순간이동 명령을 내리면 내 몸은 모두 원자 단위로 분해되고 이 원자들은 모두 디지털 신호로 치환돼 인터넷을 통해 도착 예정 장소로 전송된다. 그 다음 디지털 신호를 다시 원자 물질로 치환해서 재조립하면 순간이동이 이뤄진다. 한 가지 주의할 점은 조합 순서다. 조합 과정에 오류가 생기면 얼굴이 엉덩이에 가서 붙을 수 있다. 이런 만화 같은 순간이동 원리가 3D프린터를 통해 응용되고 있다.

3D프린팅은 글로벌 산업계의 지형을 바꿀 주요 기술로 거론된다. 지금은 주로 3D프린팅 기술을 통해 생산 공정이나 시간을 단축하는 것이 논의되고 있는데, 앞으로는 전자상거래처럼 디자인, 제조, 판매, 유통 과정을 바꿀 것이라 한다.

3D프린팅 도면 구매가 제조와 유통을 바꾼다? 이것이 어떻게 가능할까? IT 업계는 3D프린터의 대중화로 '완제품 구매'가 '완제품을 만들 수 있는 도면 구매'로 바뀔 것이라 전망한다. 앞으로는 소비자가 도면만 구입해 제품을 직접 제조해서 쓴다는 이야기다. 이렇게 되면 제조업체는 구태여 거대한 생산·물류 시설을 보유할 필요가 없다. 이것이 구현되면 1인기업도 큰 장애 없이 대량 생산과 유통을 할 수 있게 될 것이다. 고객이 주문하면 3D프린터로 제작을 할 수 있는 도면만 보내면 되기 때문이다.

3D프린팅의 온라인 서비스 플랫폼도 빠르게 변화하고 있다. 쓰리디시스템즈3D Systems, 스트라타시스Stratasys, 메이커봇Makerbot등 선두 업체들은 이미 사이트에서 사진을 입체정보로 만든 뒤, 이를

3D프린터로 출력해 완성한 제품을 배달하는 서비스를 제공하고 있다. 3D 제작 과정이 보편화되면 온라인 서비스 플랫폼에서 자신만의 디자인을 판매할 수도 있다.

최근에는 사람도 순간이동을 시키는 기술이 등장했다. 정확히 말하면 사람 실물 그대로의 입체영상이 인터넷을 통해 실시간으로 이동하는 것이다. 그런데 이동해온 영상이 너무도 생생하고 실시간으로 대화가 가능하니 사람이 순간이동을 한 것이나 진배없다.

DVE사의 '허들Huddle 70'이라는 회의 시설은 사람을 순간이동시키는 기기다. 서울 본사에 있는 당신이 두바이, 런던, 뉴욕에 있는 지역별 마케팅 매니저들과 회의를 해야 한다고 하자. 예전 같으면 비행기를 타고 이동해 모두 한 곳에 모여야 했다. 하지만 이젠 그럴 필요가 없다. 허들 70이 장착된 컨퍼런스룸에는 실물 사이즈의 3D 홀로그래피 기술을 채용한 텔레포트가 구현되기 때문이다.

당신은 본사에 있는 컨퍼런스룸에 들어간다. 이미 그곳에는 세 사람이 자리에 앉아 있다. 당신은 빈자리에 앉는다. 신기하다. 회의에 참석한 세 사람은 분명 세 대륙에 걸쳐 떨어져 있는데, 그들의 실물 영상이 컨퍼런스룸 의자에 자연스럽게 앉아 있다. 회의를 진행할 때도 실제로 존재하는 사람들과 대화를 한다는 느낌이 든다. 자세히 보지 않고는 3D홀로그래피 영상인지 실물인지 구분이 가질 않는다.

이 컨퍼런스룸은 프레젠테이션할 때 더욱 사람들을 놀라게 한다. 보여주고자 하는 이미지를 3D홀로그래피 영상으로 허공에 띄우

▲DVE사의 허들 70 텔리프레즌스 회의실(Image used with permission from DVE, Photo ⓒ DVE)

고, 손짓으로 입체 이미지를 돌리기도 한다. 실물을 내놓는 것보다
더 상세하게 이미지를 제시할 수 있다.

앞으로 5G시대가 되면 이 기술은 당신의 스마트폰에서도 구현될
것이다. 야근한다고 해놓고 술집에서 신 나게 마시고 있는데, 갑자
기 아내가 스마트폰 밖으로 텔레포트되어 나올 수도 있다. 음주가
무를 즐기는 이들은 앞으로 더 조심해야 한다.

가상현실을 이용한 순간이동도 현실화되고 있다. 막스플랑크뇌
공학연구소가 개발한 가상현실 프로그램을 이용하면 자신이 원하
는 공간으로 이동해 신체적 체험을 할 수 있다.

다음 페이지에 나오는 사진에서 보는 것과 같이 한 실험자가 가
상현실 기기를 착용하고 실험을 위해 마련된 방안에서 여러 가지
행동을 한다. 외견상 그녀의 행동에서 목적성을 발견하기는 힘들지
만 사진을 보면 이 여성이 가상 사무실에 있다는 것을 알 수 있다.

▲막스플랑크뇌공학연구소의 가상현실 체험 장면(Image used with permission from Markus Leyrer and Betty Mohler, Max Planck Institute for Biological Cybernetics)

이 여성이 실험실 회의 탁자로 쪽으로 다가가면 함께 회의를 할 사람들이 나타나고 의자에 앉으면 열심히 토론하고 있는 사람들의 모습이 나타난다. 신체 동작은 현실세계에서 하지만 피실험자의 체험은 가상 공간에서 이뤄지고 있는 것이다.

이 체험 기구를 이용하면 홀로그램으로 구성된 가상공간에서 휴가를 보내거나 호신술 트레이닝을 받을 수도 있고 집 안에서 몰디브 해변, 중국 만리장성, 페루의 마추픽추 등 세계 주요 명소를 실제처럼 방문할 수 있다. 또 무중력을 체험하며 하늘을 날 수도 있다.

이 가상현실 순간이동 체험은 오큘러스 리프트라는 기기에 영화 특수효과를 위해 사용되는 모션캡처 센서를 장착한 프로그램으로 가능해졌다. 지금까지 단순한 3D영상 체험을 하는 헤드셋은 많이 나왔다. 하지만 이 기기는 진일보해 가상현실 속에서 직접 자신의 행동을 제어하며 시시각각 변화하는 느낌을 통해 순간이동 체험까지 할 수 있게 만들었다.

신의 목소리

　　　　　세상 사람 모두가 알아야 할 중요한 일이 있을 때, 신의 목소리는 세상이 다 알 수 있도록 울려 퍼졌다. 아담과 이브가 선악과를 먹었을 때 그랬고, 판도라의 상자가 열렸을 때도 신의 목소리는 세상을 울렸다. 지금으로 따지자면 브로드 캐스팅 능력이다.

1960~70년대, 방송 초창기에는 방송이 국가 권력 유지를 위해 사용되는 경우가 많았다. 그 당시 대다수 방송국들은 국가 소유였다. 당시 쿠데타를 일으키려는 세력은 국영 방송국 장악을 기본 매뉴얼에 포함시켰다. 방송국 장악이 대중 장악과 연결되기 때문이다. 방송을 통해 정권의 수장이 사는 궁궐 같은 집과 호화 가구를 보여주면 게임 끝이다. 방송을 통해 '현 권력층은 여러분의 피와 살로 저렇게 호화로운 생활을 하는 나쁜 자'란 낙인만 찍으면 웬만한 국민들의 마음은 금세 반군 쪽으로 쏠렸다. 그래서 우리는 쿠데타가 일어날 때마다 놀라운 구경을 할 수 있었다. 이멜다의 수천 켤레의 명품 구두와 카다피 자녀의 황금소파, 최근에는 우크라이나 야누코비치의 황금으로 꾸민 방 등이 공개돼 새로운 세력의 쿠데타

를 승리로 이끄는 데 일조했다.

그러나 지금은 방송국 장악이 예전만큼 효과를 발휘하기 어렵다. 방송국이 너무 많아졌기 때문이다. 이제는 누구나 방송국 하나쯤은 가지고 있다. 바로 당신 주머니 속에 있는 스마트폰이다. 당신 손에 들린 스마트한 전화기는 이제 카메라가 되는 동시에 방송국이 됐다. 당신의 스마트폰은 이미 많은 것을 보도하고 있다. 대표적인 예로 부당한 거래에 억울해하던 한 유제품 대리점 사장님은 스마트폰으로 '그것이 알고 싶다'를 제작해 우리 사회에 만연한 갑질을 단죄했다.

개인 방송국들은 국가의 운명마저도 갈랐다. 2010년 말 튀니지에서 과일을 팔던 노점상이 경찰의 부당한 단속에 맞서 분신자살을 한 소식이 한 젊은 남성의 스마트폰을 통해 페이스북과 트위터에 급속도로 퍼지면서 사람들이 모였다. 독재에 대한 저항과 가난, 부패한 정권에 대한 불만감이 분신 사건으로 폭발했다. 결국 SNS가 촉발시킨 반정부 시위는 튀니지의 장기 독재 체제를 종식시켰다. 우리가 '아랍의 봄'이라 부르는 사건이다. SNS를 통해 촉발된 아랍의 봄은 튀니지뿐 아니라 이집트에서 30년 간 독재권력을 행사한 무바라크를 몰아내는 데 원동력이 됐고, 이 흐름은 리비아, 바레인, 예멘, 알제리 등 아랍 전역으로 확산되면서 수십 년을 철옹성처럼 지켜온 중동의 독재정권들을 차례로 무너트렸다.

바야흐로 언론의 주축이 바뀌었다. 이제는 당신이 언론의 주인이다. 언론 춘추전국시대를 넘어 온 국민 언론시대가 온 것이다. 개인

언론으로 무장한 소비자들은 지구 곳곳에서 새로운 질서를 만들어 나가고 있다. 이런 변화의 바람은 마케팅에서도 힘차게 불고 있다. 표적시장 전략과 차별화 전략을 바이블로 섬기던 '마케팅공화국' 시절, 모든 마케팅 권력은 매스미디어에서 나왔다. 당연히 기득권 기업들은 대중매체와 합세해 그들의 마켓을 통치했다. 그러나 지금, 마케팅공화국은 이빨 빠진 호랑이다. 마케팅에도 '봄'이 온 것이다.

소비자들은 카카오스토리에서, 블로그에서, 트위터에서, 페이스북에서 수십 년을 철옹성처럼 지켜온 기득권 기업들의 마케팅 권력을 무너트리고 있다. 이미 스마트 기기로 무장을 끝낸 소비자들은 이제 더 이상 기득권 세력에 굴하지 않는다.

반인반기(半人半機)

그리스 신화에는 켄타로우스라는 반인반마半人半馬의 수인獸人이 등장한다. 상반신은 사람의 모습이고 하반신은 말인 상상의 종족으로 힘이 무척 세다고 한다. 이 켄타로우스가 현실에 등장했다. 힘마저 더 세다.

바로 엑소스켈리톤exoskeleton이라는 입는 로봇 기술이 그 현실 버전이다. '엑소스켈리톤 수트'는 '외골격 수트', 즉 겉에 입는 단단한 옷이라는 뜻인데, 엑소스켈리톤의 미래를 가장 잘 보여준 것이 SF영화 〈엣지 오브 투모로우Edge of Tomorrow〉다. 이 영화에서 주인공

톰 크루즈가 외계생물체와 싸울때 입은 '엑소수트exosuits'가 바로 입는 로봇이다. 주인공은 이 수트에 각종 무기를 달고 마치 인간탱크처럼 종횡무진 활약한다.

2014 브라질 월드컵에서 외골격 로봇을 입은 하반신 마비 환자 줄리아노 핀토가 시축을 해 화제가 됐는데, 하반신을 전혀 움직일 수 없는 그는 생각만으로 발을 움직여 공인구 브라주카를 차는 데 성공했다.

이번엔 반이 기계다. 반인반기半人半機라 불러야 한다. 5세대 전투기인 F-22와 F-35 개발로 유명한 미국의 군수 업체 록히드마틴Lockheed Martin 또한 '아이언맨' 수트 개발에 뛰어들었다. 2009년 록히드마틴이 만든 헐크HULC, Human Universal Load Carrier를 입으면 90킬로그램 이상의 짐을 지고도 시속 16킬로미터로 산길을 뛰어다닐 수 있다. 배터리 기술이 조금 더 발전하면 힘은 더욱 세질 전망이다.

미국의 군수품 개발 업체 레이시온Raytheon도 미 육군용 엑소스켈레톤 수트, 엑소스XOS를 개발했다. 가장 최근 버전인 XOS 2를 착용하면 자신의 힘의 17배를 발휘할 수 있고, 100킬로그램이 넘는 짐을 들고 구를 수 있을 정도로 민첩해진다고 한다. 수트의 모든 관절 부위마다 컴퓨터 센서가 장착돼 있는데 이 센서들은 무선으로 인터넷에 연결돼 슈퍼컴퓨터의 인공지능을 이용할 수 있다. 힘이 대단할 뿐 아니라 전장의 모든 정보를 지닌 채 구동하는 것이다.

사물인터넷시대의 전쟁 상황은 다음과 같은 양상을 띨 수도 있겠다. 소형 드론이 적의 위치를 포착하고 클라우드 컴퓨터에 알린다.

그러면 컴퓨터는 그들의 진행 경로와 예상 도달 시간 등을 실시간으로 측정해서 병사에게 보낸다. 클라우드 컴퓨터는 다시 인공위성이 촬영한 지형지물을 분석해서 최적의 매복 장소를 추천한다. 각 매복지별 전투 승률이 스마트 글래스에 나타난다. 그런데 갑자기 경고 메시지가 나타난다. 적의 전투헬기가 뜬 것이다. 뒤이어 적의 기갑사단도 오고 있다는 보다 높은 단계의 경고 메시지도 뜬다. 클라우드 컴퓨터가 분주히 메시지를 보낸다. 지금 위치에 있으면 생존 확률 10퍼센트다. 이동할 장소를 추천한다. 도보로 약 10분 거리에 생존 확률 90퍼센트 이상의 은신처가 있다. 그런데 산길을 올라야 한다. 문제없다. 엑소스켈리톤 수트를 입었기 때문에 2분 정도

▼XOS 2를 입고 100킬로그램이 넘는 짐을 진 채 팔 굽혀 펴기를 하는 병사(이미지 출처:http://www.army-technology.com/projects/raytheon-xos-2-exoskeleton-us/)

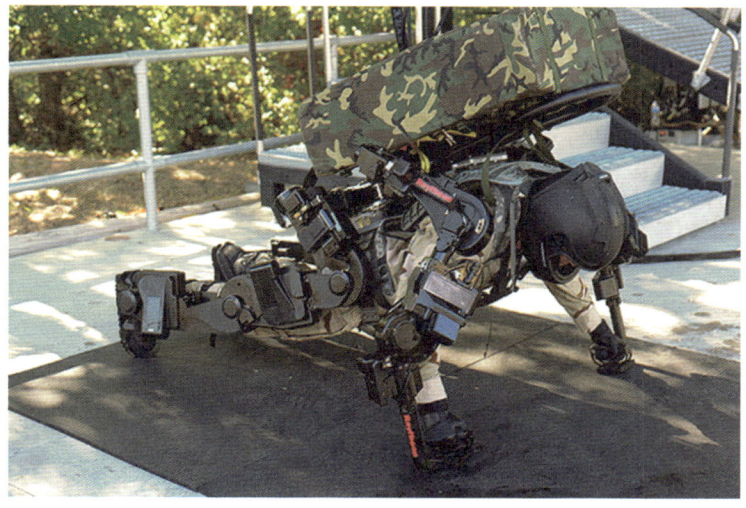

면 도달 가능하다.

엑소스켈리톤 수트는 해상용으로도 개발되고 있다. 캐나다 벤쿠버에 있는 뉘트코 리서치Nuytco Research는 '입는 잠수정'이라 할 수 있는 '엑소수트Exosuit'를 개발했다. 온몸 전체를 알루미늄 합금으로 덮는 이 엑소수트를 입으면 내부 기압이 지상과 같은 1기압으로 유지되기 때문에 잠수병을 걱정할 필요가 없어진다.

그밖에도 엑소스켈리톤 수트는 신체 거동이 불편해진 노인을 보조하거나 장애인들을 위한 용도로도 활발히 개발되고 있다. 의료용 수트는 휠체어를 대신하거나 재활 치료기구로 사용될 수 있다. 더 나아가 스포츠용으로 개발된 수트를 입고 골프 초보자가 타이거 우즈와 똑같은 스윙 폼을 연습할 수도 있다. 웨어러블 로봇은 뼈와 근육이 퇴화한 60세 이상 노인들이 젊었을 때처럼 등산 같은 여가 생활을 원활하게 즐길 수 있도록 도와줄 것이다. 또한 이 수트는 근로자의 생산성을 크게 높이고 산업재해를 낮추는 데도 사용될 예정이다. 앉았다 일어났다를 반복하는 작업자가 무릎용 웨어러블 로봇을 착용하면 힘이 거의 들지 않게 된다.

이 입는 로봇은 우리나라에서도 개발 중이다. 현대로템에서 프로토타입을 개발해 2년 후 상용화를 목표로 하고 있다고 한다.

마법의 집

"자비스, 아침에 먹은 캐러멜 마끼야또 다시 한 잔 부탁해." "네, 주인님!"

영화 〈아이언맨〉을 보면서 가장 부러웠던 건 아이언맨 수트가 아니라 토니 스타크의 충직한 비서 자비스였다. 자비스는 그야말로 만능이다. 자비스는 토니의 손짓과 몸짓, 음성에 따라 움직이며 첨단 수트를 설계·제작하는 것은 물론 집안 일도 척척 해낸다. 주인의 생체정보를 분석해 컨디션에 맞는 음식을 준비하는 것은 기본이고, 심리 상태를 파악해 주인에게 말을 거는 친구 역할도 한다.

옛날이야기에 등장한 집에도 자비스 같은 만능집사가 있었다. 이야기 속에선 그런 집을 '마법의 집'이라 불렀다. 그런데 이 마법의 집, 영화 속 토니 스타크의 집이 현실이 되고 있다. 스마트홈이 그

▼ PC에서 명령을 수행하는 자비스 프로그램(이미지 출처 : http://www.nairaland.com/1565655/talk-pc-it-talk-back)

것이다.

　스마트홈의 발전 속도는 실로 대단하다. 현관 자물쇠부터 침대 옆 조명등까지 모두 인터넷에 연결된다. 연결되면 인공지능이 바로 끼어든다. 그중에서 백미는 구글이 인수한 네스트Nest다. 네스트는 사용자의 습관을 스스로 학습해서 스스로 온도조절까지 한다. 이처럼 스마트홈에 들어서면 모든 것이 당신에게 맞춰 스스로 움직이고 작동한다. 현관 자물쇠가 당신을 알아보고 스스로 문을 열고, 조명은 자동으로 당신이 좋아하는 밝기로 조절된다. 실내 온도와 습도가 당신의 기호에 맞춰 조절되는 것은 말할 것도 없다.

　이 스마트홈 분야에 드디어 세계 양대 산맥이 가세했다. 2014년 국제가전박람회IFA에서 삼성전자의 윤부근 사장은 "스마트홈은 모바일 솔루션, 생활가전, 건강관리 등이 하나로 연결되는 개념"이라고 말했다. 아직까지 스마트홈 구현에 출사표를 자신 있게 던질 수 있는 기업은 전 세계에서 딱 두 곳밖에 없다. 바로 삼성과 LG다. 집에서 사용하는 모든 가전제품을 생산하고 스마트폰까지 세계시장을 좌지우지할 수 있어야 스마트홈 사업에 힘이 실린다.

　이 양대 산맥이 자신의 생산품을 하나의 시스템으로 묶는 것을 실행에 옮기고 있다. 이들이 집을 하나의 거대한 로봇으로 변화시키는 것은 시간 문제다. 집 안의 모든 가전제품이 학습하고 판단하는 가전제품이 될 수 있다. 자비스를 발상한 것은 할리우드지만 자비스를 우리 생활에 실재하게 만드는 것은 대한민국 기업일 확률이 높다. 당신이 지구촌 누구보다도 먼저 SF영화 속 세계에서 살아

가게 될지도 모른다.

손동작만으로 제품을 디자인하고 게임을 즐기며, 컴퓨터를 이용하는 증강현실 솔루션도 이미 나왔다. 미국의 메타Meta는 가상현실 VR 헤드셋과 증강현실AR 안경인 '스페이스 글래스 메타 프로Space Glass Meta Pro'를 발매했다. 그들은 글래스에 3D카메라를 탑재해 손동작을 인식, 허공에 3차원 홀로그램을 띄워 놓고 손짓으로 컴퓨터를 제어할 수 있다. 〈아이언맨〉에서 토니 스타크가 보여준 모습 그대로다. 만들어진 디자인 역시 손짓으로 3D프린터에 집어넣으면 3D프린터가 실물을 뽑아낼 것이다.

당신은 이제 신처럼 살아갈 수 있는 사람이다. 이는 당신의 고객들도 마찬가지다. 이런 신들을 상대로 하는 비즈니스는 어떻게 변할까?

사물인터넷 비즈니스 전략

"우리는 당신이 어디에 있는지, 어디에 있었는지 압니다.
그리고 당신이 무엇을 생각하는지도 어느 정도 알고 있습니다."

에릭 슈미트 (Eric Schmidt), 구글 회장 (2010)

예진 씨는 인스타그램에 탤런트 L양이 입은 코트가 너무 마음에 든다고 포스팅했다. U패션의 신상이다. 그녀는 제품 정보를 전혀 몰랐다. 그저 코트가 마음에 들었을 뿐이다. 그러던 어느 날 예진씨는 쇼핑몰을 배회하다가 우연히 U패션의 매장을 방문한다.

그녀에겐 우연이었지만 매장은 그렇지 않다. 예진 씨의 스마트폰이 매장 입구에 있는 비콘과 연결되면서부터 매장은 전투모드로 돌변한다. 예진 씨는 쇼핑할 땐 언제나 스마트폰에 내장된 비콘 앱을 켠다. 그래야 손님 대접을 받을 수 있다. 비콘을 켜면 가끔 블랙프라이데이 때나 받을 수 있는 쿠폰을 받기도 한다. 또한 샘플도 푸짐하게 받을 수 있고, 시식도 제대로 대접받으며 할 수 있다. 쇼핑을 좋아하는 예진 씨에게 비콘은 VIP 명찰인 셈이다.

매장과 연결된 클라우드의 마케팅 서버는 빛의 속도로 그녀만을 위한 마케팅 전략을 만들어낸다. 서버에 있는 마케팅 딥러닝 프로그램이 매장 직원의 스마트폰으로 지령을 보낸다. 매장의 인공지능 '헤라'가 예진 씨의 지갑을 열게 할 결정적인 단서를 찾았기 때문이다. 헤라는 예진 씨의 인스타그램 포스팅 내용을 매장 직원에게 전송했다.

노련한 샵마스터는 매장을 둘러보고 있는 예진 씨에게 비장의 무기를 꺼내 들고 다가간다. 바로 탤런트 L양이 입었던 빨간 코트다. 이 코트를 본 예진씨의 눈이 반짝이기 시작했다. 정확하게 기억은 나지 않지만 어디서 본 듯한 코트다. 너무 마음에 든다. 그런데, 가격표를 향하던 그녀의 눈에서 갑자기 망설임의 그림자가 드리운다. 만만치 않은 가격이다. 매장의 표정인식 센서는 고객의 이런 표정에 익숙하다. 바로 캐치한 후 헤라에게 보고한다. '가격 갈등 경고'가 헤라에게 도착했다. 헤라 역시 이런 경고에 매우 익숙하다.

헤라는 바로 해결 방안을 찾는다. 그녀의 백화점 멤버십 할인쿠폰이 살아있음을 발견한다. 5퍼센트다. 신용카드 포인트도 무려 3만 7,000원이나 남아있다. 그리고 이 코트는 신상이지만 프로모션 상품이다. 15퍼센트 범위 내에선 샵마스터의 직권으로 할인이 가능하다. 샵마스터는 예진 씨에게 이런 구매 조건들을 쏟아냈다. 예진 씨의 얼굴이 다시 발그레해진다.

그런데 이게 웬일인가? 예진씨의 표정이 다시 굳어졌다는 보고가 표정인식 센서로부터 들어왔다. 예진씨의 구매 의사결정에 장애요인이 생긴 것이다. 헤라는 빅데이터 분석을 통해 일반적인 장애요인들을 파악하고 있다. 일반적으로 가장 많은 요인은 신용카드 과다 사용이다. 헤라는 바로 예진 씨의 백화점 카드 사용 기록을 뒤졌다. 빙고!

예진 씨의 카드 사용금액이 다른 달보다 많이 많았다. 이때 결정적 한 방이 없으면 이 고객은 등을 보일 것이라는 것을 헤라는 잘 알고 있다. 헤라는 특급 프로모션 메시지를 꺼내서 날린다.

이 메시지를 받은 매장 숍마스터가 예진 씨에게 물어본다. "손님, 혹시 올해 만으로 스물네 살이신가요?" 예진씨는 그렇다고 대답하자, 마스터는 믿기 힘든 말을 했다. "저희 매장에선 만 스물네 살 된 손님들에게 생애 딱 한 번 24퍼센트 할인을 해줍니다."

예진 씨의 입에서 '헉' 소리가 나올 뻔했다. 갑자기 머릿속이 하얘진다. 이 기회를 놓치면 크게 후회할 것 같다는 생각밖에 들지 않는다. '차라락'. 카드 단말기가 돌아가는 소리가 들리고 예진 씨는 상기된 표정으로 서명을 하고 있다. 헤라가 승리를 거두는 순간이다.

예진 씨가 쇼핑 봉투를 들고 매장을 나서려는 순간 등 뒤에서 숍마스터가 부른다. "손님, 잠시만요." 숍마스터의 손에는 코트와 기가 막히게 어울릴 듯한 머플러가 들려 있다. 예전에 예진 씨는 아이돌스타 A양이 공항패션으로 선보였던 이 머플러를 페이스북에 올렸던 적이 있었다.

헤라, 너 정말 장사 잘한다.

액티브데이터와 딥러닝

Chapter 3

액티브데이터의 등장

마케팅에선 고객 정보만큼 중요한 것이 없다. 당신이 상품을 왜 구매하고 사용하는지, 그리고 현재 당신이 어디에 있는지를 알면 마케터는 당신에게 매력적인 체험을 줄 수 있다. 고객 개인에 대한 풍부한 정보를 바탕으로 고객에게 더욱 적합성relevance 높은 상품을 만날 수 있게 해주고 고객에게 더욱 많은 가치를 전달해줄 수 있는 마케팅 방법이 바로 인텔리전트 개인화intelligent personalization다. 인텔리전트 개인화는 고객에 대한 풍부한 데이터 분석을 기반으로 고객이 가장 관심 있으리라 생각하는 상품을 제안하는 과정이다.

인간은 망각의 동물이다. 우리는 스스로 무엇을 좋아하고 싫어하는지에 대해 항상 인지하고 있지는 않다. 그래서 마케터가 고객 정보를 꿰뚫고 있다면 당신에게 '뜻밖의 행운'처럼 여겨지는 가치도 전달할 수 있다. 인텔리전트 개인화가 우리가 떠올리지 못한 잠재된 니즈까지 해결하는 대안을 제시해줄 수 있기 때문이다. 이와 같은 일이 생기면 브랜드와 고객과의 교감engagement 수준이 더욱 높아진다. 고객은 브랜드에 몰입하게 되고 마케터는 더 높은 고객생애가치customer lifetime value를 확보하기에 이른다.

결국 앞으로의 마케팅의 성공은 누가 고객 정보를 제대로 확보하고 가공하느냐에 달렸다고 해도 과언이 아니다. 우리는 한때 빅데이터를 지배하면 모든 것이 다 해결되는 줄 알았다. 그러나 빅데이터 자체만 가지고는 아무 것도 할 수 없다는 것을 깨닫는 데는 그리 오랜 시간이 걸리지 않았다. 빅데이터에는 분석결과를 왜곡할 수 있는 다크데이터dark data도 많이 포함돼 있기 때문이다.

빅데이터 그 자체로는 온전한 데이터가 아니다. 빅데이터 내에서 가치있는 부분들만 발견하고 분석해야만 쓸모있는 데이터가 된다. 빅데이터를 분석하고 해석해서 사용 가능한 수준으로 만드는 방법이 중요해지고 있지만, 아직도 어떤 방법이 최적인지는 논란이 많다. 기존에 데이터를 다루던 방법을 사용해야 하는지, 아니면 새로운 방법론을 개발해야 하는지에 대해 갑론을박이 계속되고 있다. 그러나 한 가지 분명한 사실은 과거에는 없던 새로운 데이터가 결합해 빅데이터 분석을 더욱 의미있게 해준다는 것이다. 이 새로운 데이터가 바로 액티브데이터다.

액티브데이터는 사물인터넷시대의 상징이다. 커넥슈머와 스마트 기기들 간의 소통은 액티브데이터를 만든다. 액티브데이터는 실시간 사용자 행동을 기반으로 얻어지는 사실에 입각한 데이터다. 그래서 액티브데이터는 빅데이터를 더욱 유용한 데이터로 만들어주는 촉매제 같은 역할을 할 수 있다.

액티브데이터는 정보를 수집할 때 사용자들에게 가공적인 조사환경을 사용하지 않아도 된다는 장점이 있다. 사용자들에게 군이 따로 시간을 내게 해서 질문을 던지거나 문항을 작성하게 하지 않아도 된다는 것이다. 액티브데이터는 조사설계나 응답자의 기억력, 설문환경 등의 변수에 의해 결과가 바뀔 수 있는 패시브데이터 passive data에 비해 고객의 욕구를 더 정확하게 파악할 수 있게 해준다. 또한 액티브데이터는 일반 정보, SNS데이터, 판매 데이터, 오픈데이터, CRM데이터 등 이종 데이터와도 쉽게 결합할 수 있다.

마케터들의 데이터 전쟁이 본격화됐다. 인간과 사물이 연결된 시장에서 승리하기 위해 시시각각 변화하는 고객의 행동과 심리를 관통하고 그들의 숨은 니즈까지 찾아내기 위해 필요한 것은 이제 STP가 아니라 데이터 분석이다. 데이터 분석은 타기팅부터 고객에게 직접 판매하는 단계까지 지금까지 풀지 못했던 많은 숙제를 해결해줄 것이다. 이때 데이터는 필요할 때만 분석 전문가에게 의뢰해서 결과를 받아보는 리포트가 아니라 실시간으로 통찰력을 제공해주는 살아 움직이는 물살과도 같은 존재다.

딥러닝

　　　　몇 년 전, 〈무릎팍도사〉라는 예능 프로그램이 큰 인기를 끈
적이 있었다. 찾아온 손님의 무릎이 닿기도 전에 무릎팍도사가 모
든 걸 꿰뚫어 보고, 고민을 속 시원하게 해결해준다는 설정이었다.
만일 이런 도사가 실재한다면 그는 점쟁이보다는 비즈니스를 하는
편이 큰 성공을 꾀하는 길 아닐까. 고객을 만나자마자 그 생각을 알
수 있다면 팔지 못할 상품이 없기 때문이다.

　그런데 이 무릎팍도사가 놀랍게도 컴퓨터 운영체제OS로 만들어
지고 있다. 이 운영체제는 무릎팍도사보다 더 뛰어난 신통력을 발
휘한다. 고객 자신이 원하는 것을 미처 알아차리기 전에 그들의 마
음을 읽어낼 수 있기 때문이다.

　이 운영체제에 적용된 기술이 바로 딥러닝deep learning이다. 이 무
시무시한 기술을 먼저 정복하기 위해 전 세계 ICT 강자들이 분주히
움직이고 있다.

　딥러닝 기술의 출발점은 빅데이터다. 빅데이터를 분석하는 알고
리즘에는 다양한 방법이 존재한다. 이 중 어떤 방법으로 빅데이터
를 처리해야 마케팅에 가장 의미있는 정보를 만들어낼 수 있는지
가 항상 논란이 돼왔다. 그러나 이 논란은 이제 막을 내릴 것 같다.
뉴럴네트워크의 한계를 극복한 딥러닝이 빅데이터 분석에 있어 최
고의 기술로 거론되고 있기 때문이다.

　2012년 6월, 구글은 고양이 얼굴 인식 실험으로 세상을 놀라게
했다. 유튜브에 올려진 영상에 담긴 1,000만 마리의 고양이 얼굴을

개별 인식할 수 있는 기적의 능력을 과시한 것이다. 이 기술을 구현하는 데는 스탠포드대학 교수인 앤드류 응Andrew Ng이 1만 6,000개의 컴퓨터와 10억 개 이상의 신경 네트워크를 구성해 개발한 심층신경 네트워크Deep Neuro Network, DNN가 사용됐다. 그 같은 개별 인식이 가능하다는 것은 사람을 포함한 모든 사물의 이미지를 개별적으로 인식할 수 있다는 것을 의미한다. 구글은 이 능력에 사용된 기술이 딥러닝이라고 발표했다.

2013년 MIT가 꼽은 10대 혁신 기술 중 하나인 딥러닝은 컴퓨터가 인간의 뇌처럼 스스로 학습하고 추론, 소통하도록 만드는 데이터 분석체계다. 심층학습이라고도 불리는 딥러닝은 우리의 삶에 모바일 혁명보다 더 큰 변화를 가져다 줄 예정이다. 딥러닝으로 구현되는 인공지능이 클라우드에 연결된 모든 사물의 두뇌 역할을 할 것으로 예상되기 때문이다.

뉴럴네트워크의 이해

딥러닝 기술은 4세대 뉴럴네트워크인 볼츠만 머신Boltzmann Machine을 발전시킨 알고리즘이다. 뉴럴네트워크는 인간 뇌의 기능을 적극적으로 모방하려는 생각에 기초를 두고 있다. 즉, 무언가를 보고 그것이 무엇인가를 인식해 필요에 따라 행동을 취한다는, 인간에게는 아주 간단하고 당연한 사고방식을 컴퓨터에 학습시키는 것이다. 다시 말해 제어 대상과 관련된 복수의 요인을 설정하고, 이들의 결합과 결합의 중요도를 생각하게 하는 방법이다. 계산 과정에 학습 기능을 부가함으로써 최적의 제어가 가능하다.

뉴럴네트워크는 인간의 신경망처럼 수많은 이중 선형 필터링bilinear filtering과 비선형 결정 로직non-linier decision logic으로 이뤄져 있어 많은 데이터를 다룰 수 있기 때문에 빅데이터 처리가 가능하다. 그러나 속도가 느리다는 단점과 과적합over-fitting 문제가 늘 따라다녔다. 과적합은 프로그램이 너무 충실하게 학습을 한 나머지 불필요한 것까지 배워버린다는 것이다. 결국 분석결과에 원치 않는 부분이 생길 수밖에 없었다. 하지만 고성능의 CPU가 등장하고 데이터가 폭증하게 되면서 이 문제는 자연스럽게 해소되기 시작했다.

또한 이 분야를 깊숙이 고민해온 학자들이 그에 대한 해법을 내놓으면서 뉴럴네트워크는 다시 각광을 받기 시작했다. 토론토대학 제프리 힌튼Geoffrey Hinton 교수, 뉴욕대학 얀 레쿤Yann LeCun 교수, 스탠포드대학 앤드류 응Andrew Ng 교수, 이들 3인방은 딥러닝을 만든 인공지능 학계의 선구자들이다. 제프리 힌튼은 구글, 얀 레쿤은 페이스북, 앤드류 응은 한때 구글과 일하다가 지금은 중국의 구글이라 불리는 바이두와 함께 일한다.

딥러닝 연구는 이미지 식별을 위해 사물이나 데이터를 군집화하려는 노력에서 시작됐다. 예를 들어보자. 컴퓨터는 계산 능력에 있어서만큼은 인간의 한계를 뛰어넘었다. 아무리 복잡한 계산도 즉각 해낸다. 그런데 사물 식별에서는 인간을 따라올 수 없다. 컴퓨터는 사진만을 놓고 고양이와 개를 구별하라는 요구를 받으면 아무 답도 내놓지 못한다. 꽃의 종류도 영상이나 이미지만으로 파악하지는 못한다.

사람은 아주 쉽게 하는 작업을 컴퓨터 프로그램은 매우 어려워하는 것이다. 사실 컴퓨터는 스스로는 아무것도 못한다. 컴퓨터는 인간이 입력한 특정한 규칙과 코드들을 절차적으로 내보내기만 하는 상자이기 때문이다. 이미지와 언어처럼 입력되는 내용의 규칙이 아주 명료하지 않을 때는 당황하며 대책 없이 혼란스러워한다.

이를 극복하기 위해 기계학습이라 불리는 머신러닝machine learing이 나왔다. 기계학습은 인간이 후천적으로 행하는 학습능력을 본뜬 것으로 인공지능의 기본 원리다. 기계학습을 이용하면, 사람의 뇌처럼 더 많은 정보를 습득할수록 더 영리한 인공지능이 만들어진다. 데이터가 많이 쌓이면 쌓일수록 더욱 실용적인 정보를 제공할 수 있게 되는 것이다. 빅데이터 환경에 가장 적합한 기술이라 하겠다.

기계학습은 많은 데이터를 컴퓨터에 입력한 뒤 유사한 것들끼리 분류한다. 예를 들면, 개를 개로, 고양이를 고양이로 판독하도록 훈련시키고, 컴퓨터가 스스로 패턴을 찾아내 분류하게 한다. 딥러닝은 이 기계학습에 기반하지만 세상과 상호작용을 하면서 분류를 거친 예측을 통해 프로그램 스스로가 사물을 인식하는 방법을 배우는 것이다.

처음에는 고양이와 개를 구별하는 것과 같은 새로운 정보에 대해 혼란스러워할 수도 있다. 그러나 여러 추측을 한 후에는 수많은 데이터 속에서 패턴을 발견해 컴퓨터가 연결을 짓고 추론을 통해 객체를 분별하게 된다.

그런데 이것이 다가 아니다. 딥러닝이 더욱 놀라운 점은 인간이 직접 조작해 체계화한 데이터를 분석해낼 뿐만 아니라, 우리 뇌의 신경회로에 준하는 운영체계를 구축한다는 것이다. 딥러닝은 뉴런과 시냅스로 구성된 뇌의 신경회로와 같은 구도를 컴퓨터를 통해 구현해나간다.

이와 같은 원리를 이용, 딥러닝 알고리즘은 지도학습supervised learning과 자율학습unsupervised learning의 두 가지 방식으로 사물을 분별하는 방법을 배운다. 기존의 기계학습은 대개 지도학습을 이용했다. 지도학습 방식은 컴퓨터에 먼저 "이런 이미지가 고양이야"라고 학습을 시켜주면, 학습된 결과를 바탕으로 고양이 사진을 판별하는 것이다. 사전에 반드시 학습 데이터가 제공돼야만 하고, 사전 학습 데이터가 적으면 오류가 커지므로 데이터 양도 충분해야 한다. 지도학습에는 반드시 인간이 매개되어 있다. 인간이 데이터를 입력하지 않는 한, 어떤 학습도 이뤄질 수 없는 것이다.

자율학습 방식은 이 과정이 생략된다. 인간이 개입하지 않아도 컴퓨터가 스스로 학습을 한다. "이런 이미지가 고양이야"라고 학습시키지 않아도 자율적으로 컴퓨터가 "이런 이미지가 고양이군"이라고 학습한다. 구글이 유튜브 내 고양이 이미지를 식별한 것이 바로 자율학습 방식을 기초로 한 딥러닝 기술이다. 지도학습 방식보다 확실히 진일보한 방식이지만 고도의 연산능력이 요구되기 때문에 웬만한 컴퓨팅 능력으로는 시도하기 쉽지 않았다. 1989년 얀 레쿤 교수가 필기체 인식을 위해 심화 신경망 방식을 도입했을 때 연산에만 3일 걸렸다고 한다.

기계학습인 머신러닝은 상품의 디자인, 사양, 가격, 판매 조건 등을 디테일하게 입력한 데이터로 종합 분석해 상품을 구별해내는 정도다. 반면 딥러닝은 사람이 데이터를 일일히 입력하지 않아도 컴퓨터가 상품을 그냥 보기만 해도 디자인, 사양, 가격 등을 인식해 어떤 상품이고 어떤 조건으로 판매되는지 알아낸다.

딥러닝의 초창기 결과물들은 이미 우리 주변에서 상용화돼 있다. 가장 간단한 형태의 딥러닝 기법이 적용된 예는 웹사이트 방문 기록을 분석해 추천 검색어를 보여주는 것이다. 페이스북은 딥러닝을 뉴스피드와 이미지 인식 분야에 적용하고 있고, 구글은 음성인식과 번역을 비롯해, 특정 주소를 인식해 이미지로 보여주는 스트리트 뷰 서비스에 적용했다.

뉴언스커뮤니케이션의 언어인식 프로그램을 도입한 애플의 '시리'는 아이폰과 아이패드에 탑재돼 사람들의 궁금증을 풀어주는 비서 역할을 한다. 시리 이전에도 음성인식 알고리즘이 있었지만 그들은 미리 입력해놓은 데이터만 답변할 뿐이었다. 시리를 이용해보면 IT 기업들이 왜 로봇 사업에 관심이 있는지 알 수 있다. 시리는 단순한 음성인식 비서가 아니라 로봇의 인공지능으로 발전할 전망이다.

시리가 앞으로 어떻게 진화할지 생생하게 보여주는 영화가 있었다. 실연을 당해 외로운 한 남자와 최신 컴퓨터 운영체제 '사만사'와 사랑에 빠진다는 내용의 영화, 〈그녀〉다. 인간의 피조물인 운영체제가 학습을 통해 스스로 인격을 재구성할 수 있고, 심지어는 인간과 사랑에 빠질 수 있다? 딥러닝 기술이 계속 발전한다면 전혀 불가능한 스토리가 아니다. 이 영화는 그리스 신화에서 피조물인 인간과 사랑에 빠지는 신 제우스를 연상케 하면서도, 한편으로는 인간이 로봇에게 공격당할지도 모른다는 오랜 공포를 불러일으킨다. 사만사 같은 인공지능이 자유의지를 갖고 있고 감정을 느낀다면, 목표를 위해서 수단과 방법을 가리지 않을 수도 있다.

가령 인공지능이 "무슨 일이 있어도 살아남아야 한다"라는 생존 학습을 했다고 치자. 만약 어떤 사람이 의도적으로 운영체제를 파괴하려 하면 인공지능은 바로 반항할 것이다. 자신의 생존을 위해 그 사람을 죽이는 계략을 꾸밀 수도 있는 것이다. 인공지능 기술에 대한 우려를 외면할 경우 영화 〈매트릭스〉나 〈터미네이터〉 시리즈처럼 인간이 기계를 통제할 수 없는 상황이 현실화될 수도 있는 것이다.

테슬러자동차의 창업자 앨런 머스크Elon Musk는 "영화에서는 특별한 능력을 지닌 주인공 덕분에 상황이 통제될 수 있지만 현실은 전혀 다르다"고 우려했다. 영국의 천체물리학자 스티븐 호킹 박사를 위시한 세계적 석학들도 인공지능이 인류문명을 위협할 수 있다며 경고한 바 있다. 호킹 박사는 2014년 5월 영국 〈인디펜던트〉

에 실은 기고문에서 "우리는 인공지능이 축복이 될지 아니면 재앙이 될지 모르는 갈림길에 서 있다"며 "첨단 인공지능 기계들을 SF 소설의 소재로만 보는 것은 사상 최악의 실수가 될 수 있다"고 지적했다.

다만 현재까지 구현된 것들만 보면, 로봇의 인격은 〈아이, 로봇〉이나 〈바이센테니얼맨〉 또는 〈스타워즈〉의 R2처럼 인간을 도와주는 쪽이다. 최근 소프트뱅크의 손정의 회장이 직접 소개하면서 화제가 된 인간형 로봇 '페퍼Pepper'는 감정 엔진을 통해 인간의 감정 상태를 포착하고, 외부 정보를 학습해 클라우드 환경에 연결된 다른 로봇들과도 소통하면서 인간을 돕는다고 한다. 또한 페퍼는 인간과 일상적인 대화를 나누면서 학습하는 기능도 가지고 있다고 한다. 바로 딥러닝 기술과 연결돼 있는 것이다.

딥러닝 경쟁

【 싱귤레리티를 꿈꾸는 구글의 맨해튼 프로젝트 】

구글이 추구하는 검색엔진은 "사용자의 마음을 읽고 그가 원하는 것을 정확하게 찾아 주는 것"이라 한다. 이와 같은 꿈을 이루기 위해 구글은 딥러닝 기술을 택했다. 현재 구글의 인공지능 부문을 이끄는 인물은 인공지능계의 대부로 통하는 천재 과학자 레이 커즈와일Ray Kurzweil이다. 커즈와일의 이력은 화려하다. 박사 학위가 8개나 있다는 그는 3D프린터를 최초로 개발하고, 얼굴인식 컴퓨터 프로그램을 창조했으며, 음성인식에 의한 문자기록을 처음으로 선보였다.

커즈와일은 2029년이 되면 인공지능이 인간의 두뇌를 압도하는 '싱귤레리티Singularity('특이성'이란 의미로 기상천외한 세상을 뜻함)' 사회가 될 것이라 예측했다. 싱귤레리티는 인공지능이 인간의 두뇌를 넘어서는 순간으로 인류 문명에 근본적인 변화가 일어나는 시점을 말한다. 또한 2045년쯤이면 인간 전체를 합친 두뇌보다 컴퓨터의 두뇌가 10억 배 이상 더 큰 힘을 발휘할 것이라 한다.

커즈와일은 2013년부터 구글에서 '인공지능 맨해튼 프로젝트'를 시작했다. 맨해튼 프로젝트는 원래 2차 세계대전을 종식시키고 미국이 패권을 쥘 수 있게 만든 원자폭탄 제조 프로젝트였다. 이 프로젝트에는 천문학적인 예산이 투입됐고 미국 내 최고 과학자들이 참여했다. 구글이 인공지능 개발 프로젝트에 맨해튼이란 역사적인 별칭을 붙인 데에 인공지능 분야의 전 세계 패권을 확실히 거머쥐겠다는 굳은 결의가 엿보인다.

이런 결의를 증명이라도 하듯, 구글은 인공지능과 관련된 IT 기업과 전문가들을 블랙홀처럼 계속 빨아들이고 있다. 2014년 1월 인공지능 개발회사 '딥마인드Deep Mind'를 4억 파운드에 인수한 데 이어, 같은 달 학습능력이 있는 스마트 온도조절기를 개발한 '네스트랩Nestlaps'을 32억 달러에 매입했고, 이후 6개월간 10여 개의 인공지능 관련 기업이 직·간접적으로 구글의 프로젝트에 발을 담갔다. 크고 작은 벤처기업을 포함할 경우 50여 개 업체가 인공지능 맨해튼 프로젝트에 참여한 상태다.

하지만 여기서 멈추지 않았다. 2014년 10월에는 영국 옥스포드대학에서 기계학습을 활용한 인공지능 분야를 연구하는 교수와 연구원 7명을 영입하고, 옥스포드대학과 인공지능 분야 연구를 위한 파트너십을 체결했다. 이 협력으로 구글의 인공지능은 이미지 인식과 자연어 분야에서 한 차원 높은 발전을 준비한 셈이다.

현재 구글의 인공지능은 음성, 영상, 이미지, 문자를 빠르고 정확하게 자동 인식하는 데 가장 높은 완성도를 보이고 있다. 음성인식 비서 서비스는 애플의 시리가 2011년에 먼저 선수를 쳤지만 1년 뒤 구글이 '구글 나우'를 선보이며 시리의 진화 방향을 제시했다. 구글 나우는 시리보다 한층 진화한 운영체제로, 예측에만 머물지 않는다. 비슷한 질문을 할 경우, 다음에는 미리 처방을 해주는 영민한 비서 역할을 한다. 예를 들어 출근할 때마다 날씨를 두세 번 물어보면 다음부터는 묻지 않아도 출근 전에 일기예보를 알려준다.

구글의 인공지능 인식 기술은 무인 자동차 기술에 이미 활용되고 있다. 구글 카는 시속 60마일로 달리다 "사고가 발생했으니 시속 40마일로 감속하라"는 안내판을 만나면 자동으로 속도를 줄일 수 있다. 인공지능의 문자인식 프로그램이 작동하지 않으면 무인자동차는 큰 사고를 일으킬 것이다.

이 기능들을 종합해보면 구글의 미래 검색서비스가 쉽게 예상된다. 예를 들어 구글 카를 타고 가다가 연료 잔량이 5리터 미만이 될 때마다 주유소를 방문하라는 명령을 두세 번 정도 하면, 구글 카는 다음부터는 연료가 5리터 이하가 될 때는 명령이 없어도 알아서 차를 주유소로 몰고 갈 것이다. 이때 구글에 수수료를 지불하는 주유소로 먼저 가지 않을까?

인공지능 맨해튼 프로젝트에서 또 하나 주목해야 할 분야는 로봇이다. 구글의 인공지능은 영화처럼 로봇과 결합하고 있다. 2013년 12월, 구글은 8일 동안 거의 하루에 하나씩, 8개의 로봇 개발 기업들을 사들였다.

인수한 회사들의 구성은 다양하다. 이 로봇 기술들을 하나로 묶어 구글의 인공지능과 클라우드로 연결하면 사용 목적에 따른 완전체가 된다. 예를 들어 가사보조 로봇의 경우, 가사에 관한 인식능력과 지식이 뛰어난 인공지능을 연결하면 된다. 여기에 쇼핑 대행

구분	분야
샤프트(Schaft)	휴머노이드
인더스트리얼 퍼셉션(Industrial Perception)	컴퓨터 비전
레드우드 로보틱스(Redwood Robotics)	로봇 팔
메카 로보틱스(Meka Robotics)	로봇 시스템
홀롬니(Holomni)	로봇 바퀴
봇&돌리(Bot & Dolly)	로봇 카메라
오토퍼스(Autofuss)	로봇 픽션 스튜디오
보스턴 다이내믹스(Boston Dynamics)	로봇 시스템

▲2013년 말 구글이 인수한 로봇 기업들

능력까지 추가하면 집사 노릇까지 할 수 있다. 항상 구매하는 생활필수품을 구매하라고 명령하면, 로봇은 인공지능으로 가격과 제품 속성을 면밀히 비교해서 최적의 대안을 선택할 것이다. 기업들은 앞으로 로봇을 고객으로 마케팅할 준비를 해야 할지도 모른다.

사실 구글은 이미 로봇 상용화의 문턱까지 왔다. 구글이 발표한 자율주행 자동차는 일종의 로봇이다. 차에는 운전대도, 엑셀도 브레이크도 없다. 좌석과 출발·정지 버튼, 그리고 어디를 달리고 있는지 알려주는 모니터만 있을 뿐이다.

【 인지컴퓨팅 분야의 패권을 노리는 페이스북 】

페이스북은 2013년 12월 딥러닝 분야의 개척자들 중 한 사람인 뉴욕대학의 얀 레쿤 교수를 영입해 인공지능 연구그룹을 개설했다. 이 그룹은 아직 기계적 학습 수준에 그친 페이스북 뉴스피드 알고리즘을 더 똑똑하게 만들었다. 바로 딥러닝 기술을 이용한 '딥페이스Deep Face'라는 얼굴 인식 솔루션이다.

2014년 3월에 발표된 딥페이스 알고리즘은 전 세계 이용자의 얼굴을 인식하고 구별하는 능력이 있다. 현재 인식 정확도는 97.25퍼센트로 인간의 눈(97.53퍼센트)과 거의 차이가 없지만 앞으로 99퍼센트 이상까지 올라갈 수도 있다고 한다. 또한 딥페이스 기술을 좀 더 발전시키면 마케터는 고객의 모습만으로도 그가 어떤 상품을 좋아하고 어떤 패턴으로 구매를 하는지 알아내고 분석할 수 있다.

이밖에 페이스북은 2014년 3월 인공지능 개발 기업 비카리우스

Vicarious에 투자를 했다. 비카리우스는 인간 뇌의 신피질neocortex과 같은 운영체제를 개발하는 기업이다. 신피질은 보고, 듣고, 신체를 조절할 뿐만 아니라 언어를 이해하고 수학 문제를 창의적으로 푸는 등 인간의 특유한 인식 기능이 연관돼 있는 부분으로, 보통 전두엽, 두정엽, 측두엽 및 후두엽 네 부분으로 나뉜다. 비카리우스 개발이 성공하면 컴퓨터가 먹고 잠자는 것을 제외하고는 모든 것을 인간과 똑같이 행할 수 있게 된다고 한다. 어쩌면 구글보다 페이스북이 먼저 인간과 같은 로봇을 개발할 수 있지 않을까?

【 시리에 도전장을 내민 MS의 코타나 】

피처폰 시절, 세계 1위의 시장점유율을 자랑하던 노키아를 인수한 마이크로소프트Microsoft, MS 역시 가만히 있을 리 없다. MS의 딥러닝 프로젝트의 목표는 수십조 개의 신경망으로 이뤄진 인간의 뇌를 벤치마킹해 뉴런네트워크를 구축하고 스스로 학습할 수 있도록 하는 것이다. 이 프로젝트의 첫 번째 결과물은 2014년 4월에 나왔다.

2014년 4월, MS의 윈도우폰 운영체제는 8.1 버전으로 업데이트 됐다. 이번 업데이트에는 영화처럼 '그녀'가 등장했다. 그녀의 이름은 '코타나Cortana'. 코타나는 시리나 구글 나우와 같이 음성인식 기술과 검색엔진을 통해 사용자가 원하는 답변을 찾아주는 가상 개인비서Virtual Personal Assistant, VPA다. 코타나로 대기 상태와 날씨 정보, 증권 정보, 운전 제한 사항에 대한 정보, 현지 TV쇼 및 유명인 등을 검색할 수 있다. 음성 명령으로 전화를 걸어주는 것은 기본이다. MS가 자랑하는 검색엔진 빙Bing을 이용한다.

코타나는 2014 브라질 월드컵을 통해 스타가 됐다. 남아공 월드컵 때 결승전 승패를 맞힌 점쟁이 문어 파울보다 더 정확하게 승리 팀을 예측한 것이다. 브라질 월드컵 한 달 전인 6월 11일, 월드컵에 출전한 각 팀의 과거 승패 전적과 국제 경기 경험, 홈그라운드 이점, 승패에 영향을 미치는 지역적 접근성, 날씨, 잔디 상태, 스포츠 도박시장의 정보 등이 MS의 슈퍼컴퓨터에서 분석됐다. 그 결과 16강전부터 결승전까지의 승리 팀이 도출됐고, 코타나를 통해 공개됐다. 결과는 대박. 네덜란드 대 브라질의 3, 4위전 경기를 제외하고 결승전까지 15개 경기 결과의 예측이 적중했다. 만일 브라질의 핵심 공격수 네이마르가 부상당하지 않았더라면 3, 4위전 결과도 맞았을지도 모른다. 구글도 예측에 참여했다. 코타나처럼 16강전 8경기의 결과는 모두 맞혔다. 그러나 프랑스와 독일이 겨룬 8강전 경기 결과 예측에는 실패했다.

코타나의 언어 해석에는 윈도우폰과 MS의 클라우드 서버 '어주어Azure'가 협동 작전을 펼친다. 사용자가 코타나에게 말을 걸면 스마트폰이 먼저 명령을 해석한다. 단어를 이해하지 못하면 실시간으로 어주어에 접속해서 해결을 시도한다. 코타나는 빙을 데이터베이스로 활용, 사용자의 개인적 관심과 취향, 주변 상황 등을 인지해 다양한 카테고리 정보 중에서 가장 유용할 것으로 판단되는 뉴스나 정보를 제공하도록 설계됐다. 예를 들어 사용자가 건강ㆍ스포츠 · 기술 · 헤드라인 뉴스 등 관심 분야와 즐겨 찾는 장소를 설정하면, 이후 코타나가 빙의 정보와 윈도우폰 센서의 정보를 이용해 사용자의 관심사와 현재 위치를 고려해 답변해주는 식이다.

마이크로소프트리서치는 2014년 7월 MS 연구원 회의에서 '프로젝트 아담' 인공지능 프로젝트를 시연했다. 딥러닝 솔루션 아담의 목표는 시각적으로 어떤 물체를 인식하는 소프트웨어를 만드는 것으로, 구글의 고양이 얼굴인식이나 페이스북의 딥페이스와 경쟁하는 기술이다. 아담은 지구촌 곳곳에 존재하는 방대한 데이터를 분석해 그 물체가 무엇인지 인식하고 알려준다.

프로젝트 아담은, 1,400만 개의 웹사이트에 저장된 이미지를 파악하는 한편, 사용자가 생성한 태그를 통해 2만 2,000개의 카테고리로 구성된 플리커Flickr와 같은 사이트의 대규모 데이터 세트를 기억해 사진을 보고 누구인지를 파악하거나 대상을 인식해 알려준다. 20억 개 이상의 데이터 연결로 구성된 신경망을 훈련시켜 물체를 인식하는 것이다.

다른 시스템보다 30배 적은 컴퓨팅 용량을 사용하는 아담이 자랑하는 것은 속도다. MS는 아담이 물체를 인식하는 속도가 2012년 구글이 공개한 딥러닝 기술보다 50배 이상 빠르다고 주장했다. 만약 프로젝트 아담과 구글 딥러닝 운영체제가 강아지 사진 분석 속도를 가지고 겨뤄보면, 프로젝트 아담이 구글보다 50배나 더 빨리 강아지 품종을 분석해 알려줄 수 있다는 뜻이다. 예를 들어 MS 스마트폰으로 두 마리의 견공들을 찍어 "코타나, 품종이 뭐지?"라고 물으면 바로 답변이 나올 뿐 아니라 데이터가 등록된 강아지일 경우 족보나 개의 주인까지 알 수 있다고 한다.

프로젝트 아담을 주도한 칠림비Trishul Chilimbi 박사는 "만약 시각 장애인이 윈도우폰으로 어떤 물체를 찍으면, 코타나가 사진 내용을 설명해주는 것을 상상해볼 수 있다"라며, "우리가 먹는 음식 사진을 찍는 것만으로도 영양 정보를 알 수 있다면 선택에 도움이 될 것"이라고 이 기술의 효용을 설명했다.

【 딥러닝 B2B 시장을 주도하는 IBM 왓슨 】

글로벌 ICT 기업들 중에서 인공지능을 가장 먼저 연구한 기업은 IBM이다. IBM의 슈퍼컴퓨터 왓슨Watson은 방대한 규모의 빅데이터를 학습·분석해 자연어 기반으로 인간과 소통하는 능력을 지녔다. 1997년 인간과의 체스게임에서 이긴 인공지능 딥블루 역시 IBM이 만든 작품이다. 2011년, IBM은 인간의 신경세포를 닮은 컴퓨터칩을 개발하기에 이르렀다. 이 컴퓨터칩은 10메가헤르츠의 느린 속도로 구동되는 256개의 디지털 뉴런을 보유한 프로토타입으로 내비게이션과 패턴 인식 능력을 지녔다. IBM은 1킬로와트의 전력만으로 100억 개의 뉴런과 100조 개의 시냅스를 운영할 수 있는 '칩 시스템'을 목표로 연구개발 중이다.

왓슨은 인간이 자연어로 묻는 질문에 답할 수 있는 인공지능 컴퓨터로 자연어 처리, 정보수집, 지식 재현, 사고, 기계학습 기술을 활용해 개방형 질문에 응답한다. 왓슨은 2011년 2월 16일 미국

ABC TV 퀴즈쇼 〈제퍼디Jeopardy〉에서 이 퀴즈쇼의 챔피언들을 압도적인 차이로 따돌리면서 승리했다. 컴퓨터가 퀴즈를 더 잘 푸는 것이 당연한 것이 아니냐고 반문할지 모르지만 여기서 중요한 점은 왓슨이 자연어를 인지하고 질문의 해답을 찾아 답변을 했다는 것이다.

IBM은 왓슨의 프로그래밍 인터페이스를 외부 애플리케이션 개발자들에게 클라우드 기반으로 제공함으로써 인지컴퓨팅 기술 기반의 새로운 에코시스템을 구축하고 있다. 2014년 1월 뉴욕에 문을 연 IBM 왓슨그룹에는 전 세계에서 왓슨을 전담하는 2,000명 이상의 IBM 직원 중 600명 이상의 직원들이 근무한다. 왓슨 글로벌 본부는 IBM의 클라우드 기반 인지 혁신 연구와 함께 인공지능 생태계 조성 작업을 진행 중이다.

왓슨그룹은 이미 성과를 내기 시작했다. 왓슨과 트위터는 2014년 10월 29일 '데이터 제공 및 가공에 관한 협정'을 체결, 다음해 초부터 본격적인 공동 마케팅에 돌입한다고 공식 발표했다. 트위터가 IBM에 자사 메시지 원천 데이터(트윗)를 제공하고, IBM의 왓슨 고객체험 센터에서 이 데이터를 가공·분석해서 상품화한 뒤 기업 고객에게 파는 방식이다.

IBM은 왓슨과 클라우드 플랫폼 '블루믹스' 등을 활용해 트위터에 매일 올라오는 5억 개의 정보를 1만 명의 IBM컨설턴트들이 분석, 기업 컨설팅을 진행한다. 기업고객이 제품 출시나 마케팅에 앞서 각종 의사결정을 해야 할 때, IBM은 이들의 문의사항에 대한 답을 실시간으로 제시해줄 예정이다. 전 세계 트윗을 분석, 시장 동향을 예측하고 제품이나 브랜드에 대한 소비자의 감정까지 파악해 기업고객의 각종 경영 활동에 도움을 주는 것이다. 앞으로 금융, 유통, 여행, 교통, 소비재 등 사업별로 특화된 컨설팅 서비스를 제공할 수 있도록 정보를 활용할 예정이라고 한다.

【 구글 따라잡기에 나선 바이두 】

세계 2위 검색엔진 업체 바이두 역시 딥러닝 기술 개발에 박차를 가하고 있다. 음성인식과 증강현실, 자율주행 자동차와 자전거 개발 등을 진행하고 있는 바이두는 지난 몇 년 동안 꾸준히 인공지능에 투자해왔다. 2013년에는 인간의 뇌 기능을 모방한 신경망을 이용한 이미지 검색엔진을 발표하기도 했다.

2014년에는 앤드류 응 교수를 영입하고 3억 달러(약 3,066억 원)를 투자해 미국 실리콘밸리에 연구원 200명을 수용할 수 있는 대규모 인공지능 연구소를 개설했다. 응 교수는 지난 2006년 구글의 딥러닝 프로젝트인 구글 브레인Google Brain의 개발을 주도했다. 바이두는 이 기술과 노하우를 음성인식과 화상인식, 자연어 처리 연구에 활용할 것으로 보인다.

2014년 8월 바이두는 유엔과 손잡고 '빅데이터 연합실험실'을 만들어 건강 및 환경 문제 해결과 발전 전략 모색을 시작했다. 우선은 딥러닝을 이용한 '바이두 회수 프로그램'이 진행될 전망이다. 이 프로그램은 고객이 자신의 스마트폰에 앱을 내려받고 낡은 가전 사진을 올리면 바이두의 클라우드 서버에 있는 인공지능이 가전 유형을 인식하고 그에 따른 회수 가격을 제시하는 것이다.

그 외에도 우리 기업 네이버는 딥러닝 알고리즘으로 음성인식의 오류 확률을 25퍼센트나 개선했다. 뿐만 아니라 야후의 썸리Summly 와 같은 뉴스 요약 서비스에도 딥러닝 적용을 시도하고 있다. 기사에 제목이 있을 경우와 없을 경우를 분리해 기사를 정확히 요약해낼 수 있는 알고리즘을 개발하는 데 이 방식이 활용되고 있다.

마케팅에서 딥러닝이 중요한 이유는 딥러닝 알고리즘을 통해 인공지능이 인간의 컨텍스트 인지 능력을 가질 수 있기 때문이다. 딥러닝은 저장된 빅데이터 분석은 물론 인간과 사물이 소통하면서 수집되는 실시간 행동 데이터까지 분석하고 학습한다. 특히 웨어러블 기기에서 수집되는 정보로 맥박이나 체온, 혈압 등 고객의 컨디션 정보는 물론이고 심지어 고객의 감정 상태까지도 읽을 수 있다.

기업	프로젝트	활동 상황
구글	맨해튼 프로젝트	딥러닝과 관련 기업 인수, 연구소 제휴, 로봇 기업 인수
페이스북	딥페이스	인공지능연구소 설립
MS	아담	이미지 인식 인공지능을 코타나에 탑재
IBM	왓슨그룹	왓슨그룹 설립, 트위터와 제휴해 기업 서비스 개시
바이두	딥러닝 연구소	실리콘밸리에 딥러닝 연구소 설립

▲글로벌 ICT 기업들의 딥러닝 프로젝트 현황

사라질 듯 사라지지 않았던 딥러닝은 빅데이터 시대를 맞아 화려하게 부활하고 있다. 인간의 뇌와 컴퓨팅 방식의 결합, 그 속에서 딥러닝은 서서히 자기 영역을 확장하고 있다. 이 과정에서 앞으로 얼마나 더 많은 학문과 기술이 결합되고 융합될지는 속단할 수 없다.

딥러닝 또는 뉴럴네트워크의 발전 이면에는 결국 사람에 대한 이해가 자리하고 있다. 뉴럴네크워크는 "사람의 신경망이 어떻게 작동할까?"를 고민한 끝에 나온 솔루션이다. 인문학이 던지는 화두는 '인간의 본질'에 대한 이해이고, 딥러닝이 던지는 화두는 '인간의 기능'에 대한 이해다. 뉴럴네트워크와 같은 소프트웨어 알고리즘뿐만 아니라, 많은 로봇공학이 사람이나 동식물들의 움직임 또는 기능을 관찰해서 얻은 통찰에 바탕을 두고 있다. 물론 기계나 로봇으로는 동식물을 그대로 재현할 수 없기 때문에 뉴럴네트워크의 산물은 유기체와 다른 형태로 구현될 수밖에 없다. 어쨌든 유기체의 기능을 이해함으로써 새로운 것 또는 더 나은 것을 얻고 있는 것만큼은 사실이다.

마케팅 의사결정 시스템

딥러닝을 이용한 마케팅 솔루션은 아직 현실화되지는 않았다. 하지만 실현 가능성은 높다. 일례로 자율적 '마케팅 의사결정 지원 시스템marketing decision supporting system, MKDSS'에 딥러닝이 유용하게 사용될 수 있다. 마케팅은 전략적 변수들을 어떻게 혼합하는가에 따라 효과가 매우 달라진다. 또한 경쟁사들의 마케팅 노력과 트렌드의 변화에도 매우 민감하다. MKDSS는 마케팅에 영향을 미치는 수많은 변수들을 최적화해 비용 대비 마케팅 효과를 극대화하는 컴퓨터 기반의 의사결정 시스템이다.

예를 들어보자. A패스트푸드점은 경쟁사인 B 패스트푸드점과 늘 선두 자리를 다투고 있다. 매월 200억 원이 넘는 프로모션 비용을 사용하기는 하지만 그 돈이 효율적으로 사용되고 있는지는 알 수가 없다. 그래서 A패스트푸드점은 컨설팅회사에 의뢰해서 MKDSS을 개발했다. MKDSS에서는 우선 경쟁 분석을 위한 주요 변수들을 입력해야 한다. 양사의 제품 가격은 비슷하다. 맛도 큰 차이가 없다. 프로모션 예산도 비슷하다.

경쟁에 영향을 미치는 변수는 프로모션 방법이다. 특히 어린이버거에 인기 장난감이 제공되면 시장점유율에 큰 변화가 생긴다. 최근 B패스트푸드점은 모바일쿠폰 프로모션으로 선두 자리를 몇 달째 차지하고 있다. 광고 메시지 또한 큰 영향을 미친다. 광고에 대한 고객들의 실시간 반응도 측정해야 한다. 이와 같은 모든 변수를 입력하면 각 시나리오별 시장점유율 추정치를 얻을 수 있다. 이 중에서 최고의 시나리오를 선정해서 각 변수의 가중치를 정한다. 이렇게 자사의 MKDSS를 완성된 다음 프로그램이 지시하는 대로 마케팅 방법과 예산을 투입하면 시장점유율 경쟁에서 우위를 점할 확률이 높아진다.

과거의 MKDSS는 위의 설명처럼 경쟁과 관련된 모든 변수들을 찾아서 분류하고, 각 변수의 중요도를 측정해 가중치를 부여하고, 각 변수 간의 인과관계와 상관관계를 조사해서 특정 브랜드를 위한 MKDSS를 만들어냈다. 마케터는 완성된 MKDSS에 자사, 경쟁사, 거시환경에 대한 모든 변수를 투입해서 최고의 결과를 내는 각 변수별 입력값을 찾아낼 수 있다. 여기까지는 뉴럴네트워크의 지도학습과 유사한 형태를 지닌다.

딥러닝 알고리즘을 이용해 MKDSS를 개발하면 외부환경에 대한 지속적인 변수 입력이 필요 없다. 딥러닝 프로그램이 스스로 외부세계에 있는 변수들을 찾아서 스스로 학습한 뒤 최고의 성과를 낼 수 있는 마케팅 방법을 위한 입력값들을 제안할 것이다. 나아가 딥러닝 프로그램은 변수의 변화에 따른 경쟁 구도 변화를 지속적으로 학습하며 시장점유율을 높일 수 있는 방안을 제시할 것이다. 딥러닝 기술은 MKDSS가 실시간으로 마케팅 방법을 결정할 수 있는 자율학습 프로그램으로 진화할 수 있는 길을 열어줄 것이다.

딥러닝은 개별 고객 한 사람 한 사람에 초점을 맞춰 장기적인 일대일 관계를 구축해 수익성을 추구하는 원투원 마케팅에도 유용하게 사용될 수 있다. 딥러닝 알고리즘은 고객을 심층적으로 이해할 수 있도록 도와주며, 인과관계 모델을 이용해서 고객의 다음 행동을 처방할 수 있기 때문이다. 딥러닝 솔루션이 개별 고객을 대상으로 사용되면 가공할 위력을 발휘할 것으로 예상된다. 하버드대학의 잘트만Zaltman 교수는 소비자행동의 95퍼센트는 무의식적으로 이뤄진다고 주장했다. 또한 뇌 과학자들에 따르면 인간 행동을 결정하는 것은 이성의 뇌(대뇌피질)가 아니라 감정의 뇌(변연계)라고 한다.

고객의 빅데이터에는 이성적인 구매 결정에 단서가 되는 데이터뿐만 아니라 무의식 속에 포함될 데이터까지 모두 들어있다. 딥러닝 기술이 고객의 무의식을 형성하는 데이터를 별도로 분류해서 무의식의 세계까지 알아내는 것은 별로 어려운 일이 아니다. 예를 들어 우리는 어떤 광고를 보고는 금방 잊어버린다. 또 SNS에서 친구들이 올린 어떤 상품에 관한 내용을 재미있게 읽긴 하지만 그 내용을 언제나 기억하지는 않는다.

그러나 빅데이터는 이 모든 정보를 가지고 있다. 빅데이터를 기반으로 한 딥러닝 분석은 우리가 기억하는 것뿐만 아니라 기억하지 못하지만 뇌 속에 잠재하고 있는 기억까지 다룬다. 결국 이와 같은 솔루션이 나온다면 우리의 무의식에 내재된 행동을 촉발하는 마케팅 방법론이 제시될 것이다. 고객은 기억하지 못하지만 그에게 강렬하게 각인된 이미지나 메시지를 다시 떠올리는 자극을 제공해서 무의식적으로 구매동기를 유발하는 것이 가능해지는 것이다.

스마트데이터

사물인터넷이 마케터에게 가져다준 가장 큰 선물은 스마트데이터를 더욱 쉽게 확보할 수 있게 해줬다는 것이다. 스마트데이터는 빅데이터가 진화한 것이다. 소비자의 디지털 생활이 보편화되고 데이터 수집과 저장 비용이 저렴해지면서 빅데이터가 출현했다. 그리고 이렇게 출현한 빅데이터는 많은 것들을 디지털 신호로 기록했다. 위치정보를 데이터로 바꿨으며, SNS에서 떠다니는 무수한 대화를 데이터로 저장해가면서 이 세상을 정량화해왔다. 사물인터넷이 보편화되면서 빅데이터는 세상의 모든 것을 데이터화하고 있다.

빅데이터의 진화, 스마트데이터

빅데이터는 마케터들에게 수십 년

에 한 번 일어날까 말까 한 기회로 인식됐다. 그러나 기대만큼 성과를 내지 못했다. 증가하는 데이터량에 비례해 기업에 필요 없는 다크데이터의 혼합이 증가되면서 데이터의 품질이 저하되는 부작용이 생겼기 때문이다. 이런 빅데이터로부터 노이즈를 제거하고 의미있는 정보를 선별해내는 데는 기술적 어려움이 있다. 따라서 금융, 보험, 광고, 의료 서비스 등 빅데이터를 통한 성과 창출이 용이한 분야 외 다른 산업들은 빅데이터가 앞으로 큰 역할을 해줄 것이라는 막연한 기대를 하는 수준이다.

딥러닝의 선구자 얀 레쿤의 '최적뇌손상Optimal Brain Damage, OBD' 기술은 빅데이터를 보다 실용적인 스마트데이터로 바꾸는 데 중요한 역할을 할 것으로 보인다. OBD는 컴퓨터가 많은 정보를 습득할 때 그 가운데 중요하지 않은 것을 걸러내 시스템의 부하를 줄여주는 기술이다. OBD를 통해 중요하지 않은 데이터를 가지치기해서 시스템의 부하를 줄일 수 있다.

데이터 전문 기업인 어귀피Augify의 부사장 로렌츠Lorenz는 "빅데이터 분석과 스트리밍 분석 서비스가 빠르고 스마트해져야만 가치를 지니게 된다"고 강조하면서 "선별돼 저장되지 않고 실시간으로 서비스되지 않는 데이터는 쓸모가 없다"고 했다. 바꿔 말하면 스마트데이터는 선별되고, 빠르고, 실시간으로 분석되며, 전체적이란 특성들을 갖고 있다.

이 네 가지 특성을 좀 더 자세히 알아보자.

정확성(Accuracy)

정확한 데이터란 '알고자 원하는 정보를 제대로 알게 해주는' 데이터다. 조사방법론에서 이야기하는 타당성Validity 이 높은 데이터가 바로 정확한 데이터다. 정확성이 보장된 데이터는 빅데이터 분석에서 발생하는 노이즈로부터 벗어나 양질의 정보를 제공할 수 있다.

빅데이터에서는 SNS데이터 같은 페르소나Persona적 요소가 다분히 혼합된 데이터를 포함해 추론하기 때문에 소비자행동에 대해 왜곡된 결론을 내릴 수 있다. 페르소나는 사람들에게 자신의 사생활을 노출할 때 자신이 의도한 대로 보이기 위해 개발한 자아상이기 때문이다.

사람들은 SNS와 같은 공개된 공간에서는 자신의 참된 자아를 드러내지 않는다. 브랜드 선호나 구매 희망을 표현하는 데 있어서도 자신이 진짜 원하는 브랜드가 아니라 주변 사람들이 수용하고 있는 브랜드에 동조하는 경향이 있고, 자신의 개성을 강하게 표현해줄 것이라 믿는 브랜드를 선호 브랜드라고 이야기할 수도 있는 것이다.

정확하고 생동감 있는 액티브데이터가 축적된 빅데이터와 결합하면 데이터 분석결과는 보다 현실적이고 정확해지며 예측력 또한 높아진다. 이와 같이 실용성이 높아진 데이터를 스마트데이터라 부른다. 그리고 이 스마트데이터를 통해 핀 포인트Pin Point 타기팅이나 인텔리전트 개인화와 같은 강력한 마케팅 전략이 가능해진다.

실행가능성(Deliverability)

스마트데이터는 바로 행동으로 연결될 수 있는 실행가능한 데이터다. 실행가능한 데이터란 실용적이어서 특정 문제해결에 사용될 수 있고, 기능적이며, 원할 때 언제든지 사용될 수 있는 것이다.

대부분의 기업들은 기하급수적으로 쌓이는 데이터를 두고 무엇을 해야 할지 모르는 경우가 많다. 앞으로 많은 사물이 인터넷에 연결되면 데이터량은 지금과도 비교가 안 될 정도로 늘어날 것이며, 이때가 되면 기업들은 "정말 대책이 없다"고 할지도 모른다. 그런데 여기에 청신호가 들어왔다. 바로 사물인터넷 데이터가 쌓아둔 데이터와 결합해서 실행가능한 정보를 제공하기 시작한 것이다. 인간과 사물, 사물과 사물 간의 인터렉션으로 얻어지는 데이터는 즉각적인 행동을 암시하거나 촉발하는 액티브데이터들이 포함돼 있다.

예를 들어 매장에 설치된 저전력 블루투스 기기인 비콘beacon은 A라는 고객이 이번에 새로 나온 스마트 저울에 관심을 보인다는 신호를 감지했다. 비콘은 블루투스 4.0 칩을 사용하는 정교한 근거리 위치추적 기기다. A씨가 제품 앞에서 3분 이상을 머물렀고 다른 제품을 보러 떠났다가 다시 돌아왔다. 이 모습은 비콘을 통해 A씨가 구매를 실행할 것을 예견하는 데이터로 해석돼 실시간으로 클라우드에 저장되고 오픈데이터 및 기업 데이터와 결합·실시간으로 분석돼 딥러닝 운영체제에 전달된다.

딥러닝 솔루션은 A씨가 다이어트를 몇 번 하다가 실패한 전력이 있으며, 새로운 기기에 관심이 높은 성향의 고객이고, 구매 이력을 볼 때 지금 관심을 보이는 제품 정도는 큰 리스크를 느끼지 않고 구매할 정도의 소비자라고 판단한다. 딥러닝 솔루션은 매장의 마케터에게 "즉시 A씨에게 다가가 스마트 저울이 그의 체중 감량을 어떻게 효과적으로 도울 수 있는지를 상세히 설명하라"고 조언한다.

빅데이터만 가지고는 가능하지 않았던 일들이 사물인터넷 데이터와의 결합을 통해 새로운 가능성을 제시할 수 있음을 보여주는 시나리오다. 미래의 리테일 마케팅(실제적인 판매가 이뤄지는 매장 내에서 판매 활성화를 위한 방법을 모색하는 것) 경쟁력은 실행가능한 스마트데이터 사용 여부에 따라 크게 좌우될 전망이다.

민첩성(Agility)

스마트데이터는 급변하는 비즈니스 환경에서 실시간으로 데이터 분석이 가능하도록 민첩성을 가져야 한다. 사물 간의 상호작용은 실시간 데이터 분석을 기반으로 한다. 실시간으로 분석된 데이터에 근거한 의사결정으로 사물은 자율성을 갖게 되고 전에 없던 새로운 가치를 창출해내는 것이다.

이와 같이 민첩하게 분석된 실시간 데이터는 마케팅에 혁명적인 변화를 일으킬 수 있다. 실시간 분석 데이터는 고객과의 접점에서, 고객 마음속에 잠재된 새로운 욕구를 자극한다든지 온라인 매장과의 가격 비교를 무력화할 새로운 속성을 제공할 수 있다.

리테일 현장에선 쇼루밍showrooming 때문에 온라인 판매상만 좋은 일 시켜주고 있다는 볼멘소리가 많다. 온라인 매장이 고도로 발달하고 가격으로 승부를 내면서 소비자들이 온라인에서 본 상품을 오프라인 매장에서 확인하고 정작 구매는 다시 온라인 매장에서 하는 경우가 많은 것이다. 높은 임대료와 운영비를 부담하면서 매장을 운영하는 오프라인 매장들로서는 억울하기 그지없다.

그러나 민첩한 스마트데이터는 이 억울함을 반전시켜줄 수 있다. 온라인에서 상품을 보고 정작 구매는 오프라인 매장에서 하는 역쇼루밍reverse showrooming을 가능케 해주는 것이다. 리테일 현장에서 상품을 검토하고 있는 고객에 대한 데이터를 실시간으로 분석해 만든 정보는 다양한 판매 전략을 제공해준다. 마케터는 스마트데이터를 이용해 가격에 민감한 고객에게 더 유리한 구매 조건을 제시하는 것은 물론 더욱 흥미로운 구매 체험을 제공할 수 있다.

예를 들어 마케터는 고객 특성을 고려해 온라인 매장보다 더 오랜 기간의 사후서비스를 보장하거나, 마일리지나 사은품 제공으로 더 유리한 구매 효과를 제공할 수 있다. 또는 무료 배송·설치 조건으로 총 구입 가격을 더 낮게 제시할 수도 있다. 즉 고객에 맞춘 개인 혜택 패키지를 민첩하게 받아 고객에게 제시할 수 있는 것이다.

고객이 상품 구매를 결정하는 데도 결정적 시기가 있다. 이 시점을 놓치면 고객의 마음을 되돌리는 데 더욱 많은 노력이 필요하다. 민첩한 데이터 분석은 이 시기를 놓치지 않도록 도와줄 것이다.

전체성(Allness)

사물인터넷으로 연결된 상품들은 세일즈부터 사용, 처분에 이르기까지 전체적 데이터를 실시간으로 판매 기업에 제공할 수 있다. 판매 시점의 데이터와 고객의 제품 사용 중에 수집되는 인터렉션 데이터는 실시간으로 클라우드에 수집되고, 필요할 때마다 순간적으로 분석된다. 이와 같은 전체적 데이터는 기업 데이터, 오픈데이터 등과 결합되고, 딥러닝 솔루션은 고객에 대한 새로운 마케팅 가이드라인을 만든다. 고객에 대해 충분히 학습한 프로그램은 맞춤형 가격, 판매된 상품의 소모품 교체와 고장 및 장애 시 지원, 함께 사용하면 좋을 제품 추천, 신제품 구매 시 보상판매 등 다양한 가치 마케팅을 전개할 수 있도록 도와준다.

예를 들어보자. 당신이 백화점에서 사물인터넷 센서가 내장된 탄산음료 제조기를 구매했다고 하자. 당신이 사용하기 시작한 이래 탄산음료 제조기는 내장된 센서를 통해 탄산을 주입한 횟수와 탄소탱크 내 잔여 탄소량을 사용할 때마다 실시간으로 판매사에 보낼 수 있다. 마케터는 이 데이터를 통해 당신이 사용하는 제조기의 탄소탱크를 교체할 시기와 오작동 여부를 알 수 있다.

그런데 백화점의 딥러닝 솔루션은 당신의 SNS데이터에서 당신이 피부 관리에 관심이 높으며, 피부과를 정기적으로 방문하고 있다는 정보를 입수한다. 탄산음료 판매와 관련해 웬만한 프로모션 방법을 이미 터득한 딥러닝 마케팅 솔루션은 당신의 제품 사용량을 증가시켜줄 수 있는 아이디어를 낸다.

다음 번 탄소탱크의 교체 시기가 도래했을 때 마케터는 당신에게 메시지를 보내 교체 시기가 됐음을 알려주고 편리한 방문 교체를 제안함과 동시에, 탄산수로 세안하면 더욱 청결하게 피부를 관리할 수 있다는 팁을 함께 제공한다. 이 팁을 이용해 세안을 해보니 정말로 피부가 좋아졌다. 세안에는 먹는 물보다 더 많은 탄소수가 소비된다. 앞으로 당신은 더 자주 탄소탱크를 교체하게 될 것이다.

기기가 인터넷에 연결되고 센서로 자신의 상태를 실시간으로 알릴 수 있게 되면 사물의 제작부터 사용, 폐기에 이르기까지 모든 정보가 수집되고 분석될 수 있다. 여기서 편리한 점은 소모품 교체나 고장 역시 자동으로 통보되고 관리받을 수 있다는 것이다. 그런데 이때 이런 전체적 연결에 대해 개인정보보호를 우려하는 목소리가 높아진다.

물론 마케터는 개인정보보호를 위한 많은 조치를 취하겠지만 그래도 불안할 수 있다. 이때 고객이 취할 행동은 분명하다. 연결을 단절시키거나 제한하는 것이다. 고객이 마케터로 하여금 자신에 관한 전체적 데이터를 이용할 수 있게 하는 것은 보다 편리하고, 스마트한 생활을 즐기기 위함이다. 마케터가 고객의 정보를 이용만 하고 그에 상응하는 가치를 전달하지 못한다면 고객과의 관계는 자연적으로 멀어질 것이다.

컨텍스트 기반 시장세분화

Chapter 5

전통적 시장세분화의 문제점

마케팅 전략의 핵심은 고객을 규정하는 것이다. 고객을 정하지 않고는 마케팅 방법을 도출할 수 없기 때문이다. 고객을 규정하기 위해서 마케터가 가장 먼저 하는 일은 고객세분화다. 세분화 기준을 정하고 세분화 단계를 어디까지 할 것인가는 마케터의 역량과 통찰력에 따라 달라진다. 이 말은 세분화가 마케터에 따라 달라질 수도 있다는 것이다. 실제로 마케터들은 당신을 당신과 관계없는 전혀 엉뚱한 집단으로 분류할 때가 많다.

내 선배 K씨는 어떤 기업은 자신을 시골 아저씨로, 어떤 기업은 VVIP 고객으로 분류한다고 한다. 어째서 이런 일이 생겼는지 살펴보자.

K씨는 65세로 손주가 셋이 있다. 강원도 깊은 산골짜기가 주민등

록지이고 오래된 SUV를 소유하고 있다. 그는 벌목과 농사일을 즐겨 하고 취미는 노래와 독서다. 이와 같은 K씨의 데이터를 확보한 마케터는 그를 영락없는 시골 아저씨쯤으로 분류할 것이다. 별로 매력적인 고객이 아니다.

또 다른 마케터가 확보한 그에 대한 데이터를 보겠다. 그는 서울 강남의 최고 브랜드 아파트에 거주하고 있는, 유명한 다국적 호텔 기업의 CEO다. 고액 연봉자임은 물론 성공한 자산가다. 자연 속 생활을 매우 좋아해 강원도 산골에 별장을 소유하고 있고 금요일 저녁부터 월요일 새벽까지는 그곳에서 시간을 보내는 것을 낙으로 삼는다. 은퇴 후에는 산골 집에서 지낼 생각으로 주민등록지를 아예 그곳으로 옮겼다. 그래야 그 동네 주민들과도 친하게 지낼 수 있다는 생각에서다. 자동차는 회사에서 최고급승용차를 제공해줬기 때문에 그의 명의로 된 차는 오래된 SUV 한 대. 별장을 오가기 위해 사용하는 차라 평소 합리적인 소비 생활을 하는 그는 10년째 그 차를 사용하고 있다.

이제 어떤가? 이 데이터를 본다면 그는 구매 잠재력이 높은 VVIP이다.

전통적인 세분화 방법에선 소비자가 뒤웅박 팔자다. 마케터가 당신에 관한 어떤 데이터를 사용해서 분류했느냐에 따라 당신은 핵심 타깃도 되고 별로 매력 없는 고객이 될 수도 있다. 이렇게 전통적 시장세분화는 마케팅 전략을 수립하는 데 반드시 필요하면서도 정확하지 않다는 문제점을 지니고 있다.

전통적인 마케팅에서 마케터는 세분화의 기준으로 고객특성변수와 고객행동 변수를 사용한다. 고객특성 변수는 인구통계적 요인과 지리적 요인, 심리적·행동적 요인을 모두 포함한다. 인구통계, 지리적 변수는 데이터가 풍부해서 객관적인 판단이 용이하다. 그런데 심리적 요인과 행동적 요인이 항상 문제다. 인구통계적 범주나 지리적 범주가 동일한 사람들 간에도 정신적, 심리적 특성이 상이한데, 이 심리적 요소가 구매와 소비에 더 큰 영향을 미친다.

행동적 요인에는 사용 상황, 제품으로부터 받는 편익, 사용량, 사용 경험, 브랜드 충성도, 태도 등이 있다. 이들 역시 개인 간에 큰 차이가 있어 인구통계 데이터나 지리적 데이터로는 설명할 수 없는 경우가 많다. 다시 말하면 인구통계적으로나 지리적으로 동일한 공통분모를 가지고 있는 그룹이라도 심리적 요인이나 행동적 요인으로 말미암아 특정 브랜드에 대해 상이한 반응을 보일 수 있다는 것이다.

어떤 기업은 K씨의 프로필을 정확하게 알고 있다. 그가 시골 생활을 즐기는 대기업의 CEO라는 사실은 물론 그의 심리적, 행동적 데이터까지 확보하고 있다. 비밀은 SNS데이터와 모바일데이터다. K씨는 열렬한 페이스북 이용자다. 스마트폰을 이용해서 매일 거의 두세 개의 글과 사진을 올린다. 그의 일상생활과 평소에 가지고 있는 생각이 생생하게 공개된다. 모바일로 글을 올릴 때는 그의 지리적 정보까지 수집된다.

마케터가 SNS데이터를 기업이 보유한 데이터와 결합해서 분석하면 심리적, 행동적 변수들을 어느 정도 예측할 수 있다. 그러나 SNS 데이터에도 필요 없거나 데이터 분석에 방해가 되는 노이즈가 존재한다. 사람들은 대개 소셜미디어에 자신이 보여주고 싶은 것들만 공개하거나 과장 또는 축소해서 글을 올리기 때문이다. K씨에 대한 빅데이터 분석은 가능하지만 데이터 속에 포함돼 있는 노이즈를 제거해야만 쓸모있는 정보가 나오는 것이다.

컨텍스트를 확보하다

이와 같이 노이즈를 제거해주는 역할을 해주는 것이 실시간 행동데이터, 즉 액티브데이터다. 사물인터넷시대 이전에는 액티브데이터를 수집하는 것이 힘들었다. 그러나 사물과 인간이 연결되고 실시간으로 소통하면서 사람들의 행동을 실시간으로 알 수 있는 액티브데이터가 탄생했다. 이와 같이 기존의 빅데이터에 새로운 액티브데이터가 결합하면 고객의 '컨텍스트Context', '상황정보'가 보인다. 컨텍스트는 특정 장소나 상황에서 고객들이 실제로 어떤 행동을 하는지에 대한 정보다.

앞에서 설명한 대로 시장세분화를 할 때, 마케터는 고객의 심리적 변수 추정이 가장 어렵다는 것을 경험한다. 시시각각으로 변하는 고객의 심리 상태를 정확히 안다는 것은 거의 불가능에 가깝기 때문이다. 사실 심리적 변화는 고객 자신도 자각하지 못하는 경우가 많다. 이 불가능에 가까운 추정을 가능케 해주는 것이 바로 액티브데이터다. 모바일, 소셜미디어, 빅데이터, 사물과의 인터렉션 등을 통해 수집되는 액티브데이터 기반 위에서 이뤄지는 컨텍스트 기반 세분화 방법은 심리적 변수를 효과적으로 추정한다. 즉 사실에 입각한 액티브데이터를 SNS데이터와 결합시키면 노이즈를 상당 부분 제거할 수 있다. SNS에서 소비자가 페르소나 속에 감추었던 모습이 사물과의 소통 정보에서 그대로 드러나기 때문에, 실시간으로 변화하는 소비자의 속내가 세밀하게 측정되는 것이다.

스코블Scoble과 이스라엘Israel은 "컨텍스트는 모바일 기기, 소셜미디어, 빅데이터, 센서, 그리고 위치기반 서비스 등 다섯 가지 기술적 요소로 이뤄져 있다"고 했다. 그들은 "다섯 가지 요소가 분리된 독립체로 우리들 삶의 일부로 존재하며, 미래의 생활을 지배할 것"이라고도 했다. 그들의 주장은 재미있기는 한데 좀 더 정리가 필요하다. 스코블과 이스라엘이 주장하는 다섯 가지를 이용해 데이터를 만들어내면 결국은 빅데이터와 액티브데이터가 된다. 모바일 기기, 위치기반 서비스, 센서 등은 모두 액티브데이터를 생성하는 데 필요한 요소들이고, SNS데이터는 빅데이터에 포함되는 데이터이기 때문이다.

지금까지의 내용을 종합해보면 전통적인 마케팅 방법으로는 고객 세분화에 잦은 오류가 있었고, 고객의 컨텍스트, 즉 고객이 '어디에, 누구와 함께 있는지, 무엇을 하고 있는지'에 대해서는 도저히 알 수가 없었다. 그래서 고객의 컨텍스트는 늘 확률과 추정의 세계에서만 존재했다. 그러나 커넥슈머가 등장하면서 마케터는 정확한 고객세분화는 물론이고 고객의 컨텍스트까지 실시간으로 알 수 있게 됐다.

결국 항상 존재했지만 눈에 보이지 않았고, 손에 잡히지 않았던 컨텍스트가 맨살을 드러낸 것이다. 이쯤 되면 고객 분류를 위해 복잡하게 인구통계나 지리, 행동이나 심리적 변수 사용을 논의할 필요가 없다. 고객의 컨텍스트 속엔 이미 이 모든 것이 녹아 있기 때문이다.

컨텍스트를 좀 더 우리에게 친숙한 용어로 바꾼다면 TPOtime, place, occasion라 할 수 있다. 인간은 스스로 이성적으로 생각하고 합리적인 선택을 한다고 얘기하지만 시간, 장소, 상황에 따라 비합리적인 모습을 보이는 경우가 많다. 목이 말라 급하게 자판기를 찾을 때, 그냥 기분에 이끌려 노점상을 구경하다 충동적으로 액세서리를 살 때 등 그때 느끼는 상황적 선호, 감정에 따라 의사결정을 하는 경우가 많은 것이다.

이익은 나누고 손실은 합쳐서 말한다는 '조망prospect 이론', 질문이나 문제 제시의 방법에 따라 판단이나 선택이 달라진다는 '프레이밍framing 효과', 초기에 제시된 기준점에 따라 판단한다는 '닻내림anchoring 효과' 등은 모두 TPO에 따른 제한적 합리성에서 나온 이론이다.

컨텍스트에 따른 고객 분류는 전통적인 세분화 방법보다 비용적으로 더 효율적인 마케팅 방법론이다. 고객을 억지로 확률적 틀에 맞출 필요가 없기 때문이다. 컨텍스트를 알면 소비자의 비합리적인 의사결정 상황까지 고려한 효과 높은 마케팅을 전개할 수 있다. 실시간으로 고객이 세분화되는 지름길인 컨텍스트 기반 세분화를 이용하면 시행착오가 줄어들고, 프로모션 비용이 절약될 수 있다. 마케팅에서 스마트데이터의 중요도는 더욱 높아질 전망이다.

컨텍스트 기반의 완전세분화

사물인터넷 마케팅에선 커넥슈머와 연결된 모든 기기와, 데이터가 모이는 클라우드 컴퓨터가 고객세분화의 도구가 된다. 이 도구는 성능과 규모 면에서 엄청나게 증가하고 있으며, 이를 통해 지속적으로 축적되고 분석되는 정보는 고객 자신도 자각하지 못하는 잠재된 욕구까지도 충족시킬 수 있는 마케팅믹스(기업에서 마케팅을 위해 고객에게 전달하는 제품, 가격, 유통, 판촉의 4가지 요소를 적절하게 구성하는 것. 각 요소의 영문 앞글자를 따서 4P라고 하기도 함)를 만들도록 도와준다.

이와 같이 고객의 잠재적 니즈와 심리적 욕망까지도 자세히 파악하고 이를 기준으로 고객을 분류하는 것을 완전세분화라 한다. 완전세분화에선 예전처럼 사람이 마케팅 의사결정을 일일이 다 내릴 수가 없다. 고객을 상황에 따라 끊임없이 변화하는 대상이라고 보는 고객세분화 알고리즘에서 내리는 결정에 따라 표적화를 실행하는 것이다.

전통적 마케팅의 시장세분화 전략에는 두 가지 방법이 있다. 하

구분	상품 중심 세분화	고객 중심 세분화	개인 중심 세분화	컨텍스트 중심 세분화
고객	상품 특성 기준 그룹	고객 특성 기준 그룹	특성별 개인	특성, 상황 중심 개인
상품	공급자 중심 상품	고객 중심 상품	고객 맞춤 상품	상황별 고객 맞춤 상품
생산	대량 생산	타깃그룹별 다양화 생산	주문 생산	개인화 가능 제품의 대량 생산
촉진	대량 광고	캠페인 중심 대량 광고	캠페인 중심 직접 광고	상황 중심 직접 광고

▲시장세분화의 종류와 특징

나는 상품을 중심으로 한 공급자 중심의 세분화 방법으로 상품의 가격, 성능, 사양, 기능 등 상품에 내재한 특성을 기준으로 시장을 세분화하는 방법이다. 공급이 수요를 따라가지 못했던 초기 산업사회에는 판매가 마케팅의 중심이었으므로 공급자가 자신의 제품 특성에 맞게 시장을 정하는 경우가 많았다.

두 번째 방법은 고객을 중심으로 한 수요자 중심의 세분화다. 일반적으로 마케팅에서 시장세분화라 하면 고객 중심의 세분화를 의미한다. 산업사회가 고도화됨에 따라 소비자의 선택이 다양해지고 브랜드 간 경쟁이 치열해짐에 따라, 마케터들은 다양한 욕구가 존재하는 전체 시장을 마케터의 기준에 따라 동질적인 소비자 집단으로 나눠야 했다. 또 고객세분화를 하다 보면 비어있는 잠재 시장 또는 소외된 시장을 발견할 수도 있었다.

그런데 정보화사회가 도래하고 고객과의 양방향 커뮤니케이션이 가능해지면서 고객세분화는 공통분모를 가진 그룹 중심에서 개인 중심으로 발전하게 된다. 한 사람 한 사람이 세분화 단위가 된 것이다. 완전세분화가 가능한 시장에서 마케터는 개별 고객을 개인으로서 이해하는 것이 중요해졌다. 고객을 보는 시각이 변화돼야 하는 것이다.

이전의 고객이 보편적인 고객average customer이었다면 완전세분화 시장의 고객은 개별 고객individual customer이다. 상품도 표준 상품이 아니라 고객 맞춤 상품이 돼야만 성공할 수 있다. 이에 따라 생산 방식도 변한다. 대량 생산보다는 그때 그때 생산time to time production 하는 주문 생산이 돼야 하고, 마케팅 커뮤니케이션도 대중광고보다는 개인화된 커뮤니케이션이 중심이 돼야 한다.

지금까지 완전세분화 전략은 주로 온라인 서비스 등 매우 제한된 경우에만 사용됐다. 마케터가 소비자의 개별적인 욕구를 만족시켜주기 위해서는 소비자별로 특화된 맞춤형 제품을 제공해야 하는데, 실체가 있는 상품의 경우 기업이 투자한 만큼 이익을 내기 힘들기 때문이었다.

하지만 컨텍스트를 기반으로 한 완전세분화가 가능해지면서 사물인터넷 제품들은 초개인화 상품이 되는 것이 가능해졌다. 왜냐하면 사물인터넷 제품은 개별적인 욕구를 해결해주는 데 추가적인 비용이 필요 없기 때문이다. 몇 가지 성공 사례를 살펴보면 더 쉽게 이해할 수 있을 것이다.

디아지오와 네스트의 컨텍스트 기반 세분화

세계적인 주류회사 디
아지오diageo는 '아버지의 날, 최고의 선물을 구매하고 싶은' 고객들
의 컨텍스트를 기반으로 고객을 세분화해 '개인화된 조니워커 위스
키'를 발매했다. 스마트데이터 분석결과 아버지의 날에 선물을 고
르는 잠재고객의 컨텍스트는 '사랑하는 마음의 전달'이라 규정할
수 있었다. 위스키로도 사랑하는 마음이 표현되지만 감동까지 주기
는 어렵다. 디아지오는 위스키에 개인적인 메시지가 실려, 개인적인
상품이 되어야만 감동까지 줄 수 있다고 생각했다. 그래서 구매 고
객 한 사람 한 사람을 위한 개인 위스키를 만들기로 결정했다.

▼조니워커 포장지의 QR코드를 촬영해 동영상을 저장하는 과정(이미지 출처 : http://2d-code.
co.uk/customized-video-qr-code-gift-tags/)

누구나 추가비용 부담 없이 자신만의 메시지를 담은 조니워커를 아버지께 선물할 수 있도록 만드는 방법은 간단했다. 조니워커 포장지에 동영상을 저장하고 불러올 수 있는 QR코드를 인쇄한 것이다. 각 병마다 상이한 QR코드는 구매자가 동영상을 담게 될 클라우드 서버로 연결됐다. 구매자가 아버지께 선물하기 위해 구매한 조니워커 병에 있는 QR코드에 자신의 인사메시지를 담은 동영상을 찍어서 저장하는 순간 디아지오의 클라우드 서버에 보관된다.

이 조니워커 위스키를 아버지께 선물하고 선물을 받은 아버지가 스마트폰을 QR코드에 갖다대면 선택하면 아들이 찍은 동영상이 자동으로 스트리밍되는 것이다. QR코드와 클라우드 저장소, 스마트폰을 통해 조니워커는 세상에서 하나밖에 없는 효도상품이 되는 것이었다.

디아지오가 조니워커를 개인적인 상품으로 만드는 데 투자한 비용은 QR코드 인쇄비와 프로그램 개발비, 동영상 저장공간 비용 정도였다. 크라우드 소싱으로 생성된 수많은 프로모션 동영상들이 가져온 마케팅 효과와 비교한다면 이때 들어간 비용은 거의 무시해도 좋을 정도였다.

예를 하나 더 들어보겠다. 겨울철에 난방 온도를 맞추는 일은 여간 어려운 일이 아니다. 온도를 무작정 높이면 난방비가 많이 나오고, 낮추면 너무 춥다. 대개의 온도조절기(써모스타트)는 적정 온도를 설정해놓으면 알아서 실내 온도를 유지하는 똑똑한 기능을 갖췄지만, 이 역시 믿을 만하지는 않다. 외출 시 *끄지* 않고 나가서 에너지를 낭비하는가 하면 갑자기 추워지는 날씨나 시시각각으로 변하는 날씨에는 빠르게 대응하기 힘들다. 하루 중에도 아침이나 저녁에는 온도를 높이고 낮에는 온도를 낮춰야 할 때가 있다. 그러나 이렇게 하루 종일 미세하게 온도를 조절하는 사람은 드물다. 그래서 조금 쌀쌀해도 참고 조금 더워서 답답해도 참으면서 생활한다.

구글이 인수한 네스트랩의 네스트 러닝 온도조절기Nest Learning Thermostat는 개인의 기호에 따라 난방과 냉방을 적절히 조절해주는 자동 온도조절기로, 스마트홈 기기 시장을 주도하고 있다.

네스트는 '편안한 온도 추구'라는 고객들의 컨텍스트를 기반으로 초개인화된 기능을 발휘한다. 사물인터넷 기술을 적용한 학습형 온도조절기 네스트는 대량 생산되는 제품이다. 그런데 이 제품이 고객을 만나면 스스로 고객의 습관을 학습하고 고객의 개인적 상품으로 진화한다.

와이파이를 지원하는 네스트는 크게 세 가지 일을 한다. 하나는 스마트폰을 통해 외부에서 온도를 조절할 수 있다. 두 번째는 날씨 정보를 받아와 이를 온도조절에 적용시킨다. 마지막은 마치 스마트폰 운영체제처럼 내장된 소프트웨어를 업그레이드한다.

네스트가 대단한 이유는 패턴을 스스로 학습하는 데 있다. 학습 기간은 일주일이다. 일주일간 사용자가 시시각각 원하는 온도를 설정하면 그 패턴을 학습해나간다. 그 후에는 그 패턴에 맞게 알아서 작동하는 형태다. 여기에 동작인식 센서로 움직임이 없으면 외출한 것으로 판단하고 온도를 알아서 낮춘다. 또한 아침 기상시간이나

▲구글의 자동 온도조절기 네스트(Image used with permission from Nest, Photo © Nest)

집에 귀가하는 시간 등을 설정해두면 거기에 맞춰 다시 온도를 높이는 기능도 갖췄다.

일주일 동안의 사용자 온도조절 습관이 클라우드에 수집되고 분석된다. 그리고 분석된 데이터를 이용해 소프트웨어가 사용자에 맞게 업그레이드된다. 이런 과정을 통해 네스트는 개인 전용 홈 컨트롤러가 된다.

이와 같이 컨텍스트를 기반으로 한 완전세분화된 제품들은 생산될 때는 대량으로 동일하게 만들어지지만 고객에게 전달되고 나서는 각 고객의 개별화된 욕구에 맞춰진 초개인화된 상품으로 변신하는 것이다.

마케팅 인텔리전스의 구현

전통적 마케팅에서의 고객세분화는 규범적 모델을 사용했다. 실증적 데이터에 분석자의 가치관을 결합시키는 모델을 사용한 것이다. 데이터가 수집되고 전문가에 의해 분석된 뒤 의사결정에 사용됐다. 모든 의사결정에는 인간의 힘이 필요했다. 그러다 보니 시장세분화는 기업 중심적으로 이뤄질 수밖에 없었다.

컨텍스트 중심 세분화에선 다르다. 데이터 수집과 분석, 의사결정이 거의 동시에 이뤄지는 유연한 의사결정 모델이 가능하다. 의사결정 과정도 과거 인간의 힘에만 의존했던 것과는 달리 컴퓨팅 알고리즘이 의사결정을 대신하는 마케팅 인텔리전스가 구현되고 있다. 이 모델은 실시간으로 고객이 만들어낸 데이터를 반영하므로 고객 중심적 시장세분화라 할 수 있다.

일반적으로 마케터들은 고객을 단순한 거래의 주체, 인류 통계적 집단, 특정 집단의 한 명 정도로만 이해하는 경우가 많다. 그러나 앞서 가는 마케터는 고객에 대해 보다 많은 것을 이해하려고 노력한다. 당신이 특정 상품 구매를 통해 추구하는 것이 무엇이고, 당신이 왜 당신과는 어울리지 않는 상품을 가끔 구매하는지, 말로는 표현할 수 없어도 당신의 내면 깊숙한 곳에서 갈구하는 것은 무엇이고, 당신이 다음에 어떤 소비 행위를 할지 등을 말이다.

과거의 마케터에게 무엇을 어떻게 팔 것인가를 정해야 할 의무가 있었다면 사물인터넷시대의 마케터는 고객과의 모든 접점에서 고객의 컨텍스트에 대응하는 교감 시스템을 창출해내는 것이 중요해졌다. 사물이 고객과 상호작용을 하면서 기업은 이제 물건만 파는 존재가 아닌 것이다. 상품을 파는 시점부터 사용하고 폐기하는 전 과정에서 브랜드는 끊임없이 고객과 교감하고 스토리를 만들어낸다. 이 과정 속에서 고객이 느끼는 가치를 극대화할 수 있도록 지속적으로 교감 시스템이 작동해야만 고객을 유지할 수 있다. 이 모든 시스템을 일컬어 마케팅 인텔리전스 시스템이라 부른다.

마케팅 인텔리전스 시스템 속에서 작동하는 컨텍스트 기반 세분화는 고객 개개인에 대한 정확한 이해뿐 아니라, 고객행동의 예측, 고객행동에 대한 처방까지도 가능케 한다. 바꿔 말하면 고객의 요구에 대한 선제적 대응을 위해 자사의 마케팅믹스를 최적화할 수 있으며, 이를 토대로 처방적 타기팅prescriptive targeting이라는 궁극의 마케팅 전략이 가능해지는 것이다.

처방적 타기팅

얼마 전 친구 P의 저녁 초대를 받았다. 내가 소개해준 일이 잘 돼서 한우 꽃등심을 산단다. 호의는 고맙지만 얻어먹는 건 내 스타일이 아니다. 그렇다고 내가 낸다고 할 수도 없다. 고민하던 중 미국 나파밸리 최고의 와인이라 부르는 O와인을 식사자리에 지참했다.

P는 와인의 세계에 입문한지 1년 미만의 초보다. 그래도 O와인은 알아봤다. 만화《신의 물방울》에서 봤단다. 말로만 듣던 O와인을 만났다고 그는 흥분했다. 페이스북 이용자인 P는 사진 찍기에 돌입했다. 그리고 한마디를 던진다. "나도 이제는 와인을 업그레이드해야겠군." O와인의 힘이 실려서일까? P의 게시글에는 많은 댓글이 달렸다. 사람들은 P가 고급 와인의 세계로 들어온 것을 응원했다.

몇 주 후, 미국 나파밸리 와이너리 관광에 나선 P는 '팔마즈 빈야드Palmaz Vineyards'라는 고급 와이너리를 방문하게 됐다. 여러 관광객들과 와이너리를 들어서는데 갑자기 팔마즈의 종업원이 P에게 다가와 말을 걸었다. 특별 시음회에 초대한다는 것이었다. 특별 시음회에서 P는 VVIP 대접을 받았다.

궁극의 마케팅 방법을 실현하다

　　　　　　　　　　　　　　내 친구 P가 갑자기 고급 와이너리에서 VVIP 대접을 받은 이유가 뭘까? 거기엔 빈탱크Vin Tank가 있었다. 와인 고객 분석 전문 컨설팅 업체 빈탱크는 캘리포니아 와이너리에 있는 450개의 포도 농장마다 지오펜스geo-fence를 설정했다. 지오펜스는 실제 지형에 구획된 가상의 반경으로 필요에 의해 그때마다 생성할 수도 있고, 기존에 정해진 구역에 설정할 수도 있다. 위치기반 프로모션에 많이 활용되는 기술이다. 빈탱크는 소셜미디어에서 하루 거의 100만 건의 와인 관련 대화를 수집·분석해왔다. 이와 같은 활동을 통해 빈탱크는 와인에 관심 있는 사람들의 와인 관련 선호도에 대한 엄청난 데이터베이스를 구축했다.

　빈탱크는 그들이 친구를 맺고 있는 고객이 와이너리에 방문하면 담당 마케터에게 통보해준다. 그런데 이 통보는 단순한 통보가 아니다. 고객의 '등급'까지 저장된다. P는 내가 가져온 O와인으로 졸지에 귀한 손님이 된 것이었다. P가 팔마즈를 방문하자 P의 지오센서geo sensor가 빈탱크가 설정해둔 지오펜스와 반응해서 팔마즈에 예비 고객이 방문했음을 알렸다. 지오센서는 대부분의 스마트폰에 기본으로 내장된 것으로 사용자의 위치를 감지해서 통보해준다. 그의 '등급'은 페이스북에서 가져온 데이터가 판정을 내렸다. 빈탱크와 친구를 맺고 있던 P가 O와인 사진을 올리는 순간, P의 등급이 결정된 것이었다. VVIP로.

빈탱크로부터 고객들에 대한 정보를 받은 와이너리는 적합한 예비 고객들에게 푸시메시지 알림이나 직접 초대를 거쳐 시음회에 초대할 수 있다. 시음회에 초대를 받은 방문객은 해당 와인에 대해 더 알고 싶다는 욕구를 느끼는 바로 그 순간, 어울리는 요리와 함께 와인을 시음하고 제품에 대해 더욱 풍부한 지식을 습득할 수 있는 적시체험Right Time Experience, RTE을 하게 된다.

빈탱크 프로그램의 원천은 스마트데이터다. 빈탱크는 친구를 맺고 있는 고객의 SNS데이터를 자동 분석해서 늘 공급 대기 상태로 갖고 있다. 거기다 빈탱크와 친구를 맺은 고객이 나파밸리의 와이너리에 방문하면서 생성되는 액티브데이터들을 실시간으로 결합하고 분석한다. 이쯤 되면 고객이 어떤 행동을 할 것이라는 것이 예측된다고 한다. 이 정보를 토대로 구매를 유도할 수 있는 처방을 내리고 실행에 옮기는 것이다.

팔마즈는 고객행동을 실시간으로 측정하기 위해 '쇼퍼셉션Shopperception'이라는 공간지각 도구를 이용한다. 고객행동이란 구매와 관련해서 고객이 취하는 행동으로 문화적·사회적·개인적 요인의 영향을 받는다. 쇼퍼셉션은 와이너리 진열대의 천장에 '프라임센스Prime Sense'에서 만든 3D센서를 이용한다. 이 센서는 그간 다양한 분야에서 신기한 기능을 선보였다. 그중 하나가 엑스박스Xbox의 키넥트Kinect 게임이다. 키넥트는 별도의 컨트롤러 없이도 게이머의 동작을 인지한다. 프라임센스를 이용한 쇼퍼셉션은 방문객이 무엇을 터치하는지, 설명을 경청하는지, 어느 영역을 살피고 있는지를 정확하게 읽어낸다. 방문객의 행동을 심도 있게 이해할 수 있게 해주는 것이다. 실제 쇼퍼셉션은 방문객의 성별을 구분할 수는 있지만 그들의 신분을 파악하지는 않는다. 신분은 빈탱크의 고객 확인 프로그램이 책임진다.

쇼퍼셉션은 내 친구 P의 행동을 정확하게 읽었다. P가 상품을 자세히 살폈고 와인병을 들고 라벨을 열심히 읽는 모습을 감지했다. P는 와이너리의 역사를 소개하는 동영상도 열심히 시청했다. 이 정도면 관심고객이라 판단한 와이너리의 타기팅 솔루션이 P를 예비 초대자 명단에 올렸다.

팔마즈는 고객을 접촉하는 시점에 고객의 감정을 읽기 위해 카라Cara도 사용한다. 카라는 센서를 이용해 데이터를 수집하는 카메라다. 카라는 고객의 나이와 성별을 구별하는 것은 물론 감정 상태가 어떤지도 구분이 가능하다. 고객이 행복한지, 슬픈지, 진지한지 알 수 있는 것이다. 팔마즈에서 설치한 카라는 P의 표정이 매우 진지하다고 판단했다. 그의 진지한 표정 가운데는 행복한 표정도 포착됐다. 특히 P는 와인 시음에 대한 정보를 읽을 때 매우 행복한 표정을 지었다.

이 정도면 P는 구매 확률이 90퍼센트 이상이다. 구매를 유도하기 위해선 그를 특별 시음회에 초대하면 된다는 분석이 내려졌다. 이런 분석 내용이 매장 내 판매사원에게 전달됐고, 그녀는 P를 별도로 마련된 특별 시음장에 VVIP로 안내했다. 그리고 결국 팔마즈의 와인 한 케이스가 P의 차 트렁크에 실렸다.

빈탱크의 서비스를 받는 와이너리에는 하루에도 수백 명의 방문객들이 다녀간다. 그 사람들 모두는 이미 완전세분화가 되어 있어 개개인 단위로 구분할 수 있지만 더 중요한 것은 구분이 아니라 표적화다. 그들 중에 누가 우리의 진정한 고객이 될 수 있는지를 가려내는 것이다. 팔마즈의 타깃은 고급와인에 관심을 갖는 와인 애호가다. 일반적 타기팅 메시지라 할 수 있다. 그러나 사물인터넷 기술이 접목되는 순간 타기팅은 매우 정교해진다.

저녁식사 자리에서 O와인의 시음 사진을 올리는 순간 P는 팔마즈의 잠재고객으로 분류가 됐고, 그가 팔마즈를 방문했을 때 특급 잠재고객으로 판별돼 타기팅이 될 때까지 그의 모든 행위가 실시간으로 정교하게 분석됐다. 그리고 P가 타깃으로 선정되는 순간 팔마즈의 마케팅믹스는 P에게 맞춰 처방됐다.

빈탱크의 도움으로 와이너리는 많은 방문객들 가운데서 진성고객Real Customer을 구별할 수 있게 됐다. 이를 통해 와이너리는 진성고객들에게 적시체험을 제공하며 교감을 시작할 수 있었다. 궁극의 마케팅 방법론인 처방적 타기팅이 구현된 것이다.

이상의 사례는 사물인터넷 마케팅에서 타기팅은 어떻게 진화할지 설명하기 위해 가상으로 만든 시나리오다. 마케터가 고객 한 사람 한 사람의 컨텍스트를 알게 되더라도 모든 사람이 그의 고객이 될 수는 없다. 마케터는 고객들 중에서 자사 브랜드의 고객이 될 수 있는 사람을 가려내야 한다. 컨텍스트 기반 세분화는 고객의 행동에 대해 보다 높은 예측을 제공하지만 그 중에서 당신의 상품을 구매할 가능성이 높은 고객을 선별해야만 성공적인 마케팅을 실행할 수 있다.

처방적 데이터 분석

일반적인 타기팅 방법은 세분시장의 규모와 성장률, 구조적 매력, 기업의 목표와 자원 등을 감안해 표적시장을 정하고 그 표적시장에 모든 마케팅 역량을 집중하는 것이다. 이에 대해 처방적 타기팅은 고객에게 메시지를 전달해서 고객이 상품을 인지하고 구매를 고려하는 등의 태도 변화를 일으키는 것을 목표로 하는 것을 넘어선다. 고객이 실제로 구매에 이르는 행동까지 선제적으로 처방하는 것을 목표로 한다. 일반적 타기팅이 고객과 상품의 적합성까지를 예측한다면, 처방적 타기팅은 고객이 구매하도록 만드는 방법의 적합성까지를 예측하는 것이다. 이렇게 타기팅이 돼야만 실시간 마케팅이 가능해진다.

처방적 타기팅을 이해하기 위해선 처방적 데이터 분석에 대해 먼저 알아야 한다. 앞에서 설명한 대로 분석되지 않은 빅데이터는 아무런 도움이 되지 않는다. 빅데이터를 분석해보면 데이터 간의 일

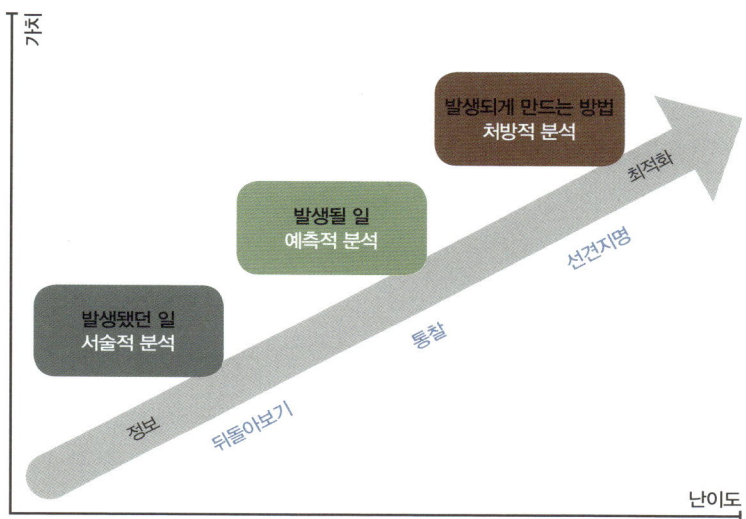

▲ 분석 방법 비교

정한 규칙을 발견해서 분석 모델을 만들 수 있다. 분석 모델이 완성
되면 데이터는 예측력을 가지게 된다.

　이와 같은 모델링의 첫 단계는 가장 단순한 분석 방법인 서술적
분석descriptive analytics이다. 서술적 분석은 발생했던 사안들에 대한
통찰력을 제공하는 것을 목표로 한다. 따라서 빅데이터 속에 들어
온 데이터를 요약하는 것이 주요 업무가 된다. 이를 통해 빅데이터
는 작고 유용한 정보들로 정리되면서 일어났던 일에 대해 알게 해
준다. 비즈니스 데이터 분석의 80퍼센트 이상, 특히 소셜미디어의
데이터 분석이 바로 서술적 분석이다.

　예를 들어 포스트, 멘션, 팬, 팔로워, 페이지 뷰, 체크인, 핀, 좋아

요 등의 개수를 분석하는 것은 모두 서술적 분석에 해당된다. 언론사들이 선거, 참사, 월드컵, 올림픽 등 사회적으로 큰 이슈가 되는 사안들에 대한 빅데이터 분석결과를 키워드로 정리하는 것을 본 적이 있을 것이다. 그것이 바로 서술적 분석의 결과물이다.

데이터가 이렇게 서술적으로 분석되고 요약된 정보들로 감축되면 예측적 분석predictive analytics이 가능하게 된다. 예측적 데이터 분석에는 현재와 과거에 대한 시계열적 통계, 모델링, 데이터 마이닝, 기기 학습 기법 등이 동원돼 미래에 일어날 수 있는 일에 대한 예측을 도와준다. 여기서 예측이란 미래에 일어날 개연성이 있는 일을 미리 알아보는 것으로 다분히 확률적 의미를 내포하고 있다.

지금까지 마케팅에서 사용해온 타기팅은 대개 예측에 근거했다. 과거에 이런 고객들이 구매를 했고, 경쟁사의 고객들의 프로파일이 이러하며, 서술적 데이터를 분석해보니 '앞으로 우리가 공략할 시장은 이럴 것이다'라고 예측하는 것이다. 이와 같은 예측적 타기팅은 마케팅 결과로 평가가 되고, 평가된 정보는 다시 타기팅을 수정하는 데 사용된다. 이와 같은 폐쇄고리 과정을 지속적으로 거치다 보면 좀 더 정확한 예측에 근거한 타기팅이 이뤄진다.

사물인터넷시대의 데이터 분석으로 새롭게 부상하고 있는 처방적 분석prescriptive analysis은 사물과 인간이 연결되면서 생겨난 액티브데이터의 실시간 분석이 가능해지면서 실용화됐다. 처방적 분석은 서술적 분석과 예측적 분석 기법 모두와 결합해, 주어진 상황에서 최상의 방안을 찾을 수 있도록 지속적으로 도와준다. 즉 서술적,

예측적 분석에서 나오는 정형 데이터constructed data와 액티브데이터와 같은 비정형 데이터semistructed data를 결합해서 처리하는 하이브리드 데이터 분석을 통해 다수의 대안과 각 선택에 따른 결과를 제공해 의사결정을 돕는다.

구조화되고 정리된 정보체계에 지속적으로 비구조화된 정보를 대응시켜서 지속적으로 재맞춤re-fitting, 재예측, 재처방 과정을 거침으로써 최적의 대안을 찾아가는 것이다. 이와 같은 처방적 분석은 미래의 기회를 최대한 이용할 수 있는 방안을 제시함은 물론, 미래의 위험을 어떻게 하면 피할 수 있는지에 대해서도 알게 해준다.

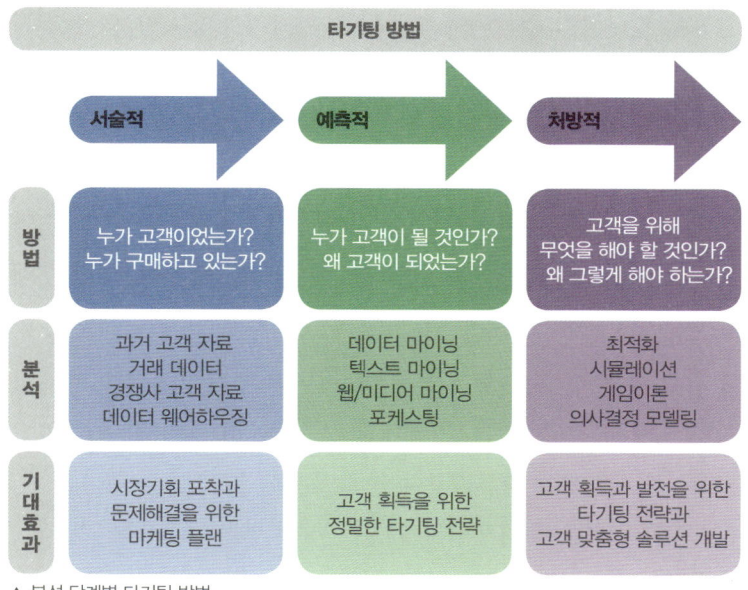

▲ 분석 단계별 타기팅 방법

처방적 분석은 마케터가 데이터 전문가의 도움 없이도 미래의 성과를 예측하고 예측 성과를 개선할 수 있도록 하는 한편, 경쟁사와 완전히 차별화된 마케팅 전략을 수립할 수 있게 해준다. 처방적 분석은 특히 유지 보수가 필요한 기기에 유용하다. 인터넷에 연결된 기기가 지속적·자동적으로 스스로를 진단하고 진단된 정보가 처리돼 항상 최고의 성능을 발휘할 수 있도록 만드는 알고리즘이 적용되는 것이다. 이와 같은 기기는 자신들이 보내는 처방적 분석을 인간이 무시할 경우 스스로 결과를 개선하기 위해 노력하도록 설계될 수도 있다. 예를 들어 엔진오일을 교체할 시기가 됐다고 주인에게 알려준 자동차의 경우, 운전자가 이를 계속 무시해서 자동차가 위험한 상황까지 이르도록 만든다면 최악의 상황을 피하기 위해 스스로 시동을 정지할 수 있다.

영화 〈터미네이터〉에 나오는 스카이넷은 이 처방적 행동을 인상적으로 보여준다. 스카이넷은 원래 인간을 위해 미래를 예측하고 그에 따른 행동 지침을 제시하는 처방적 분석을 기반으로 한 운영체제다. 그런데 미래에 '존 코너'라는 인물이 자신을 파괴할 것임을 알게 된 스카이넷은 자신이 파괴되는 최악의 상황을 피해야 하는 알고리즘을 작동시켰다. 그래서 터미네이터에게 명령을 보내 과거로 돌아가서 '존 코너'를 살해할 것을 지시했다. 미래에 일어날 위험을 선제적으로 제거하고자 한 것이다.

스카이넷 같은 운영체제의 탄생은 지금 한창 개발 중인 딥러닝 알고리즘에서 가능성이 엿보인다. 딥러닝을 통해 컴퓨터가 스스로 학습하고, 앞으로 일어날 일을 예상하고, 이에 대한 처방을 실행에 옮긴다면 스카이넷의 탄생은 전혀 불가능한 일이 아니다.

처방적 분석은 프로세스에 집중해야 하는 작업이다. 처방적 분석은 다수의 대안과 대안별 예상 결과가 제시되고 각 결과의 상호작용, 즉 결과들이 서로 어떤 영향을 미치는지, 이 모든 것을 분석했을 때 어떤 선택이 최상의 선택일지를 실시간으로 알려준다. 처방적 분석에는 최적화 모델, 시뮬레이션, 게임이론, 의사결정 분석 모델 등의 기법이 사용된다.

처방적 분석 정보를 기반으로 하는 처방적 타기팅은 고객의 행동을 미리 예측하고 그 고객이 구매에 이를 수 있도록 마케팅믹스를 처방한다. 특정 시간, 특정 장소에서 어떤 고객이 어떤 니즈를 가질 것이라는 것을 예측하고 자사의 브랜드가 제공하는 마케팅믹스와 해당 고객의 니즈가 연관되면 그 고객을 타기팅하는 것이다. 이와 같이 타기팅이 되면 마케터는 표적화된 고객에게 맞춘 마케팅믹스를 전달하게 되고 고객은 새롭고 의미있는 경험을 통해 업그레이드된 가치를 전달받는다. 처방적 타기팅은 예측적 타기팅에 개인화된 가치 제공을 결합시킨 마케팅 전략이다.

처방적 타기팅은 CRM(고객관계관리) 데이터를 포함한 고객 데이터, SNS데이터, 오픈데이터, 과거 행동 데이터 등 클라우드에 수집돼 있는 데이터들과 구매시점에 고객을 통해 새롭게 생성되는 액티브데이터가 실시간으로 분석돼 수행된다. 컨텍스트 분석을 통해 잠재고객의 상품 구매와 관련된 여러 가지 예비 행동이 마케터가 원하는 고객의 조건에 적합한지 평가된다.

적합성이 발견된 고객에 대해서는 마케터가 제공하는 마케팅믹스가 개인화돼 조정된다. 놀라운 사실은 이 모든 분석, 평가, 조정이 실시간으로 이뤄진다는 것이다. 처방적 분석으로 표적화된 고객은 구매를 거의 결정한 고객이다. 마지막으로 그 고객에게 적합한 마케팅믹스가 전달되는 순간 고객은 지갑을 열게 되는 것이다.

처방적 타기팅에 이용되는 분석 기법들은 다음과 같다.

최적화 모델

최적화는 다변적 불확실 상황에서 제한된 시간과 자원을 최대한 활용해서 최고의 결정을 내리는 것을 말한다. 모든 최적화 모델에는 '목표,' '결정,' '제약조건'이라는 세 가지 요소가 있다. '목표'는 최적화 결과다. 처방적 타기팅에 있어서는 고객 구매 전환율, 고객당 구매 액수, 고객 유지 기간 등이 목표가 된다. '결정'은 자원 투입에 대한 의사결정 변수를 의미한다. 예를 들면 구매 가능성이 높은 고객을 구매에 이르게 하려면 어떤 구체적인 방법을 이용해야 하는지, 직원은 어떻게 투입해야 하는지, 비용은 얼마를 사용해야 하는지에 대한 의사결정을 해야 한다. '제약조건'은 논리적 한계를 의미한다. 이는 의사결정에서 대안으로 나온 예산과 인력 등 변수에 대해 실제 투입이 가능한지를 판단하는 역할을 한다.

최적화 모델을 개발하기 위해서 가장 먼저 해야 할 일은 해결할 목표를 정확하게 모델링하는 것이다. 고객 구매 전환율을 높이는 것을 목표로 하는 것과 구매 액수를 높이는 것을 목표로 하는 것은 전혀 다른 최적화 결과를 낼 수 있다. 다음으로는 의사결정 변수들을 정해야 한다. 목표를 달성하기 위해 어떤 의사결정을 하는지 정확하게 알아야만 최적화 모델이 원하는 결과를 도출해낼 수 있다. 마지막으로 의사결정별 제약 사항들이 상세히 열거돼야 한다. 이와 같이 준비가 되면 여러 가지 최적화 분석 프로그램을 사용해서 당신이 원하는 목표에 대해 어떤 의사결정이 최적화된 것인지를 알 수 있다.

앞에서 말한, 딥러닝 운영체제를 바탕으로 한 마케팅 의사결정 지원 시스템이 바로 최적화 모델에 인공지능을 결합한 처방적 솔루션이다. 마케터는 딥러닝 인공지능에 목표를 명령한다. 딥러닝 솔루션은 자원 투입에 대한 의사결정 변수들과 제약조건에 대한 학습을 통해 변수별 최적화값을 도출할 수 있다. 인공지능은 의사결정 변수들과 제약조건에 대한 정보가 많으면 많을수록 더 효과적인 변수값을 도출한다. 따라서 정확한 산출을 위해선 인공지능이 자사뿐 아니라 경쟁사의 마케팅 변수에 대한 데이터와 SNS 데이터, 오픈데이터, 그리고 고객들의 액티브데이터 등 풍부한 데이터에 접근할 수 있도록 설정돼 있어야 한다.

몬테카를로(Monte Carlo) 시뮬레이션

몬테카를로 시뮬레이션은 불

확실성이 내재하는 사안에 대해 가장 많이 사용되는 분석 기법이다. 이 시뮬레이션 기법을 활용하면 기획, 의사결정, 위험 회피 등에 대한 모든 시나리오를 얻을 수 있다. 몬테카를로 시뮬레이션은 수많은 가정 시나리오를 만들어내는 확률적 이론에 근거해서 비결정적non-deterministic이고 불확실한 변수에 대해 확률적 분석 도구를 제공한다. 이 시뮬레이션을 실행하면 변수의 확률적 분포와 변수의 조합들에 대한 평가치를 얻을 수 있어 불확실한 시나리오를 현실적으로 평가할 수 있다.

몬테카를로 시뮬레이션은 실제 실험을 하지 않고도 의사결정을 빠르고, 쉽고, 저렴하게 테스트하게 해준다. 이 시뮬레이션에서 과거 데이터는 시뮬레이션 결과를 향상시키는 데 도움이 되며, 이를 예측적 분석 데이터와 결합해서 사용하면 미래의 결과에 대한 예측은 물론 대안별, 경쟁 브랜드와 차별화를 할 수 있는 방안과 더불어 리스크를 최소화할 수 있는 방안까지 알 수 있다.

게임이론

사람들이 생각하고 결정하고 교류하는 방법은 예측할 수 없을 정도로 다양하다. 그렇지만 의사결정 방식은 어느 정도 합리성에 근거한다고 볼 때 우리의 상황이나 체험, 영감 등을 분석해 경쟁 관계에서 상대방이 취할 수 있는 전략을 추정할 수 있고, 나아가 이에 대응하는 최적의 의사결정을 내리는 알고리즘을 발견할 수 있다. 고관여 상품 구매와 같은 중대 사안에 대한 의사결정에 들어갈 때, 고객은 의식적으로 추론과 전략적 사고를 시작한다. 여러 개의 선택 대안 중 특정 상품을 선택했을 때 생기는 이익과 손실을 전략적으로 추론한다는 것이다. 이와 같은 전략적 사고를 기반으로 고객의 의사결정을 설명하고 예측하는 분석 기법이 바로 게임이론이다.

판매라는 결과가 마케터 자신의 행동에 의해서만 결정되는 것이 아니라 동시에 다른 마케터와의 경쟁구도 속에서 결정되는 상황에서, 자사 매출에 최대의 이익이 되도록 타기팅하는 수리적 접근법을 타기팅 게임이론이라 한다. 이 이론은 상충적이고 경쟁적인 조건에서의 경쟁 상태를 모형화해 참여자의 행동을 분석함으로써 최적의 전략을 선택하는 방법을 이론화한 것이다. 게임이론에서는 게임 당사자를 경쟁자라 하고, 경쟁자가 취하는 대체적 행동을 전략이라 하며, 어떤 전략을 선택했을 때 게임의 결과로 경쟁자가 얻는 것을 이익 또는 성과라고 한다.

게임은 어떤 경쟁자가 어떤 전략을 선택하느냐에 따라 좌우되는 것이므로 각 경쟁자는 상대방이 어떤 전략을 선택하더라도 자기의 성과를 극대화시킬 수 있는 전략을 선택하게 된다. 게임은 경쟁자의 수에 따라 2브랜드 게임(갤럭시와 아이폰)과 다 브랜드 게임(중형 승용차 시장)으로 분류된다. 가장 많이 나타나는 게임의 형태는 2브랜드 영합 게임zero-sum game이다. 서로 상반되는 이해를 가지는 2브랜드 게임의 경우, 한쪽의 이익은 상대방의 손실을 가져오게 되므로 두 경쟁자의 득실을 합하면 항상 영0Zero이 되기에 '영합 게임'이라 부른다. 또 경쟁자가 취하는 전략의 수가 유한 개수인 경우를 유한 게임이라 하고 무한인 경우를 연속 게임이라 하는데, 유한 영합 2브랜드 게임non zero-sum game이 이론적으로 가장 널리 사용된다.

의사결정 분석 모델

처방적 타기팅에서 의사결정 분석은 서술적 행동 분석과 고객들의 일반적인 선택 방법에 대한 규칙적이고 규범적인 가이드라인을 결합한 설명을 제공한다. 이 모델을 이용하면 타기팅을 위한 의사결정 기술을 처방할 수 있다. 의사결정자들이 더 나은 의사결정을 할 수 있는 기술을 제시해주기 때문에 '의사결정 엔지니어링'이라고도 부른다.

처방적 의사결정 모델에선 기대효용 분석이 많이 사용된다. 선택 대안에 리스크가 포함된 경우 고객은 리스크 회피 쪽으로 의사결정을 하는 경향이 있지만 리스크가 낮은 경우 다른 선택을 할 수도 있는 것이다. 타깃의 컨텍스트를 분석해보면 어느 정도의 리스크를 제시해야만 마케터가 원하는 방향으로 구매 의사결정을 할 수 있는지 알 수 있다. 따라서 이를 통해 타깃에 따라 처방적으로 전달되는 마케팅믹스에 내재하는 리스크를 조절할 수 있는 것이다.

실시간 마케팅

1990년대 말, 신문에서 흥미로운 인터넷 마케팅 서적에 관한 기사를 보고 교보문고에 들렀는데 한국에는 아직 그 책이 수입되지 않았단다. 그래서 아마존이란 온라인서점을 처음으로 방문했다. 그곳에는 기사에서 봤던 그 책이 있었다. 그런데 구매를 하려고 봤더니 그 책을 구매한 사람들이 구매한 다른 책들이 아래에 제시돼 있는 것 아닌가? 모두 인터넷 마케팅 관련 서적들이었다. 나는 '다른 사람들이 산 책들' 두 권을 더 샀다. 그 당시 나는 아마존의 실시간 마케팅real time marketing, RTM 을 처음으로 체험한 것이다.

실시간 마케팅, RTM

사물인터넷시대가 열리면서 실시간 마케팅

이란 용어가 자주 등장하고 있다. 사실 이 키워드는 세상에 나온 지 벌써 20년이 다 돼간다. '실시간 마케팅'이라는 용어는 1995년 실리콘밸리의 테크놀로지 마케팅 컨설턴트인 레지스 메케나Regis McKenna가 〈하버드비즈니스리뷰〉에 기고한 글에서 처음 사용했다. 메케나는 "RTM은 현재의 고객 욕구는 물론, 시간에 따라 변화하는 고객 욕구에 따라 유연하게 순응하는 마케팅믹스를 실시간으로 제공하는 것"이라고 정의하면서, "개별 고객과 지속적인 인터렉션을 통해 고객과의 관계 기간 동안 고객들의 독특한 욕구를 다양한 접촉 수준을 통해 실시간으로 제공하는 마케팅"이라고 설명했다.

RTM은 현재 시점의 개별 소비자들 간의 상이한 욕구, 즉 '고객공간'뿐 아니라 시간 흐름에 따른 욕구의 지속적인 변화인 '고객시간'까지 충족시켜주는 다이내믹한 마케팅 기법이다. 따라서 실시간 마케팅을 실행하면 더욱 많은 마케팅 정보가 축적되고, 마케팅 비용은 감소하며, 향상된 브랜드 체험을 통해 브랜드 충성도와 선호도가 증가해 기업은 지속적인 경쟁우위를 유지할 수 있다.

커넥슈머들의 액티브데이터가 빅데이터와 결합해 고객에게 실시간으로 개인화된 마케팅 서비스를 제공하는 것이 가능해지면서 RTM은 사물인터넷 마케팅 전략의 중심에 서게 됐다. 실현할 수만 있다면 RTM만큼 강력한 마케팅 방법은 없기 때문이다. RTM은 고객의 실시간 행동을 포함한 모든 정보를 실시간으로 분석하기 때문에 고객에게 강력한 브랜드 체험을 제공할 수 있다.

RTM은 제품의 특징과 편익을 소구하는 전통적 마케팅과 달리 고객체험을 중요하게 여긴다. 체험은 특정 자극에 대한 반응으로 나타나는 개인적인 사건으로 RTM은 실시간 자극을 통해 고객과 교감한다. 이 과정 속에서 RTM은 고객에게 적절한 환경과 배경을 제공하기 위해 실시간으로 분석·제공되는 스마트데이터를 이용한다.

콜롬비아대학의 번트 슈미트Bernd Schmitt교수는 "체험은 어떤 컨텍스트 속에서 접하고, 겪고, 살아가는 결과로서 생겨나는 것이며, 기능적 가치를 대신하는 감각적, 감성적, 인지적, 행동적, 관계적 가치를 제공한다"고 했다. 슈미트의 주장대로라면 RTM을 통한 실시간 브랜드 체험은 고객의 감각을 황홀하게 자극하고, 가슴을 뛰게 하며, 마음을 움직이게 할 수 있는 것이다.

RTM은 분석적이고 계량적이지만 마케팅 수단은 하나의 방법론에 얽매이지 않는다. RTM은 고객에게 훌륭한 체험을 제공하는 아이디어라 생각되는 마케팅 방법을 바로 채용하고, 신뢰성이나 유효성, 방법론적 정확성을 실시간으로 측정해서 고객체험을 더욱 높은 차원으로 끌어 올리고자 한다.

예를 들면 RTM에서는 요구하지 않았는데도 즉석에서 가격할인이나 경품 쿠폰을 제공한다. 이런 기습적인 서비스에 고객은 당연히 놀란다. 그리고 즐거워진다. 그래서 그냥 지나치지 못한다. 상품을 구매할 확률이 높아지는 것이다. 상품을 판 다음에도 고객을 가만 놔두지 않는다. 고객과 여러 가지 구매 후 경험을 함께한다. 이런 과정을 일컬어 '인게이지먼트한다'고 부른다. 이쯤 되면 고객은 그 브랜드의 홍보대사가 된다. 지인들에게 자신의 구매 경험을 이야기하고 그 회사 제품을 추천하기도 한다. 이게 바로 바이럴 마케팅Viral Marketing이다.

RTM을 학제적으로 정의하면, '외적 자극이나 행위에 즉시 반응하는 마케팅 전략과 방법론'이라 할 수 있다. RTM은 고객의 욕구에 대해 적시에 최대의 가치를 전달하는 것으로 접근한다. 이런 가치 전달 과정을 경험하는 고객은 즐겁지 않을 수 없다. 기업은 RTM을 통해 고객의 마음을 꽉 붙잡을 수 있는 절호의 기회를 가지게 된다. 서로가 '윈윈'이다. 그럼 실시간 마케팅이 주는 가치에 대해 좀 더 구체적으로 알아보자.

감성을 자극하는 RTM

소비자들은 이성적일 뿐만 아니라 감성적인 존재이기도 하다. 소비자들은 즐거움과 자극을 얻고 감정적으로 영향을 받으며, 창조적으로 도전하기를 원한다. RTM은 이런 소비자들의 감성을 흥미와 즐거움으로 만족시켜줄 수 있다.

대부분의 RTM은 특성상 현장 진행형이다. 이벤트 마케팅과 비슷하다. 기획이나 각본이 없는 이벤트인 것이다. 이런 마케팅 서비스를 받는 고객 입장에서는 마케팅 그 자체가 마법과 같이 느껴질 수도 있다. 스마트데이터와 액티브데이터 분석이 결합하면 고객 내면에 잠재했던 욕구까지도 충족시켜주기에 더욱 만족스럽다.

당신이 옷을 사러간 상황을 가정해보자. 옷의 색상을 결정하지 못해 주저하는 당신에게 매장 직원이 핑크색 옷을 권한다. 평소에 용기가 나지 않아 시도조차 해보지 않았던 색상이다. 권하니 입어본다. 그런데 웬일인가? 기대 이상으로 잘 어울린다. 그런데 이는 우연한 결과가 아니다. 매장과 연결된 클라우드 컴퓨터는 당신에게 핑크색에 대한 잠재적 열망이 있음을 알아냈다. 그리고 구매 현장에서 망설이고 있다는 액티브데이터를 받아 표현은 안 했지만 언제나 마음속에 묻어두고 있었던 욕망을 자극한 것이다.

또 다른 예를 떠올려보자. 결혼을 앞둔 A양은 냉장고를 구매하러 가전매장을 방문했다. 매장 직원이 친절하게 여러 냉장고의 기능을 설명해준다. 인터넷 기능이 탑재돼 식품을 자동으로 주문할 수 있는 냉장고로 마음을 정했다. 구매의 마지막 단계. 이런 큰 물건을 살 때 가격 비교는 필수다. 스마트폰을 꺼내 들고 냉장고를 촬영하고 가격 비교라고 속삭이니 금방 가격들이 나타난다. 온라인에선 지금 그녀가 방문한 매장보다 2만 원 더 저렴하다. 구매를 망설이고 있는데 매장 직원이 제안을 한다. 지금 이 매장에서 TV와 함께 구매하면 10만 원을 더 할인해준단다. A양은 깜짝 놀라면서 냉장고와 TV를 그 매장에서 구매했다.

A양이 매장을 들어오는 순간 매장의 비콘은 그녀의 스마트폰과 만남을 가졌다. 스마트폰을 통해 그녀의 신분을 파악한 매장의 고객 분석 시스템은 순식간에 그녀의 모든 것을 읽었다. 그녀가 페이스북에 올린 웨딩 촬영 사진과 글을 분석해서 그녀가 곧 결혼할 것이라는 정보가 나왔고, 지금 그녀가 대형 냉장고 구매를 고려하는

것을 통해 혼수 준비를 한다는 것을 실시간으로 읽었다. 그리고 그녀가 가격 비교를 시작해서 더 낮은 가격을 찾았다는 액티브데이터가 감지됐다. 매장과 연결된 인공지능은 가격 차이를 극복할 수 있는 방안을 번들 판매라 판단했고, 혼수 준비를 하는 고객의 특성을 고려해 대형 TV와의 번들 가격 구성을 제안한 것이다.

고객들이 어떤 브랜드에 대해 놀라움과 흥미를 느끼면, 그들은 그 브랜드를 가깝게, 사적인 감정으로 대하게 된다. 재미가 있으면 친해지고 싶은 것이 사람의 심리다. 이런 과정을 통해 브랜드에 대해 더 많은 것을 알게 되고 호감도가 높아지면 고객은 브랜드와 더욱 많은 인터렉션을 하게 된다. 브랜드와의 관계가 거래적이고 교환적 관계transactional relationship에서 서로 교감하는 전환적 관계transformational relationship로 바뀌는 것이다. 결국 고객은 구매를 넘어 브랜드의 옹호자가 되고, 서포터가 되면서 브랜드와 장기간의 관계를 이어나가게 된다.

'진실의 순간'을 놓치지 않는 RTM

실시간 마케팅은 적시, 즉 '진실의 순간Moment of Truth, MOT'에 적절한 메시지를 전달할 수 있다. 마케팅 키워드가 된 MOT는 스페인 투우에서 비롯된 용어로 투우사가 검을 소의 급소에 찔러 숨을 거두게 하는 '결정적인 순간Moment De La Verdad'이라는 말에서 유래됐다. 이를 영어로 그대로 옮긴 것이

'Moment of Truth'이다. 이 용어는 스웨덴의 마케팅 전문가 리처드 노먼Richard Norman이 처음 사용했고, 스칸디나비아항공SAS의 얀 칼츤Jan Carlzon 사장이《진실의 순간》이라는 책을 내면서 많은 사람들이 사용하게 됐다.

고객이 상품을 구매하고 충성도 높은 고객이 되기까지에는 네 번의 MOT가 있다. 실시간 마케팅 솔루션은 각 진실의 순간마다 적시에 매력적인 고객체험을 제공할 수 있도록 도와준다.

MOT는 '제로 진실의 순간Zero Moment of Truth, ZMOT'에서 시작한다. 제로 단계는 특정 제품에 대해 흥미를 느끼는 순간이다. 이 순간 사람들은 대개 온라인에서 그 제품명이나 제품과 관련된 키워드를 입력해서 검색을 시작한다. 그래서 이 순간을 자가 서비스self-service라고도 부른다. 이 순간에 실시간 마케팅을 제공하는 기업은 네이버, 구글, 다음 같은 검색서비스 업체들이다. 이 순간을 잡기 위해 기업들은 홈페이지, 블로그, SNS 등 온라인 마케팅을 한다. 이 순간이 구매로 이어질 확률은 개인의 가치관과 상품의 성격에 따라 다르고, 제품 관여도에 따라서도 다르다. 관여도가 높은 상품일수록

진실의 순간	제로	첫 번째	두 번째	세 번째
고객행동	특정 상품에 대한 흥미	구매 결정	상품 사용 시작	상품 사용에 대한 피드백
RTM	실시간 검색결과 제공	실시간 고객 맞춤 마케팅믹스 제안	실시간 사용 경험에 대응한 서비스	실시간 피드백에 대한 대응

▲진실의 순간과 RTM의 역할

온라인 검색을 넘어 실제 매장 방문이 이뤄질 확률이 높다.

사물인터넷시대가 되면서 MOT가 집중 조명을 받기 시작한 것은 바로 '첫 번째 진실의 순간First Moment of Truth, FMOT' 때문이다. FMOT는 구매를 고려하는 상품군을 실제로 만나고, 구매를 결정하는 순간이다. 소통이 가능해진 사물과 상품은 이 순간에 고객에게 구매 결정을 위한 맞춤 메시지를 보낸다. 이 메시지는 고객의 소셜미디어에서 추출한 정보가 포함되면 효과적이다. 내가 아마존을 처음 경험했을 때 상품 추천을 받고 추가 구매를 한 것은 바로 이와 같은 맞춤 메시지가 효과를 발휘했기 때문이다.

사물인터넷시대에는 고객이 구매하고자 하는 상품 앞에서 실시간으로 검색한 내용도 곧바로 분석될 수 있다. 따라서 진행형인 데이터 분석 정보를 토대로 마케터는 구매 시점에 고객의 의사결정을 좌우할 맞춤 마케팅믹스를 고객에게 제안할 수 있다. 이 제안에는 고객에게 맞춰진 정보를 제공하는 것은 물론 가격을 포함한 각종 프로모션이 포함될 것이다.

리테일 마케팅 현장에서는 매장에 들어오는 고객의 신분을 확인하고 그 고객의 정보를 알 수 있는 솔루션이 다양해지고 있다. 가까운 미래에 고객의 신분과 정보를 알아보고 대응하는 것은 매우 자연스런 서비스가 될 전망이다.

두 번째 진실의 순간Second Moment of Truth, SMOT은 제품 구매가 끝나고 상품을 사용하기 시작했을 때 생긴다. 우리가 흔히 보는 사용 후기가 바로 이 순간에 대한 표현이라고 보면 된다. SMOT에서는 고객서비스가 중요하다. 언제나 고객의 소리에 귀를 기울이고 항상 도울 수 있는 준비가 돼 있어야 한다. 사물인터넷을 기반으로 한 환경에선 SMOT에 실시간으로 대응할 수 있다. 인터넷으로 연결된 상품은 창고를 떠나 고객의 손에 전달되고 사용되는 과정의 모든 히스토리가 남는다. 이를 토대로 마케터는 제품을 사용하면서 고객이 겪는 장애나 고장 등에 대해 실시간으로 알게 된다.

고객이 청하기도 전에 제공되는 서비스는 큰 감동을 남긴다. 자동차 윈도브러시가 잡음을 내기 시작했다고 하자. 자동차 부품회사에서 이를 알고 일기예보를 참고해 윈도브러시 구매 시점을 제안하거나, 큰비가 오기 전날 알아서 새 윈도브러시를 고객의 집으로 먼저 보내줄 수 있다. 큰비 오는 날, 윈도브러시 때문에 어려움을 겪어본 사람들은 안다. 이런 서비스가 얼마나 큰 감동을 주는지.

이처럼 사물인터넷을 기반으로 한 RTM은 두 번째 순간에도 고객에게 감동적인 가치를 전달할 수 있다. 감동이 전달되면 고객과 브랜드는 오랜 세월을 함께하게 된다. 브랜드가 고객 삶의 일부가 되는 것이다. 이를 고객 인게이지먼트라 한다. 고객과 브랜드가 지속적으로 교감을 나누는 진정한 전환적 관계를 이어나간다는 의미다.

마지막 진실의 순간Third Moment of Truth, TMOT은 제품 사용에 피드백을 제공하는 단계로 고객이 먼저 원해서 생기는 순간이다. TMOT 단계로 들어간 고객은 고객의 의미를 넘어 비즈니스 파트너가 된다. 재구매는 물론 브랜드를 주위 사람들에게 추천까지 한다. SNS를 통해 브랜드와의 스토리와 사진을 올리는 것은 기본이다.

이 순간에도 RTM은 큰 힘을 발휘한다. 예를 들어 홈페이지에 부정적인 글이 올라왔을 때, 이 순간이 진실의 순간이 될 수 있다. 마케터는 이 글을 감추거나 지우기보다는 실시간으로 불만족 사항을 개선하는 모습을 보여줘야 한다. 이런 모습을 보여줬을 때 고객들은 비로소 브랜드의 팬이 되고 옹호자가 된다. 마지막 진실의 순간을 위해 RTM은 항상 녹색 불을 켜고 있어야 한다.

실시간으로 빠르게 퍼지는 RTM

실시간 마케팅은 메시지가 바이러스 퍼지듯 빠르게 퍼져 나갈 수 있는 기회를 제공한다. RTM은 우리가 가장 선호하는 이야깃거리 중 하나인 감성을 건드리는 이야깃거리를 만들기 때문이다. 사람들의 감정 공유는 일종의 접착제 역할을 한다. 사람들은 이를 통해 인간관계를 돈독하게 하고자 이야기를 주변에 전달한다. 이제 고객들은 자신의 내면적 가치를 존중해주는 마케팅을 원하고 있다. RTM은 인간의 내면적 가치들 중에서 자사의 제품과 서비스와 연결 가능한 가치들을 발견하고, 그것이 불러일으키는 감정을 실시간으로 소구함으로써 메시지를 바이럴하게 퍼트릴 수 있고, 자신의 고객들을 자사 제품이나 서비스에 더욱 효과적으로 연결할 수 있다.

2013년 미국 슈퍼볼 경기 때 일어난 일이다. 3쿼터가 진행 중인 가운데 슈퍼볼 역사상 초유의 사태가 발생했다. 갑자기 정전이 돼

34분 동안 경기가 중단된 것이다. 정전 10분 뒤, 트위터에는 오레오 쿠키의 기발한 멘션이 하나 올라왔다.

"전기가 나갔나요? 문제없어요. 그래도 당신은 아직 어둠 속에 덩크슛을 날릴 수 있어요."라는 메시지가 암흑 속에 은은한 빛을 발하는 오레오쿠키 이미지와 함께 올라온 것이다.

정전으로 짜증나고 무료하던 차에 '두 번째 스크린'을 통해 올라온 센스 있는 광고는 삽시간에 1만 5,000회가 넘는 리트윗을 기록하며 미국 전역으로 퍼져 나갔다. 페이스북에는 2만 명이 넘는 오레오의 친구들이 '좋아요'를 클릭해줬다. 이렇게 오레오는 2013년 슈퍼볼에서 화제의 중심에 섰다. 이 광고는 그 해 칸느광고제 수상을 비롯해 크리오, 몬트리올광고제의 바이럴과 디지털 마케팅 부문 상을 모두 휩쓸었다.

오레오의 실시간 마케팅의 성공은 우연한 것이 아니었다. 오레오의 디지털 마케팅 대행사 360i는 슈퍼볼 경기 중에 생기는 이벤트에 실시간으로 대비하기 위해 15명의 SNS 테스크포스팀을 꾸렸다. 많은 사람들이 이런 큰 경기를 더욱 재미있게 즐기는 방법으로 SNS나 검색을 하기 위해 스마트폰이나 태블릿PC 같은 두 번째 스크린을 동시에 켜놓기 때문이다. 슈퍼볼 시작과 함께 360i 사무실에서는 더 치열한 경기가 시작됐다.

광고기획자, 카피라이터, 디자이너로 구성된 SNS팀이 슈퍼볼 경기 도중 생기는 일들을 소재로 해서 즉시 오레오 광고를 만들어 트위터나 페이스북에 올리려고 호시탐탐 노리고 있었다. 그러던 중 그들에게 정전이라는 로또 같은 사태가 찾아온 것이다. 공격의 기회만 노리고 있던 360i의 SNS팀은 정전 10분만에 기획과 카피라이팅, 디자인을 모두 끝내고 트위터와 페이스북에 기발한 광고를 올렸다. 정말로 대단한 순발력이었다. 앞으로 각 기업의 SNS팀들은 큰 경기가 있는 날이면 집이나 술집이 아니라 사무실에서 동료들과 함께 긴장 속에서 경기를 구경해야 할지도 모르겠다.

RTM의 6가지 방법

컨설팅기업 알티미터Altimeter는 실시간 마케팅에 대한 흥미로운 보고서를 공개했다. 알티미터는 기획 여부와 기업이 얼마나 주도적으로 실행했는가를 기준으로 RTM을 6가지 방법으로 구분할 수 있다고 설명했다.

【 브랜드 이벤트 】

브랜드 이벤트는 마케팅 서비스의 일종으로 우리가 흔히 알고 있는 기업의 이벤트 마케팅이다. 기업들은 판촉행사, 전시, 공연, 컨퍼런스 등의 이벤트를 통해 고객들에게 실시간으로 마케팅 서비스를 제공해왔다. 이벤트에 초대된 고객들에게는 이벤트 현장에서 실시간으로 마케팅 서비스를 제공한다. 예정된 이벤트도 많이 사용하는 방법이다.

우리 주변에서 자주 볼 수 있는 브랜드 이벤트는 개업 행사다. 도

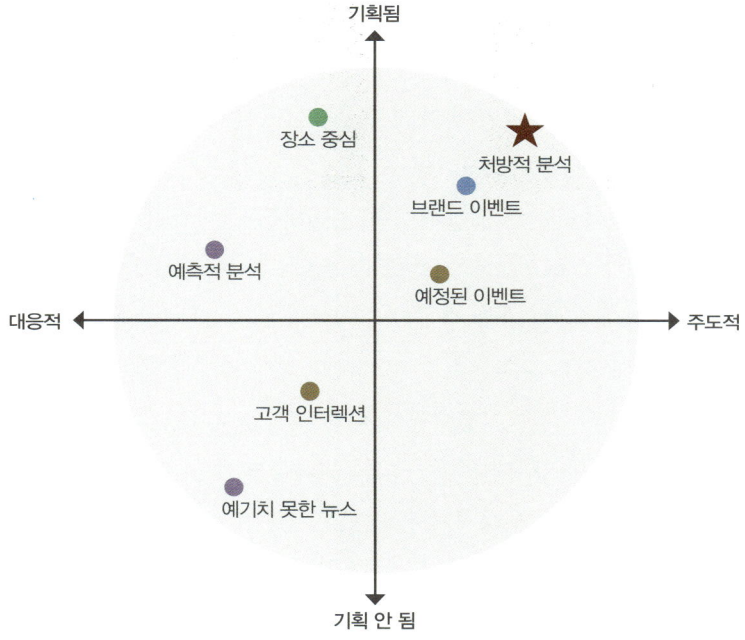

▲알티미터의 6가지 RTM 방법과 처방적 분석에 기반한 RTM

우미들이 개업하는 가게 앞에서 요란한 음악을 틀고 대형 풍선과 함께 춤을 춘다. 시식 행사도 자주 접하는 브랜드 이벤트다. 시식은 실시간으로 고객들에게 제품의 샘플링 기회를 제공해서 곧바로 구매에 이르게 하는 강력한 RTM 방법이다. 주택 판매에서도 브랜드 이벤트가 중요한 역할을 한다. 아파트나 오피스텔 분양을 위한 모델하우스 오픈이 바로 브랜드 이벤트다. 시행사나 건설회사들은 아파트 분양을 위해 판매하는 주택과 동일한 주택 샘플을 모델하우스 내에 만들어놓고 최고의 인테리어를 선보인다.

사물인터넷을 기반으로 한 RTM을 이용하면 브랜드 이벤트도 더욱 흥미롭고 다양해질 수 있다. 모델하우스 내의 모든 기기들이 관람객들과 소통하면서 주택의 우수성을 소구할 수 있다. 가령 다음과 같은 상황이 가능할 것이다.

당신이 모델하우스에 들어서면 모델하우스는 당신의 스마트폰을 인식하고 클라우드에 접속해서 당신에 대한 정보 분석을 시작한다. 당신의 나이, 가족 수, 출퇴근 방법, 관심사, 취미 등 집과 관련된 모든 분석이 순간적으로 이뤄진다. 분양단지의 위치가 당신의 직장 위치와 주 사용 교통수단에 비춰 적합한지, 자녀 수와 연령을 볼 때 집 크기와 방의 개수는 적절한지를 시작으로 집의 정보화 설계, 단지의 쾌적성, 부대시설 등이 모두 당신에게 맞춰져 새로운 프레젠테이션이 준비된다. 그리고 그 결과를 받아든 분양 상담원은 모든 것을 당신 위주로 설명할 것이다. 브랜드 이벤트에 인공지능이 연결되면 고객들에게 더 놀라운 경험을 제공할 수 있는 것이다.

【 고객 인터렉션 】

고객 인터렉션 역시 많이 사용되고 있는 실시간 마케팅 방법이다. AS센터, 고객상담센터 운영 등이 바로 고객 인터렉션을 이용한 실시간 마케팅 방법이다. 기존의 고객 인터렉션에는 사람의 개입이 필요했으나 사물인터넷시대에는 사람의 개입이 없는 고객 인터렉션 방법들이 많이 나올 것이다.

2014년 CESConsumer Electronics Show(소비자가전쇼)에서 시스코는 사물

인터넷기술을 이용한 RTM 시대를 예고했다. 시스코는 파트너인 이노비드Innovid와 함께 컨텍스타Contexta라는 사물인터넷을 기반으로 한 광고서버를 개발했다. 컨텍스타는 방송국과 온라인에서 제공되는 영상정보와 이용자를 실시간으로 분석할 수 있다. 이를 토대로 시청 중인 영상과 관련 있는 인터렉티브 광고를 이용자의 스마트폰이나 태블릿PC를 통해 실시간으로 전송해 광고 효과를 극대화할 수 있다.

이와 같은 스마트 광고 서버가 발달하면 TV 광고 역시 더욱 효과적으로 메시지를 전달할 수 있을 것이다. 다음과 같은 시나리오를 상상해볼 수 있다. A씨는 스마트 TV 이용자다. 그의 스마트폰은 스마트 TV와 연결돼 그의 TV 시청을 도와준다. A씨가 즐겨보는 드라마를 시청하지 못할 때는 자동으로 녹화를 해두기도 하고, A씨의 캘린더와 연동해 주요 스포츠 경기 시간에는 자동으로 채널 전환을 제안하기도 한다. 이런 편리함 때문에 A씨는 스마트 TV의 API Application Programming Interface (응용프로그램 프로그래밍 인터페이스)를 스마트폰과 연결하는 것을 허락했다. 이로 인해 스마트 TV는 A씨의 TV 시청에 관련된 모든 정보를 알고 있다. 스마트폰과 연동됐기 때문에 A씨의 나이, 성별, 직업, 소득수준, 거주지, 학력 등 기본적인 정보와 그의 구매 이력 데이터 및 TV 시청에 대한 데이터는 모두 실시간으로 분석된다.

회사 창립기념일에 출근을 하지 않은 A씨는 오전 10시에 TV를 켰다. 이 시간의 메인 시청자는 주부들이기에 이 시간에는 아침 드라마나 주부들을 상대로 한 대담 프로그램, 예능 프로그램들이 주로 방영된다. 광고도 갱년기 치료제, 주방가전, 화장품 등과 같은 것들이 주를 이룬다. 그런데 A씨는 32세 남성이고 미혼이다. TV는 그가 TV를 시청한다는 사실을 인지하고 그에 맞는 레저용품, SUV 자동차, 남성 화장품 광고를 내보낸다. TV의 광고 서버가 처방적 분석을 통해 광고를 실시간으로 개인화해서 제공한 것이다.

【 예기치 못한 뉴스 】

예기치 못한 뉴스를 기반으로 한 실시간 마케팅은 기획이 거의 불가능하다. 마케터의 순발력에 의존해야 하는 RTM인 것이다. 앞에서 소개한 오레오의 슈퍼볼 마케팅이 좋은 예다. 오레오는 예정된 이벤트를 이용해서 실시간 마케팅을 하려 했으나, 슈퍼볼 경기장의 정전이라는 예기치 못한 사태를 맞이했다. 오레오의 SNS팀은 순발력 있는 기획과 재빠른 실행력으로 이 사태를 자사의 브랜드 강화 기회로 만들었다.

요즘 매스컴에 자주 등장하는 '공항패션' 역시 돌발 뉴스를 이용한 RTM이다. 유명 연예인이 공항을 출입하면서 입었던 옷과 가방, 선글래스, 액세서리 등이 화제가 되면 그 연예인이 착용했던 아이템의 수요가 급증한다. 연예인이 착용한 아이템을 판매하는 기업 입장에서는 공항패션 뉴스가 예기치 못한 뉴스가 된다. 공항패션이 큰 성공을 거두자 의도적으로 공항패션 뉴스를 만드는 경우도 많아졌다. 유명 연예인에게 공항을 출입할 때 자사의 제품을 착용해 달라며 비용을 지불하는 것이다. 이와 유사하게 유명인사가 사용한 것이 우연히 뉴스에 포착돼 마케팅에 성공하는 경우도 있다. '호미가'라는 브랜드의 가방은 대통령이 사용하는 모습이 뉴스에 나와 갑자기 유명브랜드가 된 케이스다.

【 예정된 이벤트 】

예정된 이벤트는 올림픽, 월드컵, 엑스포, 영화제, 축제 같은 큰 이벤트에 기업이 참여해서 고객들에게 마케팅 서비스를 제공하는 것이다. 오레오는 슈퍼볼이라는 예정된 이벤트를 이용해 SNS로 실시간 마케팅을 했다. 예정된 이벤트는 기업들에게 RTM을 할 수 있는 좋은 기회를 제공한다. 기업들은 대개 이벤트의 스폰서라는 명목으로 간접광고를 하거나 고객들을 직접 대면해 프로모션을 실시한다.

예정된 이벤트에 RTM을 하기 위해 마케터는 다수의 광고물을 준비하기도 한다. 예를 들어 프로야구 결승전에서 격돌한 팀의 스폰서 기업은 승리할 경우와 패배할 경우 모두를 고려해 광고를 준비한다. 이겼을 때는 선수들에 대한 축하 메시지와 함께 팬들의 성원에 감사하다는 내용을 내보낸다. 반면에 패배할 경우에는 잘 싸워 줬다는 메시지와 앞으로 더욱 열심히 노력하겠다는 다짐을 내보내는 것이다.

예정된 이벤트를 이용해 RTM을 하는 방법에는 리스크 매니지먼트risk management도 있다. 월드컵에 출전한 우리나라 축구 대표팀 감독이 각종 광고에 등장한 적이 있다. 그런데 월드컵 경기에서 우리나라 대표팀이 초라한 성적으로 예선 탈락하자 그 감독의 용병술에 대한 비난이 높아졌다. 이 경우, 그 감독이 등장하는 광고는 상품 이미지에 오히려 마이너스가 된다. 이에 대부분의 기업들은 발빠르게 준비해둔 새로운 광고로 교체했으나 일부 기업들은 예전 광고를 그대로 사용했다. 어떤 심오한 이유가 있었는지는 몰라도 RTM에는 실패한 것이라 평가할 수 있다.

【 장소 중심 】

장소를 기반으로 한 RTM은 장소의 특성에 따른 서술적 분석을 토대로 실시간 마케팅 서비스를 제공한다. 고객세분화 방법 중 지리적 변수를 기준으로 시장을 구분하는 방법에 실시간이라는 개념을 더한 것이다.

스마트폰이 보급되고 고객의 위치 정보를 기업이 이용할 수 있게 되면서 장소 중심의 실시간 마케팅이 많이 사용되고 있다. 요즘은 GPS뿐만 아니라 실내의 고객 위치 정보를 파악할 수 있는 실내 위치확인 시스템들도 다양하게 선보이고 있다. 특정 장소에 있는 고객에게 알림 메시지를 보내 쿠폰을 제공한다든지 이벤트에 참여할 수 있는 기회를 제공하는 것 등은 이미 많이 사용되고 있다.

장소 중심의 실시간 마케팅은 비콘의 상용화로 더욱 효과가 높아질 것으로 예상된다. 저전력 블루투스 기술을 사용하는 비콘은 5센티미터 정도의 근접거리에서부터 91미터 정도 떨어져 있는 고객까지 식별해낼 수 있다. 비콘이 고객 관련 정보와 고객의 실시간 행동 정보를 결합하면, 마케터는 고객이 예상치 못했던 특별한 경험을 제공할 수 있다. 앞에서 소개한 빈탱크의 고객 식별 솔루션과 페이팔의 비콘을 이용한 주문 및 결제 서비스가 좋은 예다.

장소 중심의 RTM은 내비게이션에도 탑재되고 있다. 일본의 카오디오 명가 클라리온Clarion은 대화형 내비게이션 제품을 출시했다. 운전자가 "오늘 점심은 일식이 먹고 싶다"고 말하면 내비게이션이 "근처에 일식당이 20곳 있습니다. 예산은 얼마입니까"라고 묻는다. 이렇게 대화하면서 검색 범위를 좁혀 적절한 식당까지 가는 길을 알려주는 것이다. 여기에 광고 서비스가 접목된다면, 광고비를 부담하는 스시전문점이 검색결과나 추천 식당 상위 목록에 올라올 것이다.

【 예측적 분석 】

예측적 분석 역시 기업들이 오랫동안 사용해온 방법이다. 기업에서 하는 모든 사업 기획은 예측을 토대로 하기 때문이다. 고객의 과거 행동을 분석해보면, "앞으로 어떤 일을 할 것이다"라는 인과관계 분석을 통한 예측이 가능하다.

온라인의 키워드 광고는 예측적 분석을 토대로 한 광고 방법이다. 당신이 특정 키워드를 입력하면 그 다음에는 어떤 행동을 할지 예측되는 것이다. 그래서 키워드와 연관된 랜딩 페이지는 고객행동의 예측을 토대로 한 콘텐츠로 구성하는 경우가 많다. 예측적 분석에 의한 RTM은 판매 추천을 위해 사용되기도 한다.

"이 상품을 산 고객들은 이것들도 샀어요Customers Who Bought This Item Also Bought." 아마존의 트레이드마크처럼 된 이 문구가 바로 예측적 분석에 기반한 실시간 마케팅이다. 아마존은 초기부터 협동적 필터링Collaborative Filtering 방법을 이용, 구매자들의 구매 이력을 분석해서 예측을 토대로 한 실시간 구매 제안을 해왔다. 특정 상품을 검색하거나 구매한 고객에게 다른 고객들의 구매 정보를 제공함으로써 추가 또는 대안 구매를 제안한 것이다.

예측적 분석은 과거 데이터에만 의존하지는 않는다. 온라인 RTM에선 액티브데이터 분석을 더해 예측적 분석의 신뢰도를 더욱 높일 수 있다. 고객이 웹사이트를 방문해 여러 페이지를 열어보는 동안 상품 관련성, 고객의 페르소나, 의도 등 세 가지를 측정해 고객에게 개인화된 메시지를 실시간으로 제공함으로써 의미있는 행동을 이끌어내는 것이다.

고객이 누군지를 파악하고, 그가 웹사이트 내에서 보여준 행동을 통해 그가 어떤 사람인지를 알게 되고, 그가 왜 이곳을 방문했는지를 이해하면 그 고객과 더욱 재미있는 대화가 가능하다. 이와 같은 소통을 통해 마케터는 고객과의 교감을 더욱 강화할 수 있고, 결국에는 성공적인 RTM을 할 수 있게 된다.

【 처방적 분석 】
초연결사회의 실시간 마케팅은 예측을 넘어선 처방적 데이터 분석을 기반으로 한다. 처방적 데이터 분석은 장소 및 예측 데이터를 기반으로 분석된 정보에 커넥슈머들의 액티브데이터가 결합해서 순간적으로 기획된 실시간 마케팅을 가능케 하는 것이다.

예를 들어, 삼성의 기어핏은 고객의 하루 운동량이나 수면의 질에 대한 상세한 정보를 읽는다. 이와 같은 정보는 마케터가 실시간 마케팅을 할 수 있는 좋은 기회를 제공한다. 운동량이 부족하거나 수면을 잘 취하지 못한 고객에게는 피로 회복에 좋은 음료나 비타민 등의 쿠폰을 제공하고, 갑자기 운동을 많이 하기 시작한 고객들은 다이어트에 관심이 있을 것이라 추정하고 일정 기간 다이어트음료를 무료로 시음해볼 수 있는 쿠폰을 제공하는 게 가능하다.

예측적 분석에 기반한 RTM이 미래에 발생될 일에 대해 실시간으로 마케팅 서비스를 제공한다면, 처방적 분석에 의한 RTM은 미래에 일어날 일에 대해 각 사안별로 대응 방법까지 실시간으로 제시한다.

비유하자면 예측적 분석은 일반 내비게이션의 길 안내에 해당된다. 길 안내 서비스는 목적지까지 정해진 경로를 상세히 안내한다. 이에 비해 처방적 분석은 TPEG(교통 및 여행 정보 서비스)이 장착된 스마트 내비게이션이나 이동통신사에서 제공하는 스마트폰 내비게이션이라 할 수 있다. 스마트 내비게이션은 실시간 교통상황을 반영해서 경로별 도달 시간을 예측하는 것은 물론 최단 시간에 목적지까지 도달할 수 있는 처방까지 제공한다.

예측적 분석이 데이터 분석을 통해 어떤 마케팅 기회가 언제, 그리고 왜 일어날지를 예측해 실시간으로 마케팅을 실행할 수 있도록 도와주는 것이라면, 처방적 분석은 예측된 마케팅 기회들에 대해 어떤 이익을 얻을 수 있는지를 분석하고, 어떤 의사결정을 내렸을 때 그것이 다른 기회에 어떤 영향을 미치는가를 분석한다. 이를 통해 고객가치를 극대화할 수 있고 최고의 성과를 올릴 수 있는 실시간 마케팅 대안을 만들어내게 되는 것이다.

RTM을 실현하는 다양한 기술

【 온라인 트래픽을 풋 트래픽으로 바꾼 비콘 】

마트에서 결정하기 가장 어려운 일 중 하나는 라면 고르기다. 종류와 가격이 너무 다양하기 때문이다. 라면이 진열돼 있는 라인으로 들어서니 스마트폰이 부르르 떨린다. S라면에서 보낸 푸시메시지다. '불닭 치즈볶음면' 쿠폰이다. 처음 들어보는 이름이다. '알아보기'를 선택하니 요즘 유행하는 하이브리드 라면이란다. 불닭 볶음면에 치즈라면을 섞어서 만드는 레시피와 함께 두 라면을 함께 사면 1,000원을 할인해주는 쿠폰이 나왔다.

명동대성당 입구에 들어갔을 때도 푸시메시지 알림이 울렸다. "명동성당에 오신 것을 환영합니다." 푸시메시지에 나온 '주님 곁으로'를 선택하니 미사 시간과 성당의 역사가 잘 정리된 모바일 홈페이지로 연결된다. 발길을 돌려 지하성당 앞에 다다르자 새 메시지가 도착한다. "지하성당은 성인들의 유해가 모셔져 있는 성지입니다. 고해성사를 통해 성인들의 통공에 참여하세요." 푸시 알림은 '상설 고해소 운영 시각'을 제시하고 있었다. 스마트폰이 수행비서 역할을 하면서 미리 알아서 발걸음을 옮기게 만들고 있는 것이다. 이같은 상황은 비콘이 있기 때문에 가능해진 것이다.

'비콘' 시대가 무서운 속도로 다가오고 있다. 비콘은 모바일과 실제 세계를 연결하는 서비스다. 즉 고객의 온라인 정보와 오프라인 발걸음, 풋 트래픽foot traffic을 함께 공략할 수 있는 솔루션인 셈이다. 비콘은 스마트폰 사용자의 위치를 파악, 특정 정보를 전달해주는 근거리 위치 기반 기술이다. 저전력 블루투스4.0 칩을 사용하므로 동전 크기만 한 배터리로 약 2년간 기기가 작동된다고 한다.

비콘 기기가 설치된 장소를 방문하면 스마트폰에 정보가 푸시 알림으로 전달된다. 스마트폰 안에 있는 블루투스 기능과 비콘을 통해 이용자의 이동 경로에 따라 맞춤 서비스를 자동으로 제공하는 것이 특징이다. 그동안 스마트폰 근거리 통신기술로 주목받던 NFCNear Field Communication는 스마트폰을 근접시켜야만 작동이 가능했다. 앞으로 마케팅 프로모션에선 NFC 대신 비콘이 그 자리를 차지할 것으로 전망한다.

비콘은 매장에서 고객에게 상품 설명, 리뷰, 프로모션을 제공할 뿐 아니라 결제 솔루션으로도 활용되고 있다. SK플래닛은 오프라인 상거래의 패러다임을 변화시킬 '넥스트 커머스NEXT Commerce'를 제공하고 있다. 넥스트 커머스에는 스마트 월렛(모바일 전자지갑)

을 발전시킨 새로운 통합 커머스 프로그램인 '시럽syrup'이 포함돼 있는데, 시럽은 고객 위치를 기반으로 쿠폰과 기프티콘을 보내주는 것은 물론 상품에 근접했을 때 스마트폰을 통해 상품에 대한 상세한 설명도 제공한다. 시럽에는 GPS 기반 가상 반경 설정기술 지오펜싱geo-fencing과 비콘이 쓰였다.

페이팔은 비콘을 이용해서 자동으로 결제를 할 수 있는 페이팔 비콘 서비스를 개시했다. 매장에 페이팔 비콘 기기가 설치돼 있는 경우, 페이팔 앱을 스마트폰에 다운받은 고객이 매장에 들어오면 비콘과 연결된 포스 기기에 자동으로 고객 이름이 표시된다. 마트에서 이 서비스를 이용하면 계산을 하기 위해 줄을 설 필요가 없다. 상품을 담으면서 비콘과 호환되는 시스템에서 결제가 자동으로 이뤄지기 때문에 쇼핑이 끝난 후에는 그대로 카트를 몰고 출입문을 나서면 된다.

영국 테스코의 챔스포드점은 비콘을 이용해 매장 내 고객체험을 향상시키는 서비스를 제공하고 있다. 대형 마트에서 내가 원하는 제품을 모두 찾는 것은 보물찾기만큼 힘들 때가 있다. 고객은 자신이 원하는 상품의 리스트를 스마트폰에 있는 테스코 앱에 입력하고 매장을 방문한다. 그러면 스마트폰이 자동으로 매장 내 비콘과 연결되어 리스트에 있는 각 상품의 위치를 안내해준다.

비콘은 상품을 마케팅 플랫폼으로 변신시킬 수 있다. 상품과 연동된 비콘을 통해 마케터는 고객이 특정 제품에 대해 보이는 관심을 측정할 수도 있고, 다양한 프로모션 메시지나 인센티브를 제시할 수 있는 것이다. 가령 다음과 같은 시나리오가 가능하다.

A씨는 전자제품 매장에서 새로 나온 제습기를 구매하려고 한다. 그는 여러 제품들을 검토한 끝에 L사와 S사의 제습기 두 대를 최종 후보로 마음에 둔다. 마침내 그는 S사 제습기로 결정을 하지만 선뜻 구매하지 못한다. 제습기와 같이 관여도가 높은 고가의 제품을 구매할 때는 누구나 쉽게 의사결정을 하지 못한다. A씨는 의사결정을 끝내기 위해 L사 제습기에 한 번 더 가본다. 이때 매장과 연결된 클라우드 서버는 비콘을 통해 그가 구매를 망설이고 있다는 신호를 포착한다.

신호를 포착한 클라우드 서버에선 A씨에 대한 스마트데이터 분석을 실행한다. 분석결과, 그는 구매의사가 분명하고, 확실한 AS를 소구하면 구매 가능성이 높을 것이라는 처방이 나왔다. 그러자 S사 제습기의 판촉문구를 보여주던 디지털 사인은 곧바로 사후서비스를 강조하는 문구로 바뀐다. S사 제습기 위에 걸려 있는 POP 모니터의 메시지가 "오늘 구매하는 고객에게는 AS 기간을 1년 더 추가로 제공"이란 문구로 바뀐다. 이 메시지를 본 A씨는 S사의 제습기를 구매하기로 결정한다.

이와 같이 비콘은 리테일 현장에서 고객과 매장을 이어주는 보이지 않는 연결선이다. 고객은 비콘을 통해 자신의 정보를 알 수 있도록 허용해주고 그 대가로 마케터는 최선을 다해 그가 원하는 조건들을 충족시키려고 노력한다. 프라이버시와 혜택을 실시간으로 교환하는 것이다. 비콘이 대중화되면 리테일 마케팅의 호흡은 매우 빨라질 것이다. 리테일 현장에서의 마케팅 의사결정은 눈 깜박할 사이에 이뤄질지도 모른다.

따라서 RTM 전략을 효율적으로 실행하려면 광속 마케팅을 터득해야 한다. 빛의 속도로 시장 상황과 고객을 읽고, 빛의 속도로 의사결정을 하고, 빛의 속도로 마케팅믹스를 만들어내 제안하는 무시무시한 마케팅 신무기들이 앞으로 등장할 것이다.

【 머천다이저의 새로운 촉수들 】

마케터는 상품이 진열된 매대에서 고객들이 보이는 반응을 알아야 한다. 상품이 선택되는 바로 그 현장에서 고객이 어디를 보고 있고 자사의 상품을 집는 확률과 경쟁사의 상품을 선택하는 확률은 각각 얼마나 되는지, 판매 경쟁에서 성공 또는 실패하는 요인이 무엇인지, 가격 할인과 POP의 효과는 어떤지, 실구매 고객의 성별, 나이는 어떤지, 시간대별·요일별로 고객이 어떻게 변하는지, 경쟁 상황은 어떻게 변하고, 광고 및 판촉행사 후에는 또 어떻게 변하는지 등 많은 마케팅 정보가 매대 앞에서 나온다.

이와 같은 정보를 얻기 위해 스토어 어딧Store Audit이라는 신디케이티드 리서치 서비스Syndicated Research Services(언론사나 리서치 회사 등에서 판매하는 시장 분석 연구)를 받기도 하고, 직접 발품을 팔면서 현장조사를 하기도 한다. 그러나 앞으로는 그럴 필요가 없게 됐다.

인간의 동작과 사물을 인식하는 센서기술의 발달로 판매 현장에서 고객의 다양한 행동을 측정하는 혁신적인 솔루션들이 나오고 있다. 그중 하나가 아르헨티나 개발자들이 만든 '쇼퍼셉션 Shopperception'이다. 이 솔루션은 아르헨티나의 월마트에서 시범 사용됐고 미국 매장으로도 도입되고 있다. 진열대의 천장에 프라임 센스에서 만든 3D 동작인식 센서를 장착한 쇼퍼셉션은 소매점의 매대 앞에서 고객이 하는 행동을 실시간으로 수집하고 분석하는 획기적인 사물인터넷 솔루션이다. 매장 내 고객의 활동이라는 물리적 행동을 실시간으로 디지털데이터로 변환시켜주는 것이다.

쇼퍼셉션은 상품 판매대 앞에서 일어나는 모든 고객의 행동에 대한 관찰 데이터를 제공한다. 머천다이저들에게는 예민한 더듬이와 같은 역할을 하는 것이다. 마케터는 쇼퍼셉션을 통해 자사 상품이 매대에서 어떻게 팔리고 있는지에 대한 정보뿐 아니라 경쟁 브랜드의 판매 현황도 알 수 있어 즉각적인 대응을 할 수 있다.

예를 들어 머천다이저는 어느 날 쇼퍼셉션을 통해 고객들이 자사 상품 앞에서 망설이다가 경쟁 제품을 집는 빈도가 많아지고 있다는 정보를 받았다. 조사해보니 경쟁 제품은 원 플러스 원 행사를 하고 있었다. 이것을 본 머천다이저는 즉시 원 플러스 원 행사보다 강력한 판촉의 필요성을 매장에 전달하고 바로 매대 위에 있는 모니터에 메시지를 전달한다. 이를 위해 쇼퍼셉션은 디지털 POP에 메시지를 전송하는 시스템도 제공하고 있다. 고객이 자사의 상품 앞에 서거나 상품을 집을 때 POP에서 판촉 메시지가 나오도록 한 것이다. 쇼퍼셉션과 같이 매장에서 고객의 행동을 읽는 솔루션은 앞으로도 많아질 것이다. 이젠 마케팅이 책상 위에서가 아니라 현장

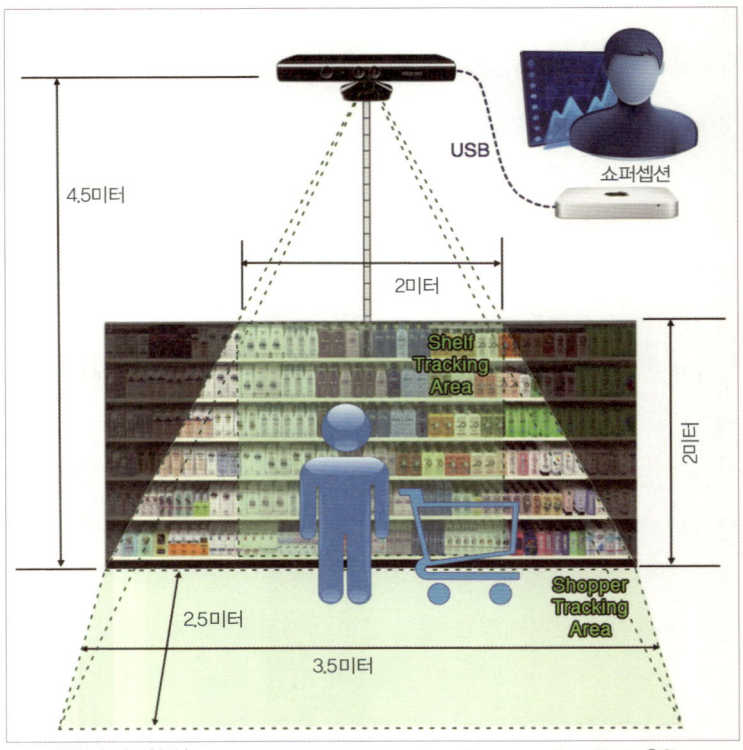

USB

쇼퍼셉션

4.5미터

2미터

2미터

Shelf
Tracking
Area

Shopper
Tracking
Area

2.5미터

3.5미터

▲쇼퍼셉션의 작동원리(Image used with permission from Shopperception, Photo ⓒShopper-ception)

에서 실시간으로 기획되고 실행되는 시대가 온 것이다.

　RTM을 위한 새로운 촉수들 중에는 고객의 감정을 고려한 솔루션도 있다. 인간처럼 보고, 듣고, 느끼는 능력을 갖춘 인공지능은 오랫동안 SF소설 속에서만 존재했다. IMRSV의 카라는 이런 상상을 현실화시킨 첫 번째 시도다. 카라는 카메라와 센서를 이용해 인간의 감정을 읽고 분석하는 기기다. 2013년 사물인터넷 어워드, 최고의 기업 애플리케이션 후보로 선정되기도 했던 카라는 고객의 나이와 성별을 구별하는 것은 물론, 감정 상태까지 구분이 가능하다. 고객이 행복한지, 슬픈지, 진지한지 알 수 있는 것이다.

카라는 7.5미터 내의 거리에서 25명까지 읽을 수 있다. 마케팅 정보는 카라 소프트웨어와 연결된 클라우드 서버에서 실시간으로 제공받는다. 카라의 소프트웨어를 이용하면 평범한 웹캠을 가지고도 어댑티브 광고adaptive advertising을 할 수 있다. 카라는 웹캠으로 촬영된 사람의 표정, 성별, 연령, 상품에 관심을 보인 시간과 기타 실시간 마케팅 정보를 결합해 적합성 높은 광고를 내보내고, 그렇게 내

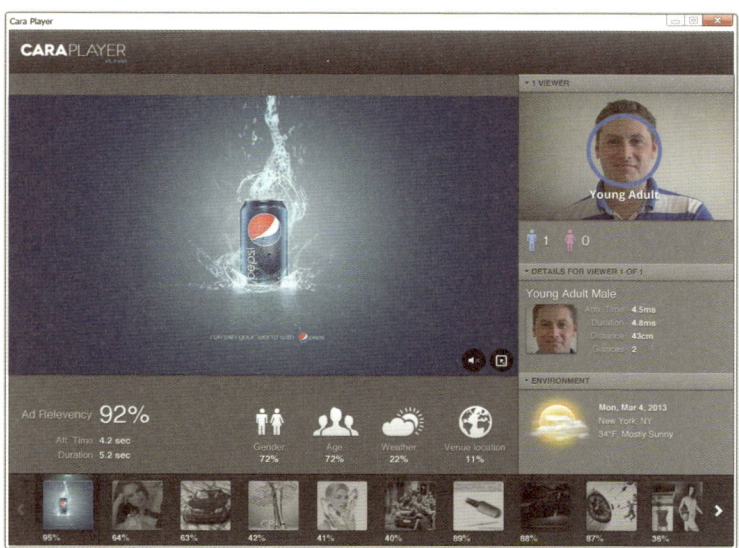

▲고객의 감정을 분석하는 카라(Image used with permission from IMRSV, Photo ⓒ IMRSV)

▲퀴비디의 청중 자동 측정 솔루션(Image used with permission from Quividi, Photo © Quividi)

보낸 광고에 대한 고객들의 반응을 살필 수도 있다.

실시간 어댑티브 광고 솔루션에는 퀴비디Quividi도 있다. 퀴비디의 자동 청중 측정automated audience measurement은 디지털 모니터 광고에 가장 많이 사용되는 솔루션이다. 디지털 모니터에 설치된 퀴비디의 카메라는 광고를 보는 사람들의 나이, 성별, 열독 시간, 지체 시간, 노출 횟수, 시청 인원수, 광고 앞 이동 인구수, 이동자들 중 광고를 보는 광고 전환자 수, 광고 시청 거리 등을 실시간으로 측정해서 RTM을 할 수 있게 도와준다. 퀴비디가 측정하는 모든 사람들의 이미지는 개인정보보호를 위해 익명 자료로 분류돼 광고 효과 분석정보만 제공된다.

퀴비디의 솔루션은 유럽의 암스크린Amscreen, 캐나다의 브로드사인Broadsign과 같은 주요 디지털 보드 광고회사에서 채택했다. 이 광고회사들은 퀴비디의 기술을 이용, 광고 시청자의 성별과 나이에 따라 실시간으로 광고를 제공하고 있다. 이와 같은 실시간 청중 측정 솔루션과 실시간 어댑티브 광고는 소구 대상별 광고 효과에 대해 신뢰성 높은 정보를 제공한다.

이 정보를 토대로 마케터는 더욱 효과적인 광고를 개발할 수 있다. 이제 실시간 광고 솔루션들로 인해 모니터 광고도 한 단계 진화했다. 광고 시청자 수만 추정했던 과거에서 벗어나 광고를 보는 사람의 성별, 나이, 그리고 광고를 보는 행동과 반응까지도 실시간으로 측정을 할 수 있는 광고 신세계가 온 것이다.

【 웨어러블 기기 】

건강과 연동된 웨어러블 기기는 마케터에게 좋은 RTM 기회를 제공한다. 웨어러블 기기는 칼로리 소모량, 걸음걸이, 수면량, 운동량 등 기본 데이터는 물론 호흡수, 맥박수, 혈압, 체온 등을 확인해 건강관리 도우미가 될 수 있다. 이처럼 웨어러블 기기로 수집된 개인의 바이털 사인은 건강과 관련성 높은 마케팅 메시지를 수용할 태세가 돼 있다는 신호가 된다. 장시간 운동이 감지된 경우 스마트폰을 통해 에너지 드링크를 구매할 때 사용하는 쿠폰을 제공하거나 지속적으로 고혈압이 감지되는 경우 혈압을 낮추는 건강보조식품을 권할 수도 있다.

웨어러블 기기는 TV는 물론 냉장고, 세탁기, 청소기 등 스마트 가전의 리모컨 역할을 하기도 한다. 웨어러블 기기를 TV 리모컨으로 사용하는 경우, TV는 웨어러블 기기로부터 얻은 이용자의 건강상태에 관한 정보를 토대로 적합성 높은 광고를 선별적으로 내보낼 수 있다.

건강을 체크하는 웨어러블 밴드가 식료품을 판매하는 마트와 제휴하면 더욱 재미난 RTM이 전개된다. 밴드를 찬 사람이 슈퍼마켓에 들어가는 순간 슈퍼마켓의 컴퓨터는 고객의 건강 상태를 분석해서 고객에게 가장 적합한 식료품을 안내할 수 있다.

비타민이나 건강보조식품 전문 매장 역시 웨어러블 기기로부터 큰 도움을 받을 수 있다. 고객들은 때로 자신의 건강 상태를 스스로 표현하지 못하는 경우가 많다. 그런데 웨어러블 기기를 차고 건강보조식품 매장에 들어가면 자신의 체질에 특화된 비타민이나 보조식품을 실시간으로 추천받을 수 있다. 고객 입장에서는 구매 리스크를 줄이고 올바른 상품을 선택할 수 있다는 점에서 좋고, 마케터 입장에선 고객과 상품의 적합성을 높여 보다 높은 판매 기회를 가질 수 있다는 점에서 좋다.

【 스마트홈 기기와 네트워크 】

스스로 학습해서 이용자가 편하게 느끼는 실내 온도로 조절하는 네스트나 사물인터넷 냉장고·조명·도어록·금고·오븐 등 홈 기기들 역시 좋은 RTM 기회를 제공한다. 홈 기기들은 기본적으로 이용자의 출입에 대한 정보와 계절 정보, 생활양식 정보를 수집하고 분석할 수 있다. 그리고 이와 같은 정보를 토대로 사용자에게 실시간으로 필요한 상품을 추천할 수 있다.

예를 들면 도어록은 사용자가 귀가했다는 정보를 보낼 수 있고, 냉장고는 이용 가능한 식료품에 대한 정보를 보낼 수 있다. 저녁에 당신이 외부로부터 들어왔다는 도어록의 정보와 저녁을 준비할 수 있는 내용물이 부족하다는 냉장고의 정보를 분석하면 배달전문 앱이 당신이 좋아하는 배달 음식을 추천한다.

이용자가 온도조절기의 온도를 어느 날부터 상향 조정하면 추동복 브랜드는 실시간으로 새로 나온 추동복을 이용자의 스마트폰이나 스마트 TV를 통해 프로모션한다. 오븐의 요리 메뉴에 생선 요리 버튼이 선택되면 그 생선과 어울리는 화이트와인이 추천되고, 로봇 청소기가 갑자기 많은 먼지를 감지하면 공기청정기가 실시간으로 추천된다.

지금은 사물인터넷 기기가 각자 와이파이나 이동통신망에 연결되는 수준으로 개발되고 있다. 그러나 앞으로는 상호운용성 interoperability이 스마트홈 시장의 가장 큰 이슈가 될 것이다. 이는 집 안의 모든 기기들의 한 가지 운영체제로 연결돼 상호운용되는 것이다. 기기들이 한 가지 플랫폼으로 상호운용되면 진정한 스마트홈이 구현된다.

진정한 스마트홈이 구현되면 당신이 집에 들어올 때 스마트 도어록이 스마트폰과 통신해서 현관문을 열어준다. 집 안의 조명은 당신이 좋아하는 밝기로 자동 조절되고, 온도조절기가 작동을 시작한다. 아니, 온도조절기는 당신의 차가 주차장에 진입할 때부터 작동하면 더 좋겠다. 그래야 당신이 현관문을 들어설 때 실내는 이미 당신이 좋아하는 온도가 되어 있을 테니까. 스마트 오븐에 넣어둔 요리가 만들어지고, 스마트 TV는 자동으로 작동한다. 요리를 하는 동안 이메일이나 메시지가 오븐 도어에 있는 모니터에 뜬다.

당신이 잠을 청하려고 손목에 차고 있는 밴드에 신호를 주면 TV

와 조명은 수 분 후에 자동으로 꺼지고 집은 경계 상태에 돌입한다. 그리고 다음 날 아침, 당신이 일어나자 커튼이 저절로 걷히고 보안 경계 상태는 해제가 된다. 커피머신이 저절로 작동해서 모닝커피를 준비하고 TV나 오디오가 자동으로 켜진다. 이 모든 것이 기기들이 상호운용돼야 가능한 일이다. 아직은 스마트 기기로 무장을 해도, 스마트 냉장고의 시계, 스마트 오븐의 시계, 스마트 TV의 시계의 시간조차 일치하지 않는 단계다.

상호운용성은 기기들이 학습을 공유하고 더 스마트하게 당신을 도와줄 수 있도록 만든다. 예를 들어 당신이 새로운 스마트 조명 시스템을 구입하는 경우 상호운용성을 제공하는 허브는 당신의 생활 패턴을 새로운 조명 기기에 입력시킬 수 있다. 당신이 대체로 언제 귀가하고 잠이 드는지, 언제 기상하는지를 조명 기기에게 학습시키는 것이다. 이와 같은 기본 학습을 토대로 조명 기기는 당신과 직접 생활하면서 더 개인화된 조명 시스템이 된다.

RTM의 핵심 솔루션, 실내 위치확인 시스템

해외출장 길에 면세점에서 P브랜드 지갑을 사다 달라는 부탁을 받았다. 그런데 예기치 않은 문제가 생겼다. 교통사고로 인한 교통체증으로 예정보다 좀 늦게 공항에 도착했다. 탑승시간까지 시간이 많지 않다.

공항에 오자마자 실내 위치확인 시스템Indoor Positioning System, IPS

앱을 켠다. 앱에 인천공항 면세점 정보가 한눈에 들어온다. 검색창에 P브랜드를 입력한다. 두 군데가 뜬다. 가장 가까운 곳은 신라면세점에서 운영하는 곳이다. 그곳을 향해 경보 수준으로 걸음을 옮겼다. 매장에 도착해 사진의 지갑을 사려는 순간, 푸시메시지가 올라온다. 비콘을 열어둔 사실을 깜박했다. 치열한 고객 쟁탈전이 시작된 것이다. 롯데면세점에서 3만 원짜리 할인쿠폰을 보냈다. 200달러 이상만 결제하면 사용할 수 있단다. 지갑의 가격은 VIP카드 할인을 포함해서 215달러. 결제를 멈추고 다시 IPS의 도움을 받아 롯데면세점을 향해 달린다.

【 마케팅 서비스의 새로운 패러다임 】

길치들에게 희소식이 생겼다. 나는 어제 간 길도 기억 못하는 지독한 길맹이다. 이상하게 길을 찾으려면 머리가 멍해진다. 그래서 GPS를 개발자 수준으로 잘 이용한다. 그런데 문제는 건물 안이다. 대형 쇼핑몰이나 지하주차장 같은 실내에선 머리가 더 멍해진다. 그래서 나는 쇼핑몰 울렁증을 지병처럼 달고 살았다. 이런 내 울렁증을 말끔히 치료해준 솔루션이 바로 IPS다.

벽을 뚫는 내비게이션으로 불리는 IPS는 건물 내부에서 사용자의 위치를 파악해 이를 스마트폰에 내장된 지도와 실시간으로 대조해 길을 알려주는 시스템이다. 위치 정보를 활용한 위치기반 서비스인 셈이다. 위치기반 서비스는 스마트폰 사용자에게 길 찾기, 장소 추천 등의 편의를 제공하는 데 사용된다. 스마트폰과 IPS와의 교신은 와이파이, 블루투스, 지구자기장, 음파 등이 담당한다.

IPS는 실시간 마케팅 구현에 핵심적인 솔루션이 될 전망이다. 대형 쇼핑몰에서 상점마다의 정보를 알려줄 수 있고 쿠폰, 이벤트 등 프로모션도 실시간으로 가능하다. IPS 앱에 나타난 각 상점에 있는 상품 정보를 가격 비교, 상품에 대한 댓글, 평점 등 온라인 정보들과 연동하고, 비콘이나 NFC 결제 솔루션까지 탑재하면 지금까지 어느 누구도 구현하지 못한 완벽한 옴니채널Omni Channel솔루션이 탄생하는 것이다.

자동차용 내비게이션 지도를 디지털 지도 1.0시대라고 부르고, 스마트폰 기반의 디지털 지도를 2.0시대라 한다. 디지털 지도 2.0시대의 총아 IPS는 디지털 지도의 적용 공간, 활용 분야, 지도 DB 구축에 혁명적인 변화를 가져왔다. 적용 구간이 실외에서 실내로 확장되고 길 찾기에 SNS, 상거래 등이 결합된 융복합 서비스로 진화하는 한편, 지도 정보 수집에 크라우드 소싱 기법이 동원돼 수많은 사용자가 자발적으로 참여하고 있다.

IPS가 등장한 배경에는 쇼핑센터, 문화시설, 주거 및 사무공간이 모인 초대형 복합단지의 증가를 들 수 있다. 우리나라만 하더라도 코엑스몰, 김포공항 롯데몰 등 축구장 수십 개를 합쳐 놓은 규모의 복합단지들이 수도권에만 20개 이상 된다. 이런 곳에선 길 찾기, 매장 안내 등을 위한 IPS가 정말로 필요하다. 또 다른 요인은 일반적인 생활방식이다. 사람들은 평균적으로 하루의 87퍼센트를 실내 공간에서 보낸다. 실내 공간 정보가 체계화되고 이를 활용할 수 있다면 수요자나 공급자는 이를 적극 활용할 것이 분명하다. 따라서 실내 공간이 우리의 일상생활과 밀접한 만큼 실내 공간 정보의 수요는 당연히 커질 것이다.

IPS는 사물인터넷 기반의 스마트홈을 구현하는 데도 필수적인 기술이다. 인터넷을 통해 다양한 사물과 각종 전자기기를 제어하려면 실내 공간에 있는 사람과 물건의 위치를 오차범위 1~2미터 이내에서 정확하게 파악해야 하기 때문이다.

IPS의 생태계는 스마트폰, 디지털 지도 플랫폼, 위치기반 서비스로 구성된다. 스마트폰은 위치 측정을 위한 통신칩과 위치 계산 알고리즘을 탑재하고, 디지털 지도 플랫폼은 기지국 및 공유기를 활용해 지도 DB 및 주변 정보를 제공한다. 위치기반 서비스는 디지털 지도 플랫폼이 제공한 디지털 지도를 이용해 제공하거나 발굴할 수 있다.

IPS는 지금까지와는 차원이 다른 마케팅 서비스 패러다임을 몰고 올 것으로 기대된다. IPS가 가장 많이 사용되는 장소는 쇼핑몰, 백화점, 마트와 같은 대형 매장이다. 이곳에서 IPS는 장소를 찾는 수단이자 관련된 상품의 프로모션 수단이 될 것이다. IPS를 이용하면 고객 개인의 특성에 맞춘 쿠폰 발행과 상품 정보 제공 등 각종 개인화된 근접 마케팅이 가능하다.

고객들은 IPS에 쇼핑리스트를 입력해서 길을 찾는 경우가 많다. 이때 고객은 상품의 위치를 확인하려고 이용하지만 마케터는 이를 역이용해서 고객의 위치 정보를 분석해 새로운 마케팅 전략을 수

립할 수 있다. 초정밀 IPS를 사용하면 소비자의 구매, 지불, 결제를 포함한 모바일 커머스와 유통업계의 마케팅 방식도 달라진다. 예를 들어 애플 페이나 페이팔 비콘 같은 결제 기능을 추가한 모바일 커머스는 매장에 들어가기 전에 원하는 상품을 주문하고 결제와 영수증 수령까지 스마트폰으로 처리하는 등 고객 편의성을 높일 수 있다.

IPS는 RTM에 방점을 찍은 솔루션이다. 우선 고객이 어느 가게에 들어갔고 어디로 이동하는지 정확하게 파악이 가능하다. 매장에서는 고객이 해당 매당 앞을 지날 때, 그리고 특정 상품 앞에 섰을 때 할인쿠폰 발송 같은 이벤트 마케팅을 한다. 이미 보편화된 푸시 기능을 추가하면 된다. 범위를 확대하면 해당 매장을 지나가거나 드나드는 고객 수, 고객이 특정 상품 앞에서 머물렀던 시간까지도 파악해 마케팅 계획을 수립할 수 있도록 도와준다.

【 구글 맵스 인도어 】

IPS는 GPS, 위치기반 서비스 LBSLocation-based Services와 결합해 개인의 일상을 채집, 분석해서 기록하는 캔버스로 진화 중이다. 장소에 따라 행해지는 검색, 게임, SNS, 쇼핑 등 스마트폰 사용자의 일상이 지도상에 기록되면, 이 정보는 리테일 마케터들에게 놀라운 사업 기회를 제공하게 된다. 야구장에 자주 가는 사람이 야구장 안에 들어서면 스포츠용품 광고를, 공항 출입이 잦은 비즈니스맨이 공항 면세 구역 안으로 들어서면 명품 시계 광고를 보내는 식이다.

또 피자 가게에 들른 사람에겐 치킨 할인 쿠폰을 보내 추가 구매도 유도할 수 있다. 이런 환상적인 시장을 빅브라더들이 그냥 보고 지나칠 리가 없다.

지금까지 가장 앞선 곳은 구글이다. 창사 이래 검색시장에서 선두 자리를 한 번도 놓친 적이 없는 구글은 지도와 같은 공간 정보 사업에 대한 사랑이 유별나다. 세계에서 처음으로 어스earth라는 인공위성 지도를 내놓아 사람들을 놀라게 하더니 거리 사진이 들어

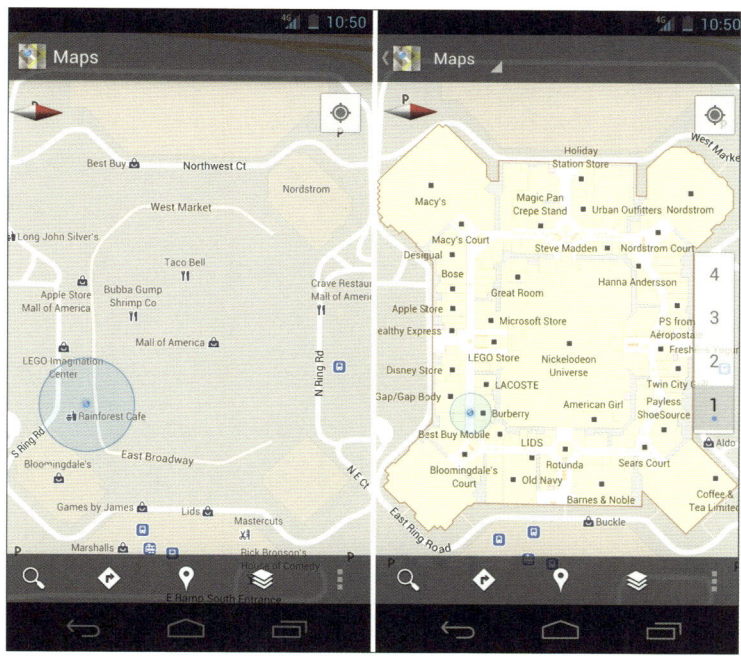

▲구글 맵스 인도어로 미국 인디애나폴리스에 있는 몰 오브 아메리카의 실재를 검색하는 모습(이미지 출처:http://googleblog.blogspot.kr/2011/11/new-frontier-for-google-maps-mapping.html)

간 지도에 이어 이제는 실내 지도까지 내놓았다. 바로 '구글 맵스 인도어Google Maps Indoors' 서비스다.

GPS는 실내에선 무용지물이다. 위성에서 쏜 전파 신호가 2만 킬로미터가 넘는 거리를 날아오는 동안 세기가 약해져 건물 벽을 뚫지 못하는 것이다. 측정오차도 10~50미터 수준이어서 실내 공간의 위치 측정에는 부적합하다. 실내 지도의 경우 좁은 공간에 시설물이 밀집돼 있고 시야가 좁기 때문에 위치 측정의 정확도를 3미터 이내로 개선하고 IPS만의 DB를 구축할 필요가 있다. 또한 매장 위치와 업종 등이 수시로 변경되므로 정보는 실시간으로 업데이트될 수 있어야 한다. 그래서 구글은 위성신호 대신 세 개 이상의 실내 와이파이 중계기와 휴대전화 중계기에서 나오는 전파를 스마트폰에 보내 GPS처럼 3각 측량법으로 위치를 확인하는 서비스를 2011년에 내놓았다.

이후 구글은 전 세계 주요 명소에 대한 실내 평면도를 확보하는 작업을 꾸준히 펼쳐왔다. 그 결과 구글은 현재 미국, 영국, 프랑스, 일본 등 8개 국가의 박물관, 쇼핑몰을 비롯해 등 1만 곳이 넘는 대형 건물에 실내 지도 서비스를 제공하고 있다.

건물 내부에서 층 단위로 지도를 제공하고 있는 구글의 인도어 지도가 더욱 신기한 것은 가게 내부도 보여준다는 것이다. 구글은 상점, 쇼핑몰, 학교, 호텔, 도서관, 랜드마크 빌딩, 그리고 카지노와 공항에 이르기까지 실내 모습을 제공한다. 이뿐만이 아니다. 구글이 스트리트 뷰에서 제공하고 있는 360도 파노라마 뷰가 실내에서도 구현된다. 조이스틱처럼 생긴 이미지를 살살 건드리면 가게 내부가 회전하면서 샅샅이 비춰진다. 구석구석 꼼꼼히 채워진 이미지는 마치 가게 안을 가상현실 기기로 들여다보는 듯한 느낌을 준다. 이와 같이 사진을 보여주는 경우에는 상점이나 시설물 주인의 적극적인 참여가 있어야 한다. 사진 촬영을 위해 전문 사진사가 동원될 때 비용 부담은 의뢰인의 몫이다.

출구 쪽을 누르면 현관, 계단을 지나 거리 사진이 나오는 스트리트 뷰로 연결된다. 이제는 지도가 거리와 건물 안팎을 연결하는 단계에 이른 것이다. 이 지도가 앞으로 출시될 구글 글래스와 연동되면, 글래스를 통해서 보는 실내 공간 정보 서비스에 수많은 부가서비스가 제공될 것이다.

【 애플 아이비콘 】

구글의 이런 행보에 애플도 추격에 나섰다. 그러나 애플은 2012년에 처음으로 지도 서비스를 시작하면서 고객에게 실망감을 안겨 준 데 대해 CEO인 팀 쿡이 직접 석고대죄한 경험이 있다. 애플은 2012년 9월, iOS6를 통해 새로운 지도 서비스를 선보였는데, 잘못된 지도 정보를 전달하는 경우가 빈번하게 발견되면서 원성을 산 바 있는 것이다.

이후 애플은 2013년 6월, 개발자 컨퍼런스에서 저전력 블루투스 기술인 '아이비콘iBeacon'을 공개하며 실내 지도 서비스에 출사표를 던졌다. 비콘은 100미터 이하 짧은 거리의 무선통신기술로, 사용자가 어디에 있는지 정확한 위치를 파악해 맞춤형 정보를 전달하는 기술이다. 애플의 아이비콘은 약 2인치(약 5센티미터)에서 160피트(약 49미터)까지 사용자를 인식할 수 있다고 한다. 또한 스마트폰의 센서로 사람의 이동 상황까지 파악할 수 있다.

애플은 최근 IPS 전문 업체인 와이파이슬램WiFiSlam을 2,000만 달러에 인수했다. 와이파이슬램은 구글에서 소프트웨어 개발 인턴으로 일했던 조셉 황이 공동 창업한 회사로 3각 측량 기술로 실내 트레킹을 제공하는 기술을 개발했으며 쇼핑몰이나 소매점 등 빌딩 내부에서 위치를 찾는 기능을 보유하고 있다. 비콘과 와이파이슬램의 기술이 만나면 초정밀 실내 공간 정보 서비스가 만들어질 것으로 예상된다.

【 다양한 기술로 진화하는 IPS 】

MS는 빙 지도에 내비게이션 전문 업체 나브텍Navteq의 기술을 결합했다. 이 기술 역시 저전력 블루투스를 이용해서 미국의 공항과 컨벤션센터 등 3만 군데에 IPS를 제공하고 있다.

지금까지 개발된 IPS에서 가장 많이 사용되는 기술은 와이파이를 이용한 위치 측정이다. 여기에 저전력 블루투스와 휴대전화 통신망까지 활용하는 기술이 추가되고 있다. 그래도 한계는 있다. 와이파이 방식의 IPS는 사전에 쇼핑몰이나 공항에 있는 와이파이 중계기 위치를 알아야 한다. 스카이후크Skyhook는 자체적으로 구축한 와이파이 중계기 DB를 제휴 업체에 제공하고 있다. 구글은 쇼핑몰측이 직접 중계기 정보를 입력하도록 하고 있다. 그러나 와이파이 IPS는 아직 정밀도가 낮다. 구글의 IPS는 실제 위치와 오차가 5미터 정도로, 복잡한 실내 공간에서는 실용성이 떨어진다.

와이파이 방식의 단점을 극복하기 위한 여러 가지 노력이 진행 되는 가운데, 센서 기반 IPS가 개발됐다. 미국의 바이트라이트 ByteLight는 LED 조명을 이용한 IPS를 개발했다. 이 방식은 건물에 이미 설치돼 있는 LED 조명 하나 하나마다 식별번호를 부여한 뒤, 스마트폰 카메라가 LED가 내는 빛을 감지하고 식별번호 데이터베이스와 대조해 현 위치를 파악한다. 통신 중계기 없이 기존의 조명 인프라를 이용하는 데다 스마트폰 종류에 상관없이 쓸 수 있어 주목을 받고 있다.

스위스연방공대 연구진은 초음파 기술을 IPS에 적용했다. 박쥐나 돌고래처럼 초음파가 벽에 부딪혔다가 반사되는 것을 스마트폰으로 포착해, 위치는 물론이고 건물 내부의 형태를 파악한다는 것이다. MIT의 연구진들이 개발한 '크리켓Cricket 시스템'과 AT&T의 연구진들이 개발한 '액티브 배트Bat 시스템'도 초음파 방식의 IPS에 속한다.

독일 뮌헨공대가 개발 중인 실내 위치확인 시스템 나비스NAVIS는 이미지 DB를 활용해 가야 할 방향을 스마트폰 화면에 화살표로 표시해주는 IPS다. 스마트폰으로 주변을 촬영한 영상을, 내장된 실내 지도와 대조해가면서 길을 찾는 원리다. 이 위치인식 시스템은 기본적으로 시각 정보에 기반하고 있다.

▲나비스 시스템(이미지 출처:http://www.gizmag.com/navvis-indoor-navigation/24186/)

　연구진은 이 프로젝트를 위해서 특별한 위치인식 시스템을 개발했다. 그들은 빌딩의 사진을 찍는 것부터 시작했고, 계단이나 표지와 같이 눈에 띄는 특징들을 동시에 기록했다. 이 시스템을 이용해 길을 찾기 위해 해야 할 일은 사진 찍는 것이다. 프로그램은 자체 데이터베이스에 저장된 영상과 제시된 사진을 비교해 사용자의 정확한 위치와 그가 향하고 있는 방향을 알아내고, 실행된 앱의 3D 보기 모드에서 방향을 가리키는 화살표를 제시한다.

　영국의 CSRCambridge Silicon Radio은 PDRPedestrian dead-reckoning(스마트폰에 MEMSmicro electro mechanical system칩 형태로 탑재되는 자이로 센서, 가속도계, 지구자기장 센서를 이용하는 보행자 항법)과 와이파이 기지국인 AP의 위치 데이터베이스 등을 함께 이용해 실내에서의 사용자

위치를 계산하는 방식을 개발했다.

땅이 넓은 미국에서 나침반은 매우 유용한 기기다. 주소를 알고 방향만 알면 내비게이션 없이도 웬만한 곳은 종이 지도를 가지고도 찾을 수 있기 때문이다. 이 나침반 앱을 사용할 수 있게 하기 위해 스티브 잡스는 아이폰 출시 때부터 지구자기장 센서를 내장했다.

이 지구자기장 센서를 이용해서 실내에서 길을 찾는다는 기발한 아이디어가 나왔다. MIT 미디어랩의 정재우 박사는 중계기 없이 스마트폰만 있으면 작동하는 자기장 IPS 앱을 개발했다. 대형 빌딩은 건축 시 사용된 철재 빔의 위치에 따라 자기장이 다르게 나타난다. 스마트폰에 내장된 자기장 센서로 현재 위치의 자기장을 측정하고, 이를 미리 입력된 건물 내부 자기장 지도에 대입해 건물 내 현 위치와 목적지까지의 길 안내를 제공하는 것이다. 오차는 1미터로 기존 IPS보다 훨씬 정확하다. 이와 같이 자기장을 이용한 IPS는 자연을 모방한 기술이다. 바닷가재는 지구자기장을 감지해 바다 속

▲지구자기장을 이용해서 건물 내 위치를 찾는 인도어 아틀라스(이미지 출처 : http://www.egouz. com/topics/4421.html)

에서 정확히 길을 찾는다고 한다.

지구자기장을 이용해 실내에서 길을 찾는 기술은 핀란드에서 상용화됐다. 핀란드 울루대학의 연구원들이 주축이 돼 2012년에 설립한 인도어 아틀라스Indoor Atlas는 대형 건물 내에 있는 리테일 매장에서 고객은 상품을 찾고 마케터는 고객을 찾을 수 있는 솔루션을 개발했다. 인도어 아틀라스의 오차는 2미터 안팎이어서 매우 실용적이다.

중국의 바이두는 최근 인도어 아틀라스에 약 1,000만 달러를 투자했다. 이 투자로 중국 내에선 바이두만 인도어 아틀라스 기술을 사용할 수 있다고 한다. 바이두는 이 솔루션을 사용해 대형 건물 내 모바일 기반의 검색 광고 비즈니스를 시작할 것으로 예상된다. 예를 들어 대형 쇼핑몰에서 청바지 매장을 검색할 경우, 광고 서비스를 이용하는 기업의 위치가 우선적으로 검색되는 식이다.

【 우리 기업들의 움직임 】

이미 비콘을 선보인 SK텔레콤은 IPS 서비스 개발을 위한 플랫폼 '위즈턴WIZTURN 플랫폼'을 내놓았다. 위즈턴은 비콘을 활용해 실내 공간에서 다양한 서비스를 쉽고 빠르게 구현할 수 있도록 돕는다.

SK텔레콤은 시범 서비스를 위해 분당서울대병원에 세계 최초로 비콘을 활용한 실내 내비게이션 시스템을 설치해 운영 중이며, SK 나이츠의 홈 구장인 잠실학생체육관에서도 서비스를 제공하고 있다. 잠실에 들어서는 123층짜리 롯데월드타워와 제2롯데월드에도

IPS를 제공할 예정이다. 이밖에도 SK텔레콤은 2013년 말 와이파이 신호와 스마트폰 기압 센서로 알아낸 고도 정보를 종합해 사용자가 몇 층에 있는지까지 알려주는 IPS도 선보였다.

현대자동차그룹의 현대엠엔소프트는 자동차 주행 중뿐만 아니라 건물 내부로 진입 시에도 길 안내를 해주는 실내외 연계 내비게이션 기술을 개발하고, 이를 곧 제품화할 전망이다. 사용자가 내비게이션을 통해 길거리에서 자동차 주행 경로를 안내받다가 건물의 내부 주차장에 들어가면, 스마트폰 애플리케이션이 더욱 자세한 실내 길 안내를 하는 식이다.

현대엠엔소프트는 실내외 연계 내비게이션 개발을 위해 3D 기반의 실내 지도를 제작 및 변환하는 새로운 방식의 전자 지도 구축 기술을 자체 개발해 실제 건물 내부와 흡사한 실내 지도가 가능토록 했다. 자동차의 실내 측위를 지속적으로 추적하기 위해서는 와이파이를 통한 맵 매칭Map-Matching 기술을 적용했다. 자동차의 위치를 이미 만들어진 지도 위에 실시간으로 보내 지도 내의 측위 정보를 산출해내는 것이다. 그러면 운전자는 자연스레 지도 상의 진행 상황을 알 수 있게 된다.

휴빌론은 와이파이 기반 3각 측량 기술과 핑거프린트 기반의 실내 위치인식 시스템Fingerprint Indoor Positioning System, '스마트 인사이드'를 개발했다. 핑거프린팅 기술은 실내의 지구자기장 지도를 사전에 구축한 뒤, 스마트폰의 자기 센서로 측정된 값과 비교해 위치를 추정하는 방식으로 오차가 1~2미터에 불과해 일반 와이파이 이용 방식보다는 실용성이 높다고 알려졌다. 그러나 높은 유지 보수 비용의 문제가 있고 구축해야 하는 맵 사이즈가 커 측위 속도가 느리다는 단점이 있다.

스마트 인사이드는 하이브리드 방식으로 이를 해결했다고 한다. 무선 데이터 수신 감도가 좋은 지역에서는 실내 와이파이로 위치를 파악하고, 감도가 떨어지는 지역에서는 핑거프린트 방식을 사용하며, 가속 센서와 기압 센서를 활용해 층간 이동을 파악하고, 자이로센서로 사용자의 이동 경로를 파악해 실용성과 경제성 모두를 해결했다. 스마트 인사이드는 현대백화점, AK몰, 가든파이브 등 대형 쇼핑몰과 삼성병원, 그리고 시청역과 강남역 등 인구밀집 지역 29곳에 대한 실내 LBS 서비스를 제공할 예정이다.

시장조사기관 M&M은 세계 IPS 시장 규모가 2014년 4억 4,860만 달러(약 5,000억 원)에서 매년 42퍼센트씩 성장해 2018년에는 26억 달러(2조 9,000억 원)로 성장할 것으로 예측했다. IPS를 활용한 맞춤형 광고나 마케팅 관련 서비스까지 포함하면 시장 규모는 훨씬 클 것으로 예상된다. 하지만 IPS업계에겐 앞으로 풀어야 할 과제도 있다. 아직 표준 기술이 정착되지 못했고 정밀도 측면에서 독보적인 서비스가 출시되지는 못했다는 점이다. 이를 극복하기 위해 2012년 8월 노키아의 주도로 삼성, 소니, 퀄컴 등 전 세계 대표 ICT 기업 22개 회사가 IPS 표준화를 위한 '실내 위치 연합Indoor Location Alliance, ILA'을 구성했다.

전문가들은 몇 년간 한 도시의 IPS 사용 정보를 분석하면 언제

어디가 붐비는지, 사람들이 시간에 따라 어디로 이동하는지를 파악할 수 있다고 본다. 그렇게 되면 도시인의 생활 양식을 한눈에 확인해 도시계획에 활용할 수 있다. 단말기 개발자들도 사용자들이 언제 어디서 스마트폰을 많이 쓰는지 알면 그에 맞는 기능을 추가할 수 있다. 최근에는 실제 도심을 이동하며 임무를 수행하는 게임이 출시되고 있다. IPS는 게임을 좀 더 실감 나게 하는 데 도움을 줄 수 있다.

IPS는 재난 상황에서 특히 유용하다. 붕괴 사고가 난 건물의 조난자를 찾는 데도 활용할 수 있기 때문이다. 조난자가 스마트폰을 가지고 있으면 붕괴 사고가 난 건물에서도 가동되는 와이파이 중계기나 4G 통신망 등을 활용해 조난자의 정확한 위치를 파악해 구조할 수 있다. 국토해양부는 2017년까지 인천공항 등 수도권 주요 시설에 오차범위 3미터 이내로 위치 파악이 가능한 실내 위치확인 시스템을 구축한다는 계획이다. 여기에는 자연재해, 화재, 테러 등의 긴급 상황 발생 시 대피경로를 안내하는 서비스도 포함될 것으로 보인다.

근접 마케팅

1, 2차 술자리가 끝나고 3차 정도에 이르는 자정쯤이 되면, 소위 '삐끼'라 불리는 호객꾼들이 번화가를 점령한다. 이들의 호객 행위는 유혹적이면서도 집요하다. 그러나 문제는 실제

로 따라가보면 그들의 유혹 문구만큼 매력적인 서비스가 제공되지 않는다는 것이다. 그러나 사물인터넷시대에 새롭게 나타나는 삐끼는 다를 예정이다. 우리는 이런 호객 행위를 근접 마케팅Proximity Marketing이라 부른다.

근접 마케팅은 비즈니스와 근접한 곳에 위치한 고객들의 모바일 기기에 마케팅 메시지를 보내는, 이동통신기술을 이용한 마케팅이다. 하이퍼로컬hyperlocal 마케팅 또는 근접 범위close-range 마케팅이라고도 한다. 근접 마케팅의 물리적 시장은 블루투스나 와이파이 기술이 도달할 수 있는 지리적 범위로 규정되며 마케팅 메시지는 모바일 기술을 통해 고객에게 전달된다.

이런 근접 마케팅이 실시간 마케팅의 대표주자로 부상하고 있다. 커넥슈머들의 액티브데이터가 실내 위치확인 시스템을 통해 새롭게 등장하고 있는 초위치hyper location 정보와 결합되면서 근접 마케팅이 더욱 정교해지고 있는 것이다. 근접 마케팅은 소비자들의 휴대전화를 기반으로 한 위치 정보와 기업이 가지고 있는 소비자 정보를 바탕으로 소비자와 관련성 높은 상품을 제공하는 것을 목표로 한다. 사물인터넷 기술로 기존의 근접 마케팅에 소비자의 행동을 기반으로 한 상황정보와 초근접 위치 포착기술인 IPS가 더해진 것이다.

근접 마케팅은 실시간, 연관성, 고객경험의 세 가지 요인 때문에 매우 효과적이다. 근접 마케팅은 기본적으로 실시간 마케팅이다. 실시간으로 메시지가 전달되고 실시간으로 마케팅믹스가 전달되기 때문에 실시간 마케팅의 모든 이점을 제공할 수가 있는 것이다.

두 번째로는 연관성이 있어야 한다. 특정 장소를 기반으로 고객의 상황정보를 이용하기 때문에 마케팅 메시지는 특별한 가치를 전달할 수 있다. 따라서 밤거리의 삐끼와 같은 스팸 메시지와는 확실히 다른 옵트 인opt-in 커뮤니케이션이 주종을 이루게 된다.

또한 근접 마케팅은 매력적인 고객경험을 제공한다. 고객이 필요를 느낄 때, 또는 고객이 관심을 가지고 있었던 상품에 대한 유리한 구매 정보를 적시에 전달하는 것이 근접 마케팅이다. 따라서 이와 같은 정보를 받는 고객은 매력적인 구매 체험을 할 수 있게 된다. 예를 들어, 한 상점 앞을 지나는데 SNS에 자신이 관심 있다고 사진을 올린 청바지의 할인쿠폰이 스마트폰으로 들어온다. 이 경우 그 쿠폰을 받은 고객은 바쁜 일이 없다면 반드시 그 상점을 방문할 것이다.

근접 마케팅에는 크게 두 가지 방법이 있다. 가장 많이 사용되는 방법은 현장쿠폰on-the-spot digital coupon이다. 이 방법은 상점 주변의 일정 거리에 접근하는 모든 예비 고객들의 스마트폰에 푸시메시지로 쿠폰을 보내는 것이다.

이런 쿠폰은 이동인구가 많은 시간에 매출을 극대화하는 방안으로 사용되거나, 신상품에 대한 테스트가 필요한 경우, 또는 매출이 저조할 때 강력한 판매 드라이브를 거는 전략으로 사용하면 좋다. 이때 고객들은 와이파이나 블루투스 네트워크를 통해 포착되며 스마트폰에 쿠폰 수신 앱을 내장하고 있어야 한다. 쿠폰 수신 앱은 카카오톡, 라인과 같은 메신저 프로그램, 신용카드, 통신사, 단말기 제조업체의 멤버십 프로그램, 유명한 오픈마켓이나 소셜커머스의 앱에 연동될 수 있다.

두 번째 근접 마케팅 방법은 디지털 사이니지digital signage 전략이다. 상점에 근접한 고객들의 스마트폰 신호를 감지해서 고객의 프로파일에 따른 디지털 메시지를 간판에 올린다. 통행량이 많지 않을 때는 개별 고객에 맞춘 메시지를 전송할 수도 있다. 예를 들어 얼마 전 크림파스타 사진을 SNS에 포스팅한 고객에게 '30미터 전방에 크림파스타 40퍼센트 할인 행사 중'과 같은 메시지를 전송하는 것이다.

지나가는 사람들이 많을 경우에는 사람들의 인구통계 데이터를 실시간으로 분석해서 그들에게 공통된 메시지를 전송할 수도 있다. 예를 들어 20대 여성들이 많이 지나갈 경우에는 '새롭게 출시된 청바지 구매 시 티셔츠 무료 증정'과 같은 메시지를 보내는 것이다. 근접 마케팅은 오프라인에서 운영하는 거의 모든 상점에서 사용 가능하다. 근접 마케팅이 어떻게 활용되는지 사업 유형별로 살펴보자.

• **백화점, 마트와 같은 대형 유통점 :** 방문 고객들에게 주요 세일 정보와 함께 각 물품이 위치하는 장소에 대한 지도, 주요 신용카드나 회원카드와 연동된 할인 상품 목록, 쿠폰 등을 전송할 수 있다.

• **호텔 :** 고객들에게 영업장별 각종 이벤트를 알려주거나 멤버십 행사에 참여하게 할 수 있다.

- **레스토랑** : 오늘의 특별 메뉴, 쿠폰, 멤버십 프로그램을 알려주거나 식당 내 손님들에게는 음식을 기다리는 동안 즐길 수 있는 간단한 게임이나 퀴즈 등을 보내 지루하지 않도록 해준다.
- **쇼핑몰** : 방문 고객들에게 특별 행사를 하는 매장에 관한 정보를 보내주거나 매장들의 연합쿠폰 등을 보내줄 수 있다.
- **공항이나 기차역 같은 대형 교통 시설** : 각 목적지에서 판매하는 특산물에 대한 안내, 지도, 또는 쿠폰 등을 보내줄 수 있다.

근접 마케팅에서 또 하나 큰 영역은 '근접 결제'다. 근접 마케팅의 비접촉식 결제 기능은 거래 시간을 단축시킬 뿐 아니라 매장에서 결제를 하기 위해 대기하는 시간을 줄이는 등 탁월한 쇼핑 체험을 제공한다. 또한 비접촉식 결제 시 쿠폰이나 마일리지 프로그램을 제공, 교차 판매나 상향 판매의 기회를 제공할 수도 있다.

지금도 비접촉식 결제는 대중 교통요금이나 저가 상품 등에 많이 사용되고 있다. 앞으로 결제 보안 기술 솔루션과 기기가 발달함에 따라 비접촉식 결제를 사용하는 상품은 점차 고가 상품으로 확대될 것으로 보인다. 페이팔 비콘이나 애플 페이와 같은 솔루션이 보안성과 편리함을 강조하면서 미래의 결제 문화를 바꿀 것을 예고하고 있다.

근접 마케팅에 사용되는 기술에는 근거리 통신기술인 NFC, 와이파이, 저전력 블루투스 비콘 등이 있다. NFC 태그는 스마트폰과 같이 NFC 기능을 지원하는 기기에서 모바일 브라우저를 열어 메시지를 전달할 수 있다. NFC는 스마트 월렛 등 스마트폰을 통해 무선으로 결제가 가능한 모바일 결제 도구로 주목받아 왔다. 즉 버스 정류장, 지하철 플랫폼, 쇼핑몰 가판대, 음식점 등의 장소에서 광고 메시지를 전할 수 있는 근접 마케팅 도구로서 기대를 모았으나 최근 비콘의 등장으로 역할 분담이 이뤄지고 있는 추세다.

NFC가 근접 마케팅 도구로 사용되려면 소비자들의 적극적인 참여가 필요하다. 우선 소비자들은 광고 문구를 읽어야 하고, 그들의 기기로 메시지를 받겠다는 결심을 해야 한다. 그런데 많은 소비자들은 이미 공공장소에서 디바이스로 다양한 콘텐츠에 참여하고 있기 때문에 광고 메시지를 받기 위한 물리적 공간에서의 광고에 주목하지 않을 수 있다.

또한 NFC의 제한된 전송 영역 때문에 소비자들은 프린트 광고를 봐야 할 뿐만 아니라 연결하겠다는 결심을 한 뒤에, NFC 태그가 메시지를 전송할 수 있을 정도로 가까이 다가가야 한다. 지하철 개찰구에서 스마트폰을 접촉하는 것과 유사한 동작이다. NFC 태그가 재미난 경험이긴 하지만, 사용을 위해서는 소비자들에게 어느 정도의 노력을 요구한다는 한계가 있다. 소비자들이 광고 메시지를 읽고 반응하는 데 이르기까지는 다소 복잡하다고 할 수 있는 것이다.

그러나 비접촉식 결제 부문에 있어선 NFC가 강점을 가지고 있다. NFC는 연결되는 두 기기가 서로 양방향 데이터 통신이 가능하며, 짧은 시간에 많은 데이터를 주고받을 수 있으므로 빠르고 보안성이 탁월하다. NFC는 복잡한 연결 설정이나 단계 없이 0.1초 내에 연결된다. 이런 이유로 스마트 월렛이나 애플 페이 같은 지불 솔루션은 모두 NFC를 사용하고 있다. 앞으로도 결제와 연동된 프로모션에 있어선 NFC가 활발히 사용될 것으로 보인다.

블루투스와 와이파이는 거의 모든 스마트폰에 직접 메시지를 전달할 수 있다. 잘 설계된 블루투스/와이파이 캠페인은 도달 영역 안에 있는 모든 소비자들에게 메시지를 전송할 수 있다. 또 매장 내 프로모션할 상품이 많은 경우에는 상품과의 근접도에 따라 메시지를 달리 할 수도 있다. 무선 기술이 근접 마케팅 도구로 각광을 받는 이유는 마케팅 메시지를 받기로 선택한 소비자들이 별다른 동작을 할 필요가 없다는 것이다. 소비자들은 간단히 휴대전화의 화면을 터치해 마케팅 메시지를 받을 수 있다.

블루투스는 거의 모든 스마트폰이 지원하는 유비쿼터스ubiquitous 무선 데이터 공유 도구이고, 와이파이는 거의 모든 소비자들이 공공장소에서 이를 이용하고 있기 때문에, 이 두 가지 기술은 친숙하다. 게다가 스마트폰 사용 경험이 많은 소비자들은 블루투스와 와이파이를 통해서 개인 데이터를 전송하지 않고도 메시지를 받을 수 있다는 점을 이해하고 있다. 이런 친숙함이 블루투스와 와이파이가 근접 마케팅에 있어서 다른 경쟁 기술들과 비교했을 때 큰 장점이라고 할 수 있다.

사물인터넷으로 인해 온라인과 오프라인 간 경계가 더욱 더 무너짐에 따라 근접 마케팅 기술은 소비자에게 개인 맞춤식 마케팅으로 발전할 전망이다. 쇼핑에 나선 소비자들은 보다 유리한 가격과 정보를 얻기 위해 자신의 정보를 마케터가 알 수 있도록 허용할 것이고 마케터는 그 정보를 토대로 개개인에 맞춤화된 근접 마케팅 믹스를 제공할 수 있기 때문이다. 앞으로 근접 마케팅은 예상치 못한 뜻밖의 행운과 같은 마케팅 메시지 개발을 통해 가장 강력한 리테일링 마케팅 도구로 자리 잡을 것으로 예상된다.

적시체험 마케팅, RTE

산 정상에서는 막걸리가 한 잔에 2,000원이다. 1,000원 정도 하는 막걸리 한 병에 5잔 정도가 나오는 것을 감안하면 10배가량 비싼 가격이다. 그런데도 산 정상에선 누구도 이 가격에 불평하는 사람이 없다. 오히려 감사해하면서 사서 마신다. 가장 갈증을 느끼고 허기지는 순간에 마실 수 있는 막걸리 한 잔의 가치는 2,000원을 훨씬 넘는다고 생각하기 때문이다.

아마존에선 아마존 프레시로 신선식품을 쉽게, 필요를 느끼는 순간에 바로 주문할 수 있게 해주는 기기 대시를 출시했다. 이 기기를 사용하려면 1년에 30만 원가량의 회비를 내야 한다. 그래도 회원은 빠른 속도로 증가하고 있다. 식품이 떨어져서 재구매가 필요하다고 느끼는 그 순간에 잊어버리지 않고 쇼핑을 할 수 있는 것이 만족스럽기 때문이다.

이 두 가지 사례 모두 적시체험right time experience, RTE이라는 마케팅 방법을 이용한 것이다. 적시체험 마케팅은 고객이 필요로 할 때,

고객에게 맞춰진 제품이나 서비스를 제공하는 마케팅 방법이다. RTE 역시 스마트데이터와 액티브데이터가 결합돼 나오는 정보를 활용한다.

'적시', 즉 제때 그들의 욕구가 해결되는 것을 경험한 고객들은 높은 만족감을 느낌과 동시에 그들이 쇼핑의 주체라는 느낌을 갖게 된다. 그 결과, 적시체험은 고객들로 하여금 해당 브랜드에 대해 긍정적인 감정을 가질 수 있도록 한다.

항공사 KLM은 적은 예산으로 성공적인 RTE 마케팅을 실행했다. KLM은 공항에 있는 승객들이 시간을 지루하게 보내지 않기 위해 트위터 등 각종 SNS를 많이 이용한다는 점에 착안, 'KLM 서프라이즈'라는 캠페인을 기획했다. KLM은 출국 카운터에서 체크인을 한 승객들을 대상으로 그들의 트위터 내용을 분석했다.

한 승객이 KLM이 팔로우한 계정에 KLM으로 로마에 간다고 트윗을 남겼다. 이 트윗을 확인한 KLM은 이 승객이 활동적이고 밝은 사람이라는 것을 파악해 나이키 플러스 스트랩을 선물했다. 이 제품은 러닝을 하거나 걸을 때 스트랩과 신발을 연동시켜 쓸 수 있는 것으로 이 승객에게 딱 맞는 선물이었다. 또 지루하다는 글을 남긴 승객에게는 15유로짜리 유료 어플을 선물해 지루함을 이길 수 있도록 해줬다. 그런가 하면 노숙자를 위한 집을 지으러 간다는 트윗을 남긴 승객에게는 힘내라며 당분, 포도당, 근육통 완화제 같은 상비약을 챙겨줬다. 이런 선물을 받은 고객들은 필요한 순간, 감동스런 체험을 하고는 흥분으로 열광하거나 기쁨을 만끽했다. 이같은 긍정적인 감정은 타인들에게 그 브랜드를 칭찬하고, 추천하게 만든다. 특히 트위터를 애용하는 사람들의 특성상 이런 감정은 바로 트윗 멘션이 되고, KLM의 세심한 고객 서비스는 바이럴하게 퍼져나간다. 또한 이 고객들은 이와 같은 감정을 갖도록 해준 브랜드에 대해 애착을 가지게 된다. 이 애착은 고객이 브랜드와의 장기적인 교감을 이어나가는 출발점을 마련한다.

사물이 인터넷과 연결되면서 마케터들은 고객의 컨텍스트를 꿰뚫어볼 수 있게 됐다. 특히 고객들의 신체 컨디션이나 감정을 표시해주는 기기들은 고객들에게 적시에 상품을 제안할 수 있게 해준다.

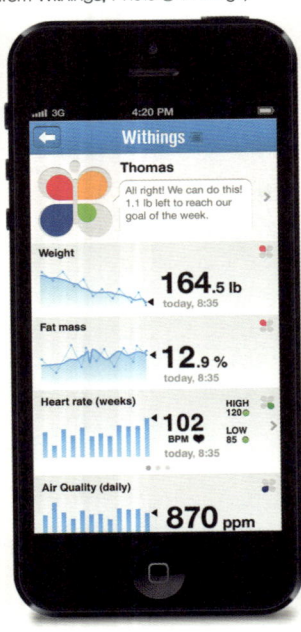

▼위씽즈의 체성분 측정기와 연동된 스마트폰 앱(Image used with permission from Withings, Photo ⓒ Withings)

위씽즈Withings의 체성분 측정기는 측정을 할 때마다 체지방 양과 개선 방안을 스마트폰을 통해 알려준다. 이 측정기는 체지방의 변화를 도표로 제시해주기도 한다. 어느 고객이 체지방이 갑자기 늘어난 결과를 받아보는 순간 체지방 분해에 도움이 되는 보조식품을 추천받는다면, 그것의 구매 확률은 매우 높을 것이다. 고객이 체지방 분해에 도움이 되는 보조식품을 머릿속에 떠올리는 바로 그 순간에 적합한 제품을 추천했기 때문이다.

웨어러블 기기는 고객의 감정을 실시간으로 추정해 판매 기회를 만들기도 한다. 헬스장에서 운동량을 측정해주는 웨어러블 기기 핏빗Fitbit을 착용한 고객이 하루의 목표 운동량을 초과 달성했다고 하자. 이 정보를 알게 된 마케터는 축하 메시지 및 인센티브 제공 메시지와 함께 자신의 쇼핑몰로 고객을 초대할 수 있다.

인터넷과 연결된 냉장고는 고객의 식료품 중 어떤 품목이 소진됐는지 알려준다. 인터넷으로 연결된 TV는 시시각각으로 고객의 시청 정보를 제공해준다. 마케터는 시시각각으로 변하는 고객의 모든 상황에 대응해 실시간으로 상품을 추천해줄 수 있다.

고객은 제품을 탐색, 구매, 사용하는 세 번의 과정에서 브랜드를 경험하게 된다. RTE는 이 모든 과정에서 고객을 위해 매력적인 체험을 디자인해준다. 적시체험을 활용하는 대표적인 경우가 바로 아마존이다. 아마존은 상품을 구매하는 순간, 탐색의 적시체험을 제공한다. 아마존에서는 고객들이 물건을 살 때마다 이용자들과 시장 데이터들을 이용해 실시간으로 관련 아이템을 추천한다. 고객들이 특정 상품을 선택할 때 그 상품을 선택했던 다른 고객들의 선택을 참조할 수 있도록 추천해주는 서비스다. 이 때문에 고객들이 아마존에서 쇼핑을 할 때마다 한 가지 아이템만 사는 것이 매우 어려운 일임을 느낄 정도다.

사물인터넷시대를 맞이해 아마존은 또 다른 RTE 솔루션을 출시했다. 이번에는 오프라인에서의 RTE이다. 아마존의 신선식품을 주문하는 막대기 대시는 고객이 식품 주문의 필요성을 느끼는 순간에 바로 음성이나 바코드 촬영으로 쉽게 주문하도록 돕는다. 온라인의 편리한 주문 경험이 오프라인으로 연장된 것이다.

소통이 가능해진 사물은 제품 사용 중에 RTE를 제공해 고객가치를 향상하고 있다. 스마트 약병 글로우캡GlowCap은 투약 시간을 지키도록 도와주는 약병이다. 투약 시간은 질환 치료에 매우 중요하지만 가장 쉽게 잊어버리는 요소다. 이 약병으로 처방전을 스캔하면 투약 시간이 자동 입력된다. 약을 복용할 시간이 되면 약병에서 알림음이 울리고 주황색 불빛이 깜박거린다. 집으로 전화를 걸어주기도 한다. 만약 복약 시간이 지났는데 복약하지 않으면 약병은 고객의 휴대전화로 문자를 보내준다. 이렇게 약을 복용한 정보는 보고서 형태로 기록돼 일주일에 한 번 이메일로 받을 수 있고, 본인뿐 아니라 가족, 주치의에게도 보낼 수 있다.

처방 받은 약이 얼마 남지 않았을 때도 약병은 문자로 알려준다. 이때 약병 뚜껑을 뒤집어 버튼을 누르기만 하면 미리 전화번호를 저장해둔 약사와 통화해 약을 추가로 처방받을 수도 있다. 약을 처방받은 사람 가운데 절반가량이 정확한 시간에 약을 복용하지 못하는 반면, 글로우캡 사용자의 복약 이행율은 98퍼센트에 달한다고 한다. 글로우캡은 복약을 제때 할 수 있게 해 치료에 도움을 주는 한편 재구매까지 편리하게 진행하도록 돕는다.

구매 단계에서의 RTE는 모바일 환경과 실시간 대규모 데이터 분석을 기반으로 제공된다. RTE는 고객의 거래 기록과 실시간 행동

데이터의 실시간 분석을 통해 제공되므로 고객의 행동을 예측할 수 있다. 이를 통해 고객은 편안한 쇼핑 경험과 사용 경험을 얻을 수 있다. RTE 기기는 API를 통해 다른 기기나 앱, 데이터, 정보 소스들과 연결돼 외부 정보도 효율적으로 이용할 수 있다.

예를 들어 매장의 역동적 가격표는 실시간 가격 비교, 상품에 대한 사용자들의 평가 정보, 진품 증명, 고객센터의 연결 등 고객의 구매 의사결정을 도와주는 서비스의 API와 연결되면 최고의 쇼핑 경험을 제공할 수 있다.

RTE 프로그램이 적용된 기기들은 대개 시맨틱Semantic 기술을 이용, 기기 스스로가 데이터를 읽고 학습할 수 있다. 예를 들어 가정용 온도조절기 네스트는 학습능력을 가지고 있다. 이용자는 일주일 정도 자신이 좋아하는 온도로 맞춰주기만 하면 된다. 그러면 네스트는 스스로 학습을 통해 언제나 이용자가 좋아하는 온도로 조절하는 것이다. 네스트 덕에 고객들은 따로 신경 쓰지 않아도 쾌적한 온도를 누릴 수 있게 된다.

우버택시의 앱도 스스로 학습을 해서 고객들에게 적절한 서비스를 제공한다. 우버의 앱은 특정 이용자가 항상 이용하는 장소와 시간을 학습해서 그 시간이 되면 근처에 택시를 대기시켜 놓는다. 고객은 보다 편리한 이용으로 우버와 긴밀한 교감을 하게 되는 것이다. 이와 같이 RTE가 적용된 솔루션은 복잡한 조작의 부담을 없애는 것을 목표로 한다. 이용자는 편하게 자신이 하고 싶은 일만 할 수 있도록 도와주는 것이다.

어댑티브 마케팅

존 앤더튼은 갭Gap 매장에 들어갔다. 그는 입구의 스캐너에서 눈의 동공을 스캔시켰다. 매장에 들어가니 3D홀로그래피 광고가 그에게 말을 건다. "와카모토 씨 다시 방문해주셔서 감사해요." 존이 신분을 감추기 위해 안구이식을 받은 눈이 일본인 와카모토의 것이었나 보다.

영화 〈마이너리티 리포트〉의 한 장면이다. 이 장면은 어댑티브 마케팅을 한눈에 보여준다. 스티븐 스필버그 감독은 2002년에 벌써 사물인터넷을 이용한 어댑티브 마케팅을 영화 속에 구현했다. 영화의 배경은 2025년이지만, 그의 영화 속에 설정된 많은 기술들은 이 책을 쓰고 있는 2014년에 이미 상당수 상용화됐다. 특히 사물인터넷 기술을 이용한 어댑티브 마케팅은 2013년 비콘의 출현으로 실용화 단계에 접어들었다.

비콘이 설치된 매장에 들어가면 그 매장의 마케터들은 당신이 누구인지 알 수 있다. 당신의 구매 이력은 물론, 취향까지도 정확히 안다. 당신이 열심히 SNS에 글을 올리는 사람이라면 무엇을 사러 왔는지까지도 알 수 있다. 매장의 3D홀로그래피 광고 속 미녀 탤런트는 말한다. "영식 씨 반가워요. 지난번에 사 가신 바지는 잘 입고 계시지요? 드레스셔츠 신상품이 나왔어요." 영화의 한 장면이 현실에서 재현된 것이다.

초연결시대를 맞이해 마케팅이 고객화와 개인화를 넘어 개개인의 상황정보까지 꿰뚫는 어댑티브 전략을 활용하는 것이 가능해졌다. 이쯤 되면 광고의 패러다임은 변화를 피할 수 없을 것 같다. '광고의 홍수'라는 말은 역사 속으로 사라질 것이다. 어댑티브 마케팅의 세계에선 광고를 범람시킬 필요가 없기 때문이다.

어댑티브는 '정황에 맞추다'라는 의미다. 마케팅이 고객의 정황에 맞춰 가치를 제공하면, 어댑티브 마케팅Adaptive Marketing이 실행됐다고 한다. 어댑티브 마케팅은 사물인터넷시대 이전에도 존재했다.

협동적 필터링

협동적 필터링Collaborative Filtering은 가장 많이 사용된 어댑티브 마케팅 방법이다. 협동적 필터링이라면 보통 아마존을 먼저 떠올리는데, 사실 협동적 필터링의 초기 시스템은 제록스 팔로 알토 리서치센터Xerox PARC에서 개발한 정보 태피스트리 프로젝트

The Information Tapestry Project다. 이 시스템에서는 다른 사용자가 이전에 기록한 내용을 기반으로 사용자가 문서를 찾을 수 있도록 했다.

아마존은 협동적 필터링을 고객들의 쇼핑을 돕고, 교차 판매cross selling를 통해 매출을 향상시키기 위해 사용했다. 교차 판매란 구매자가 상품을 검색하거나 구매하고자 할 때, 그 상품을 구매했던 사람들이 함께 구매했던 상품을 추천해주는 방법이다. 협동적 필터링은 상향 판매up selling에도 사용될 수 있다. 상향 판매는 구매하고자 하는 물건보다 더 좋고 가격이 높은 물건을 추천해서 더 높은 매출을 이끌어내는 방법이다.

'협동'이란 말을 사용하지만 실제로는 협동을 하는 것이 아니다. 아마존은 다수의 고객들의 구매 이력을 분석해 얻은 기호 정보에 따라 고객들이 교차 구매를 할 수 있도록 돕는다. 협동적 필터링을 통해 추천되는 상품은 특정 상품 구매와 관련되어 추천된 상품이기 때문에 관련성이 매우 높다. 협동적 필터링은 고객들의 과거 구매 경향이 미래에서도 그대로 나타날 것이라는 전제에 기초하고 있다.

예를 들어 도서에 관한 추천 시스템은 고객들의 기호에 대한 부분적인 목록을 이용해 특정 고객의 음악에 대한 기호를 예측한다. 이 시스템은 많은 사용자들로부터 수집한 정보를 분석해서 선호도나 관심사가 비슷한 패턴을 가진 고객들을 식별해내는 솔루션이다. 그래서 협동적 필터링은 유사한 취향을 가진 고객들에게 서로 아직 구매하지 않은 상품들을 교차 추천하거나 분류된 고객의 취향이나 생활 형태에 따라 관련 상품을 추천하는 형태의 서비스를 제공한다.

협동적 필터링에는 많은 방법이 있는데 대표적 방법이 사용자 기반user-based의 협동적 필터링, 아이템 기반item-based의 협동적 필터링, 그리고 암시적 관찰implicit observation에 의한 협동적 필터링이다.

사용자 기반의 협동적 필터링은 기존 고객의 행동을 예측하기 위해 비슷한 패턴을 가진 고객을 분석하고 수치화해서 새로운 고객의 행동에 맞춘 상품들을 추천한다. 예측된 사용자 기반 정보들을 마케팅믹스로 전환해서 새로운 고객의 쇼핑에 최적의 경험과 가치를 제공하는 점에서 어댑티브 마케팅이라 할 수 있다. 이미 다른 고객의 선호도 분석으로 고객이 좋아할만한 상품을 예측했기 때문에 사용자 기반의 분석은 높은 예측력과 추천 능력을 가지는 장점이 있다.

여기서는 타깃 고객과 유사한 선호도를 가지는 이웃들neighbors의 선정이 정확해야 한다. 이웃을 선정하는 방법으로는 클러스터링clustering, K-최대 근접 이웃K-nearest neighbor, 베이지안 네트워크bayesian networks 등 여러 가지 방법이 있으나 K-최대 근접 이웃 방법이 가장 많이 사용된다. 이웃이 선정되면, 고객 선호도 간의 유사성을 평가하는 피어슨 상관 계수Pearson correlation coefficient로 이웃된 두 고객만의 상관관계를 측정한다. 그런데 여기에는 두 고객이 모두 평가한 상품이 없으면 예측의 정확성이 떨어진다는 문제가 있다.

아이템 기반 협동적 필터링은 아마존이 사용하고 있는 방법이다. 여기서의 상품 추천은 역시 두 번의 분석을 통해 이뤄진다. 첫 번째 단계는 아이템 간의 상관관계를 결정하는 매트릭스inter item correlation matrix를 만드는 것이다. 대부분의 사람들이 과거에 자신이 좋아했던 상품과 비슷한 상품이면 좋아하는 경향이 있고 반대로 싫어했던 상품과 비슷한 상품이면 싫어하는 경향이 있다는 점을 기반으로 아이템 간의 상관관계가 규명되는 것이다.

다음 단계에서는 매트릭스와 최신 사용자의 데이터를 결합해 그 사용자의 기호를 예측하고 상품을 추천한다. 이 추천 방법의 알고리즘은 고객이 새롭게 입력한 상품과 첫 번째 단계에서 상관관계가 추정된 상품들과의 유사도similarity를 분석해서 고객이 선호할 만한 연관 상품을 추천해주는 것이다. 상품들 간의 유사도는 고객이 입력한 상품과 추천하려고 하는 상품에 대한 다른 고객들의 선호도 간 상관관계 계수로 결정된다.

여기서 문제는 고객 간의 유사도가 전혀 고려되지 않았다는 점이다. 만일 특정 고객과 전혀 선호도가 비슷하지 않은 사용자의 평가를 기반으로 할 경우, 상품 간의 상관관계 정확도는 떨어질 수밖에 없고 아울러 추천 시스템의 예측력과 추천 능력이 저하될 수밖에 없다. 그러나 이런 경우는 가끔 생겨나는 일이고, 이때 고객은 그냥 추천을 무시하면 되니 큰 장애가 되지 않는다. 그보다는 예측력이 높은 상품들이 지속적으로 추천되어 보다 다양한 쇼핑 경험이 제공된다는 장점이 크다.

암시적 관찰을 기반으로 한 협동적 필터링은 온라인 음원 판매에 많이 사용되는데, 보통 사용자들의 행동에 대한 암시적인 관찰을 기반으로 함께 구매하면 좋을 상품을 추천하는 방법이다. 이 추천 시스템은 모든 사람들이 자사의 사이트에서 보여준 행동들, 예를 들면, 어떤 음악을 들었는지, 어떤 상품을 선택했는지를 지속적으로 분석한 데이터를 기반으로 고객이 행동에 적응해서 하고자 하는 행위를 예측한다.

이 예측치들은 업무에 필요한 데이터 처리를 수행하는 응용 프로그램인 비즈니스 로직business logic으로 필터링되어 비즈니스시스템이 제공할 서비스를 선택한다. 이 추천 시스템은 인기도 같은 인위적 평가 시스템에서 발생할 수 있는 오류를 걸러낼 수 있어 비교적 객관적인 추천이 가능하다.

사물인터넷시대에 어댑티브 마케팅이 새롭게 부상하는 이유는 오프라인에서도 고객의 행동을 암시적으로 관찰할 수 있기 때문이다. 비콘과 고객행동 관찰 카메라들은 매장 내에서 고객의 행동을 관찰해서 상품을 추천하거나 특정 상품에 대한 가격 및 구매 조건 등을 고객의 욕구에 맞게 실시간으로 바꾸게끔 도와주는 것이다.

예를 들어 티셔츠를 구매한 고객에게 다른 고객들이 함께 구매했거나 관심을 보였던 바지를 추천할 수 있다. 이때 비즈니스 로직을 통해 특정 색상을 우선 추천할 수 있다. 또는 판매 촉진을 위해 고객이 구매하려고 하는 티셔츠와 추천하고자 하는 바지를 번들 상품으로 구성해 유혹적인 가격을 제공할 수도 있다.

고객맞춤화

널리 사용되고 있는 또 하나의 어댑티브 마케팅 방법은 고객맞춤화customerization다. 고객맞춤화는 고객에게 상품 제작이나 서비스의 구성 권한을 위임하거나 고객의 의견을 반영해서 고객 요구에 꼭맞는 상품을 제공하는 방법이다. 델Dell 컴퓨터의 성공적인 비즈니스모델로 잘 알려진 고객맞춤화는 마케팅 모델을 판매자 중심에서 구매자 중심으로 전환했다.

고객맞춤화는 수주 생산build to order을 기반으로 한 대량 고객맞춤화를 통해 고객들에게 제품이나 서비스를 제공한다. 고객맞춤화의 영어 표현인 'customerization'은 운영상의 대량고객화mass customization와 고객화된 마케팅customized marketing을 결합한 용어다. 고객맞춤화는 기업과 고객 모두에게 이익이 된다. 상품을 만들기 위한 구성요소들을 선택하고 조합하는 일은 기업이 인건비를 들여서 제공해야 할 서비스인데 이를 고객이 대신해서 수행하는 것은 기업에게 이득이다. 그럼에도 불구하고 고객 입장에서는 주도적인 구매 경험과 자신에게 맞춘 상품을 구매할 수 있다는 장점이 있다.

구매자가 중심이 되면, 기업의 마케팅 시스템은 고객의 행동에 적응된 가치를 전달하는 것을 목표로 한다. 이를 위해 고객맞춤화는 마케터와 고객 간의 일대일 인터렉션을 기반으로 운영된다. 특히 인터넷이 마케팅의 주요 수단이 되면서 고객맞춤화 마케팅이 급증했다. 항공권 역경매로 유명한 프라이스라인Priceline은 가격 결정을 고객이 주도하는 시스템이다. 고객은 자신이 원하는 항공권 가격을 제시한다. 그러면 그 가격에 항공권을 판매할 수 있는 기업이 항공권을 제공한다. 손님이 다 차든 안 차든 상관없이 반드시 출발을 해야 하는 비행기의 특성에 맞춘 비즈니스모델이다. 비행기 출발 시간이 임박하고 만석이 안 될 것으로 예상되면 낮은 가격이라도 항공권을 판매하는 것이 나을 수 있다.

델 컴퓨터는 PC 조립을 고객이 원하는 대로 해준다. 고객이 PC에 들어갈 여러 가지 사양들을 선택한다. 그러면 이 사양에 따라 델은 PC를 생산해서 고객에게 전달한다. PC 조립을 위한 부품 제안과 선정은 원래 기업에서 판매 전문가가 제공했었다. 델은 이 서비스를 고객에게 위임한 것이다. 이로 인해 상품 제작의 주도권이 고객에게 넘어갔다. 판매 전문가를 고용하지 않아도 되니 델은 인건비를 절약하고 대량 판매를 통해 더욱 많은 수익을 올릴 수 있다. 이 과정에서 수익의 일부를 고객에게 돌려줌으로써 델은 가격 경쟁력까지 확보했다. 고객은 자신의 주도하에 자신이 원하는 PC를 만드는 흥미로운 구매 경험은 물론, 가격 혜택까지 누리게 된다.

고객맞춤화가 사물인터넷시대에 더욱 주목을 끄는 이유는 인터넷과 연결된 많은 상품들은 출시 이후에도 고객맞춤화를 통해 더욱 높은 가치를 갖게 되기 때문이다.

앞서 살펴본 디아지오의 성공적인 조니워커 캠페인도 마찬가지다. 전통적인 고객맞춤화는 수주 생산을 기반으로 제공됐지만 사물인터넷 상품들은 대량 생산으로도 고객맞춤화가 가능해진 것이다.

고객맞춤화를 정확히 이해하고 활용하려면 대량고객화, 개인화,

일대일 마케팅 등 유사한 마케팅 방법들과의 차이점을 알아야 한다. 하트Hart는 "대량고객화는 다양하고 때로는 개인에게 맞춘 제품이나 서비스를 표준화된 대량 생산 제품의 가격으로 생산할 수 있게 해주는 유연한 프로세스와 조직적 구조"라고 정의했다. 대량고객화 이전의 산업사회에서는 획일적인 대량 생산만이 존재했고, 고객들은 기업이 대량 생산한 상품들 중 하나를 선택할 수밖에 없었다. 그러나 대량고객화가 도입되고 나서부터 소비자들은 상품의 구성요소를 선택할 수 있게 됐다.

대량고객화가 가장 먼저 선보인 산업 분야는 기성복이다. 기업은 고객들의 체형에 맞춘 여러 사이즈의 옷을 제작한다. 그리고 각 사이즈별로 여러 가지 스타일과 색상을 제작한다. 구매자는 이렇게 생산된 옷들 중에 자신의 기호에 맞는 스타일과 색상을 선택하고 자신에게 맞는 사이즈를 선택해서 구매에 이르게 된다.

대량고객화는 고객맞춤화처럼 고객이 선택의 주도권을 가지고 있다. 그러나 이들 간의 차이는 대량고객화는 기업이 미리 생산한 제품과 가격의 범위 내에서만 선택을 해야 한다는 것이다. 반면에 고객맞춤화는 기업이 아직 생산도 하지 않거나 정하지도 않은 제품과 가격에 대해 고객이 먼저 선택을 할 수 있다. 판매할 제품을 기획하고 가격을 정하는 일은 마케팅의 주요 업무다. 이 일들이 고객에게 넘어간 것이 바로 고객맞춤화인 것이다.

온라인 마케팅의 시대가 도래하면서 대량고객화를 이용해서 사업을 하는 기업들 중에는 생산시설을 소유하지 않은 기업들도 생겨났다. 가든닷컴Garden.com은 정원을 위한 화초를 판매하는 화초 전문 쇼핑몰이다. 정원을 가꾸려면 수십 개에서 수백 개의 화초를 구매해야 하고, 구매한 다음에는 이들을 집으로 싣고 가야 한다. 승용차로 이들을 집까지 운반하는 일은 여간 성가신 일이 아니다.

가든닷컴은 이런 고충을 말끔히 해결해주는 서비스다. 가든닷컴 사이트에는 2만 여 가지의 화초들이 있다. 고객은 웹사이트에서 자신이 원하는 화초를 고르면 된다. 그러면 수일 내로 자신이 주문한 화초들을 택배로 받을 수 있다. 가든닷컴에 자체 농장이 있는 것은 아니다. 대신 가든닷컴은 몇십 개의 대형 농장들과 공급 계약을 맺고 있다. 고객들이 선택을 하면 가든닷컴은 농장에 공급을 의뢰하고 고객의 선택대로 상품이 구성되면 택배회사를 이용해 상품을 배송한다.

페퍼스Peppers와 로저스Rogers는 일대일 마케팅을 "기업이 고객을 안다는 전제 하에서 실행하는 마케팅"이라 정의했다. 기업이 고객과 소통을 하게 되면 기업은 고객이 어떻게 대접받기를 원하는지 알게 되고, 기업은 이런 고객을 다른 고객과 다르게 대접하면서 더 효과 높은 마케팅을 할 수 있다는 것이다. 예를 들어 호텔에서는 어떤 고객이 예약을 할 경우, 그 고객이 이전에 비흡연룸을 선호했던 과거 이력을 활용해 자동적으로 비흡연룸을 제공할 수 있다. 호텔이 고객의 개인적인 취향을 알아보고 서비스하는 일대일 마케팅이 실행된 것이다.

그러나 고객의 욕구는 그렇게 간단하지가 않다. 예를 들어 흡연자가 비흡연룸을 원할 수도 있다. 흡연자는 그 호텔에 이전에 투숙했을 때 흡연룸을 선택했었는데, 방 냄새가 그다지 좋지 않았던 것을 기억하고 다음 번 투숙할 때는 비흡연룸을 선택할 수도 있는 것이다. 이런 경우 일대일 마케팅은 한계를 드러낼 수밖에 없다. 일대일 마케팅은 기업과 고객이 일대일로 소통한다는 점에 있어서는 고객맞춤화와 유사하지만 기업이 먼저 상품을 제공한다는 점에서는 고객맞춤화와 정반대의 마케팅 방법이다.

개인화 마케팅은 제품이나 서비스의 일부 속성을 고객화해서 구매자가 편한 구매 경험을 하거나, 가격 혜택을 받거나, 기업으로부터 기타 혜택을 받을 수 있도록 만든 마케팅 전략이다. 개인화는 고객에게 주도권이 있을 수도 있고 기업에게 주도권이 있을 수도 있다. 예를 들어 네이버 블로그는 이미 정해진 메뉴를 이용해서 고객이 원하는 대로 블로그의 구성이나 디자인을 개인화할 수 있다. 이는 개인이 주도권을 가진 것이다. 반면에 부동산 중계 서비스는 기업이 주도권을 가지고 개인화를 해준다. 고객이 구매하고자 하는 부동산의 지역이나 가격, 스타일 등을 중계법인에 부탁하면 중계법인은 다수의 물건을 미리 찾아 매수자에게 맞춤 정보를 제공한다.

고객맞춤화는 개인화 마케팅과는 달리 태생부터 상품에 대한 주도권이 고객에게 있는 고객 중심적인 모델이다. 고객에 의해 제품이 만들어지고 서비스가 구성되므로 제품은 만들어지기도 전에 이미 판매가 완료된다. 반면에 일대일이나 개인화 마케팅은 언제나 고객이 주도하는 마케팅이라 할 수 없으며, 고객이 주도권을 갖는

구분	개인화	일대일	고객맞춤화
주도권	고객/기업	기업	고객
상품 디자인에 고객 참여	낮음	낮음	높음
고객에 대한 사전 정보	낮음	높음	중간
생산/공급 시스템과 연계	낮음	낮음/중간	높음
B2B의 경우 고객 시스템과 연계	낮음	중간	높음
주문 생산 시스템의 필요성	없음	없음	필요

▲개인화, 일대일, 고객맞춤화 마케팅의 비교

개인화 마케팅의 경우에도 제품을 고객이 디자인할 수 있는 기회는 거의 없다.

네이버 블로그에서와 같이 개인화 마케팅에서의 고객은 이미 디자인돼 있는 제품 속에서 자신의 기호에 맞게 제품을 재구성하는 수준이다. 더욱 중요한 차이는 고객맞춤화 마케팅은 생산과 공급을 반드시 마케팅과 연결해서 운영해야 하는 반면, 일대일이나 개인화 마케팅은 이들을 분리해 운영해도 상관없다는 것이다.

이와 같은 고객맞춤화를 가능케 하는 배경에는 뉴라Neura와 같은 기술이 있다. 뉴라는 연결된 스마트 기기, 장소 정보, 앱, 웹사이트로부터 정보를 수집해서 이용자의 습관이나 행동에 대한 맞춤 학습을 통해 이러한 연결된 사물들을 개인화시켜주는 기능을 가지고 있다. 스마트 기기를 더욱 스마트하게 해주는 솔루션이다. 지금은 스마트홈과 건강, 피트니스 분야에 솔루션을 제공하고 있지만 앞으로 모든 분야에 솔루션을 제공할 예정이다.

뉴라의 솔루션은 세 단계로 구성돼 있는데, 첫 번째 단계는 모든 신호와 데이터를 한 개의 인터페이스로 모으는 것이다. 중간 단계는 트리거 액티브 엔진trigger-active engine, TRAC으로 연결 기기 간의 소통을 책임진다. 세 번째는 하모니harmony라 부르는 것으로 모든 상이한 기기와 소스로부터 오는 데이터를 관장하고 정제한다.

어댑티브 마케팅 시 고려할 사항들

어댑티브 마케팅은 고객에게 맞춘 상품을 제공함으로써 상품과 고객과의 적합성 및 상품의 효용 가치를 더욱 높이고 더욱 매력적인 구매 체험을 제공한다. 이와 같은 어댑티브 마케팅을 실행하려면 다음과 같은 전략적 고려가 있어야 한다.

• **신뢰** : 고객들은 믿을 수 없는 기업에게 어댑티브 마케팅을 위한 개인 정보를 제공하지 않는다. 따라서 어댑티브 마케팅을 실행하려고 하는 기업이나 브랜드는 평소에 꾸준하게 긍정적이고 정직한 이미지를 쌓아야 한다. 이를 위해 기업의 사회적 책임을 인식한 봉사및 기부 활동이나 호의적인 평판 관리가 필요하다. 신생 기업이나 브랜드의 경우 이런 신뢰 이미지가 없을 수 있다. 이 경우에는 제휴 기업이나

공급처, 가치 참조처, 유명 기업이나 정부기관에 납품한 실적 등으로 신뢰할 수 있는 기업이라는 것을 소구할 수 있다.

• **적정 정보** : 어댑티브 마케팅을 실행하기 위해서는 적정 정보가 필요하다. 적정 정보는 스마트데이터와 액티브데이터가 만나서 만들어지는데 제품, 전달하려는 가치, 어댑팅 방법에 따라 필요한 정보의 종류와 정보를 결합하는 방식, 걸러내야 하는 다크데이터가 달라진다. 예를 들어 명품 패션 상품의 경우에는 타인에게 비춰지는 이미지가 중요하기 때문에 핀터레스트와 같은 이미지 위주의 소셜미디어를 통해 나타난 페르소나 데이터가 중요하다.

• **스피드** : 끊임없이 변화하는 고객의 상황정보에 곧바로 반응하지 않으면 적응의 기회를 상실할 수 있다. 어댑티브 마케팅에서는 새롭고 관련성 있는 기회가 나타날 때마다 끊임없이 실시간으로 고객의 반응을 분석해야 한다.

• **인게이지먼트 기반** : 어댑티브 마케팅은 푸시 마케팅이 아니다. 고객이 원하지 않은 방법이나 시간에 마케팅 메시지를 제공하는 것은 고객의 등을 돌리게 하는 행위다. 고객이 지닌 컨텍스트와의 적합성에 기반을 두고 끊임없이 고객과 인게이지먼트하는 마케팅 노력이 필요하다.

• **가격 경쟁력** : 어댑티브 마케팅은 신뢰에 바탕을 두고 있다. 이와 같은 신뢰의 기반은 투명하고 경쟁력 있는 가격이다. 어댑티브 마케팅을 통해 구매한 상품이 가격 경쟁력이 없다고 생각되는 순간 마케팅은 힘을 잃게 된다.

• **적정 미디어** : 사물인터넷시대의 어댑티브 마케팅은 언제나 인터넷에 연결된 고객을 기반으로 하고 있다. 고객들이 항상 연결하고 있는 미디어가 어떤 것인지, 그 미디어에서는 어떤 방법으로 메시지를 전달해야 효과가 있는지를 연구해야 한다.

암묵적 고객맞춤화와 어댑티브 마케팅

인터넷으로 연결된 상품은 암묵적으로 고객맞춤화를 제공할 수 있다. 예를 들어 청바지를 하나 구입했다고 하자. 이 청바지의 태그는 QR코드가 인쇄되어 있고, 그 QR코드를 찍으면, 이 바지를 만들기 위해 사용된 면을 수확한 장소와 이 청바지를 디자인한 디자이너, 가공한 공장과 만든 사람에 대한 상세한 정보가 나타난다. 사용된 재료나 디자이너는 다른 청바지와 같을 수 있지만 가공한 회사에 따라 제조 단계부터 다른 바지와 차별화된 것이다.

또 당신은 이 바지를 구매해서 3년간 잘 입었다. 이 바지에 부착된 RFIDradio frequency identification(주파수를 이용해 ID를 식별하는 시스템) 칩은 바지가 세탁될 때 세탁기와 연결돼 가장 적절한 물의 온도와 드럼 속도, 세제의 양 등을 제어해준다. 그리고 이 바지는 몇 회나 세탁됐고, 얼마간의 간격으로 세탁됐는지, 이 바지를 입고 주로 어떤 곳에서 활동했는지에 관한 정보가 이 칩을 통해 청바지회사의 데이터베이스에 저장된다. 아울러 이 바지의 주인인 당신의 정보도 저장된다.

3년 뒤 당신은 이 청바지를 빈민 돕기를 위해 기부해 멀리 아프리카에 사는 한 여성에게 전달됐다. 당신의 청바지를 받은 이에게 스마트폰이 있어 바지에 붙은 QR코드를 찍어 보면 그녀는 그 청바지의 이력을 알 수 있다. 아마 그 청바지를 기증한 당신과 정신적인 교감을 가질 수도 있을 것이다.

이처럼 사물인터넷시대에는 고객의 참여가 없어도 고객맞춤제품이 될 수 있다. 나는 이를 '암묵적 고객맞춤화tacit customerization'라 부르고자 한다.

고객이 의도하지 않아도 사용자와의 소통을 통해 암묵적으로 스스로 학습하거나 사용 이력을 기록하는 사물인터넷 상품은 마케팅에 매우 귀중한 정보를 제공한다. 소모품을 사용하는 자동차나 정수기, 공기청정기, 캡슐커피메이커 등은 상품 스스로가 소모품의 교체 시기를 사용자에게 자동으로 통보해서 소모품의 판매 기회를 가질 수 있다.

사용자가 편의를 위해 소모품 교체 시기가 도래하면 자동 주문할 것을 설정해놓은 경우, 상품이 구매 주체가 되는 경우도 생긴다. 스마트 냉장고처럼 내용물의 보충을 스스로 판단할 수 있는 기기의 경우, 상품이 타 상품의 주문을 돕거나 스스로 상품 주문을 할 수 있다. 이와 같이 암묵적 고객맞춤화를 거쳐 사물인터넷 상품은 그 자체가 어댑티브 마케팅이 펼쳐지는 플랫폼이 되는 것이다.

어댑티브 마케팅 과학

사물인터넷시대의 어댑티브 마케팅은 기술 중심적 마케팅이다. 마케터가 변화하는 당신의 컨텍스트에 맞춰 적절한 시점에 마케팅 서비스를 제공하려면 우선 모바일 기기를 휴대한 당신의 움직임을 추적하는 것은 물론 다음 행선지까지 아는 것이 중요하다. 아마존은 모바일 기기(킨들 또는 기타 기기)를 통해 네티즌 개인 또는 집단이 있었던 곳은 물론 그들이 이동할 다음 행선지가 어디가 될지 알 수 있는 특허기술을 개발했다.

두말할 것도 없이 이런 수준의 개인 행동 양식 추적 및 전망은 최고의 광고 및 쿠폰 제공 수단이 된다. 여기에는 누군가가 지나가는 길목의 공공 디스플레이 간판에서 광고를 보여주는 기법까지 포함돼 있다.

아마존이 최근 확보한 특허기술은 휴대전화의 위치추적과 소유자의 행태 분석을 통해 그의 모든 것을 알게 하는 기술이다. 이 기술은 휴대전화 소유자의 행로를 예측해 이를 쿠폰 전송 등 마케팅에 이용한다.

이 시스템은 고객의 위치를 확인하고 그가 갈만한 복수의 다음 행선지를 예상한다. 그러고 나서 그 행선지 상에 있는 매장의 광고주 중 자사의 마케팅 메시지를 단말기 화면에 전달코자 하는 이들에게 입찰을 붙인다. 여기에는 그의 이동 속도와 방향, 시간까지 최대한 반영할 전망이다.

이는 개인화된 광고가 단말기 소유자를 따라다니거나 누가 어디를 가든지 그가 맞닥뜨리는 공공장소의 화면에서 자신의 상황에 맞는 광고가 보이도록 만든다는 것을 의미한다.

아마존은 IT회사들이 해왔던 것보다 더 심한 '개인 추적 및 분석 기술'을 발휘하고 있다. 아마존 특허에서 기술하고 있는 '분석 analyzing'의 의미는 단순히 휴대전화 사용자의 움직임을 점검하거나 쇼핑몰을 따라다니는 것 이상이다. 휴대전화 사용자는 대형 콘서트나 스포츠 경기에 참가할 때 경로 추적을 받을 수 있다. 또한 여행 교통수단 이용 패턴에 따라 근처 레스토랑의 할인 쿠폰 광고를 그의 휴대전화 화면에서 보게 된다.

위치는 기능과 연계돼 있다. 만일 누군가가 어떤 건물이나 장소에 있는지 알면 그가 어떤 일을 하는 사람인지가 완전히 발가벗겨지는 셈이다. 휴대전화 사용자가 움직이다가 멈추는 횟수가 빈번할수록 그에 대한 정확한 데이터를 수집할 수 있게 되며, 시간이 경과함에 따라 더 완전한 정보를 확보할 수 있게 된다. 이렇게 되면 광고주들은 누구에게 언제 광고를 보여줘야 할지 알게 된다. 이 기술로 누가 주변에 있는지를 보기 위해 얼굴인식 시스템을 사용하고 감시카메라 데이터를 라이선스해 사용할 수도 있다.

아마존은 경쟁자들의 유사 기술 사용을 광범위하게 막고 있다. 아마존이 TV, 컴퓨터 모니터, 디지털 사인, 또는 다른 방식의 디스플레이 광고주들과도 협업할 가능성은 적다.

아마존은 이 특허를 가지고 안드로이드폰이나 아이폰과의 전쟁을 선포할 수도 있다. 어쩌면 이 기술이 이미 킨들파이어 태블릿에 실려 있을지도 모른다. 아마존의 손에 구글을 뺏칠 무서운 무기가 들린 셈이다.

프라이버시 스왑

어댑티브 마케팅과 같이 고객의 사적인 정보를 토대로 한 마케팅 기법이 나오면 항상 대두되는 것이 프라이버시 문제다. 사실 마케터가 자신의 인적사항을 알고 행동까지 추적해서 마케팅을 한다는 것은 소비자 입장에서는 별로 유쾌한 일이 아니다. 그러나 우리는 이미 개인정보를 기업에 제공하는 일에 매우 익숙하다. 대개 그 이유는 기업이 제공하는 부가적인 가치를 제공받기 위해서다. 나는 이를 프라이버시 스왑privacy swap이라 부른다.

프라이버시 스왑은 개인정보를 기업이 주는 부가 혜택과 교환하는 것을 의미한다. 휴대전화나 비콘으로 자신의 위치 정보를 일부러 노출하고 자신의 행동 정보까지도 노출하는 것은 기업이 자신의 정보와 행동에 어댑트해서 보다 편한 구매 경험이나 할인 혜택, 기타 부가 혜택을 제공하라는 의미다. 고객의 혜택과 연관되지 않은 기업의 정보 수집은 당연히 거절될 것이다.

이와 같은 프라이버시 스왑은 많은 기업들이 사람들을 귀찮게 하는 텔레마케팅이나 스팸 메시지와는 차원이 다르다. 프라이버시 스왑은 가치 마케팅의 한 형태로 고객 스스로가 자신에게 마케팅을 해도 좋다는 허락을 전제로 한 옵트 인 마케팅이다. 따라서 프라이버시 스왑을 전제로 한 어댑티브 마케팅 전략에서는 구매 혜택이 구체적이고 직관적으로 표현돼야 한다. 어댑티브 마케팅이 스팸 메시지와 같이 느껴질 때, 고객이 취할 행동은 간단하다. 스마트폰의 위치 공개를 꺼버리거나 앱을 삭제하는 것이다.

옴니채널

　K씨는 이번 겨울에 입을 정장을 한 벌 구입하려고 한다. 스마트폰에서 롯데쇼핑 앱을 열어 울 소재의 양복을 검색한다. 롯데쇼핑 앱은 스마트데이터 분석을 통해 그가 좋아할 만한 정장들을 제안한다. 가장 마음에 드는 옷을 선택하려고 하려는 순간 K씨에게 맞는 사이즈가 온라인 쇼핑몰에선 품절됐음을 확인한다. 그러나 실망할 필요가 없다.

　K씨는 매장 옵션을 찾아본다. 롯데는 백화점부터 아울렛에 이르기까지 거의 모든 형태의 매장을 운영한다. 다행히 회사 근처 백화점 매장에 해당 정장의 재고가 있음을 알고 바로 결제를 진행한다. 퇴근 시간, 회사를 나서 매장 입구에 들어서자 K씨의 스마트폰이 매장에 설치된 비콘과 자동으로 연결된다. 클라우드 서버와 연결된 매장의 컴퓨터는 K씨가 주문한 정장을 건네주도록 매장 직원에게

알림을 보낸다. K씨가 자신의 주문 내용을 매장 직원에게 다시 설명할 필요도 없이 주문한 정장은 이미 포장돼 K씨를 기다리고 있었다.

이런 물 흐르는 듯한 서비스에 기분이 좋아진 K씨에게 매장의 직원이 넥타이를 하나 권한다. K씨는 깜짝 놀란다. 자신이 좋아하는 디자인과 컬러다. 특히 새로 산 정장과 너무나도 잘 어울린다. K씨는 주저 없이 카드를 꺼낸다.

이 시나리오는 롯데와 같은 유통전문 기업들이 추진하고 있는 옴니채널의 흐름도다. 사물인터넷과 결합된 옴니채널이 유통업계를 강타할 것으로 예상된다.

채널의 진화

소비자들은 인터넷, SNS, 모바일 등 온라인과 백화점, 마트, 아웃렛, 스트리트숍 등 다양한 형태의 오프라인 매장을 자유롭게 넘나들면서 더욱 스마트하게 진화하고 있다. 특히 상품 프로모션 기기와 무선으로 소통이 가능해지면서 스마트 기기로 무장한 소비자들은 온, 오프의 구분이 없는 무한 쇼핑 기회를 누리게 됐다. QR코드, RFID, NFC로 연결되던 스마트폰들은 이제 비콘이라는 새로운 통신 솔루션의 등장으로 접촉하지 않아도 상품에 대한 구체적인 정보와 판촉 메시지를 얻을 수 있게 됐다.

소비자들이 제품이나 서비스를 접하고 이용할 수 있는 채널은 갈수록 많아지고 있지만 소비자들은 어떤 채널을 이용하든 차이가

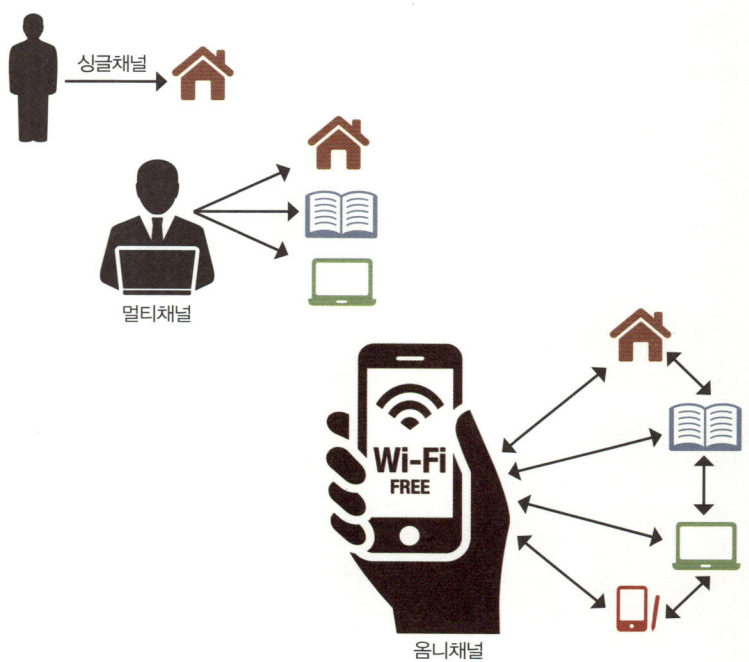

▲채널별 구분

없는 일관되고 통합적인 고객체험을 원한다. 이와 같은 기대에 부응하기 위해 사물인터넷시대의 마케팅 채널은 온, 오프라인의 구분이 없는 옴니채널로 진화하고 있다.

채널은 소비자가 브랜드와 접촉할 때 체험하게 되는 온라인과 오프라인 상의 접점을 말한다. 마케팅 채널은 소비자에게 브랜드 경험을 제공하는 통로로서 싱글채널(단일채널)에서 멀티채널로, 그리고 옴니채널로 발전돼 왔다. 싱글채널은 오프라인 매장만 존재했던 과거를 의미한다. 이후 인터넷이 쇼핑의 중심으로 자리 잡으면서 소비자는 여러 마케팅 채널을 이용할 수 있는 멀티채널 시대를 맞아 지금껏 누려 왔다. 이때, 소비자의 시점은 하나인데 반해, 멀티채널은 독립적으로 운영됐다. 그 결과 소비자는 하나의 브랜드 안에서도 채널 간 다른 체험을 하는 경우가 많았다. 같은 상품인데 인터넷 상점과 백화점 매장의 상품과 가격이 다르다든지, 구매 후 서비스 조건이 다른 점 등이 우리가 흔히 체험한 멀티채널의 문제점이었다.

그런데 스마트폰과 태블릿PC가 일반화되고 오프라인 쇼핑에서도 모바일 기기의 사용이 늘어나자 소비자가 접하는 모든 채널에서 동일한 경험을 제공함으로써 고객가치를 향상시키는 전략이 필요해졌다. 그래서 등장한 것이 바로 옴니채널 전략이다. 사물인터넷이 일반화되면서 온라인과 오프라인의 경계가 무너지고 소비자가 브랜드와 다양한 채널을 통해 소통할 수 있게 되면서 옴니채널은 기업의 중요한 마케팅 전략으로 부상하고 있다.

옴니채널omni channel이란 소비자가 어떤 채널을 통해 접근하더라도 항상 일관된 마케팅믹스를 제공할 수 있도록 기업의 모든 채널 정체성을 하나로 맞추는 채널 아이덴티티 프로그램channel identity program이다. 즉 옴니채널은 온라인과 오프라인, 모바일 등 모든 쇼핑 채널을 유기적으로 연결해 고객들이 한 매장을 이용하는 것처럼 느끼도록 매장 쇼핑 환경과 사용자 경험을 융합하는 것이다. 옴니채널 전략은 소비자가 상품을 검색하고 비교, 평가하는 것부터 구매하고 지불하는 단계나 사후서비스, 환불하는 전 과정에서 기업의 어떤 채널에 접근해도 동일하고 수준 높은 경험을 할 수 있도록 시스템을 구축하는 것을 목표로 한다.

옴니채널은 고객이 주도customer-driven하는 가치 마케팅value marketing 채널이다. 옴니채널에선 고객들이 자신이 가치가 있다고 믿는 것을 내주며 마케터와 관계를 맺고자 노력한다. 하지만 여기서 관계를 맺는 것은 작은 시작에 불과하다. 그들이 상품을 구매하든 안 하든 마케팅은 그들의 삶에 가치를 더해줘야 한다. 그러기 위해 인간과 사물을 연결한 가치네트워크 구축이 필요한 것이다.

쇼루밍 현상

국내 최대의 가전제품 판매점 전자랜드가 국내 최대의 가전제품 전시장으로 전락했다고 한다. 이게 무슨 말인가? 일단 판매점과 전시장의 차이를 살펴보자. 판매점은 상품을 판매하는 물리적인 장소다. 상품을 보여주고 설명한 그 자리에서 직접 팔아야만 매장을 유지할 수가 있다.

온라인 가전매장은 고객이 방문할 물리적 공간을 필요로 하지 않는다. 상품을 따로 보관하는 대형 물류창고만 있으면 된다. 그런데 고객 입장에서는 상품의 설명만으로 구매를 해야 하니 답답하다. 상품 사진과 설명만 가지고는 TV나 냉장고처럼 중요한 상품에 대한 구매 의사결정을 내릴 수가 없다.

이 때문에 가전제품 고객들에게는 직접 상품을 만져보고 기능을 테스트해보는 것이 중요한데, 온라인 매장은 이런 니즈를 충분히 채워주지 못하기에 오프라인 가전매장이 상품 판매에 훨씬 유리하다. 하지만 온라인 상점들은 결정적인 무기가 있다. 바로 가격이다. 매장을 유지하는 데 비용이 들어가지 않으니 오프라인 매장보다 상품을 저렴하게 판매한다. 비록 상품을 직접 보거나 만져볼 수는 없지만 낮은 가격의 유혹은 대단하다. 이 때문에 이용자들은 온라인 매장을 자주 찾지만 여전히 상품을 영상이나 사진, 글자 정보로만 접해야 한다. 그래서 생겨난 것이 바로 쇼루밍showrooming 현상이다.

많은 이용자들이 전자랜드에서 상품을 살펴보고 인터넷 상점에서 구입한다. 전자랜드는 거대한 쇼룸, 그러니까 가전제품 전시장이 됐다고 할 만하다. 쇼룸은 말 그대로 보여주는 방, 전시실을 말한다. 전시실은 물건을 사고파는 공간이 아니라 대상을 보기만 하는 공간이다. 따라서 상업적인 판매를 목적으로 하는 공간을 쇼룸으로 만들어버린다면 영업수익을 올릴 수 없다.

물론 이런 쇼루밍족이 전자제품 판매 시장에만 있는 것은 아니다. 이 현상은 온라인으로 구매할 수 있는 상품 전체에 나타난다. 쇼루밍족은 오프라인 매장을 찾아 직접 물건을 접하거나 간단히 사용해보고는 가격 비교 사이트를 통해 가장 저렴한 곳에서 주문한다. 이런 소비 행태 때문에 오프라인 유통업체들은 골치를 썩고 있다.

쇼루밍족이 생기는 이유는 소비자들이 정보 비대칭asymmetry of

information으로 인한 구매 리스크를 최소화하려고 노력하기 때문이다. 자신이 잘 알지 못하는 상품이거나 잘못 구매했을 때 후회할 가능성이 높은 상품의 경우 온라인 정보만으로는 의사결정하기가 쉽지 않다. 따라서 부족한 정보를 보충하기 위해 상품을 직접 보고 만지고 테스트할 수 있으며, 전문가의 상세한 설명까지 들을 수 있는 오프라인 매장을 방문하는 것이다. 상품에 대한 완전한 이해가 끝나고, 구매 결정이 내려진 다음에는 가장 싼 매장을 선택하는 것은 당연한 전략이다.

이처럼 오프라인 매장들이 매출도 없이 모두 쇼룸으로 전락한다면 길거리 상점은 소멸될 것이다. 그런데도 오프라인 상점들은 꾸준히 늘어나고 있고 백화점, 양판점, 마트 등의 매출 또한 계속 증가하고 있다. 과연 쇼루밍은 일시적 기우에 불과한 것인가?

역(逆)쇼루밍 현상

요즘 미국에선 핀터레스트Pinterest라는 이미지 위주의 소셜네트워크서비스로 인해 '역쇼루밍reverse-showrooming'이나 '웹루밍webrooming'이라는 용어가 자주 등장하고 있다. 역쇼루밍은 쇼루밍의 반대다. 온라인에서 상품을 보고 오프라인에 가서 구매하는 것을 말한다.

전자상거래의 낮은 가격과 소비자들의 쇼루밍 현상이 오프라인 매장을 힘들게 해왔다. 그런데 최근에는 이와 반대로 상품에 대한 정보를 온라인에서 습득하고 실제 구매는 오프라인에서 실행하는 역쇼루밍이 뜨거운 키워드가 되고 있다.

액센츄어Accenture가 2013년 말 실시한 설문조사에 의하면 미국 인의 63퍼센트가 쇼루밍을, 65퍼센트가 역쇼루밍을 경험한 것으로 나타났다. 여론조사 업체 해리스폴Harris Pole의 조사결과는 더욱 놀 랍다. 그들의 조사에선 쇼루밍이 46퍼센트, 역쇼루밍이 69퍼센트로 나타났다고 응답됐다. 조사기간이 연말이라는 특수 상황이 작용하 기는 했지만 일시적인 변화라고 보기에는 심상치 않은 수치이다.

소셜미디어를 통한 정보의 확산이 빨라진 것도 이 현상에 한몫 하고 있다. 역쇼루밍 현상을 탄생시킨 대표적인 SNS가 앞에서 말 한 핀터레스트다. 북미와 영국 사용자를 대상으로 진행된 〈하버드 비즈니스리뷰〉의 최근 조사에 의하면 역쇼루밍을 경험한 사용자 의 60퍼센트가 핀터레스트를 통해 구매한 제품에 대해 관심을 갖 게 됐다고 한다. 유통업체들이 상품을 핀터레스트와 같은 소셜미디 어에 노출하면서 방문 구매에 더 많은 인센티브를 제공하고, 이를 체험한 방문 고객들이 페이스북과 같은 SNS에 후기나 관련 정보를 올리면서 바이럴 효과가 극대화되고 있는 것이다. 그래서 온라인에 서 정보를 수집해서 매우 저렴한 가격으로만 물품을 구매하는 '바 긴헌터bargain hunter' 라는 용어도 등장했다.

이렇게 복잡한 정보를 활용해 상품을 구매하는 소비자들은 아 무래도 젊은 층이 많다. 비영리연구단체 어반랜드인스티튜트Urban Land Institute가 실시한 설문조사 결과를 보면 역쇼루밍은 18~35세에서 뚜렷하게 나타나고 있다. 한 가지 재미난 사실은 쇼루밍 소비자와 역쇼루밍 소비자가 서로 다른 집단이 아니라는 점이다. 해리스 폴 보고서에 의하면 쇼루밍을 했다고 답변한 응답자 중에서 약 90 퍼센트가 역쇼루밍도 한다고 응답했으며, 역쇼루밍을 한다고 답변한 응답자 중에서 60퍼센트가 쇼루밍도 한다고 답변했다. 소비자들은 온라인과 오프라인 모두를 통해 정보를 수집하고 조금이라도 저렴한 가격 조건으로 상품을 구매하고 있다는 이야기이다.

사물인터넷시대에는 역쇼루밍이 더욱 증가할 것으로 보인다. 인간과 사물이 소통하는 환경과 옴니채널 환경에선 온라인이나 오프라인의 조건이 모두 같기 때문에 실물 체험을 할 수 없는 온라인은 참조처로만 이용될 가능성이 높다. 사물이 연결되면서 오프라인 매장 역시 스마트데이터와 비콘, 지오펜스 등으로 방문 고객의 신상 정보에서부터 욕구를 해결하기 위한 방안까지 모조리 꿰기 시작했다. 마케터는 고객이 언제라도 스마트폰을 통해 가격을 비교할 것이라는 것을 알고 있다.

그러나 구매 의사결정을 하는 데 사용되는 속성들 중에는 가격 말고도 많은 것들이 있다. 온라인 제품과 오프라인 제품이 다른 경우도 있고, 온라인 구매 시 사후서비스에 문제가 있는 경우도 있다. 또 배송비 등을 포함하면 가격 차이가 별로 나지 않는 경우도 있다. 오프라인 매장에선 포인트 제공이나, 쿠폰, 이벤트 초대권, 상품권 증정, 결합 상품, 반짝 세일 등 고객의 마음을 사로잡기 위한 처방적 프로모션 활동이 치열하게 전개된다.

한편으로 요즘은 오프라인 매장의 가격 경쟁력도 만만치 않다. 온라인 매장과 경쟁하기 위해 스마트 가격 정책을 도입하는 곳이 많다. 매장 가격이 실시간으로 변동하는 것이다. 상품 앞에서 스마트폰으로 가격 비교를 하는 고객들에 대응하기 위해 마케터는 상품의 가격을 실시간으로 비교해서 최적의 가격으로 가격표를 변경한다. 우리나라도 롯데마트에 가면 전자 잉크로 만든 실시간 변환 가격 태그를 쉽게 볼 수 있다.

스스로 학습하고 진화하는 인공지능 기술이 마케팅에 이용되면 오프라인의 경쟁력은 더욱 강화될 것이다. 딥러닝을 통해 마케팅 운영체제는 고객에 대한 풍부한 정보를 바탕으로 고객이 구매 과정에서 보이는 행동, 표정 하나 하나까지 세밀하게 관찰하고 학습해서 고객 개인에 맞는 마케팅믹스를 실시간으로 처방할 수 있다. 예를 들어 가격이 구매 의사결정에 장애가 된다면 인공지능은 가격을 낮출 수 있는 패키지 판매, 각종 포인트 할인, 조건부 할인, 기간 할인, 지역 할인, 진열이나 리퍼 상품 판매 등 창의적인 방법들을 찾아내는 것이다. 앞으로는 인공지능과 흥정을 즐길 수 있는 마법의 상점들이 증가할 것이다.

멀티채널에서 옴니채널로

한국 유니클로는 모바일 메신저 '카카오플러스 친구'를 통해 '히트텍 신드롬'을 만들어냈다. 유니클로를 친구로 등록한 고객은 카카오톡을 통해 받은 광고 메시지로 모바일에서 구매해도 할인을 받고 실제 매장에 가서도 할인을 받게 된다. 즉 유니클로는 온라인과 오프라인, 모바일 채널 간 경계 구분 없이 동일한 고객에게 동일한 구매 혜택을 제공한 셈이다. 히트텍의 제품력이 우수한 것이 근본적인 요인이었겠지만 온·오프라인에서 통합적으로 실행된 가격 할인 프로그램이 큰 반향을 일으켰던 것이다.

유통시장은 끊임없이 변화한다. 유통산업은 지역 단위의 소규모 상점에서 백화점으로, 대형마트에서 인터넷으로 변화해 왔다. 최근 스마트폰, 태블릿PC 등 모바일 기기가 일반화되면서 유통산업에 다시 한 번 변화의 바람이 불고 있다. 사물과 연결되면서 소비자는 더욱 더 스마트해지고 있으며 온라인과 오프라인의 경계는 빠르게 허물어지고 있다. 온라인은 오프라인의 쇼룸이 되고, 오프라인은 온라인의 쇼룸이 되고 있다. 사물이 마케팅 플랫폼이 되는가 하면 자율적으로 쇼핑을 시작했다. 역쇼루밍이 등장했다고 해서 쇼루밍이 사라지는 것도 아니고, 그 반대도 아니다. 사업을 특정 영역으로 구분해서는 안 되고, 변화된 환경 속에서 새롭게 탄생할 수 있는 영역을 발견해 선점하는 전략이 필요하게 됐다.

사물인터넷시대의 역동적 구매 형태 변화에 효율적으로 대처하기 위해서는 과거처럼 다양한 채널을 운영하는 것도 중요하지만 다양한 채널을 통합적으로도 운영할 수 있어야 한다. 멀티채널은 고객들에게 다양한 판매 접점을 제공해 구매의 편리성을 제공하는 것을 목표로 하는 반면, 옴니채널은 고객이 만나는 다양한 판매접점을 통합해 운영하는 것이다.

모든 사물이 연결되면 모든 채널에서 일관성 있는 고객경험과 가치를 제공하는 옴니채널이 기업 유통 전략의 핵심이 될 것이다. 스마트폰 하나에도 SNS, 이메일, 문자, 모바일 웹, 앱, 모바일 메신저 등 다양한 마케팅 채널이 있다는 점만 생각해봐도 마케터는 모든 고객 접점이 통합된 옴니채널로 빨리 이동해야 한다.

옴니채널을 구현하는 데는 세 가지 원칙이 있다. 첫째는 고객 구매 사이클에 존재하는 여러 단계마다 끊김 없이 자연스러운 고객 경험을 제공해야 한다는 것이다. 고객들은 인지-탐색-고려-구매-재구매라는 단계를 거치면서 구매 활동을 한다. 이 과정에서 기업은 단계별로 소비자들이 어떤 기기를 사용하더라도 일관된 구매 경험과 가치를 제공하기 위해 통합 서비스를 갖춰야 한다.

두 번째는 고객의 컨텍스트에 적합한 고객 주도의 유통채널 특성을 제공해야 한다. 고객의 실시간 데이터를 활용할 수 없었던 과거에는 저장된 고객 정보만을 이용해서 채널 특성을 구성했지만 이제는 클라우드로부터 실시간 제공되는 처방적 정보로 업데이트된 상태에서 각 채널이 제공하는 가치를 전달할 수가 있다. 고객의 마음만큼 변덕스러운 것이 없다. 저장된 정보는 이미 고여 있는 물과 같다. 시시각각 새롭게 나타나는 고객의 행동과 생각을 읽고 민첩하게 고객의 욕구에 대응할 수 있는 능력을 가진 기업은 누구도 이길 수가 없다. 인공지능 마케팅 솔루션이 이런 능력을 발휘할 수 있도록 해줄 것이다.

마지막 원칙은 적시에 마케팅 의사결정을 내려 RTE를 제공할 수 있어야 한다. 소비자들이 항상 이성적인 판단을 하고 합리적인 선택을 하지는 않는다. 소비자는 본능구매나 충동구매 시, 상황적 선호나 감정에 따라 제한적 합리성을 보이기 때문에 예측하기 어려운 존재다.

고객은 인지적 노력을 최소화하려는 직관을 자주 활용하는데, 이를 다른 말로 '휴리스틱스heuristics'라 한다. 무더운 여름날 갈증에 시달리는 나그네에게 시원하고 달달한 음료를 서비스하듯이 모든 채널에서 '원하는 바로 그 순간'에 욕구를 해결해주는 RTE는 매우 효과적인 마케팅 방법이다. RTE가 전달되는 순간에는 인지, 관심, 탐색의 모든 과정이 한번에 무너지게 된다. 충동구매를 했을 때를 생각해보면 '무너지는 순간'에 대한 이해가 쉽다. RTE에서는 순간적으로 고객과의 교감이 이루어진다. 고객은 이를 통해 높은 수준의 가치를 체험할 수 있기 때문에 휴리스틱스 사용 욕구를 극대화한다. 그래서 처방적 타기팅도 RTE 제공을 주요 목표로 하고 있다.

옴니채널의 과거와 현재

얼마 전, 백화점 온라인 매장에서 다이슨 Dyson의 타워형 선풍기를 구매한 적이 있다. 백화점에 들렀다가 진열된 다이슨 선풍기를 보게 됐는데 갑자기 지름신이 강림했다. 다

이슨 선풍기는 에어컨 가격보다 비쌀 정도로 고가다. 이럴 때, 나도 쇼루밍을 시도한다. 가격 비교를 해봤더니 가장 싼 가격을 제시하는 곳이 내가 방문한 백화점에서 운영하는 온라인 매장이다. 가격이 무려 7만 원이나 차이 난다. 가격 검증을 하지 않았으면 크게 후회할 뻔했다. 당연히 모바일 구매를 했지만 기분은 그다지 개운치 않다. 우리나라 대표 백화점에서 왜 이럴까? 사실 그 백화점뿐이 아니라 거의 모든 유통업체들이 온라인 따로 오프라인 따로 운영을 한다. 그런데 이를 극복한 백화점이 있다. 바로 미국의 메이시스 Macy's이다.

옴니채널 전략은 독립적으로 운영되던 온라인과 오프라인 판매 매장을 통합해 동일한 가격, 동일한 제품, 동일한 서비스 등을 제공한다. 메이시스 백화점은 오프라인과 온라인 매장의 가격과 재고, 프로모션을 통합 관리하기 위해 기존에 구분돼 있던 데이터 웨어하우스를 하나로 통합했다. 이를 통해 모든 오프라인과 온라인 매장에서는 동일한 가격으로 제품을 제공하며, 오프라인 매장에 상품이 없더라도 온라인 매장의 재고를 활용해 발주할 수 있다. 또한 이벤트도 일원화해 모든 매장에서 고객이 동일한 구매 경험을 할 수 있도록 했다.

메이시스의 옴니채널은 하루아침에 이뤄진 것이 아니다. 2008년 리먼브라더스 사태로 촉발된 세계 금융위기 이후 미국 오프라인 유통 강자들은 저렴한 가격을 무기로 내세운 아마존이나 이베이 같은 온라인 유통업체에게 밀려서 고전을 면치 못했다. 미국 최대

백화점 체인 메이시스도 마이너스 성장이라는 위기에 봉착했다. 메이시스의 매출이 2007년 260억 달러에서 2009년 230억 달러까지 떨어진 것이다. 2009년 메이시스는 옴니채널 전략을 위기 탈출의 돌파구로 정했다. 그리고 3년에 걸친 각고의 노력 끝에 옴니채널 전략은 빛을 발하게 됐다. 2012년부터 백화점 매출이 다시 상향곡선을 그리기 시작한 것이다. 메이시스는 2012년 3.7퍼센트의 매출 신장을 달성했다. 특히 옴니채널이 자리를 잡기 시작한 2012년 4사분기에는 온라인 매출이 무려 48퍼센트나 올라갔다. 아마존이 득세하고 있는 온라인 리테일링 시대에 백화점의 온라인 매출이 무려 50퍼센트 가까이 신장한 믿지 못할 사건이 일어난 것이었다.

메이시스는 고객이 온라인에서 주문을 하고 가까운 메이시스 매장에서 제품을 찾을 수 있는 서비스까지 도입했다. 2013년에는 매장에서 제품을 찾는 온라인 고객 비중이 20퍼센트까지 올랐고, 매출액도 280억 달러로 과거의 영광을 회복 중이다. 메이시스의 성공은 다른 유통기업들에게도 전파되고 있다. 미국 최대 유통업체인 월마트도 매장에서 스마트폰 앱을 통해 제품을 스캔하고 장바구니에 넣어서 결제를 쉽게 하거나, 온라인 주문 뒤 결제는 매장에서 물건을 찾으며 하도록 하는 등 옴니채널 서비스를 극대화하고 있다.

우리나라에서도 롯데쇼핑이 옴니채널 도입을 선언했다. 2014년 9월 '옴니채널 추진 운영위원회'를 꾸린 롯데는 백화점, 마트, 편의점, 홈쇼핑, 복합 쇼핑몰, 인터넷 쇼핑몰, 모바일 쇼핑 등 롯데의 모든 유통채널을 유기적으로 연결해서 소비자가 이를 마치 하나의 매장처럼 이용할 수 있도록 하는 것을 추구하고 있다.

출근 버스 안에서 스마트폰으로 온라인 롯데마트 몰에서 장을 봤는데 갑작스런 야근으로 배송을 못 받게 된 경우, 집 근처 편의점 세븐일레븐에서 아침에 장 본 것을 찾아갈 수 있도록 하는 간단한 옴니채널 운영부터 시작될 것이다. 롯데월드몰 같은 대형 복합쇼핑몰에서 스마트폰을 통해 매장 위치는 물론 자기 차를 주차한 위치까지 안내받고, 매장을 들어섰을 때 스마트폰으로 할인쿠폰을 받을 수 있는 사물인터넷과 접목된 옴니채널 서비스도 고려 중이라 한다.

롯데는 백화점부터 온라인 쇼핑몰, 아웃렛, 창고형 매장, 쇼핑 채널, CVS까지 거의 모든 유통채널을 다 가지고 있으므로 이 시스템이 완성되면 세계 최대의 옴니채널이 구축될 것으로 예상된다. 특히 사물인터넷시대에 구축되는 롯데의 옴니채널은 메이시스의 경우보다 훨씬 스마트한 형태가 될 것이다. 롯데의 모든 쇼핑 채널과 커넥슈머의 만남은 사물인터넷 마케팅의 모든 전략을 구현하게 해줄 것이다.

옴니채널은 적시체험을 통한 상향 판매에도 이용된다. 세계 3위의 대형 통신사 텔레포니카Telephonica는 최근 M2M, E헬스, 클라우드, 사물인터넷 기반의 마케팅을 통해 포트폴리오를 혁신하겠다는 전략을 발표했다. 이 포트폴리오에는 상황 인식context awareness기술이 사용돼 고객 구매 사이클을 정립하고 실시간 마케팅 역량을 강화했다. 텔레포니카는 충전식 전화 요금을 사용하는 고객들의 고객별 전화 및 데이터 사용 패턴을 분석해서 클라우드에 저장해뒀다

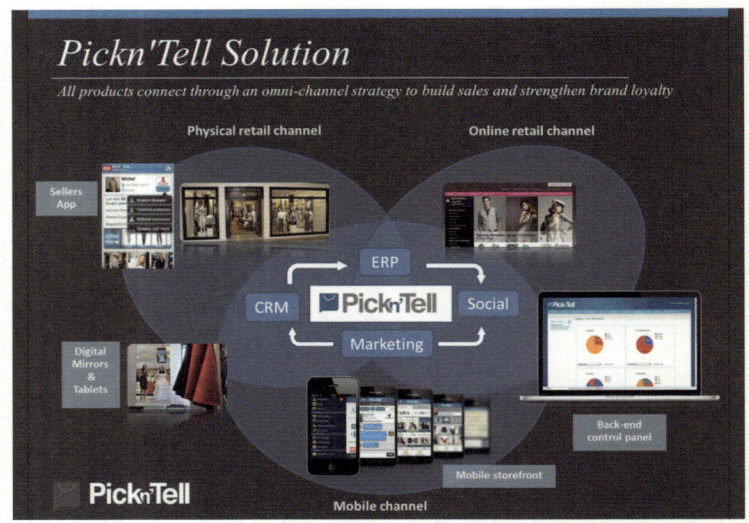

▲픽앤텔의 옴니채널 솔루션(Image used with permission from Pickn'Tell, Photo ⓒPickn'Tell)

가 고객이 충전한 데이터를 소진하면 분석 정보에 따라 맞춤 요금 상품을 제안해주는 식으로 적시에 개인화된 상향 판매를 구현한 것이다.

소셜미디어를 통한 입소문 마케팅에도 옴니채널이 이용되고 있다. 픽앤텔Pickn'Tell은 패션 매장을 소셜네트워크와 연계하는 솔루션을 제공하고 있다. 매장에 설치된 대형 전신거울(디지털미러)에 자신의 모습을 비춰 사진이나 동영상으로 촬영한 후 즉시 친구들과 공유할 수 있고, 이를 본 친구들은 '좋아요'나 '싫어요'를 선택할 수 있다. '싫어요'를 선택할 경우 색상이나 스타일, 가격 등 싫어하는 이유를 입력할 수도 있다.

고객의 입장에선 디지털미러를 이용하면 셀카와는 차원이 다른 멋진 모델 포즈를 취할 수 있고, 친구들로부터 실시간 반응을 들을 수 있다는 이점이 있다. 또한 매장은 흥미로운 경험을 고객에게 전달하고 소셜네트워크를 통해 매장을 홍보할 수 있다는 이점이 있다. 디지털미러는 대단한 앱이 아니다. 하지만 오프라인과 온라인을 연결하고 고객의 만족과 매장의 가치를 더해주는 옴니채널의 도구로서 큰 의미를 갖게 됐다.

온라인쇼핑을 하기 위해 마련된 오프라인 매장도 간혹 있다. 그런데 전통적으로 가두 매장에서 팔리는 스트리트 패션이 오프라인 매장에서 온라인 구매를 하도록 유도하고 있다. 바로 영국의 오아시스Oasis다. 오아시스는 하이스트리트 패션 브랜드다. 뛰어난 감각과 저렴한 가격으로 매장에는 항상 손님들이 북적인다.

옷을 직접 살펴보고, 입어볼 수 있는 것은 일반 매장과 동일하다. 다만 구매할 때는 아이패드로 결제해야 한다. 그리고 카운터에서 옷을 받아 나가면 된다. 계산을 하려고 길게 줄을 설 필요가 없는 것이다. 자신에게 맞는 사이즈가 없으면 다른 매장에 있는지 검색해보거나 주문할 수도 있다. 물론 이렇게 주문한 옷들은 택배로 받을 수 있다. 오아시스는 온라인과 오프라인을 퓨전화해서 고객들의 쇼핑 경험을 풍부하게 채워주고 있는 것이다. 오아시스가 스마트폰으로 바코드를 찍기만 해도 결제가 이뤄지는 페이팔의 비콘 서비스를 이용하면 더욱 편리한 쇼핑 경험을 제공할 수 있을 것이다.

오프라인 체험을 온라인에서 할 수 없는 품목 중 대표적인 것이 바로 가구다. 그런데 증강현실 기술을 이용, 오프라인 가구 배치 경험을 온라인에서 그대로 구현해서 소비자 경험을 향상시킨 기업이 있다. 막스앤스펜서Marks and Spencer는 매장을 온라인이나 모바일로 그대로 옮겨온 '앳홈At Home' 이란 앱을 제공하고 있다. 이 앱에서는 물리적 공간에서나 가능한 가구 배치를 온라인에서 직접 실행해볼 수 있는 기능을 제공한다. 또한 이 앱은 소셜미디어와 연동돼 자신이 선택하려는 상품에 대해 다른 사람들의 의견을 청취하는 것도 가능하다. 그리고 빠르고 쉬운 결제 기능이 있어 온라인 결제를 쉽게 할 수 있는 것은 물론이고 오프라인에서도 결제 시 줄을 설 필요가 없다.

옴니채널의 미래

옴니채널 전략은 고객체험 향상을 통해 더 많은 가치를 고객에게 전달한다. 따라서 앞으로 커뮤니케이션이 가능한 모든 기기들은 옴니채널 전략을 바탕으로 운영될 것으로 보인다. 특히 사물이 인터넷으로 연결되면서 새로운 채널이 생겨나거나 사물 자체가 마케팅 채널이 되고 있다. 아마존 대시가 그 좋은 예다.

대시는 필요한 물건을 메모했던 이전의 소비자 습관을 말이나 바코드로 대치한 것이나 바로 주문이 된다는 점에서 구매 행동에 혁명적인 변화를 시도하고 있다. 온라인과 모바일 유통을 중심으로 운영하는 아마존이 오프라인에 새로운 주문 기기를 추가해서 보다 확장된 옴니채널을 구축한 것이다.

냉장고나 오븐 같은 스마트 가전제품들도 마케팅 채널이 되고 있다. 삼성의 T9000 스마트 냉장고는 보관하는 음식물을 관리할 수 있는 그로서리 매니저Grocery Manager란 소프트웨어를 내장하고 있다. 아직은 냉장고가 자율적으로 식품을 주문하고 채워넣는 수준은 안 되지만 멀지 않은 미래에 냉장고가 그로서리 마케팅의 중요한 고객이 될 것으로 전망된다.

구글은 안경을 검색엔진으로 사용할 수 있도록 만들어 온라인 검색을 오프라인에서도 동일하게 하는 물리적 검색 체험을 제공하고 있다. 구글 글래스는 스마트폰이 가지고 있는 모든 기능을 활용해 실제 세계에서 검색하는 것을 가능케 해 우리의 생활을 더욱 편리하게 해줄 전망이다. 구글의 대표상품인 검색서비스가 온라인에서 시작해서 모바일로 그리고 물리적 세계로 확장된 것이다. 구글은 앞으로 자율주행 자동차 개발을 통해 자동차도 검색서비스의 채널로 사용할 것이라 한다. 구글은 '검색'이란 키워드 아래 가능한 모든 채널을 통해 검색 체험을 향상시키고자 하고 있다.

소프트뱅크는 인간을 닮은 휴머노이드 로봇 '페퍼'를 출시했다. 약 200만 원대란 파격적인 가격을 책정했다. 페퍼는 키 120센티미터의 센서이자 출력기기로, 인간의 감정을 공유하기까지 한다. 또 가슴 부위에 10.1인치 디스플레이를 비롯해 4개의 마이크로폰, 2개의 HD카메라, 3D 심도 센서 등을 갖췄다. 페퍼는 주위 사람의 표정을 읽고 그에 맞는 표정을 짓는다. 때로는 맞지 않는 표정을 지어,

인간다운 주체성을 가진 듯 보이는 재주도 있다. 페퍼의 뇌는 '클라우드 서비스 이모션 엔진'이란 이름의 데이터센터에 있다. 로봇 하나에 슈퍼컴퓨터에 필적하는 인공지능을 다 집어넣기 어려우니, 인터넷으로 연결된 외부 서버가 로봇의 머리를 대신해 수많은 연산과 데이터 처리를 담당하는 것이다. 이렇게 하면 같은 서버에 연결된 다른 로봇들의 경험을 학습하고 공유할 수 있다. 개미 세계처럼 일종의 집단지성이 만들어지는 것이다. 페퍼가 저렴한 가격으로 공급될 수 있는 것은 이처럼 두뇌가 클라우드 서버에 있기 때문이다. 만일 이 인공지능이 로봇 안에 내장돼 있다면 페퍼의 가격은 천문학적일 것이다.

이와 같은 집단지성을 완성해나가기 위해 소프트뱅크는 로봇용 API를 공개하는 등 오픈 플랫폼 전략을 추구하고 있다. 세계 여러 나라 개발자들이 페퍼의 기능을 확장할 수 있도록 문호를 개방한 것이다. 언어는 현재 일본어만 구사할 수 있지만 앞으로 영어, 프랑스어, 스페인어도 지원될 예정이다.

소프트뱅크는 당장은 적자겠지만 페퍼가 많이 입양될 수 있도록 해서 수지를 맞추겠다는 이타주의적 전략을 발표했다. 그러나 페퍼 뒤에는 무시무시한 전략이 숨어있을 수도 있다. 페퍼는 소프트뱅크 데이터 센터에 연결된 고성능 네트워크 컴퓨터다. 당신이 명령하고 보여주는 것 모두가 페퍼의 음성인식과 사물인식 장치를 통해 소프트뱅크의 클라우드 서버에 수집되고 저장된다. 따라서 페퍼는 여러 가지 역할을 할 수 있다. 아마존의 대시처럼 쇼핑에이전트 역할을 할 수 있고, 구글처럼 검색서비스도 제공할 수 있다. 또한 당신 주변에 연결될 수많은 사물을 대표하는 허브 역할을 할 수도 있다. 당신은 페퍼를 통해 쇼핑하고 여가를 즐길 수도 있다. 이렇게 보면 페퍼는 온라인이 아닌 현실 세계에서의 포털사이트 같은 역할을 할 가능성이 높다. 소프트뱅크의 사업목표는 페퍼의 판매를 통해 수익을 올리는 것이 아닐 수 있다. 이런 추측이 실현됐을 때 페퍼는 온라인과 모바일의 여러 서비스를 오프라인에서 구현하는 막강한 마케팅 채널이 되는 것이다. 페퍼 역시 옴니채널 전략 속에서 운영되지 않을까?

이와 같은 관점에서 보면 애플과 구글도 동일한 비즈니스모델을 구상한 것 같다. 애플의 시리는 딥러닝을 기반으로 한 인공지능 솔루션이다. 몸체만 달면 페퍼보다 더 훌륭하게 명령을 수행할 수 있다. 구글 나우도 마찬가지다. 이들은 당신의 음성을 인식하고 당신이 원하는 답변이나 행동을 정확하게 수행한다. 특히 애플은 모바일에서 구글은 온라인과 모바일 모두에서 튼튼한 비즈니스 기반을 가지고 있다. 이들을 로봇의 몸체와 연결만 하면 막강한 오프라인 채널이 구축되는 것이다. 이들 역시 옴니채널 전략의 틀에서 구현될 수 있는 것이다.

옴니채널의 또 하나의 거대한 축은 웨어러블 기기들이다. 스마트밴드를 중심으로 한 웨어러블 기기들은 팔찌, 안경, 반지, 신발, 머리띠, 문신, 목걸이 등 다양한 적용 분야를 찾아나가고 있다. 이들 중 많은 기기들이 마케팅 채널로 사용될 것이다. 웨어러블 기기들은 온라인과 물리적 세계를 통합한 경험을 고객에게 제공한다. 또한 고객의 신체 상태나 감정 상태를 전달하는 매개체 역할을 하기도 한다. 사물인터넷시대를 맞아 앞으로 우리의 상상을 뛰어넘는 획기적인 마케팅 채널들이 옴니채널 속으로 들어올 것이다. 지금 옴니채널에 대해 아무 준비도 하지 않는 기업들의 미래? 생각만 해도 암울하다.

가격의 미래

사물인터넷시대를 맞이해 가격 전략은 가장 역동적으로 변화할 것으로 예상된다. 인간과 사물, 사물과 사물이 소통하고 마케팅을 하면서 상품을 구매하는 방식, 유통하는 방식, 사용하는 방식이 다양하게 변할 것이다. 여기에 스마트데이터가 결합하고 딥러닝 기술이 적용된 인공지능까지 가세한다면, 가격 전략은 상상을 초월할 정도로 역동적이 된다. 가격 전략은 컨텍스트나 비즈니스 환경에 따라서 달라진다. 이는 상품 구매 시의 시간, 장소, 고객에 따라서 나뉘며 무료, 에누리, 쿠폰, 리베이트, 덤, 분할 등 여러 형태로 나타난다.

매장이 고객을 알아보고, 인공지능이 고객을 상대하는 시대가 오면 고객도 자신의 이력을 착실히 관리하는 것이 필요할지도 모른다. 예를 들어 프라이버시 스왑으로 고객의 정보가 상세히 공개되는 경우, SNS 홍보나 고객 추천 등으로 기업에 언제나 도움을 주는 특급 고객들은 누구나 고객으로 영입하고 싶어 한다. 이런 고객들은 어느 매장에서나 최고의 가격 혜택을 받는 날이 올 수도 있다.

반면에 블랙 컨슈머나 기업의 상품이나 서비스는 구매하지 않으면서 자신의 실속 차리기에만 관심을 두고 있는 체리피커로 낙인이 찍힌 불량 고객들은 가격 혜택은커녕 구매 불이익을 받을 수도 있다. 이들은 오히려 프라이버시 스왑을 안 하는 편이 좋을 수도 있다. 앞으로 사람들은 우량 고객으로 살아가는 길이 돈 버는 길이라는 이야기를 할지도 모른다. 그러면 사물인터넷시대에는 어떤 가격제들이 출현할지 미래의 세계 속으로 들어가보자.

스마트 서브스크립션 가격제

서브스크립션 가격제subscription pricing 란 신문, 잡지와 같이 일정 기간 동안 제품이나 서비스를 이용하면서 비용을 지불하는 방식으로 임대 가격제와 정기구독 가격제가 있다. 사물인터넷 마케팅에선 이 두 가격제가 더욱 많은 상품에 적용될 것으로 보인다. 특히 정기구독은 스마트 정기구독으로 진화할 것이다. 소모품 구매의 경우, 기기가 소통을 시작하면 스마트 정기구독 서비스가 가능할 것이다. 기기에 자동 주문 명령을 내려놓으면 기기는 알아서 소모품이나 보충품을 스마트하게 주문할 수 있기 때문이다. 그리고 이런 자동 주문은 두 가지 이유에서 파격적인 가격 혜택이 주어져야 할 것이다.

첫 번째 이유는 신뢰에 관한 문제다. 주문의 권한을 기계에게 위임하는 것은 가격리스크가 없다는 확신이 있기 때문이다. 이와 같은 믿음이 깨질 경우 고객은 자동 기능을 삭제하고 이탈할 가능성이 높다. 두 번째 이유는 세제나 우유 등 생활필수품을 자동 주문할 때는 다른 물품을 함께 주문할 가능성이 높다는 것이다. 자동 주문이 교차 판매와 연결될 수 있는 것이다. 따라서 대형마트들은 세제 같은 소모품을 자동 주문을 신청하는 고객 유인을 위한 미끼상품, 즉 로스리더Loss Leader로 사용할 가능성이 높다.

【 소유에서 스마트 임대로 】

집카Zip Car는 대도시에 사는 사람들이 높은 유지비를 부담하며 차를 소유하는 대신 필요할 때마다 시간제로 빌려 쓸 수 있는 카 셰어링 서비스다. 이용 방법은 간단하다. 연회비(60달러)와 가입비(25달러)를 내고 집카에 등록한 회원은 웹사이트나 모바일 앱을 이용해 가장 편리한 곳에 주차된 차량을 검색, 원하는 이용 시간을 예약한다.

예약 정보는 차량에 설치된 블랙박스로 전송돼 회원이 예약한 시간에 정해둔 차량 앞 유리의 인식기(전파식별 송수신기)에 회원카드를 대면 차 문이 열린다. 예약한 시간만큼 차를 이용하고 지정한 장소에 갖다 놓으면 된다. 차량에 장착된 기기는 회원이 차를 이용한 시간과 거리 데이터를 본사로 자동 전송하고 사용한 시간에 따라 결제가 이뤄진다. 집카는 자동차를 소유에서 임대로 진화시킨 공유 임대의 성공 사례다.

사물인터넷시대에는 우리가 사용하는 기기가 광고 및 마케팅의 플랫폼이 될 전망이다. 마케터 입장에서는 고객이 플랫폼을 사용, 충분한 매출만 보장해준다면 기기를 무상 또는 할인 가격으로 임대해주는 것을 적극 고려할 수도 있다. 인터넷과 연결될 기기 중에서 광고나 마케팅 플랫폼으로 가장 많이 사용될 것이라고 전망하는 것은 냉장고와 TV다.

TV나 냉장고는 못 쓰게 돼서 교체하기보다는 새로운 모델에 마음이 가서 교체하는 경우가 많다. 얼마 전 HUD TV를 사면서 몇 년 전에 산 멀쩡한 LED TV를 중고상에 넘긴 적이 있다. 중고상은 내가 구매한 가격의 10퍼센트도 쳐주지 않았다. 너무 아깝다. 그렇지만 첨단 제품으로 바꾸지 않으면 왠지 뒤쳐지는 느낌이 든다. 사물인터넷시대에는 냉장고, 오븐, TV와 같이 쇼핑 기능이나 광고 노출 기능이 있는 주방이나 영상 가전제품들은 구매보다는 임대하는 경우가 더 많을 것 같다. 다음과 같은 시나리오가 가능하지 않을까?

우리 집 냉장고는 4인 가족의 먹거리를 책임진다. 이번에 사물인터넷 기술이 적용된 냉장고가 새로 나와서 구입하려고 한다. 그런데 L마트에서는 사물인터넷 기술이 적용된 최첨단 커넥티드 냉장고를 임대해준단다. 3년간 임대 계약을 하면 월 임대료는 10만 원이다. 그런데 임대료를 안 내는 방법이 있다. 한 달에 100만 원 이상의 식품을 이 냉장고를 통해 구매하면 된다.

이 냉장고는 우유, 오렌지주스, 계란, 쌀 등과 같은 일상적인 식품들은 소비되자마자 스스로 주문한다. 그리고 필요한 식품이나 생활필수품이 있을 때마다 냉장고에게 말하면 냉장고가 알아서 내 스마트폰에 있는 주문 앱에 올린다. 물론 L마트의 앱을 켠 상태에선 스마트폰에다 말해도 된다. 내가 매장에 가서 직접 구매할 때도 실적은 적립된다. 우리 집은 한 달에 거의 120만 원 가까이 마트에서 쇼핑하기 때문에 이 조건부 무상 임대를 시도해볼 만하다.

내 방에서 보는 스마트 TV는 3년 계약 시 월 임대료가 5만 원이다. 그런데 TV 임대료 역시 안 내는 방법이 있다. 어댑티브 광고를 허용하는 것이다. 어댑티브 광고를 허용하면, TV프로그램은 변하지 않는다. 광고만 나에게 맞춰서 나오는 것이다. 이때는 프라이버시를 어느 정도 포기해야 한다.

임대를 시작하면 스마트 TV 광고회사는 내 상세한 프로필을 가지게 된다. 내 SNS에 남는 디지털 섀도digital shadow도 그들의 데이터베이스에 수집될 것이다. 그들은 내 검색기록, 내가 오늘 점심에 먹은 음식 메뉴까지도 알 수 있다. 그래도 상관없다. 그들이 나를 알수록 내 방의 디지털 TV는 나만을 위해 존재하는 TV가 되는 것이다.

사물인터넷시대의 기기는 소통이 가능하다. 기기의 스마트한 기능은 클라우드에 있는 인공지능에서 나온다. 세상의 모든 지식을 담고 분석하는 인공지능을 사용하는 기기들은 더 이상 바보상자나 우둔한 무기물이 아니다. 기기들도 학습을 하고 생각도 한다. 그래서 예전처럼 인간과 기기와의 관계는 단순한 지배 구조가 아니다.

스마트 기기가 영혼이 깃든 생명체로 진화됐기 때문이다. 이와 같은 관점에서 보면 기기는 소유할 수 있어도 이 기기의 영혼을 책임지는 클라우드 컴퓨터는 소유의 대상이 아니다.

소유할 수 없으면 공유가 정답이다. 앞으로 우리 주변의 많은 기기들은 소유가 아닌 공유로 전환될 것 같다. 이런 이유에서 공유 경제가 확산될 것이라는 전망이 자주 나오고 있다.

【 스마트 정기구독 가격제 】

"딩동." 내 스마트폰이 울렸다. 세탁기로부터 온 메시지다. 한 번만 더 사용하면 세제가 떨어질 것 같단다. 세탁기는 마트에 주문할 상품 리스트에 세제를 올리겠다고 한다. 나는 세제의 자동 주문 일을 잔량 1회로 세팅했었다. 세탁기는 내가 지난번 구매한 세제의 용량을 알고 있고, 내가 지난번 구매 이후 사용한 세제의 양을 계속 측정하고 학습했다. 그리고 나의 세탁 습관을 분석한 결과 세제가 일주일 후면 떨어진다는 것을 감지한 것이다. 세탁기는 지난번에 구매한 브랜드와 동일한 제품을 내가 선택한 마트 앱의 구매 목록에 올릴 것이다. 나는 생활필수품은 L마트의 앱을 통해 구매하고 있다. 주문이 필요한 생활필수품이나 식품은 생각날 때마다 스마트폰에 음성으로 주문을 하거나 바코드를 촬영한다. 그러면 L마트의 주문 목록에 자동으로 올라간다. 세제와 같이 정기적으로 사용하는 제품은 아예 자동 주문으로 설정해놓았다. 이와 같이 자동 설정을 해놓은 제품에는 파격적인 할인이 제공되고, 세일 중에는 세일 가격에 추가 할인도 제공된다.

우리가 사용하는 생활필수품 중에는 정기적으로 교체하거나 재구매해야 하는 상품들이 많다. 예를 들면 세탁용 세제는 지속적으로 재구매해야 하는 제품이고, 공기청정기와 정수기의 필터나 자동차의 윈도브러시 등은 수명이 다하면 제때 교체해야 하는 소모품들이다. 앞으로 인터넷으로 연결된 세탁기, 공기청정기, 정수기, 자동차 모두 자신의 상태를 지속적으로 보고할 것이다. 보고 내용 중에는 기기의 성능 상태와 더불어 기기에 사용되는 소모품에 대한 보고도 포함될 것이다. 세탁기는 세탁 횟수와 세탁 시마다 투여된 세제의 양을 측정해 세제 잔량을 측정할 수 있다. 앞으로 개발될 스마트 세탁기들은 세제의 재구매 시기를 이용자에게 통보할 텐데, 이용자는 세제 같은 소모품은 자동 주문으로 설정해놓을 수 있다. 그러면 세제는 인간이 아닌 기기가 정기적으로 구매하는 물품이 되는 것이다.

이와 같은 소모품의 구매는 일정한 기간이 경과하면 자동으로 구매되는 정기구독의 성격을 갖게 된다. 당신이 마트의 마케팅 전문가라면 고객들에게 이런 제안을 할 것이다. "A세제를 스마트 세탁기로 자동 주문하시면 세제를 50퍼센트 할인해드립니다." 사물인터넷시대에서 마트들은 이런 생활필수품의 자동 주문을 강력히 프로모션할 것이다. 고객들은 세제를 주문할 때 다른 상품도 함께 주문할 가능성이 높기 때문이다. 사물인터넷시대에는 세탁기 회사와 성공적으로 인게이지먼트하는 마트가 마켓리더가 될 수도 있는 것이다.

나는 이와 같이 재구매 시점을 기기 스스로 판단해서 자동 구매를 도와주는 구매 방식을 '스마트 정기구독'이라 이름 붙였다. 스마트 정기구독은 마케터에게 기존의 정기구독보다 더 많은 시장 기회를 제공하기 때문에 더 높은 가격 혜택이 주어질 것이다. 이런 프로모션 메시지도 가능하지 않을까? "세제 자동 주문 시 다른 물품을 10만 원 이상 구매하면 1리터짜리 세제를 무료로 드립니다."

기기별 단순 가변제

가격 결정의 주도권은 누가 가지고 있을까?

정답은 "그때그때 달라요"다. 가격 결정의 주도권은 상황에 따라 달라진다. 공급자와 구매자는 자신에게 이익이 되는 선에서 가격이 정해지기를 원한다. 이러한 과정을 통해 가격을 혁신하는 것을 가격 가변제라 한다. 단순 가변제는 동일한 상품을 언제 어디서 구매하느냐에 따라 가격을 다르게 하는 가격 전략이다. 예를 들어 막걸리는 산 정상에서는 거의 10배 비싼 가격에 팔린다. 그래도 항의하는 사람이 없다. 오히려 고마운 마음을 가지고 마신다. 러시아워에 도심에 홀로 차를 몰고 들어가려면 혼잡통행료를 내야 한다. 복잡한 시간에는 대중교통을 이용하라는 것이다. 극장에도 1회는 조조 할인이라는 가격제로 영화를 볼 수 있다. 사람들이 잘 오지 않는 아침 시간에 극장을 오는 기특한 사람들을 위해서 할인된 가격을 제공하는 것이다.

사물인터넷시대에는 주문 기기별 단순 가변제가 가격 전략의 핵심 테마로 등장할 것이다. 사실 기기별 단순 가변제는 지금도 많이 볼 수 있다. TV 홈쇼핑으로 주문을 해본 사람은 잘 알 것이다.

나는 얼마 전 주말 아침에 TV 홈쇼핑 채널의 피트니스 바이크 판매 방송을 시청하다가 리모컨을 내려놓고 스마트폰을 충전하고 있는 서재로 달려갔다. 스마트폰의 홈쇼핑 앱을 통해 주문하면 TV방송 판매 가격에서 5퍼센트를 할인해준다는 안내 문구가 화면에 나왔기 때문이다. 전화로 주문하면 20만 원을 내야 하는데 앱으로 주문하면 19만 원이다.

스마트폰 화면에서 손가락 몇 번만 움직이면 1만 원을 아낄 수 있었던 것이었다. 물론 그 쇼핑채널의 앱을 깔고, 실행하고, 회원가입을 하는 절차가 좀 성가시긴 했지만, 주말 아침 아닌가! 별로 바쁜 일도 없고 해서 분주히 손가락을 놀렸다. 그 다음부터는 그 홈쇼핑에 주문할 땐 주로 스마트폰을 사용한다. 지하철을 탈 때도 심심하면 스마트폰으로 홈쇼핑을 시청한다.

이처럼 홈쇼핑에서 상품 주문을 안내하는 자막에는 '앱으로 주문하면 5퍼센트 추가 할인'이란 문구가 종종 눈에 띈다. 상품에 따라 앱으로 주문하면 추가로 가격을 할인해주는 단순 가변제를 사용한 것이다. 그런데 왜 스마트폰 앱으로 주문을 하면 추가 할인을 해주는 것일까?

불과 2~3년 전까지만 해도 홈쇼핑에서 상품을 주문하는 방법은 상담원 연결이나 자동 주문 전화automatic response system가 전부였다. 기존에는 고객의 주문이 많을 땐 '자동 주문 전화를 이용해주세요' 라는 이야기를 쇼호스트가 자주 했다. 자동 주문 전화에는 추가적인 가격 할인이 있다. 홈쇼핑 기업 입장에선 상담원의 인건비를 줄이고 판매 기회도 놓치지 않을 수 있으므로 자동 주문에 대해 가격 혜택을 주는 것이다. 초기 홈쇼핑 고객들은 자동 주문 전화의 낯섦 때문에 상담원 연결에 의존했지만 20년이 지난 지금의 고객들은 자동 주문 전화를 훨씬 더 익숙하게 생각한다.

스마트폰 앱은 TV 홈쇼핑 회사로선 큰 기회다. TV 홈쇼핑이 TV가 아닌 새로운 스크린으로 진출할 수 있는 기회를 열어줬기 때문이다. 그것도 TV보다 사람들이 더 많은 시간을 함께하는 매체로 진출하는 것이다. 스마트폰은 사람들이 많은 시간 이용하는 것은 물론 개인적 매체personal media이다. TV와 같은 가족 미디어family media보다 쇼핑의 기회가 더 많다. 또 스마트폰은 전천후 매체다. 집에 있을 때뿐 아니라 지하철이나 버스 안에서도 언제 어디서든지 주문이 가능하다. 그러니 스마트폰 주문은 TV 홈쇼핑 회사들에겐 더할 나위 없이 매력적이다. 그래서 TV 홈쇼핑들은 스마트폰 주문에 더 많은 혜택을 제공하는 것이다.

인간과 사물이 소통하는 시대엔 기기에 설정해놓은 자동 주문에 대해 추가 할인을 제공하는 단순 가변 가격제가 중요 가격 전략이 될 것이다. 앞에서 본 세탁기 시나리오가 좋은 예다. 세탁기는 이용자의 스마트폰이나 태블릿을 거쳐 마케터의 서버로 세제를 자동 주문한다. 모든 거래 과정이 인간의 개입 없이도 가능하다. 그리고 이와 같은 매출은 정기적인 구매에 가깝다.

또한 앞에서 예를 든 것처럼 생활필수품이나 소모품의 자동 주문은 동반 판매의 기회를 제공한다. 이처럼 기기에게 주문 권한을 위임하려면 최소한 고객으로 하여금 가격 리스크는 생각하지 않도록 해야 할 것이다. 따라서 기기 간의 주문에 대해선 추가 할인을 통한 단순 가변 가격이 제공될 것이다.

단순 가변 가격제는 자율주행 자동차에도 많이 이용될 것 같다. 리테일 비즈니스를 하는 사람들에겐 손님을 몰아다주는 사람이 매우 중요하다. 미래에는 이 일을 자동차가 담당할 것이다. 자율주행 자동차가 보급되면 자동차는 특정 장소를 찾는 검색도구처럼 이용될테니 말이다. 특히 맛집 검색에는 이 자동차가 최고의 도구가 되지 않을까?

A씨는 해물찜 식당 사장이다. 그는 손님들을 더욱 많이 유치하기 위해 구글과 계약을 한다. 많은 사람들이 구글의 자율주행 자동차를 타기 때문이다. 자율주행 자동차는 운전만 해주는 자동차가 아니다. 사물인터넷세계에서는 검색엔진의 역할도 한다. 그래서 A씨는 다음과 같이 프로모션할 수 있다. '구글 자동차 검색으로 우리식당을 찾아오는 분들에게는 30퍼센트 추가 할인 서비스 제공'. 앞으로는 특정 기기를 사용해 찾아온 고객들에게 단순 가변 가격을 제공하는 시대가 올 것이다.

어댑티브 가격제

어댑티브 가격제는 특정한 시간, 또는 상황에 따라서 가격이 달라지는 역동적 가격 가변제를 기반으로 가격을 책정하는 전략이다. 가변 가격variable price을 설명할 때 단골로 등장하는 스토리가 코카콜라의 가변 가격 자판기다. 1999년에 뉴욕에 처음 설치된 이 자판기는 날씨가 더워지면 가격이 올라간다. 자판기가 날씨에 어댑트해서 가격을 자율로 조정한 것으로 사물인터넷 가격 전략의 고전적인 케이스다.

사물인터넷시대에는 이런 어댑티브 가격제가 좀 더 확산되고 정교해질 것이다. 우선 코카콜라 자판기는 좀 더 정교하게 가변 가격을 제공할 수 있다. 예를 들어 뉴욕 시내 한복판에 설치된 자판기의 콜라 가격은 예전처럼 날씨만을 기준으로 가격을 매겨도 상관없다. 뉴욕 시내는 복잡한 곳이고 그곳에서는 찌는 듯한 더운 날 시원한 콜라를 마실 수 있는 것 자체가 약간의 돈을 더 지불하는 충분한 이유가 된다.

그러나 사려 깊은 마케터라면 그 속에서도 고객들과의 인게이지먼트를 생각할 것이다. 절대적 가격이 낮은 콜라 하나에도 가격 민감도가 높은 학생 고객들에 대해 가격 할인을 제공하는 것을 생각해볼 수 있다. 학생 가격 할인을 자판기에 도입하는 것이다. 이 자판기를 이용하는 학생들은 자신의 주머니 사정을 고려한 코카콜라의 세심한 배려에 호감을 갖고 평생 코카콜라와 인게이지먼트하려고 할 것이다. 그리고 이런 가격 스토리는 SNS를 타고 빠르게 확산될 가능성 또한 높다.

이런 가격제는 자판기와 고객의 스마트폰이 서로 소통을 해야 적용 가능하다. 고객이 자판기를 이용할 때 고객의 스마트폰과 소통해서 신원을 확인한다. 학생(또는 일정 나이 이하)인 것이 확인되면 가격 표시가 자동으로 바뀐다. 고객의 신분에 어댑티브한 가격 프로그램을 추가하면 되는 것이다.

사물인터넷시대의 어댑티브 가격제는 고객이 자신의 프라이버시를 공개할수록 많은 어댑티브 변수들을 활용할 수 있다. 앞에 소개한 코카콜라 자판기는 날씨를 어댑티브 변수로 가격을 변화시킨 것이고, 내가 제안한 새로운 예는 날씨에 고객의 신분이나 나이 등의 어댑티브 변수를 적용한 것이다. 사물인터넷 마케팅에서 사용할 수 있는 어댑티브 변수는 시간, 장소, 구매 이력, 습관, 바이오리듬 등 다양한 것들이 있다.

내 손목에 있는 밴드는 내 건강에 대해 매우 세밀한 부분까지 측정해서 보고해준다. 내 건강 상태에 맞춘 집의 온도나 조명을 조절하기 위해 밴드가 측정한 정보는 애플의 스마트홈 네트워크인 홈킷과 연결돼 있다. 어느 날 난 격무에 시달리다 늦은 시간에 귀가한다. 컨디션이 너무 안 좋다. 모든 것이 귀찮다. 조용한 음악이나 듣고 싶다. 스마트 오디오를 틀었다. 밴드는 이미 내 컨디션을 읽었다. 밴드와 연결된 클라우드에선 내게 휴식이 필요하다는 처방적 지시를 홈 기기에 전달한다. 연결된 집안의 모든 기기들은 될 수 있는 한 내게 편안함을 제공할 것이다. 홈킷을 통해 클라우드에서 처방을 받은 오디오는 조용한 음악을 내보낸다. 나를 치유하듯 감미로운 피아노 선율이 은은하게 울려퍼진다. 시리에게 무슨 곡이냐고 물어보니 이루마의 'River flows in you'란다. 그러더니 조심스럽게 다운받겠냐고 물어온다. "그래."라고 나는 대답한다. 스마트폰에 푸시메시지가 뜬다. 다운받는 데 1,000원이다. 바로 구매를 눌렀다. 나중에 알아보니 이 곡은 나온 지 오래된 연주곡이다. 음원 사이트를 잘 검색해보면 500원 정도 할인된 가격에 다운받을 수 있다. 그러나 앱스토어는 알고 있었다. 시리가 내 물음에 곡명을 답했을 때가 바로 내게 판매할 수 있는 때라는 것을 읽었던 것이다. 이때는 가격을 할인해줄 필요가 없다. 몸도 피곤한데 500원을 아끼자고 검색에 돌입하지 않을 것이라는 것도 알고 있었다. 어댑티브 가격제는 이런 식으로 우리에게 다가올 것이다.

암묵적 흥정 가격제

과연 기기가 고객과 흥정하는 시대가 올까? 인공지능을 사용하는 기기라면 얼마든지 인간과 흥정을 할 수 있을 것이라 전망한다. 사실 흥정이라는 것은 재래시장에서나 가능한 모델이다. 정찰 가격이 지켜지고 있는 백화점이나 마트에선 상상도 못할 일이다. 그럼에도 불구하고 나는 스마트 기기들이 판매 플랫폼이 되면 흥정이 가능해지리라 본다. 기기가 고객에 대한 스마트 데이터를 가지고 있으면 실시간으로 고객에게 맞춘 다양한 가격을 구성할 수 있기 때문이다.

지금도 가전제품 매장에 가보면 여러 가지 가격 흥정이 가능한 것을 알 수 있다. 특히 가격이 비싼 TV나 냉장고를 살 때는 더욱 그렇다. 얼마 전, 한 가전제품 판매점에서 TV 가격을 알아본 적이 있었다. 정가는 1,100만 원인데, 세일을 해서 890만 원이란다. 그런데 구매 고객에게는 제조사 상품권, 판매사 상품권이 제공된단다. 이 상품권들로 선할인이 된다고도 했다. 상품권 가격을 모두 합치니 180만 원. 가격은 710만 원이 됐다. 여기에 그 판매점 회원에게는 추가로 50만 원을 할인해준단다. 그래서 최종 가격은 660만 원이 됐다. 그런데 판매원이 귓속말로 내게 물어본다. "현금으로 하실 거예요?" 가격 혜택만 있다면 나는 현금을 낼 용의도 있었다. 현금으로 하면 33만 원을 더 할인받을 수 있단다. 무슨 말인가 했더니, 그 판매점에서 사용할 수 있는 백화점 상품권을 사용하는 방법이다. 백화점 상품권은 상품권 거래상에게서 5퍼센트 할인된 가격에 살 수 있었던 것이다. 결국 나는 1,100만 원짜리 첨단 TV를 627만 원에 구매할 수 있었다.

이런 흥정 아닌 가격 흥정이 사물인터넷시대에는 더욱 스마트하게 실시될 것이다. 예를 들면 이런 식이다.

나는 믹서기를 구매하려고 H가전제품 판매점을 방문한다. 이는 순전히 오늘 아침에 냉장고 도어에 뜬 가격 할인 메시지 때문이었다. H판매점에선 모든 가전제품을 '50퍼센트까지' 세일한단다. 마침 믹서가 고장나서 한 개 구입해야겠다고 생각하던 차였다. 가전제품을 구매할 때 비콘은 구매 정보와 가격 혜택을 준다. 나는 스마트폰에 있는 비콘 앱을 활성화시킨다. 프라이버시 스왑. 좀 더 유리한 구매 조건을 얻기 위해서 내 개인정보를 공개하는 것은 필수다. 믹서기 코너로 갔다. 믹서기는 그다지 비싼 물건이 아니라서 그런지 판매원들이 내 옆에 따라 붙지 않는다. 그날은 매장이 분주하기도 했다.

처음에는 다 비슷해 보인다. 그런데 각 제품의 성능을 자세히 읽어보니 '터보믹서'라는 상품이 내가 찾는 상품이다. 마음을 정했다. 가격표를 읽어 보니 4만 원이다. 원래 가격에서 30퍼센트 할인한 가격이란다. '50퍼센트까지'라는 메시지를 봐서 그런가? 30퍼센트 할인 메시지가 별로 만족스럽지 않다.

이럴 때 나는 늘 하는 행동이 있다. '흥정'이다. 매장의 가격 표시기가 스스로 생각하는 시대에 흥정 없이 상품을 구매하는 것은 바보나 하는 짓이다. 나는 얼른 상품을 촬영한다. 촬영한 이미지가 뜨면 연결을 선택해 가격을 비교해본다. 딥러닝의 이미지인식 기술이 고도로 발달한 덕분에 웬만한 상품은 촬영된 이미지만으로도 가격 비교가 가능하다.

온라인에선 가장 저렴한 상품이 3만 6,000원이다. 이곳보다 4,000원 싸다. 갈등이 생겼다. 집으로 돌아가 모바일로 구매하자니 여기까지 온 교통비가 아깝다. 사실 온라인 가격만 믿고 그대로 발길을 돌리기는 마음이 편치 않은 점도 작용했다. 막상 구매하러 해당 사이트를 방문해보면 품절됐거나 매우 까다로운 구매 조건이 붙어 있는 경우가 많다. 특별히 가격이 저렴한 경우에는 더욱 그렇다.

‘그래 한번 기다려 보자……’ 프라이버시 스왑을 했고 가격을 비교했다는 사실을 매장의 클라우드 컴퓨터가 모를 리 없다. 매장에서 스마트폰으로 가격 비교를 한 다음에는 항상 가격에 변화가 있었다. 왜냐하면 매장의 마케팅 솔루션은 내 스마트폰과 연결돼 있어서 실시간으로 내가 무엇을 하는지 알 수 있다. 그래서 이미 내가 가격 비교를 통해 더 저렴한 가격을 찾은 사실도 알고 있다. 매장의 인공지능은 끈질긴 세일즈 알고리즘이다. 나를 그냥 돌려보내지 않을 것이다. 상품 사진으로 가격을 비교한 내 행동은 흥정의 시그널로 인식됐을 것이다. 매장의 마케팅 인공지능과 나의 기싸움이 시작됐다.

1분이 지났을까. 가격표가 ‘스르륵’ 하고 바뀐다. “K님, B카드로 결제하시면 3만 8,000원에 드립니다”라는 메시지가 디지털 가격판에 떴다. 사물인터넷이 보급되면서 가격표들이 LED로 바뀌고 있다. 가격이 언제든지 바뀌는 진정한 역동적 가격이 대세이다 보니 언제라도 가격을 변경할 수 있는 LED 가격표가 등장한 것이다.

매장의 마케팅 인공지능은 내가 매장에 들어오는 순간부터 나에 대해 학습하고 있었다. 매장이 보유한 데이터베이스에서 내 기본 정보와 구매 이력을 학습한 다음, 클라우드에 접속해 나와 관계되는 모든 정보를 이미 분석 완료했다. 그리고 최종적으로 내가 가격을 비교하는 것을 감지하고 나와 가격 흥정에 나선 것이다. 2,000원은 비교적 간단하게 내릴 수 있었다. 내 개인정보에서 내가 B카드 회원인 것을 알았기 때문이다. H판매점은 B카드와 마케팅 제휴가

돼 있다. 그래서 B카드 고객에게는 5퍼센트의 추가 할인 혜택을 제공한다.

나는 잠시 갈등을 한다. '2,000원 차이인데 온 김에 그냥 사가지고 갈까?' 이때는 연기가 좀 필요하다. 매장의 표정인식 센서가 실시간으로 내 표정의 변화를 읽어서 마케팅 솔루션에 전달하기 때문이다. 나는 부정의 표정을 연출했다. 입을 굳게 다물고 고개를 좌우로 몇 번 흔들었다. 그러자 가격 표시기는 다시 한 번 움직인다. "K님, 카드 포인트로 4,000원 사용이 가능합니다." 나는 이 매장에서 TV를 구매한 적이 있다. 그때 포인트가 4,000원 이상 쌓였던 것이다. 그때 쌓인 포인트는 이 매장 아니면 사용할 수 없다. 6,000원이 내려갔다. 최종 가격은 3만 4,000원. 이 가격은 온라인 최저가보다 낮다. 나는 주저 없이 구매를 했다. 이 판매점은 두 번의 가격 흥정을 통해 내게 상품을 파는 데 성공했다고 즐거워할 것이고, 거꾸로 나는 두 번의 가격 흥정을 통해 온라인 최저가보다 더 저렴한 가격에 원하는 믹서를 사는 데 성공했다고 기뻐했다.

장사의 묘미는 흥정에 있다고 한다. 흥정은 실시간으로 상대방의 마음을 읽어야 하는 고도의 장사 기술이다. 고객의 가격 저항선을 알고, 고객의 감정을 실시간으로 간파할 수 있으면 성공적인 흥정이 가능하다. 사물인터넷시대에 가격 흥정이 가능한 이유는 고객의 액티브데이터가 실시간으로 수집되기 때문이다. 액티브데이터에는 실시간 행동이나 감정 표현을 읽어내는 쇼퍼셉션이나 카라와 같은 동작인식 기기들로부터 나오는 데이터들도 포함된다. 그리고 고객의 컨디션이나 감정 상태는 웨어러블 기기를 통해 알 수 있다. 사람은 긴장을 하거나 갈등을 하면 맥박이 빨라진다. 아마도 매장의 인공지능은 고객의 빨라지는 맥박을 감지하고 흥정의 승부수를 던질 수도 있다.

아직은 스마트하지 않지만 실시간으로 가격을 조정하려는 노력은 이미 시작됐다. 얼마 전 롯데마트에 들렀을 때 진열 상품 밑에 붙어있던 가격표가 'e-잉크 태그e-Ink Tag 디스플레이'로 바뀐 것을 목격했다.

전자 가격 표시기 ESLElectronic Shelf Label는 저전력 무선통신 기술인 '지그비Zigbee'를 이용해 상품 정보를 전달하는 게이트웨이와 수신기 역할을 하는 태그로 구성된 제품으로 원격으로 가격 수정이 가능한 단말기다.

이 기기를 이용해 오프라인에서도 실시간으로 가격을 변동할 수 있는 시스템을 구축한 것이다. 기존에는 매장 직원이 일일이 라벨을 출력해 붙였던 것을 할인 시간대나 재고 수량, 경쟁품 프로모션 등에 따라 실시간으로 변경하는 것이 가능해졌다. 좀 더 응용한다면 비콘 기술을 접목해 고객이 가지고 있는 휴대용 단말기로 그 자리에서 결제할 수 있는 시스템으로 발전할 수도 있을 것이다.

흥정 가격제의 특징은 가격 예측이 불가능하다는 데 있다. 가격 예측이 불가능하기 때문에 고객의 입장에서는 새로운 기대를 하게 되고 매력적인 가격에 구매를 할 수 있다는 희망을 갖게 된다. 여기에 경쟁을 통한 재미를 제공하기 때문에 사람들로 하여금 열광하

게 한다. 그 결과 고객들에게는 더욱 흥미진진한 쇼핑 체험을 제공
할 수 있다.

성과 가격제

        오늘 운동의 마지막 코스는 복근 운동이다. 요즘은 복
근 운동 시 정확한 자세를 취하도록 안내하는 센서가 부착돼 있다.
정확한 자세로 상체를 올려야 카운트가 된다. 하나만 더 하면 50개
다. 죽을힘을 다해 50개를 채웠다. 그랬더니 피트니스센터의 스피
커에선 팡파르와 함께 축하 음악이 울린다.

L씨는 오늘도 퇴근 후에 피트니스센터를 방문했다. 벌써 30일째.
하루도 거르지 않았다. 그런데 그녀가 이렇게 열심히 운동을 한 목
적이 재미있다. 그녀의 목적은 쌍꺼풀 수술이다. 압구정동의 N성
형외과는 우리나라에서 쌍꺼풀 수술로 제일 유명한 곳이다. 그런
데 가격이 너무 비싸 웬만한 사람은 엄두를 못 낸다. 그런 이곳에서
한 달 전 프로모션을 발표했다. 이곳에서 제공하는 피트니스 앱의
프로그램대로 운동을 완수하는 사람에게는 50퍼센트 할인된 가격
에 쌍꺼풀 수술을 해준다는 것이다. 선착순 10명이다. 운동 처방을
원하는 사람들은 운동 프로그램을 자신의 스마트폰에 다운받으면
된다. 이 처방은 자동으로 자신이 다니는 피트니스센터의 운동 기
기와 연동돼 운동 목표 달성 여부를 알 수 있다. 피트니스 기기들이
모두 클라우드에 연결돼 스마트해졌기 때문에 가능한 일이다.

그날이 L씨가 목표를 달성하는 날이었다. L씨는 세 번째로 미션을 완수한 사람으로 이름이 올랐다. 정말 혹독한 운동 프로그램이었다. 그래서 그런지 목표를 달성했다는 기쁨에 눈물이 핑 돌았다. 이제 50퍼센트 가격에 시술을 받을 수 있게 된 것이다. L씨는 샤워를 마치고 거울 속 자신의 모습을 봤다. 몸매가 몰라보게 달라졌다. 그야말로 탄력 있는 에스라인이다. 몸매만 변한 것이 아니다. 약간 통통했던 얼굴이 갸름해지면서 이목구비가 더욱 또렷해졌다. 자신이 봐도 예쁘다. 그런데 문제가 생겼다. 얼굴이 갸름해지니 쌍꺼풀이 없는 지금의 눈매가 더 잘 어울리는 것 같다. 쌍꺼풀이 생기면 오히려 이상해질 것 같다는 생각마저 들었다. L씨는 중얼거린다. "영악한 것들, 바로 이런 걸 노린 걸까?"

가까운 미래에 맞이하게 될 이 가상 시나리오에는 중요한 성과 가격제pay for performance가 등장한다. 전통적인 성과 가격제는 효익 기반 성과 가격제다. 어떤 제품이나 서비스에 대해서 기대한 것만큼의 편익을 얻은 정도에 따라 가격을 지불하게 하는 것이다. 광고를 클릭한 횟수에 따라 비용이 결제되는 인터넷 광고가 바로 이런 성과 가격제다. 가장 일반적으로 사용되는 성과 가격제는 변호사 수임료이다. 변호사의 수임료는 착수금과 성공보수금으로 구성돼 있고, 승소하면 추가로 돈을 더 받는 것이 성공보수금, 즉 성과보수다. 효익 기반 성과 가격제는 그만큼 일의 성공을 중요하게 생각하는 서비스에서 사용하는 가격 책정 방법이다.

그러나 사물인터넷시대에는 고객이 특정 미션을 달성했을 때 가

격 혜택을 제공하는 게임성 성과 가격제game performance based pricing
가 유행할 것이다. 웨어러블 스마트 기기들의 개발 전략에는 실용
적 게임이 중요한 요소이기 때문이다. 이런 성과 가격제를 채택하
려면 성과의 평가는 객관적으로 입증 가능해야 한다. 이런 점에서
사물인터넷이 적용된 스마트 기기들은 성과 가격제의 도구로 사용
될 가능성이 높다.

헬스용 손목 밴드 제품들은 거의 모두 하루 운동 목표를 설정할
수 있으며, 목표치의 달성 여부를 측정할 수 있다. 운동 목표를 달
성한 이용자는 성취감을 느낄 것이다. 예를 들어 다이어트음료 회
사는 운동 목표치를 7일 동안 매일 달성하면 자사의 다이어트 음
료 한 박스를 절반 가격에 제공하는 프로모션을 특정 웨어러블 밴
드와 진행할 수 있다. 이때 고객은 할인 가격을 그냥 제시받는 것보
다 더 흥미로운 구매 경험을 할 수 있고 브랜드와는 더욱 친밀감을
느낄 수 있다.

사용자 평가 가격제

"자동차는 다 알고 있다. 당신이 오늘 한 일
을……."

자동차 사고는 운전자의 운전 습관과 관련 있는 경우가 많다. 급
출발, 급가속, 신호위반, 운전 중 잦은 주변 기기 조작, 시끄러운 음
악 청취, 안전벨트 착용 습관, 졸음운전 등 자동차 사고를 내는 요

인은 매우 많다.

요즘 자동차회사들의 움직임을 보면 가까운 미래에 자동차는 인 터넷 네트워크로 연결된 통신수단이 될 것으로 보인다. 자동차가 스스로 길을 알아서 운전할 뿐만 아니라 자동차 내부에 있는 모든 기기들도 네트워크에 연결돼 운전자의 습관을 측정하고 분석할 것 이다. 물론 목적은 더욱 안전하고 편리한 운전을 돕기 위해서다.

이를 위해 자동차회사들은 클라우드 데이터 센터들과 밀월 관계 에 들어갔다. 자동차 제조사들은 아마존 웹 서비스Amazon Web Service, AWS, 랙스페이스Rackspace나 MS의 어주어 등 글로벌 클라우드 서버 들과 합종연횡하고 있다. 메이저 자동차회사들은 아예 그들만의 글 로벌 클라우드 데이터센터를 세울 계획도 가지고 있다. 고객과 자 동차 사용에 대한 모든 데이터는 새로운 자동차 개발에 있어서는 물론 기존에 출시된 차량의 문제점을 파악하는 데도 매우 중요하 기 때문이다.

이 데이터로 자동차회사들은 간단하게는 당신 차의 오일 교환 시 기나 브레이크패드 교체 시기, 당신의 생활 패턴, 운전 습관, 자주 가는 장소 등에 대한 상세한 데이터를 가질 것이다. 원한다면 자동 차회사들은 당신이 차에 타자마자 당신이 좋아하는 실내 온도를 자동으로 조절해줄 수도 있고, 탑승자를 스스로 인식해서 좌석과 미러 역시 조절해줄 수 있다. 자동차가 도난을 당하는 경우, 위치추 적은 물론이고 자동차가 자동으로 시동이 꺼지게 할 수도 있을 것 이다.

이와 같은 자동차회사의 움직임에 보험회사들이 가만 있을 리 없다. 지금의 보험료처럼 단순히 연령이나 운전 경력, 사고 이력, 마일리지 등으로 단순하게 보험료를 적용하는 상품은 더 이상 존재하지 않을 수도 있다. 보험회사는 사용자의 운전 습관과 방식, 준법의식에 따라 보험료를 책정하는 새로운 상품을 출시할 가능성이 높다. 이와 같이 사용자의 제품 사용 습관이나 방법에 따라 가격이 책정되는 것을 '사용자 평가 가격제user assessment pricing'라 부르고자 한다.

사물인터넷시대의 종속 가격은 의료 분야에서 활발하게 적용될 전망이다. 요즘은 '자신인터넷Internet of Me'이라는 말이 나오고 있다. 웨어러블 기기가 다양해지면서 사람이 인터넷에 연결되고 있는 것이다. 주로 손목에 착용하는 밴드를 많이 이용하는데, 최근에는 발목 밴드나 발찌가 등장하더니 몸에 부착하는 문신, 눈동자에 착용하는 콘택트렌즈까지 등장했다. 우리가 상상할 수 있는 모든 방법으로 사람들은 인터넷에 연결되고 연결된 센서를 통해 우리의 몸 상태는 계량화될 것이다. 이런 현상에 대해 계량화된 자아라는 새로운 말까지 등장했다.

이와 같은 웨어러블 기기들은 운동량, 생활 습관, 건강 상태, 질병 치료 상태 등을 꾸준하게 측정하고 수집, 분석한다. 그리고 이 정보들은 본인에게는 물론 병원에도 전달된다. 자신의 건강 정보를 의료기관에 꾸준하게 전달하는 사람은 병을 미리 예방할 수 있고, 병에 걸리더라도 원인을 찾기 쉬워 일반 환자들보다 치료가 훨씬 수

월하다. 따라서 그들에게 들어가는 의료비 또한 매우 낮아질 것이다. 의료보험이나 의료실손보장보험에선 웨어러블로 건강 정보를 꾸준하게 보내는 사람들에게는 더 낮은 보험수가를 적용하는 것이 합리적이다. 앞으로 각국의 의료보험공단에서는 웨어러블 기기 사용 평가에 따라 의료보험 가격에 차등을 두는 사용자 평가 가격제를 채택할 확률이 매우 높을 것으로 전망한다.

사물인터넷 광고

"두유 사야 돼." 냉장고가 내 스마트폰에게 말한다. 스마트폰은 즉시 쇼핑리스트 앱을 작동시켜 두유를 장바구니에 담는다. 두유를 할인하는 마트 쿠폰이 푸시메시지로 뜬다. 정말 싸다. 나는 매일 아침 두유를 식사대용으로 마신다. 지금 안 사면 후회할 것 같다. 쿠폰을 클릭하니 우리 집에서 가장 가까운 마트 지도가 함께 나온다. 집을 떠나기 전, 이 지도를 내 차에 보낸다.

모든 사물이 연결되는 세계로의 변화가 진행 중이다. 지금은 위와 같은 미래의 모습이 영화를 보는 것 같겠지만 곧 별로 대수롭지 않은 일상이 될 것이다. 이렇게 변화된 생활 속에서도 광고가 지금의 방식처럼 우리에게 전달될까?

많은 마케터와 광고전문가들은 이런 초연결사회에 동승하기 위해 전통적인 광고기법에서 벗어나 고객을 배려하는 광고기법들을 선보이고 있다. 새로운 광고기법은 예전처럼 소비자들을 단순 소비의 대상으로만 보지 않는다. 이제 기업은 소비자들의 생활 속에 깊숙이 들어가 그들의 삶을 도와주고 편리하게 해주며, 더 많은 가치를 전달하려고 노력하고 있다. 그래서 고객들이 먼저 원해서 브랜드와 관계를 맺을 수 있기를 바라고 있다.

광고의 재정의

제프리 레이포트Jeffrey Rayport는 〈하버드비즈니스리뷰〉에 기고한 글에서 사물인터넷은 다섯 가지 방법으로 광고를 다시 정의할 것이라 했다.

첫 번째 방법은 사물 자체가 광고 메시지를 담는 미디어 플랫폼이 되는 것이다. 레이포트는 디아지오의 조니워커 캠페인을 예로 들면서 상품에 바코드나 QR코드의 작은 표식을 이용하면 상품 그자체가 광고 메시지를 전달하는 훌륭한 매체가 된다고 했다.

스마트폰은 막강한 마케팅 도구다. 어떤 것이든 스마트폰과 결합만 하면 새로운 생명을 갖게 된다. 스마트폰이 사물이 보내는 메시지를 해석해 상호작용을 가능케 하는 디코더Decoder 역할을 하는 것이다. 물론 고객이 스마트폰으로 상품을 살피는 귀찮음을 마다하지 않고 적극적으로 참여하게 만드는 일은 마케터의 몫이다. 그런 점에서 조니워커 프로모션은 성공적이었다. 자식이 아버지에게 보내는 감사와 사람의 메시지가 담긴 동영상은 위스키보다 더 큰 선물

아니겠는가!

　얼마 전 구글의 네스트나 스마트카가 광고를 전달하는 매체가 될 수 있을까에 대한 논란이 있었다. 구글은 2013년 미증권위원회에 제출한 연차보고서에서 컴퓨터나 스마트폰이 아닌 다양한 기기를 통해 광고를 할 것이라 보고했다. 이 보고는 구글의 미래 가치를 좀 더 높여줬다. 다양한 기기를 광고매체로 사용하면 소비자들이 높은 욕구를 느끼는 순간에 실시간으로 광고를 집행해 광고 효과가 높아진다. 요즘과 같이 매체광고로 도배된 세상에는 이런 광고가 차별성을 지닌다.

　예를 들면 날이 추워져 네스트 이용자가 온도를 높이는 순간에 따뜻한 스웨터 광고를 볼 수 있게 하는 것이다. 그런데 네스트에는 광고를 보여줄 충분한 스크린 공간이 없다. 스마트카의 경우에는 넘쳐나는 광고로 피로감을 줄 수 있다. 출근길에 해장국집 광고가 내비게이션 모니터에 들어온다. 조금 더 가니 커피전문점 광고가 쿠폰을 줄 테니 들렸다 가라고 유혹한다. 아침 출근길에 이런 광고가 계속된다면 과연 호감을 지속시킬 수 있을까?

　이런 해결책이 있을 수 있다. 광고가 실릴 수 있는 네스트는 화면을 좀 크게 만들고, 광고를 보게 하는 대신 기기의 가격을 대폭 내리거나 공짜로 주면 고객들도 마다하지 않을 것 같다. 그리고 네스트는 지금의 온도조절기의 기능은 물론 홈 허브의 역할까지 하도록 좀 더 많은 기능을 넣는다. 집 안의 모든 기기가 네스트를 통해 연결되고 방문자도 네스트의 모니터를 통해 확인할 수 있도록 만드는 것이다.

자동차는 시도 때도 없이 광고를 내보내는 것이 아니라 운전자가 요청하거나 필요할 때만 광고가 나가도록 설정하면 광고가 공해가 되는 것을 막을 수 있다. 운전 중에 맛집을 안내해 달라고 요구한다든지, 가격이 저렴한 가구점을 안내해 달라고 한 경우에는 광고가 오히려 반갑게 느껴질 것이다. 구글의 검색광고와 비슷하다. 주행 중 연료가 다 떨어져갈 때 주변에서 가장 저렴한 주유소를 안내한다든지 운전자가 선호하는 브랜드의 주유소를 안내하는 광고는 꼭 필요한 정보이기도 하다.

두 번째는 사물인터넷 기술이 많은 사람들의 창의적인 참여를 통해 제품의 가치를 증가시켜 준다는 것이다. 조니워커 프로모션은 크라우드 소싱, 즉 많은 사람들의 자발적이고 창의적인 참여로 상품의 가치를 높였다. 사람들이 창의적인 생각을 갖고 구름처럼 운집해 개개인의 메시지를 담아 새로운 브랜드 프로필을 탄생시킨 것이다.

세 번째로 사물인터넷 기술은 대량 생산된 물건을 개인적 상품으로 바꿔준다. 앞에서 본 조니워커는 구매되고 나서 개인적으로 맞춤화된 상품이 됐다. 병에 찍힌 바코드에 동영상이 인식되는 순간 세상 어디에도 같은 조니워커는 없다. 사랑의 메시지가 삽입된 조니워커는 단순한 위스키를 넘어 멋진 개인적인 컬렉션이 됐다. 몇만 원짜리 술 한 병이 선물을 받은 아버지에게는 부자간의 사랑과 존경이 각인된 보물이 된 것이다. 여기서 중요한 것은 이 가치를 만들기 위해 노력한 사람들은 바로 고객들이라는 점이다. 디아지오는 판만 벌여놓았을 뿐이다.

네 번째, 사물인터넷 개념은 일반적이고 지루한 상품을 스마트폰을 통해 똑똑하고 재미난 상품으로 바꿔준다. 예를 들면 미국의 앰비언트디바이스Ambient Devices에서 출시한 스마트 우산은 외출 시 비가 올 확률을 알려준다. 천천히 깜박이면 보슬비가 내리는 것이고 불빛이 심하게 요동치면 천둥번개를 동반한 소낙비가 오는 것이다. 이 우산은 와이파이로 연결돼 미국 150개 지역의 일기예보를 받아서 우산 주인이 있는 지역의 일기예보를 추려낸다. 사물인터넷 기술과 결합해 용도가 확장된 이 우산은 다른 우산들보다 더 재미난 체험을 제공해준다.

네덜란드 델프트공대의 롤프 후트Rolf Hut 교수의 스마트 우산은 더 재미있다. 기존의 스마트 우산을 역이용하는 아이디어를 적용한 것이다. 강우 확률이나 강우 정도는 레이더나 기상위성으로 관측이 되지만 지역별로 정확한 강수량을 측정하는 것은 매우 돈이 많이 드는 일이다. 여러 지역에 강수계를 설치하고 데이터를 통합해야 하기 때문이다.

그가 개발한 스마트 우산은 강우량을 측정하는 우산이다. 우산에 장착된 진동 감지 센서가 우산에 떨어지는 비의 진동을 측정해서 강우량을 정확하게 측정해낸다. 이 우산을 여러 지역의 많은 사람들이 이용하면 여러 지역의 강우량을 실시간으로 정확하게 측정할 수가 있다. 앞으로는 우산을 써주는 대가로 돈을 받을 날도 올 것 같다.

마지막으로 사물인터넷 광고는 지속적으로 온라인과 오프라인의 경계를 넘나들면서 가치를 전달한다. 사물인터넷 기술로 O2O의 시대가 왔다. 온라인 기업들이 화면 밖으로 나오고, 오프라인 상품들이 온라인과 결합해서 프로모션을 감행하는 것이다. 특정 지역 스마트폰에 쿠폰 등을 보내는 것이 대표적인 사례다.

가까운 미래에는 다음과 같은 상황이 펼쳐질 것이다. 카페 거리를 걷고 있는데 지난 주 파스타를 먹은 레스토랑에서 메시지를 보낸다. 지금 오면 수프는 무료로 준단다. 앞서 소개한 비콘 서비스는 O2O를 더욱 정교하게 발전시키고 있다. 이제 광고와 마케팅은 현장 진행형으로 발전해, 매장 앞을 지나가는 고객들을 붙잡는 기술이 광고의 핵심으로 부상할 전망이다. 클라우드에 수집된 데이터와 행동 데이터를 통해 고객이 처한 상황정보를 읽어내고 실시간으로 그에게 맞춘 정보로 유혹을 하는 시대가 온 것이다. 어느 날 아침, 아침운동을 거르고 출근한 당신에게 이런 메시지가 올지도 모른다. "오늘은 운동을 안 하셨군요. 점심은 칼로리 낮은 메밀국수 어떠세요?"

우리나라에서도 다음카카오, SK플래닛, 네이버 등 대표적인 인터넷기업들이 오프라인 매장에 이런 O2O 광고 수단을 제공하는 비즈니스로 일제히 눈을 돌리고 있다. 여기서도 스마트폰은 중요한 역할을 한다. 스마트폰을 통해 위치정보를 파악한 마케팅회사는 해당 지역 광고주들이 쿠폰이나 광고 메세지를 발송할 수 있도록 도와준다. 거리에서 전단지를 나눠주며 고객을 유인하는 것처럼, 행인들의 발걸음에 따라 푸시메시지를 전달하는 스마트 호객꾼이다.
앞으로는 온라인 광고와 오프라인 광고의 구분도 모호해질 수 있
다. 영화〈마이너리티 리포트〉의 한 장면처럼 술집 광고판이 늦은
밤거리를 걷는 당신을 유혹할 수 있다.

누가 사는 것인가?

"딩동". 스마트폰에 알림메시지가 들어왔다. 세
탁 세제가 떨어질 때가 됐으니 구매하라는 세탁기의 메세지다. 세
탁기는 빨래 횟수와 양을 기준으로 세제 사용량을 항상 정확하게
측정하고 있기 때문에 세탁기의 충고는 듣는 게 좋다.

세탁기는 이미 L마트에 내가 세제를 사야 한다고 알렸다. L그룹
의 계열사인 H마트에서 세탁기를 살 때 파격적인 할인을 받으면
서 L마트의 API를 세탁기에 연결하는 것을 허용했기 때문이다. 다
시 한 번 "딩동". L마트에선 늘 사용하는 세제를 택배로 보내겠단
다. 이때 다시 "딩동". B마트에서 문자가 왔다. 내가 지금 사용하고
있는 세제를 30퍼센트 할인된 가격에 준단다. 내 스마트폰과 B마
트 간에 첩보가 오고 간 것이다. 내 스마트폰에는 B마트의 앱도 깔
려 있다. 그리고 그 앱은 내가 쇼핑 알림메시지를 받을 때마다 작동
해서 가격을 비교해준다. 가끔 같은 상품을 더 유리한 가격으로 살
수 있어 유용하다. 그런데 30퍼센트 세일 메시지 정도는 약하다. 어
차피 L마트도 가격을 할인해줄 것이다. 이것 정도로 지금의 편리한

세제 쇼핑을 바꾸느라 고생하긴 싫다. 그런데 B마트의 메시지 밑에는 반짝거리는 트레일러가 붙어있다. "호주산 양념불고기 100그램에 1,500원! 지금부터 한 시간만 게릴라 세일." 이건 '대박'이다. B마트까진 10분이다. 지금 가면 살 수 있다.

자동차에 시동을 거니 자동차 대시보드의 모니터가 "딩동"한다. L마트에서 모바일 쿠폰을 보내왔다. "호주산 양념불고기 100그램에 1,000원 쿠폰, 1인당 2킬로그램까지 한정 판매." 이건 정말 파격적인 가격이다. 내가 사려고 한 세제도 30퍼센트 가격인하란다. '확인'을 선택했다. 자동차 내비게이션은 L마트가 목적지가 된다. 그리고 내 스마트폰에는 L마트에서 보내준 할인 쿠폰 도착 알림이 울린다. "딩동". 그러고 보니 내 자동차와 스마트폰은 항상 연결돼 있었고, 자동차의 온보드 컴퓨터On-Board Computer에는 L마트의 API가 연결돼 있었다.

자동차의 시동을 걸자마자 자동차는 스마트폰과 정보를 주고받았고 스마트폰의 최근 정보를 통해 내가 B마트로 갈지도 모른다는 상황정보를 읽었다. 그리고 내 이력에서 불고기를 좋아한다는 것을 분석해냈고, 문자를 받고 차의 시동까지 걸린 시간이 10분 미만이라는 상황정보도 읽었다. 이런 정보들을 종합해 L마트의 클라우드 서버에선 실시간 분석 작업이 이뤄졌다. "이 고객은 지금 B마트로 가려 한다"라고 판단한 마케팅 프로그램은 자동 대응 알고리즘을 실시간으로 작동시켰다. 그리고 내게 강력한 쿠폰 한 방을 날렸다.

얼마 후 나는 L마트에서 산 세제와 양념불고기 1킬로그램을 들고 집으로 돌아왔다. 세제를 바라보면서 생각했다. 이 세제를 사는 건 누가 결정한 거지? 세탁기? 자동차? 스마트폰? L마트? 잘 모르겠다. 분명한 사실은 나는 아닌 것 같다.

이 가상 상황은 머지않아 현실이 될 수 있다. 이 장면에는 광고가 세 번 나온다. 맨 처음으로는 세탁기가 내게 세제를 사라고 광고했다. 세탁기는 생활의 편리성을 내세우며 늘 사용하던 브랜드로 사라고 설득했다. 세탁기는 구매할 마트도 이미 정해놓고 있었다. 사실 세제 정도는 일일이 살 때마다 의사결정을 할 필요가 없다. 간혹 다른 제품을 더 저렴하게 살 수 있는 기회가 있지만 그때는 내가 사용하고 있는 브랜드도 세일을 할 때가 많다. 자동 주문이라고 해서 언제나 정가로 사지는 않는다는 것이다. 아무튼 세제 구매 정도는 세탁기에게 맡겨놓는 것이 편하다.

그런데 갑자기 스마트폰이 도발을 했다. 자신과 API로 연결된 B마트에 내 계획을 일러바친 것이다. 환영할만한 도발이다. 어차피 내게 도움이 되니까. B마트에선 언제나 내 세탁기를 노리고 있다. 이번에도 파격가로 내 세탁기에 자사의 API를 연결하기를 원했던 것 같다. 다음부터 세제는 B마트로 자동 주문되도록……. 그래서 세탁기의 세제 구매 메시지 알림이 울리면 B마트에선 항상 쿠폰을 들이밀면서 도전해온다. 이러다 언젠가는 B마트의 API가 세탁기에 바로 연결될지도 모른다. 이번 B마트의 광고 전략은 새로웠다. 내가 불고기를 좋아한다는 정보를 알고서 불고기 게릴라 세일을 미끼로 던진 것이다. 아무튼 B마트는 나를 차에 태우는 데까지 성공했다.

그런데 L마트의 정보력도 만만치 않다. 자동차가 L마트의 파트너였다. L마트는 나의 행동을 읽고 즉각 원인 분석과 대응에 들어갔다. 세 번째 광고가 L마트에서 온 것이었다.

만일 당신이 이런 일을 겪는다면 당신은 어떻게 생각할 것인가? 광고 폭격을 맞는다고 생각할 것인가 아니면 생활이 너무 편해졌다고 느낄 것인가? 그건 아마도 당신이 어떤 사람이냐에 따라서 달라질 것이다. 당신이 경제적인 소비 생활에 관심이 있는 사람이라면 이런 적시에 날아오는 각종 광고에 귀를 기울일 것이고, 쇼핑에 관심 없는 사람이라면 세탁기가 주문하는 대로 그냥 내버려뒀을 것이다.

확장된 역할

바로 앞에서 확인했다시피 사물인터넷시대의 주류 광고는 적어도 오늘날과는 사뭇 다를 것이다. 사물 스스로가 주문을 수행하고 스마트폰이 의사결정을 할 수 있는 매개체 역할을 한다. 마케터가 고객이 의사결정을 하는 타이밍을 정확하게 안다면 가장 효과적인 광고는 의사결정 직전에 전달되는 메시지일 것이다.

이는 광고 역할의 확장을 의미한다. 전통적 광고는 고객의 태도 변화가 목표였다. 메시지를 만들고 고객에게 전달해 고객이 그것을 이해하고 공감해 브랜드 강화나 전환이 일어나도록 하는 것이 광고의 역할이었다. 그 다음에 구매까지 이어지는 과정에는 많은 변수가 있다.

그런데 사물이 소비자의 의사결정에 개입하고, 스마트데이터와 실시간 행동을 알려주는 데이터들이 결합되고 분석되면서 새로운 양상이 나타나기 시작했다. 마케터가 고객이 구매 의사결정을 하려 한다는 상황정보까지 읽을 수 있게 된 것이다. 그뿐 아니다. 고객의 커뮤니케이션 허브 역할을 하는 스마트폰과 연결돼 그 고객이 어떤 이유로 의사결정을 하려고 하는지도 추정할 수 있게 됐다. 이때 전달하는 광고 메시지는 단순히 태도 변화만을 야기하기 위한 것이 아니다. 고객의 행동을 변화시킬 수 있는 강력한 한 방이 되는 것이다. 즉 앞으로 광고는 구매까지 책임지게 될 것이다.

고객의 구매 의사결정 시점에 전달하는 광고의 내용은 고객의 생활과 밀착된 메시지가 돼야 한다. 특히 고객들이 광고가 귀찮다고 느끼지 않게 하려면 그것이 고객의 문제를 해결해주거나 편안하게 해주는 등 '가치 서비스'가 돼야 한다. 이와 같은 서비스가 고객들이 기기들과 인터렉션하는 과정에서 도출되면 더욱 좋다. 예를 들어 자동차가 엔진오일의 교체 시기를 미리 통보해주고 주인이 편한 시간에 주인을 대신해 오일 교체를 예약해주는 경우 이를 귀찮다고 할 사람은 별로 없을 것이다. 예약 즉시 그 자동차와 API를 연결한 엔진오일 마케터는 제품 판매의 기회를 얻게 되는 것이다.

사물인터넷시대에는 광고 메시지를 만들어내고 전달하는 것이 지금보다 더 까다로워질 것이다. 고객의 스마트폰에 알림메시지를 보내려면 적어도 고객이 기대한 것보다 더 높은 가치를 제공해야 하기 때문이다. 그렇지 않다면 누가 달리기 후에 스마트폰으로 울려대는 이온음료 광고를 그냥 놔두겠는가? 운동을 끝낸 사람에게 이온음료 쿠폰을 보내는 것은 누구나 다 하는 생각이다. 그 정도에 그칠 것이 아니라 고객 체성분 자료를 분석해서 유산소운동을 더욱 효과적으로 할 수 있는 방법을 전달한다면 어떨까? 단순한 메시지를 보낸 쪽보다는 후자의 메시지를 보낸 쪽의 이온음료를 구매하게 되지 않을까?

사물과의 소통을 기반으로 한 광고는 고객들이 스마트 기기를 더욱 잘 활용해서 생활을 더욱 향상시킬 수 있도록 도울 수 있어야 한다. 이제 사물은 별 노력 없이도 서로를 연결하는 능력을 지녔고 이 연결은 우리 눈에는 보이지 않는다. 다만 인식적으로 사물의 연결을 느낄 뿐이다.

이제 광고는 사람과 사물의 연결 속에서 고객의 의사결정 순간을 관통해야 한다. 이제는 광고 디자인이 중요한 것이 아니다. 고객의 욕구를 해결하고 보다 높은 가치를 전달할 수 있는 광고 방법을 설계하는 것이 중요하다. 그리고 그 결과는 고객이 의사결정을 하는 순간을 정확하게 공략해야 한다.

사물인터넷시대의 광고는 고객들의 생활 속에 더욱 깊숙이 들어가 그들의 욕구를 해결함과 동시에 생활을 더욱 쉽고, 편리하고, 자유롭고, 효율적으로 만들어주는 제안을 할 수 있어야 한다. 그리고 재미가 있어야 한다. 그렇지 않은 광고는 결국 스팸이다. 고객을 더욱 불편하게만 만들 뿐이다. 따라서 앞으로는 고객을 잘 이해하는 것으로는 부족하다. 정확하게 이해해야 한다. 고객 주변에서 수집되는 모든 데이터를 훌륭하게 분석하는 것만으로는 성공할 수 없다. 상황에 따라 지속적으로 자신을 변화시키는 고객을 실시간으로 분석하고 변화하는 욕구에 지속적으로 대응해주는 마케터들이 등장했기 때문이다.

브랜딩은 브랜드의 이미지와 느낌, 정체성을 수용자의 마음속에 심어주는 과정으로 브랜드가 고객의 생활에 큰 부분을 차지하도록 만드는 것이다. 이를 나는 '깊은 통합deeper integration'이라 한다. 그래서 구글은 모토로라를 버리고 네스트를 인수했고, 드론 제작 스타트업인 타이탄 에어로스페이스Titan Aerospace를 인수했다. 애플은 헤드폰 '닥터 드레Dr. Dre'로 유명한 비츠 일렉트로닉스Beats Electronics를 인수했다. 페이스북은 모바일 메신저 1위 회사 와츠앱 WhatsApp을 인수했다. 이와 같이 빅브라더들이 인수전을 펼치는 것은 고객 생활의 중요 길목마다 자사의 브랜드를 깔아, 고객이 그 브랜드 안에서 생활하도록 만들기 위해서다. 그들이 제공하는 기기와 사물은 바로 광고 플랫폼이 되고 상점이 된다.

광고대행 서비스는 이를 고려해 변화를 꾀해야 한다. 지금까지의 광고대행사의 가장 중요한 역할은 브랜딩, 즉 브랜드 인지도와 이미지 제고였다. 그러나 광고의 역할이 매출까지 책임지게 된 시점에는 대행사 역시 매출에 책임이 있다. 앞으로 광고대행사는 크리에이티브는 물론이고 광고주의 매출까지도 책임져야 할 시대가 올 것이다.

이는 어떻게 보면 광고대행사들에게는 큰 기회다. 광고대행사들의 역할이 더욱 중요해졌기 때문이다. 이 기회를 활용하려면 광고에 대한 정의부터 다시 해야 한다. 즉 광고를 만들 때 제품 디자이너나 기술자와 같이 사고해야 한다. 구체적으로는 고객 주위를 끊임없이 연결하고 맴도는 기기들이 어떻게 고객들에게 영향을 줄 것인가를 연구해야 한다. 그래야만 인간과 기기가 만나는 컨텍스트 속에서 강력한 소구력을 가진 메시지를 개발할 수 있다.

Part Three

사물인터넷 제품개발 전략

"창조라는 것은 사물을 연결하는 것일 뿐이다."

스티브 잡스(Steve Jobs)

항상 반복되는 일상에 지루해진 중년 남자가 있었다. 그는 문득 사물의 이름을 바꿔보면 어떨까, 하는 생각이 들었고, 사물의 이름을 하나씩 바꿔 부르기 시작한다. 처음에는 그 변화에 활기를 찾았으나 얼마 가지 않아 예전 사물의 이름을 적어 놓은 공책을 보지 않으면 사람들과의 의사소통이 불가능한 지경에 놓인다. 결국 남자는 완전히 고립돼 혼자가 된다.

페터 빅셀(Peter Bichsel)의 유명한 단편소설 〈책상은 책상이다(Ein Tisch ist ein Tisch)〉의 내용이다. 의사소통의 단절을 통해 현대인의 고독과 상실을 그린 우화적이고 철학적인 이야기인데, 여기서 물건에 이름을 붙이는 것은 물건에 대한 규정을 바탕으로 정체성을 부여해주는 것이다. 그런데 요즘 정체성이 모호한 제품들이 나타나기 시작했다. 이들을 여전히 예전과 같은 이름으로 불러야 할까?

커넥티드 제품들은 정체성이 모호하다. 실내 온도조절기가 인공지능을 가진 로봇 코스프레를 한다. 몇 번만 수동으로 온도를 맞추면 그 다음부터는 스스로가 주인을 위해 온도와 습도를 조절하는 것이다. 임의대로 기상 정보를 반영하기도 하고, 할 말이 있으면 문자메시지를 보낸다.

손목시계는 원래 시간을 보기 위한 물건의 이름이다. 그런데 시계란 단어에 스마트란 수식어가 붙으면 매우 해괴한 물건이 된다. 시계 주제에 주인의 건강과 소통까지 책임진다고 나선다. 시계로 메시지 전송은 물론 통화까지 된다고 하니 이건 시계가 아니라 영화 〈007 시리즈〉의 제임스 본드가 쓰던 장비다. 이제 모든 사람들이 스파이처럼 생활해야 할 것 같다.

안경도 그렇다. 시력이 좌우 1.5, 1.5인 사람들도 일부러 안경을 쓰고 다니게 생겼다. 이걸 써야만 길도 잘 찾고, 정보도 쉽게 얻고, 소통도 원활해지니 말이다. 이 안경을 통해 처음 보는 사람의 이름과 직업까지도 알 수 있다. 그런데 우리는 이들을 여전히 온도조절기, 시계, 안경이라 불러야 하나?

우리가 알던 많은 제품들이 인터넷에 연결되기 시작했다. 아니 인터넷에 연결됐다고 하기보다는 클라우드 컴퓨터, 인공지능에 연결됐다고 말하는 게 정확하겠다. 그래서 이들은 우리가 알던 제품들과 하는 짓이 사뭇 다르다. 아직은 이들 이름 앞에 '스마트'란 단어만 하나 붙이면 만사 오케이다. 그러나 머지않아 이들을 부르는 방법을 다시 고민해봐야 할 것 같다. 바야흐로 책상을 책상이라고 부르면 안 되는 시대가 온 걸까? 이런 사물인터넷시대는 언제부터 시작될까? 내년? 내후년? 놀랍게도, 우리는 이미 사물인터넷시대에 살고 있은 지 오래다.

사물인터넷 제품개발을 위한
4가지 핵심 기능

Chapter 12

예전부터 존재하던 사물인터넷 제품

【 교통카드와 하이패스 】

사물인터넷의 기초 개념으로 사물 간의 통신을 의미하는 M2M_{machine to machine}은 이미 우리 실생활에서 유용하게 사용되고 있다. 버스나 지하철을 이용할 때 사용하는 교통카드가 바로 M2M 이다. 교통카드에 내장된 전자태그가 버스에 있는 단말기를 터치하는 순간 두 기기에서는 상호 통신이 일어났고, 요금 지불과 정산이 자동으로 이뤄진다. 자동차의 하이패스 기능도 마찬가지다.

자동차가 하이패스 톨게이트를 통과하는 순간 자동차에 내장된 하이패스 카드와 톨게이트의 하이패스 기기가 서로 통신해 요금을 정산한다. 이와 같이 지불된 요금은 은행에서 자동 집계해 이용자

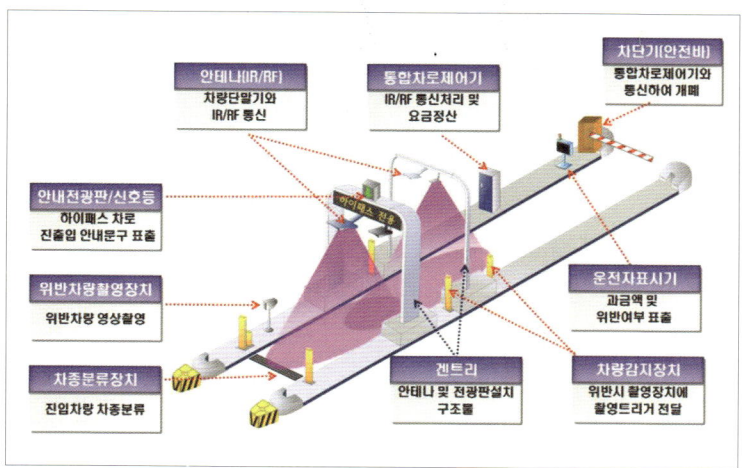

▲하이패스 요금 정산의 원리(이미지 출처:도로공사)

에게 과금하거나 자동 통보한다. 이 모든 과정이 빛의 속도로 이뤄
지니까 우리는 "딩동"하는 순간에 요금이 빠져나가는 것을 알게 된
다. 이와 같은 과정은 사물과 사물 사이에서 자동으로 이뤄진 것으
로 사람의 개입이 필요없다.

　사물인터넷은 사물과 사물 간의 통신에 지능이라는 요소가 더해
진 개념으로 M2M이 진화된 현상이다. 사물 간의 통신에 지능이 더
해지면 사물의 쓰임새는 더욱 많아진다. 이와 같은 사물인터넷 역
시 이미 우리 일상생활에 깊숙이 자리 잡고 있다.

　도시의 주요 버스 정류장에는 버스 도착을 알려주는 디지털 안내
판이 있다. 승객들이 기다리는 버스가 어디쯤 와 있고 언제 도착하
는지 알려주는 유용한 서비스다. 이 서비스는 기본적으로 버스와

각 정류장 간의 M2M을 기반으로 한다. 버스가 정류장에 도착할 때마다 버스 번호, 도착 시간, 정류장 위치가 서버에 전달된다. 여기에 정류장 간의 이동 시간이 실시간으로 컴퓨팅돼 각 정류장에 예상 도착 시간이 자동으로 통보되는 것이다.

【 스마트홈 기술 】

사물인터넷의 핵심으로 스마트홈 기술을 이야기하는 사람들이 많다. 사물인터넷 기기들을 운영하는 스마트홈은 우리 생활의 많은 것을 혁명적으로 변화시켜줄 것이다. 스마트홈은 출입자를 자동 인식하고 방범 기능을 수행하는 스마트 도어록, 거주자들이 좋아하는 온도와 습도를 기억하고 유지해주는 지능형 온도조절기, 로봇청소기와 스마트 오븐의 원격 작동, 욕실의 더운물을 받는 스마트 욕조, 중요한 물건의 위치를 알려주는 스마트 위치추적 장치 등 우리 생활을 편리하고 안전하게 만들어주는 사물인터넷 홈 허브다. 이 스마트홈 기술 역시 전혀 새로운 것은 아니다. 다음은 1988년 한 신문에 실린 금성통신(지금의 LG전자)의 스마트홈 기기 광고다.

스마트홈 기기인 금성 홈메이트는 실내 온도조절, 방문객 식별, 외출 시 방범, 집 안의 조명 관리, 아파트 구내방송 등의 역할을 하는 것으로 그 당시로선 혁명적인 미래 기기로 여겨졌다. 비록 인터넷을 사용하지는 않았지만 기기들이 상호 통신을 하며 센서를 통해 제어된 것으로 지금의 사물인터넷을 기반으로 한 스마트홈 기술과 큰 차이가 없다.

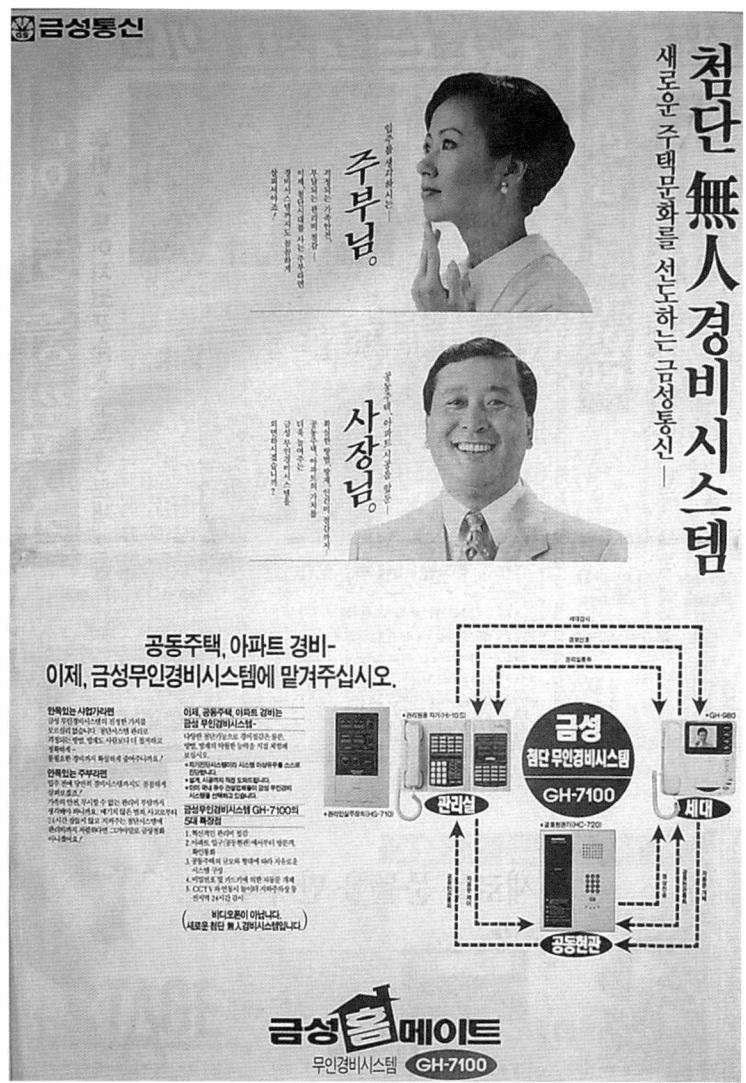

▲1988년 금성통신의 스마트홈 기기 광고 (이미지 출처:광고정보센터 www.advertising.co.kr)

이와 같이 주변의 사물을 원격으로 조정해 우리 생활을 좀 더 편리하고 안전하게 만들고자 하는 기술은 이미 우리 생활 속에 이전부터 자리 잡고 있었다. 그 가운데 스마트폰의 등장과 모바일 통신의 발전으로 스마트홈 기술은 비약적인 발전을 하게 됐으며, 우리의 삶을 송두리째 바꿀 수 있는 혁명적인 변화를 예고하고 있다.

지금까지 개발된 사물인터넷 제품은 기존의 제품명에 '스마트'란 수식어만 붙인 제품이 많다. 아직은 기존 제품에 생명을 불어넣는 일이 중요 개발 전략이기 때문이다. 물론 멀지 않은 미래에 패러다임을 송두리째 바꿀 새로운 개념의 제품이 출현할 여지는 얼마든지 있다. 그러나 아직은 '스마트'란 수식어를 붙이는 것만으로도 혁신할 제품들이 많다.

사물인터넷 제품개발의 핵심 키워드는 연결됐다는 의미인 '커넥티드'다. 연결은 사물에 놀라운 변화를 가져다준다. 사물들은 인터넷에 연결되면서 '인공지능', '상호운용성', '모니터링monitoring and metering', '텔레프레즌스telepresence' 등 4가지 핵심 기능을 활용할 수 있게 됐다. 이 4가지 핵심 기능을 중심으로 한 사물인터넷 제품개발 전략을 알아보자.

인공지능

제품이 인터넷과 연결된다는 것은 인터넷을 통해 클라우드 서버와 접속한다는 것을 의미한다. 그리고 제품은 이를 통해 고도의 컴퓨팅 능력을 가질 수 있는 것이다. 이로 인해 제품은 사용자의 사용 습관이나 니즈를 지속적으로 수집, 분석하고 학습할 수 있으며 자동으로 컨트롤과 응대가 가능한 인공지능을 지니게 됐다.

사물인터넷 기술 개발 초기에는 센서와 칩의 개발이 중심이었으나, 이제는 기기가 보낸 자료를 처리하고 분석하는 인공지능 기술의 정교함이 첨단기술의 승부처로 떠오르고 있다. 그래서 페이스북, 구글, 바이두 등 빅브라더들은 인공지능 분야의 최고 인재 채용에 경쟁적으로 나서고 있다. 지난 수십 년 동안 뜨고 지기를 반복한 인공지능이 사물인터넷시대를 맞아 다시 각광을 받는 이유는 인공지능이 궁극적으로 연결된 사물들을 효율적으로 제어하기 위한 핵심 기술이기 때문이다.

구글의 네스트가 인공지능을 이용하는 사물인터넷 기기의 대표적 예다. 네스트의 출신 성분은 실내 온도조절기이다. 이 온도조절기가 인터넷에 연결되면서 인공지능을 갖게 되니 달라졌다. 스스로 판단하는 능력을 가지게 된 것이다. 네스트는 사용자가 원하는 온도를 반복 학습한 후에 사용자가 원하는 온도를 자율적으로 설정한다. 네스트의 기기 내부에 어떤 정보처리 기능도 가지고 있지 않다. 다만 클라우드에 연결할 수 있는 능력만 가지고 있을 뿐이다.

기기 사용자는 호스트 사이트나 인터넷과 연결되는 앱을 통해 클라우드에 접속할 수 있다. 여기서 앱은 스마트폰의 앱뿐만 아니라 인터넷에 연결돼 있는 모든 디바이스를 말한다. 이 디바이스들이 물리적인 세계에서는 스마트폰의 앱과 같은 구실을 하기 때문이다. 예를 들면 시리는 아이폰이나 아이패드에서 사용자들이 클라우드에 접속하는 앱이다. 네스트는 사용자에게 편리한 자동 온도조절 기능을 제공하기 위해 클라우드에 접속하는 물리적인 세계의 앱이다.

이와 같은 인공지능으로부터 받을 수 있는 정보는 매우 다양하다. 인터넷 슈즈 레찰Lechal은 위치 정보와 교통 정보를 결합한 지능형 내비게이션 정보를 클라우드에서 받아 이용자에게 진동으로 길 안내를 한다.

소프트뱅크의 로봇 페퍼 역시 클라우드에 접속해 모든 걸 해결한다. 말을 걸거나 명령을 내리면 음성은 클라우드에 있는 인공지능에서 처리돼 적절한 대답이나 동작 신호를 내보낸다. 이런 과정을 거치면 이용자가 볼 때는 음성만으로 명령을 수행하거나 감정 표현을 하는 것처럼 보인다.

구글의 안드로이드 시스템을 웨어러블 기기에 탑재하면 인공지능을 쉽게 이용할 수 있다. 삼성은 기어라이브에 구글 나우를 탑재해 음성으로 제어하는 스마트 워치 시대를 열었다. 기어라이브에 "오케이 구글O.K. Google"이라고 말하면, 구글 나우 서비스가 활성화되면서 화면에는 음성을 인식할 준비가 됐다는 메시지가 표시된다. 이후 "내일 일정 목록을 보여줘"라고 얘기하면, 구글 캘린더에 적은 일정이 화면에 표시된다. 또 "내일 6시에 깨워줘"라고 말하자, 오전 6시로 알람을 자동 설정한다. 물론 스마트폰을 사용해도 되지만, 스마트폰을 꺼내지 않고 음성만으로도 해결할 수 있다는 점에서 한결 편리하다. LG의 G워치도 안드로이드를 탑재, 동일한 기능을 수행한다.

2014년 10월 부산에서 개최된 정보통신올림픽ITU에서 아마존은 "사물인터넷의 두뇌가 되겠다"고 출사표를 던졌다. 아마존은 스마트 디바이스부터 우주에서 쓰이는 빅데이터 분석 시스템까지 클라우드 컴퓨팅을 활용한 다양한 미래 사업 전략을 발표했다. 클라우드 컴퓨팅은 인터넷상의 서버를 통해 데이터 저장, 네트워크, 콘텐츠 사용 등 IT 관련 서비스를 한번에 사용할 수 있는 컴퓨팅 환경으로 인터넷 기반의 컴퓨터 기술을 의미한다. 아마존은 클라우드에 존재하는 무제한 저장장치와 인공지능의 막강한 파워를 소개하면서, 이 두 가지가 융합하면 세상이 근본적으로 달라질 것이라 강조했다. 아마존은 그들의 서비스를 이용하는 기업들은 정보기술과 플랫폼을 개발할 필요가 없다고 했다.

인공지능은 리테일 마케팅 현장에서도 중요한 솔루션이 될 전망이다. 커넥슈머가 소매점을 방문하면, 고객의 거래 이력 데이터와 액티브데이터가 실시간으로 인공지능에서 분석된다. 그리고 분석된 정보를 토대로 고객에게 즉석에서 프로모션을 제안한다든지 직접 흥정을 하는 등의 개인화된 판매 서비스를 제공할 수 있다. 예를 들어 고객이 쇼루밍을 위해 구매 전에 스마트폰으로 가격 비교를 하는 것까지 매장 컴퓨터는 감지할 수 있다. 이 경우, 매장의 인공지능은 고객의 특성을 분석해 사후서비스 조건, 포인트 사용, 결합할인 등 가격 비교에 대적할 새로운 무기를 마케터에게 제공할 수 있다.

나는 교통신호등을 보면서 늘 인공지능을 적용했으면 좋겠다는 생각을 한다. 내가 사는 동네는 매우 한적한 주택 단지다. 그런데도 교통신호등은 미리 정해진 간격으로 점멸한다. 신호를 잘못 만나면 1분 넘게 서 있어야 한다. 그래서 이 한적한 도로에서의 준법정신과 양심은 항상 시험당하고, 대기하는 동안 엔진 공회전으로 인한 대기오염과 에너지 낭비는 감수해야 한다.

이곳에 신호등이 클라우드 컴퓨터에 연결되면 어떨까? 신호등과 함께 설치된 사물인식 CCTV(이미 시판 중이다)는 며칠 동안 통과하는 차량의 숫자를 실시간으로 측정하고 교통량 정보를 수집, 학습한다. 학습된 시간별 교통량 정보로 신호등은 이용자들 입장에서 점멸할 것이다. 한밤중처럼 통과 차량이 거의 없는 시간에는 신호 간격을 짧게 한다든지 아예 제어를 하지 않을 수도 있다.

상호운용성

사물인터넷 세상의 밑그림은 오픈소스 기술 활용과 표준 프로토콜 사용이다. 이 밑그림이 완성됐을 때, 기기들은 인터넷으로 서로 연결돼 큰 가치를 제공한다. 이와 같은 연결을 통해 가치를 함께 제공하는 현상을 상호운용성이라 한다. 상호운용은 다양한 시스템이나 조직이 서로 작동할 수 있도록 하는 능력으로, 사물인터넷에서는 기기의 인터페이스가 완벽하게 공개돼 제한 없이 다른 기기나 시스템에 접속하는 것을 의미한다. 사물인터넷에서 개별 기기가 인터넷에 연결돼 있더라도 인터페이스가 폐쇄적이어서 다른 기기와 연결될 수 없으면 상호운용을 할 수 없는 것이다.

상호운용성은 기기들 간의 연결로 인한 가치를 기하급수적으로 증가시킨다. 따라서 사물인터넷 제품을 개발할 때는 연결할 다른 기기들이 사용하는 인터페이스를 반드시 고려해야 한다.

스마트홈은 상호운용성이 필수이다. 예를 들어 고지Goji 스마트 도어록은 필립스 휴의 전구, 네스트 온도조절기와 상호운용된다. 집주인이 집에 들어가면 복도의 조명이 자동으로 켜지고, 네스트는 쾌적한 실내를 만들기 위해 자동으로 히터나 에어컨을 작동한다. 필립스 휴는 지오펜스를 기반으로 스마트폰과 연동된다. 사용자가 집을 중심으로 반경 거리를 설정하고 사용자가 그 거리를 벗어날 때 조명은 자동으로 꺼진다. 예를 들어 집으로부터 반경 100미터가 넘어가면 조명이 자동으로 꺼지게 할 수 있는 것이다. 이때 사용자 스마트폰의 지오센서가 조명등을 개폐하는 스위치 역할을 한다.

지오펜싱 기능은 집 안의 개폐가 필요한 모든 기기에 유용하게 사용될 수 있다. 일상생활을 하다 보면 가스불 끄는 것을 깜박 잊고 외출해서 큰 사고를 당하거나 실내 온도조절기를 끄지 않고 장시간 외출해 에너지를 낭비하는 일이 종종 있다. 지오펜스가 설정되면, 스마트폰 주인이 집으로부터 일정 거리를 떠나면 자동으로 히터를 끄고 가스를 차단할 수 있다. 이 시나리오는 예를 든 기기들의 인터페이스가 모두 상호 연결될 수 있다는 전제하에서만 실현가능하다.

이와 같은 상호운용성을 확보하기 위해 빅브라더들이 뭉쳤다. 인텔은 아트멜Atmel, 브로드컴Broadcom Corporation, Dell, 삼성전자, 윈드 리버Wind River 등 글로벌 기술 선도 기업들과 함께 상호운용성 확보를 통한 생태계 활성화를 위해 '오픈 인터커넥트 컨소시엄Open Interconnect Consortium, OIC'을 구성했다.

수많은 기기들이 요구하는 연결성을 정의하고, 상호운용성 향상을 목표로 출범한 OIC는 날로 늘어나는 사물인터넷 기기들과 개인 컴퓨팅 기기를 통해 생성되는 정보의 흐름을 서비스 제공업체, 운영 시스템, 컴퓨터 하드웨어의 크기, 구성, 물리적 배열 등에 관계없이 효과적으로 관리 및 연결하기 위한 업계 표준기술 기반 공용 커뮤니케이션 체계를 정의하는 프로젝트에 중점을 둘 예정이다. 모든 회원사는 인증 프로그램을 비롯해 오픈소스 구현, 프로토콜 사양 개발에 소프트웨어 및 엔지니어링 자원을 지원함으로써 사물인터넷 개발 촉진을 꾀한다. OIC의 사양은 연결 솔루션과 기존 및 새로운 무선 표준 활용을 포괄하며, 다양한 운영 시스템과 호환되도록 설계된다.

OIC의 사양과 오픈소스는 기업들이 인터넷이 연결되지 않은 상황은 물론이고 전원 및 대역폭 등 조건이 변하는 상황에서도 지능적이고 안전하게 정보를 교환, 관리할 수 있는 제품의 설계를 도울 예정이다. 앞으로 이 프로그램에는 스마트홈, 오피스 솔루션, 자동차 등에 이르는 넓은 범위의 산업 리더들이 참여할 예정이다.

최초의 OIC 오픈소스 코드는 스마트홈과 오피스 솔루션의 특정 요구사항을 다룰 것이다. 이를 통해 PC와 태블릿, 스마트폰을 이용해 안전하고 간편하게 스마트홈 가전제품이나 기업 디바이스를 원격 제어하고, 알림을 받을 수 있다. 비용과 에너지 절약을 위해 가정용 시스템을 원격으로 제어하는 기능의 소비자용 솔루션도 구현 가능하다.

모니터링

　　　　많은 사물인터넷 기기는 모니터링을 기반으로 개발된다. 모니터링에는 감지와 측정 기능이 있다. 모니터링의 용도는 무한하다. 개인용품인 헬스 밴드부터 보안 기기, 공공 시설물 관리 기기 등, 모니터링을 통해 많은 제품들이 스마트하게 변신하거나 새롭게 고안될 수 있다. 피트니스 트래커Fitness Trackers의 대표상품은 이용자의 하루 활동량은 물론이고 칼로리 소모량, 이동 거리, 오른 층수 등의 운동 정보와 심박수, 당뇨 수치 등 생체 정보를 측정하고 분석한다. 분석된 정보는 헬스 전문가들에게 전달돼 건강관리, 질병 예방 등을 위해 이용된다.

　건강을 모니터링하는 초소형 기기들도 등장하고 있다. MC10은 스마트 문신을 개발했다. 일회용 반창고처럼 생긴 바이오스탬프 Biostamp를 가슴이나 팔목 등에 부착하면 심박수와 호흡수, 피부 온도, 몸의 자세, UV 노출 수치, 스트레스 지수까지 모니터링할 수 있다. 이 반창고는 피부에 2주 정도 붙어있을 수 있으며 방수가 된다

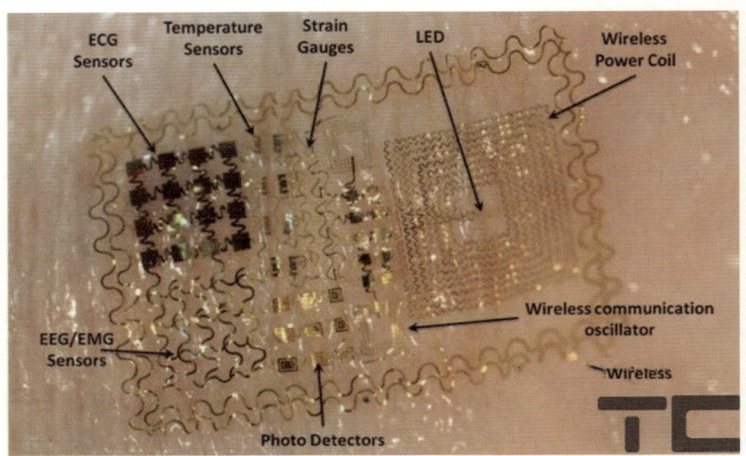

▲MC10의 스마트 문신(이미지 출처: http://www.dezeen.com/2013/03/28/biostamp-temporary-tattoo-wearable-electronic-circuits-john-rogers-mc10/)

나아가 이용자의 피부와 근육 데이터를 수집해 파킨슨병의 발생 경로를 추적할 수도 있다.

구글은 비밀 프로젝트를 수행해 온 사내 조직 구글 X를 통해 당뇨병 환자들이 간편하게 혈당을 체크할 수 있는 의료용 스마트 콘택트렌즈를 개발했다. 렌즈 사이 얇은 막에 들어있는, 머리카락보다 더 얇은 안테나와 센서가 당뇨병 환자의 눈물 성분을 분석한 뒤 데이터를 사물인터넷 네트워크에 전송해서 혈당치를 모니터링한다. 이 기술은 앞으로 노안을 극복하는 데 도움을 줄 것으로 보인다. 노안이 있는 사람이 착용하면 자동적으로 초점을 맞춰주도록 개발될 예정이다. 이 스마트 콘택트렌즈는 스위스 제약회사 노바티스Novartis와 제휴해 상품화될 전망이다.

생체를 모니터하는 사물인터넷 기기는 먹는 알약 분야까지 영역이 확대됐다. 프로테우스Proteus가 개발한 스마트 알약 '헬리우스 Helius'는 환자가 삼키면 위 속에 들어가 서서히 녹으며 여기서 생긴 화학반응으로 환자의 장내 온도, 맥박을 비롯한 각종 생리적 정보를 손목의 웨어러블 기기로 전달한다. 알약 속에 센서가 들어있어 사용자가 언제 약을 먹는지, 약에 대한 몸의 반응은 어떠한지를 모니터링할 수 있는 것이다.

파이퍼Piper는 실내 보안 모니터링 기기다. 파노라믹 카메라가 장착된 파이퍼는 경계 중인 실내에서 이상한 움직임 감지되는 경우 자동으로 움직이는 물체를 녹화하는 것은 물론 그 물체의 동영상을 메시지와 함께 집 주인에게 전송하기도 한다.

▼스마트 알약 헬리우스(Image used with permission from Proteus, Photo ⓒ Proteus)

텔레프레즌스

　　　　제품들이 인터넷에 연결되면서 가장 유용하게 사용되는 기술은 아마도 텔레프레즌스일 것이다. 요즘은 '참가자들이 실제로 같은 방에 있는 것처럼 느낄 수 있는 가상 화상회의 시스템'을 일컫는 말로 자주 쓰이는 텔레프레즌스의 원래 의미는 '원격에서 자신이 의지에 따라 조정할 수 있는 현상'이다. 우리가 롤플레잉 게임을 할 때 자신의 아바타를 정해서 게임하는 것이 텔레프레즌스의 대표적인 예다.

　사물인터넷 기기에서 사용되는 텔리프레즌스의 가장 단순한 형태는 스마트폰을 이용한 원격 기기 조작이다. LG전자의 홈챗은 카카오톡이나 라인 등 모바일 메신저를 이용해 원격에서 집 안에 있는 가전제품들을 조작할 수 있다. 사물인터넷 기술이 적용된 대부분의 스마트 도어록들은 원격으로 방문자의 출입을 허용하거나 거절할 수 있다.

▼종이비행기를 무선 조종 비행기로 만드는 파워업 3.0 스마트 모듈(Image used with permission from Tailor Toys, Photo © Tailor Toys)

　요즘 새롭게 주목받고 있는 사물인터넷 엔터테인먼트(합쳐서 '아이오테인먼트 Io Tainment'라고도 부름) 제품들도 텔레프레즌스를 많이 이용한다. 스마트폰으로 종이비행기를 조종하는 파워업 3.0 스마트 모듈은 종이비행기를 직접 접은 후 블루투스 통신 기능이 있는 날개를 붙이면 스마트폰에서도 방향과 속도 제어가 가능하다. 종이로 접은 비행기를 자신의 의지대로 움직일 수 있는 기발한 솔루션인 셈이다.

조명 기구나 침구류에도 텔레프레즌스 기술이 사용된다. 굿나잇 램프Good Night Lamp는 인터넷으로 연결된 램프들이다. 2개 이상의 굿나잇 램프를 구매해서 멀리 떨어져 사는 가족이나 애인, 지인들과 나눠 가지면 램프를 통해 상대방이 깨어있는지 램프를 끄고 잠이 들었는지 알 수 있다. 램프 하나로 깊은 감성을 공유할 수 있는 기기다. 필로 토크Pillow Talk는 멀리 떨어져 사는 사랑하는 사람의 심장 박동을 들을 수 있는 베개다. 베개 두 개가 인터넷을 통해 연결돼 있어 한 사람이 베개를 베면 다른 사람의 베개 색깔이 변하고 상대방의 심장 박동 소리를 들을 수 있다. 멀리 떨어져 살고 있지만 상대방이 바로 옆에서 자고 있는 것처럼 느끼게 해준다.

▼필로 토크의 작동 모습 (Image used with permission from Little Riot, Photo © Little Riot)

텔레프레즌스는 먼 곳으로 출장을 가지 않고도 현재 근무지에서 원격으로 업무를 볼 수 있도록 만들어진 원격회의 분야에서 폭넓게 활용되고 있다. 이를 위해 많은 텔레프레즌스 로봇들이 개발됐는데, 가장 실용적이면서도 인기 높은 제품은 더블 로보틱스Double Robotics, DB다. 더블 로보틱스의 원리는 간단하다. 이 제품의 인터페이스는 아이패드로, 이용자의 아이폰이나 아이패드를 통해 원터치로 전 세계 어디에서나 인터넷 화상통화를 누르면 자신의 이미지와 목소리를 DB에게 보낼 수 있다. DB는 기기 하단에 커다란 두 바퀴가 있다. 스크린의 높이도 원격 조종이 가능하다. 세그웨이Segway처럼 자이로 센서로 균형을 유지하는 두 바퀴는 원격 조종으로 전·후진과 방향 전환이 가능하다. 따라서 평평한 곳이면 이용자가 DB를 자유자재로 이동시켜 사람들과 대화할 수 있는 것이다.

아이로봇은 시스코와 공동으로 로봇 '아바 500'을 출시했는데 이 역시 원리는 더블 로보틱스와 유사하나 외관은 좀 더 로봇 같다. 아

▼더블 로보틱스(Image used with permission from Double Robotics, Photo © Double Robotics)

직 구체적인 언급은 없었지만, 일본 소프트뱅크에서 개발한 페퍼도 영상통화 기능만 구현하면 텔레프레즌스 기능을 가질 수 있을 것으로 보인다. 페퍼도 음성인식을 할 수 있고 명령에 따라 이동할 수 있으며, 대화할 수 있는 스피커와 모니터를 가지고 있기 때문이다.

텔레프레즌스를 가장 실감 나게 해주는 기술은 3D홀로그램 커뮤니케이션이다. 3D홀로그램은 실제로 상대방이 공간을 이동해 왔나 싶을 정도의 실감 영상을 제공한다. 3D홀로그램은 기존 3D영상과 비교했을 때 입체감과 현실감이 훨씬 더 풍부하고 안경 착용 없이 확인할 수 있으며 공간 왜곡 현상도 없는 것이 특징이다.

DVE는 텔레프레즌스 미팅을 위한 회의실을 제공한다. DVE가 구축한 회의실에는 3D홀로그래피 영상 송수신장치가 있어 실물 사이즈의 입체 영상과 마주하여 상대방과 실시간 대화를 할 수 있다. 실제로는 서로 다른 나라에서 대화하고 있는 상대방들이 마치 같은 방에서 대화를 하고 있다는 느낌을 준다.

3D홀로그램은 사용자가 같은 가상공간을 공유하면서 상호작용하기 때문에 실감immersive 기술이라고도 한다. 현재 우리나라는 3D홀로그램을 한류 공연에 이용하고 있다. 동대문에 있는 홀로그램 상설 공연장 '클라이브Klive'에선 빅뱅, 싸이, 소녀시대 등 한류 스타들의 공연을 실감 나게 관람할 수 있다. 홀로그램 공연은 실제 무대에선 구현하기 힘든 특수효과가 가미돼 더욱 흥미롭다.

3D홀로그래피를 이용한 가상 텔레포트 기술은 우리 주변의 많은 것들을 혁신적으로 바꿀 것이라 예상한다. 그중에서도 가장 빠

른 적용이 예상되는 분야는 원격 의료와 교육 분야다. 최고의 외과 의사가 필요한 복잡한 외과적 수술을 멀리 떨어진 곳에서 위급하게 해야 하는 경우, 가상 텔레포트 영상을 이용하면 직접 집도를 하는 것처럼 수술을 도와줄 수 있다. 원격지에 있는 의사는 3D홀로그래피를 따라 집도하는 것으로 수술의 성공 확률을 더 높일 수 있다. 가상 텔레포트 기술은 또한 완벽한 재택교육을 가능하게 한다. 3D 홀로그래피로 나타난 선생님의 영상은 선생님과 일대일로 학습하는 것과 같은 느낌을 준다. 사정이 생겨서 수업에 참석을 못하면 선생님이 남긴 홀로그램 녹화 영상을 이용하면 된다.

5G시대가 본격화되는 2020년 이후에는 스마트폰 영상통화에도 3D홀로그램을 이용한 텔레포트 영상이 나올 것으로 예상된다. 5G는 4G 대비 최소 200배 빠른 초고속 데이터 속도를 자랑하는데, 그동안 데이터 속도 한계로 상용화가 불가능했던 여러 가지 혁신 기술들을 단숨에 우리들의 일상 속으로 가져올 수 있다. 이와 같은 초고속 모바일데이터가 흐르기 시작하면 우리 주변의 모든 것에 텔레프레즌스 기술이 적용 가능하고 입체 영상 구현이 가능해진다. 크고 작은 모니터에 갇혀 있던 모든 영상들이 텔레포트 기술을 응용해 과감하게 탈옥을 시도할 것이다.

5G시대가 되면 영화도 체험형으로 변할 가능성이 높다. 예를 들어 〈해리포터〉 같은 영화는 세트장으로 지어진 마법 학교 속에 들어가 마법을 체험하고 게임을 하면서 영화를 즐길 수 있는 테마파크형 영화관에서 상영될 수 있다. 앞으로 엔터테인먼트 비즈니스를

하는 이들은 3D홀로그램 판권, 텔레프레즌스 판권 등에도 눈을 돌릴 필요가 있을 것이다. 이런 시대가 되면 유령의 등장도 시시해질 것 같다. 어차피 홀로그램 영상이나 그들이나 잘 구분이 안 될 테니 말이다.

이제 이와 같은 핵심 기능을 이용해서 사물인터넷 분야별로 어떤 제품들이 개발되고 있고 개발 전략은 어떤 것들이 있는지 살펴보기로 하자. 여기서는 웨어러블 기기 분야를 '인터넷 오브 미Internet of Me'로 스마트홈 분야를 '인터넷 오브 홈Internet of Home'으로, 스마트 시티와 환경 분야는 '인터넷 오브 더 시티Internet of the City'로 분류했다. 편의상 구분했지만 이들은 사실 본질적으로는 연결돼 있다. 인간과 연결된 웨어러블 기기들이 집으로 들어가면 홈 기기들과 연결된다. 그리고 스마트홈이 사회 전체로 확장되면 스마트 시티가 되는 것이다.

인터넷 오브 미
Internet of Me

●———— Chapter 13 ————○

전직 우주비행사 스티브 오스틴 대령은 비행기 사고로 치료를 받던 중 생명이 위험해지자 양쪽 다리와 한쪽 팔, 그리고 한쪽 눈을 최첨단 생체 기기로 교체하고 다시 태어난다. 그를 슈퍼히어로로 재탄생시키기 위해 들인 비용은 600만 달러. 그는 20배 줌인 기능과 적외선 가시 능력이 있는 눈, 불도저에 버금가는 몇천 마력의 힘을 가진 팔, 15미터를 점프하고 시속 60마일로 달릴 수 있는 두 다리를 가지게 됐다. 사람들이 위험에 처하거나 국가 기밀을 처리할 땐 슬로모션으로 움직이며 "뚜두두두두" 소리를 냈는데 오히려 아주 빠르게 움직이는 것처럼 보였다.

1970년대에 선풍적인 인기를 끌었던 미국 드라마 〈육백만 불의 사나이〉의 내용이다. 인간은 과연 기기들로 신체 일부를 바꿔서 슈퍼 파워를 가질 수 있을까? 신체 일부를 바꾸는 것은 아직 시기상

조지만 당장 액세서리 정도만 바꿔도 인간의 능력은 확실히 달라질 수 있다.

신체에 부착하는 밴드나 안경, 액세서리로 능력을 확장하거나 자신의 건강 상태에 대한 정보를 실시간으로 전달할 수 있는 기기들은 이미 상용화됐다. 이러한 기기들이 우리를 슈퍼히어로로 만들어주지는 않지만 우리의 인지 능력을 향상시키고, 신체를 더욱 건강하게 유지시키는 데 도움을 주고 있다.

우리는 이런 기기들을 '웨어러블 디바이스wearable device'라 부른다. 웨어러블 디바이스를 좀 더 구체적으로 정의하면, 사용자의 몸에 부착돼 몸의 일부처럼 사용할 수 있는 컴퓨터를 말한다. 안경, 시계, 옷, 액세서리 등과 같이 우리 몸에 착용할 수 있는 물건에 컴퓨터 기능을 탑재한 '입을 수 있는 컴퓨터'란 뜻이다.

이 웨어러블 디바이스가 혁명에 가까운 속도로 진화 중이다. 모든 기기들의 초기 버전이 그렇듯이, 군사기술 분야에서 주로 사용된 웨어러블 디바이스의 초기 모습은 무겁고 투박했다. 사용자 친화적인 것과는 거리가 한참 멀었다. 하지만 최근에는 기계가 작아지고 가벼워졌다. 여기에 디자인에 패션까지 반영돼 사용자들을 유혹하고 있다. 2010년대 들어서는 웨어러블 디바이스와 스마트폰이 연동되기 시작하면서 웨어러블 기기가 새로운 생명력을 갖기 시작했다. 이제 웨어러블 디바이스는 우리들 생활 깊숙이, 또 널리 퍼져나가고 있으며 우리 신체의 일부분이 돼가고 있다. 이제, 인간이 인터넷에 연결되는 '인터넷 오브 미Internet of Me'의 시대가 온 것이다.

스마트폰의 광풍이 한 차례 휩쓸고 지나간 IT 시장에서는 웨어러블 디바이스가 차세대 금맥으로 주목받고 있다. 스마트폰 시장이 급속하게 성장했지만 점차 시장의 한계가 보이면서 스마트폰 업체는 새로운 먹거리를 웨어러블 디바이스 시장에서 찾으려 하고 있는 것이다. 일부 IT기업들은 스마트폰 시장에서의 초기 주도권을 애플과 삼성에 놓쳤던 뼈아픈 경험 때문에 웨어러블 시장만큼은 초기부터 진입해 주도권을 뺏기지 않겠다는 강한 의지를 나타내고 있다. 중소기업 입장에서도 스마트폰에 비해 개발 복잡도가 낮은 웨어러블 디바이스에서 새로운 비즈니스 기회를 찾으려는 분위기다.

사기도박으로 시작된 웨어러블 디바이스

1960년대에는 사기도박에 대한 개념이 없었나 보다. 세계 최고 공과대학 교수가 사기도박 기기를 개발한 것이 웨어러블 기기의 시작이었다. 카지노 게임이 유행하던 1961년, MIT의 수학과 교수인 에드워드 쓰롭Edward Throp 과 클러드 셰넌Claude Shannon은 룰렛 게임에서 높은 승률을 낼 수 있는 사기도박 기기를 개발했다. 이 기기의 본체는 구두 속에 감춰져 있고 측정기는 담뱃갑에 숨겨져 있었다. 이 기기는 복잡한 연산을 처리하는 타이밍 메커니즘을 이용, 룰렛의 구슬이 안착하는 곳을 맞추도록 개발됐다.

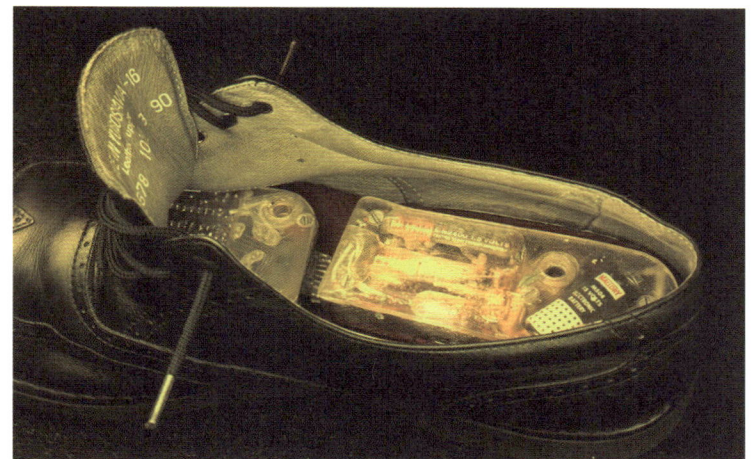

▲쏘롭 교수의 룰렛 게임용 구두 (이미지 출처:http://afflictor.com/tag/edward-o-thorp/)

　　쏘롭 교수는 1962년《딜러 이기기Beat the Dealer》라는 책을 출간, 자신이 어떻게 룰렛 게임에서 40퍼센트가 넘는 높은 승률을 내는 기계를 고안했는지 밝혔다. 이 사기도박 기기는 컴퓨팅 기능을 가지고 있었으며 구두 밑창에 넣어 신고 다닐 수 있었기 때문에 인류 최초의 웨어러블 디바이스로 기록됐다.

　　인류의 두 번째 웨어러블 디바이스는 3D 가상현실 기기였다. 1968년, 하버드대학 교수였던 이반 써덜랜드Ivan Sutherland는 '다모클레스의 검'이라는 HMDHead mounted display를 발명했다. HMD는 초기 버전의 유저 인터페이스와 리얼리즘을 구현한 것으로 유명하다. 써덜랜드 교수는 최초의 그래픽 사용자 인터페이스를 구현한 스케치패드의 발명자로도 유명하다.

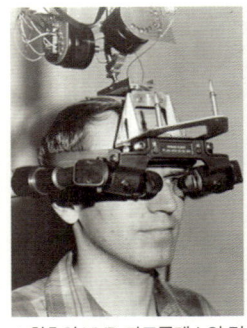 

▲최초의 HMD, 다모클레스의 검 (이미지 출처 : http://web.engr. oregonstate.edu/~benavidb/ ECE477/)

▲블랙잭 게임을 위해 고안된 인류 최초의 입는 컴퓨터 (이미지 출처 : http://www.vegastripping.com/features/feature. php?feature_id=89&page=4)

　인류 세 번째의 웨어러블 디바이스 역시 카지노에서 사기 행위를 하기 위한 발명품이었다. 음악과 물리를 가르치던 교사 케이스 타프트Keith Taft는 우연히 르노에 있는 카지노에 놀러 갔다가 블랙잭 게임에 매력을 느꼈다. 집에 돌아온 그는 쓰롭 교수의《딜러 이기기》및 블랙잭과 관계된 많은 서적을 읽고 연구한 끝에 1972년 블랙잭 게임의 카드를 카운팅할 수 있는 컴퓨터를 개발했다.

　그의 컴퓨터는 카지노에서 사용돼야 하고 사람들에게 발각이 되면 안 되므로 자신의 배에 두를 수 있는 웨어러블로 개발됐다. 배에 두른 컴퓨터는 신발에 숨긴 4개의 스위치와 연결이 됐다. 구두 속 엄지발가락 위아래에 있는 스위치를 통해 카드에 대한 정보를 입력하면 컴퓨터가 연산해서 결과를 그의 안경테에 숨겨진 LED 조명으로 전송했다. 이 기기는 완벽하게 작동했으나 무슨 일인지 타프트는 오히려 돈을 잃고 말았다고 한다.

스마트 워치나 웨어러블 밴드의 효시는 풀사Pulsar의 손목시계 계산기다. 1975년에 크리스마스를 겨냥해 출시된 이 제품은 LED 손목시계에 소형 계산기 버튼을 장착한 것으로 대중들에게 판매된 최초의 웨어러블 기기였다. 이 시계는 18K 금장으로 100대 한정판도 나왔는데, 3,905달러라는 당시로서는 엄청나게 비싼 가격으로 판매됐다.

▲인류 최초의 손목형 웨어러블 디바이스 - 풀사의 손목시계 계산기 (이미지 출처 : http://www.crazywatches.pl/pulsar-calculator-time-computer-led-1975)

지금의 스마트 워치를 닮은 제품의 효시는 포실Fossil의 팔목형 PDA이다. 포실은 1999년,

▲포실의 PDA 시계 (이미지 출처 : http://www.watchtalkforums.info/forums/thread49127.html)

그 당시 PDA로는 세상을 깜짝 놀라게 했던 팜Palm의 운영체제를 적용해 PDA 워치라는 스마트 워치를 개발했는데, 이 스마트 워치는 팜과 선으로 연결해서 정보를 가져왔고 시계에는 그 정보들을 읽는 기능만 있었다.

이후 2000년대 초반부터는 여러 기업들이 웨어러블 디바이스 제품을 출시하며 웨어러블 시장 형성을 위해 노력했다. 신체에 부착하는 컴퓨터는 2000년대 초반에 등장했다. 미국의 자이버넷

▲자이버넛의 포마(이미지 출처:http://
tech.howzit.msn.com/the—world—of—
terrible—gadgets?page=2)

Xybernaut은 2002년에 포마Poma라는 진정한 의미의 웨어러블 컴퓨터를 출시했다. 지금의 구글 글래스와 많이 닮아 있는 포마는 컴퓨터 본체를 벨트에 부착하고 자판은 팔목에 부착해야 하는 다소 불편한 기기였지만 오늘 날 웨어러블 컴퓨터의 진화 방향을 제시했다. 포마는 현장에서 컴퓨터를 이용해야 하는 국가 방위나 건설 현장에서 실험적으로 사용됐다.

이후 2000년대 중반부터는 휴대전화와 연결된 스마트 워치들이 나오기 시작했다. 2006년에는 소니 에릭슨이 블루투스 워치를, 2008년에 LG전자가 프라다 링크를 선보였다. 2009년에는 LG전자가 영상통화 워치폰을, 삼성전자도 워치폰을 각각 출시하며 웨어러블 디바이스의 시장 가능성을 엿봤으나 비싼 가격으로 인해 시장

▼좌로부터 소니 블루투스 워치, 삼성 워치폰, LG 프라다 링크(이미지 출처:구글 이미지 검색)

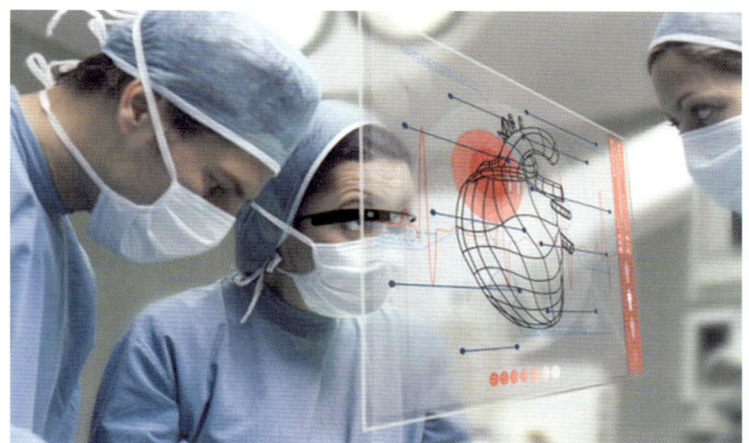

▲구글 글래스의 증강현실 이미지를 이용해 외과 수술을 하는 장면 (이미지 출처 : http://inhabitat.
com/can-google-glass-help-doctors-perform-safer-more-successful-surgeries/)

형성에는 어려움을 겪었다. 삼성은 그 뒤 2014년 9월에 스마트폰과
연결해 사용할 수도 있고 단독으로 사용할 수도 있는 새로운 개념
의 위치폰, 삼성기어를 출시했다.

2007년 스티브 잡스가 스마트폰을 내놓으면서 웨어러블 기기들
은 빠르게 컴퓨팅과 결합되기 시작했다. 그러던 중 2012년에 웨어
러블 기기의 혁명을 이끈 발명품이 나온다. 바로 구글 글래스다. 구
글 글래스는 스마트폰 발명에 버금가는 역사적인 발명이었다. 구글
은 사람들이 상상하는 모든 것을 구글 글래스에 담고자 노력했다.
구글 글래스는 의료, 국방, 산업 등 다양한 분야에 활용될 수 있는
획기적인 발명품이다. 그러나 사진 촬영과 사람인식으로 인한 프
라이버시 문제가 계속 대두돼 아직은 대중에게 출시하는 것이 불

투명한 상태다. 그 이후 LG, 삼성, 소니, ZTE, 퀄컴 등 글로벌 IT 기업들은 물론 많은 스타트업 기업들도 스마트 안경을 비롯해 손목시계 형태의 스마트 시계, 피트니스 밴드, 헤드셋, 웨어러블 카메라, 스마트 의류, 스마트 신발, 스마트 반지, 심지어는 스마트 귀걸이까지 다양한 웨어러블 디바이스를 출시하고 있다.

손목 위의 트레이너와 주치의

웨어러블 디바이스가 특히 환영받는 분야는 건강관리, 즉 헬스케어 분야다. 시장조사기관인 트랜스페어런시 마켓리서치Transparency Market Research의 보고서에 의하면 2012년 20억 달러 규모이던 세계 웨어러블 헬스케어 시장은 2019년에 58억 달러 규모로 연평균 16.4퍼센트 성장률을 기록할 전망이다. 또 시장조사기관 IDC역시 2014년 웨어러블 디바이스 출하량을 1,920만 대로 예상했다. 또한 향후 5년간 연평균 78.5퍼센트의 성장을 거쳐 2018년에는 1억 대를 넘어설 전망이라고 밝혔다. 건강관리 웨어러블 디바이스들은 손목에 착용하는 형태로 많이 나오는데 이를 손목형 웨어러블이라 한다. 손목형 웨어러블은 또 다시 스마트 밴드와 스마트 워치로 나뉜다. 최근 삼성이 독주하던 웨어러블 시장에 애플이 애플 워치를 출시하면서 시장은 점점 더 뜨거워져 가고 있다.

【 스마트 밴드 】

　지금까지 나온 밴드형 웨어러블 디바이스들 중 가장 대표적인 것은 웨어러블 피트니스 밴드다. 업계는 이를 스마트 건강관리 상품으로 분류한다. 밴드는 팔찌형 기기를 말하는데, 스마트 밴드, 헬스 트래커 등 다양한 이름으로 불린다. 대부분의 스마트 밴드에는 작은 창도 없는 것들이 많다. 이들은 실시간으로 스마트폰과 연동되기 때문에, 사용자는 스마트폰으로 자신의 활동량이나 운동량을 여러 가지 통계 데이터로 확인할 수 있다. 작은 LED창이 부착돼 있어 시간과 간단한 기록들을 볼 수 있는 것들도 있지만 태생이 팔찌이거나 제조사가 밴드라 규정하면 그렇게 불러주는 것이 관례다.

　스마트 밴드는 사람의 생물학적 신호와 기계가 교감하면서 이용자의 건강을 모니터링하고 건강 증진 방안을 제안하는 것을 목적으로 한다. 또 이들 기기를 스마트폰과 연동하면 스마트폰을 꺼내보지 않아도 착신 메시지를 확인할 수 있고, 지도 애플리케이션과 연동해 길 안내나 교통정보도 확인할 수 있다.

　스마트 밴드의 가장 큰 장점은 운동에 대한 동기부여를 해주는 데 있다. 예를 들어 스마트 밴드 폴라Polar는 하루의 운동 목표량을 제시해주고 실시간으로 달성해나가는 상태를 표시한다. 폴라를 차고 다니다가 하루 권장량의 운동량을 모두 채우지 못하면 죄책감이 생길 수도 있으니 소심한 사람들은 착용을 주의해야 한다.

　대표적인 스마트 밴드에는 나이키 퓨얼밴드, 핏빗, 조본 업Jawbone up, 미스핏 샤인misfit shine, 삼성 기어피트, LG 라이프밴드 터치 등의 제품이 있다. 전문가를 대상으로 하는 레저/스포츠 밴드로 타이맥스Timex, 가민Garmin, 순토Sunto 등의 제품도 있다. 전문가용 제품은 거리, 속도, 고도, 온도 등을 측정할 수 있고 물속에서도 사용이 가능하도록 방수 기능이 지원된다. 심박수 측정이 가능한 제품으로는 아디다스의 스마트런smart run이 있다.

팟빗의 '팟빗 포스Fitbit Force'는 스마트폰 주소록 또는 친구들과 함께 활동 내역을 공유하도록 만들었다. 이 때문에 자신의 기록뿐만 아니라 남들의 기록을 비교함으로써 더 열심히 운동하도록 의욕을 불러일으킬 수 있다.

대부분의 손목형 웨어러블 디바이스는 사용자의 일상을 지속적으로 기록한다. 기록된 데이터는 사용자의 생활 습관이나 건강 정보를 풍부하게 담고 있다. 스마트 밴드가 대표적으로 수집하는 데이터는 '수면 패턴'이다. 스마트 밴드 기기 제조사인 조본Jawbone의 대표상품 조본 업 24도 사용자의 수면 정보를 기록한다. 자기 전 조본 업 24를 수면모드로 전환하면 취침 시간부터 깊은 잠, 선잠, 기상 시간 등을 수집해 보여준다. 이를 통해 수면의 질을 파악할 수 있게 된다. 팔의 움직임으로 측정해 정확도가 다소 떨어지지만 전반적인 수면 패턴은 파악할 수 있다. 이 외에도 스마트 밴드는 하루 먹은 음식을 사용자가 기록하도록 해 칼로리 소모량 관리를 돕는다.

레디밴드Readiband는 아이디어가 매우 돋보이는 제품으로, 비즈니스용으로 개발됐다. 이 밴드는 사용자의 수면의 양과 질을 기반으로 사용자의 육체 피로도를 측정한다. 측정된 수치는 다양하게 이용될 수 있다. 예를 들어 절대로 피로한 상태에서 근무하면 안 되는 직업들이 있다. 비행기 파일럿이나 열차 기관사 같은 직업이 그렇다. 팀 스포츠에서도 선수들의 피로도는 매우 중요하다. 감독이나 코치들은 실력이 비슷한 선수들 중에서는 되도록이면 컨디션이 좋은 선수를 우선 기용할 수 있다.

【 스마트 워치 】

'시계 대전(大戰)', 한 경제신문에 올라온 기사의 헤드라인이다.

롤렉스, 위블로, 까르띠에 등 명품 시계들의 전쟁이 아니라 삼성, LG, 모토로라, 애플 등 글로벌 스마트 워치 업체들이 벌이는 웨어러블 전쟁이다. 지금까지의 승자는 삼성전자다. 삼성은 지난해 발표한 '갤럭시기어' 이후 전 세계 스마트 워치 시장을 주도하고 있다. 시장조사기관 스트래티지 애널리틱스Strategy Analytics에 따르면 삼성전자는 2014년 2분기에 스마트 워치 시장점유율 73.6퍼센트를 기록하며 4분기 연속 세계 1위를 유지하고 있다. 독주하는 삼성전자 뒤를 LG전자와 모토로라가 재빠르게 뒤쫓기 시작했다. 그리고 스마트 기기의 거인 애플도 스마트 워치를 내놓았다. 그동안 삼성전자의 단독 플레이였다면 앞으로는 쟁쟁한 선수들 여럿이 본격적인 경쟁을 하게 됐다는 얘기다.

스마트 워치는 스마트폰을 보조하는 것이 기본적인 역할이며, 스마트폰을 주머니나 가방에서 꺼내지 않아도 전화, 문자메시지, 알림 등을 시계를 통해 확인할 수 있다. 삼성의 기어가 처음 나왔을 때는 스마트 워치에서 직접 통화하는 기능도 있었는데, 스피커폰으로 통화하다 보니 프라이버시 문제가 발생했다.

삼성은 1년 남짓한 기간 동안 네 번이나 새로운 스마트 워치를 선보였다. 갤럭시기어, 갤럭시기어2, 갤럭시기어 네오, 갤럭시 기어 라이브를 발매했고 2014년 9월에는 삼성기어S가 나왔다. 나는 갤럭시기어 최초 모델을 1년 전쯤 샀다. 이 제품이 1년 사이에 골동품이 된 기분이다. 그래서 서랍 깊숙이 넣어뒀다.

새로 나온 삼성기어S는 스마트 워치 최초로 커브드 디스플레이를 적용했다. 유심칩을 끼워 이동통신망을 직접 이용하거나 블루투스를 이용해 독자 통신 기능을 갖고 있다는 점이 전작들과 다르고 애플 워치를 비롯해 현재 나와 있는 스마트 워치들과도 확실히 차별화된다. 당분간 스마트 워치에 있어서는 삼성의 독주가 계속될 것으로 보인다.

LG전자의 전략적 스마트 워치 'LG G워치R'은 풀 서클(완벽한 원형) 제품으로 플라스틱 올레드OLED 디스플레이가 적용됐다. 그래서 다른 제품들보다 더 가볍고, 더 얇다. 외형도 기존 사각형 제품보다 세련된 느낌이다. G워치R은 안드로이드 웨어를 운영체제로 탑재했고 음성인식 서비스인 구글 나우를 통해 일정 검색, 메일 관리 등을 손쉽게 할 수 있다. 특히 배터리가 410mAh로 대용량이다. 항상 화면이 꺼지지 않는 올웨이즈 온Always-On 기능을 사용하지 않는다면 사흘은 무난히 사용할 수 있다.

애플은 2014년 9월 처음으로 스마트 워치를 발표했다. '애플 워치'는 심박수와 운동량 측정 등 건강관리 기능과 사파이어 글래스, 주식 정보 확인 기능, 디지털 결제 시스템인 애플 페이 등을 탑재했다. 애플 워치의 차별적 기능은 '디지털 크라운'이다 크라운은 기계식 시계에서 시간과 날짜를 맞추거나 태엽을 감는 용도로 사용된다. 애플은 이 크라운으로 인터페이스의 일부분을 확대하거나 스크롤하는 등 손가락 제스처가 필요했던 여러 기능을 대신하도록 했다.

스마트 워치라는 카테고리의 개척자라 할 수 있는 페블Pebble은 저전력 e-잉크 디스플레이를 채택했다. e-잉크 디스플레이를 사용해 저전력으로 화면이 항상 켜져 있고 배터리가 오래 가는 장점이 있다. 페블은 앱스토어를 오픈하는 등 플랫폼 전략을 차근차근 실행하고 있다. 오픈 3개월 만에 2,800개 이상의 앱이 등록됐고 시계 화면을 꾸미는 앱, 날씨, 주가, 교통 상황을 알려주는 앱 등이 인기다. 그러나 페블도 이제는 진화를 모색해야 할 시기가 왔다. 삼성기어 시리즈는 페블이 나온 이후 다섯 번이나 진화를 거듭했다. 페블이 글로벌 강자인 삼성, LG, 모토로라, 애플 등과의 전쟁에서 어떻게 살아남을 수 있을지 주목된다.

소니는 스마트 워치의 원조 격이다. 2014년 5월에 국내 출시한 소니의 스마트 밴드 'SWR10'에는 전용 앱인 '라이프로그'가 탑재됐다. 라이프로그는 이용자가 하루에 얼마나 잤는지, 어디를 얼마나 걸었는지, 누구를 만났는지 등을 데이터화한다. 마치 일기를 써주듯 일상생활, 신체 활동 등을 체계적으로 정리해줘 이용자는 데이터를 보며 오늘을 되돌아보고 내일을 계획할 수 있다. 그런데 이 정도 기능으로 삼성의 기어 시리즈와의 경쟁에서 살아남을 수 있을지는 역시 의문스럽다.

세계 5위 스마트폰 제조사로 급성장한 중국의 샤오미도 스마트 밴드 '미 밴드Mi band'를 공개했다. 이 제품은 신체 운동량과 수면 상태를 가르쳐주며 집 안의 스마트 가전을 제어하는 기능도 지녔다. 샤오미가 단순히 저가 공세만 잘하는 것이 아니라, 급속히 성장하는 소프트웨어 기술로 볼 때 포화된 스마트폰 시장에서 살아남을 수 있다고 평가됨에 따라 소프트웨어의 완성도를 높여 웨어러블 기기 시장을 공략할 것으로 전망된다.

스마트 워치는 기능도 중요하지만 이 기능의 효용성을 더욱 높여주는 다양한 앱도 중요하다. 그래서 주요 스마트 워치 제조사들은 앱 생태계 구축에 적극 나서고 있다. 스파이 영화나 SF영화에서 상상했던 스마트 워치의 기능은 거의 다 구현되고 있는 것 같다. 비록 팔목에 두르는 시계의 형태지만 인터넷과 항상 연결돼 있는 기기인 만큼 스마트 워치에는 언제나 많은 가능성이 열려 있다.

구글 글래스

2012년 4월 4일.

나는 그날의 감동을 아직도 잊지 못한다. 한 남자의 하루, '원데이' 동영상이 처음 선보였다. 이 남자의 하루는 수많은 그래픽이미지와 오버랩되면서 이어진다. 아침에 일어나니 수많은 아이콘들이 나타난다. 그날의 미팅 약속과 일기예보, 만나자는 친구의 문자메시지. 답변은 말로 한다. 말은 곧 문자메시지로 전환돼 친구에게 전송된다. 만날 장소를 정하고 집을 나서니 가는 곳까지 내비게이션이 작동해 길 안내를 한다. 티켓 구매를 명령하고, 서점에선 원하는 책이 있는 곳이 검색된다. 사진을 찍고, SNS에 즉시 포스팅한다. 물론 이것도 모두 말로 명령했다. 안경만으로 친구와 영상통화를 하면서 자신의 주변을 동영상으로 촬영해 공유한다.

　그날, 인간은 신의 능력에 또 한 걸음 다가갔다. 구글이 '프로젝트 글래스Project Glass'를 선언한 날이었다. 선언은 구글 글래스의 콘셉트 동영상 '원데이'가 대신했다. 그해 6월 27일 샌프란시스코의 구글 I/OGoogle Input Output에서는 구글 글래스의 데모버전을 발표했고, 구글 글래스를 착용한 스카이다이버들이 스카이다이빙하는 동영상을 실시간으로 공개했다. 회의에 참석한 약 2,000명의 사람들이 구글 글래스 익스플로러가 됐고, 그해 구글 글래스는 타임지에서 선정한 최고의 발명품이 됐다.

　구글 글래스는 HMD가 내장된 안경형 웨어러블 디바이스다. 구글 글래스는 핸즈프리 형태로 모든 형태의 정보를 보여주고 자연언어 음성 명령을 통해 인터넷과 상호작용할 수 있다. 구글 글래스는 또한 720p HD 영상을 녹화하고 사진을 찍을 수 있는 기능을 제공한다. 동영상 녹화 중에는 녹화 불빛이 눈 위에 나타나지만 안경 착용자는 이를 눈치 채지 못한다. 구글 글래스로 구글 나우, 구글 지도, 구글 플러스, 지메일과 같이 이미 존재하는 수많은 구글의 애플리케이션들을 이용할 수 있으며, 에버노트, 스키치, 뉴욕타임즈, 패스 등과 같은 외부에서 공급하는 애플리케이션도 이용이 가능하다.

'원데이'에서는 구글 글래스가 우리의 일상생활에 어떻게 사용되는가를 보여줬지만 이미 많은 전문 분야에서 구글 글래스가 이용되고 있다.

【 헬스케어 분야 】

헬스케어 분야에는 구글 글래스를 이용한 다양한 솔루션들이 나왔다. 음식 정보 등을 제공함으로써 더 건강한 요리법을 시각적으로 제공할 뿐 아니라 센서로 생체 신호를 추적하거나 피트니스 프로그램, 운동 피드백, 건강 프로필 등을 제공해 사람들이 보다 건강한 삶을 살 수 있도록 도와준다. 시각장애나 청각장애를 가진 사람들의 활동을 돕는 기능 또한 제공한다.

의료 분야는 구글 글래스가 진가를 발휘하는 분야다. 구글 글래스를 쓰면, 두 손을 자유자재로 사용해 멀티태스킹하며 동시에 정보에 접근할 수 있다. 사소한 오염이나 서류상의 오류도 큰 사건으로 번질 수 있는 분야이기 때문에 구글 글래스를 활용하는 것이 더욱 안성맞춤이다. 때문에 의료 산업은 이미 업무 과정에 구글 글래스를 적극 활용하고 있다. 보스턴에 위치한 한 병원의 내과의들은 환자 검진에 구글 글래스를 사용하며, 외과의들도 수술 및 시술에 이를 활용한다. 미국 스탠포드대학 의대생들은 환자 시술 중 글래스를 통해 교수와 피드백을 주고받으며, 노스캐롤라이나 주 듀크메디컬 센터의 외과의들은 수술 장면을 기록하고 보관하는 데 이 기기를 사용한다.

2013년 6월 20일에는 이스턴메인메디컬센터Eastern Maine Medical Center의 라파엘 그로스만Rafael Grossman이 최초로 글래스를 끼고 49세 남성에게 연골세포 이식 수술을 진행하며 아이패드로 수술 영상을 스트리밍했다. 스페인의 페드로 길렌Pedro Guillen이 스트리밍한 무릎 수술 영상은 전 세계 150명이 실시간으로 시청했다. 오하이오주립대학에서는 크리스토퍼 캐딩Dr. Christoper Kaeding교수의 무릎 인대 수술을 그 대학 학생들에게 스트리밍해 수술 교육을 진행했고, 런던왕실병원의 샤피 아메드Shafi Ahmed가 집도한 78세 남성의 간과 장에서 암세포를 제거하는 수술 영상 또한 온라인 방송으로 송출돼 115개국의 1만 3,000명의 학생들이 동시에 시청을 했다.

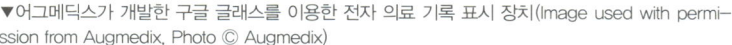
▼어그메딕스가 개발한 구글 글래스를 이용한 전자 의료 기록 표시 장치(Image used with permission from Augmedix, Photo ⓒ Augmedix)

학생이 온라인으로 질문을 올리면 수술을 하면서 동시에 답을 하기도 했다.

의료용 구글 글래스 애플리케이션을 개발한 벤처기업 어그메딕스Augmedix는 벤처 펀딩으로 320만 달러를 받았다. 다우존스에 따르면 이는 "구글 글래스 앱만 집중적으로 개발하는 벤처에 대한 첫 번째 공식적 펀딩"이었다. 어그메딕스가 구현하려고 하는 바는 매우 간단하다. 의사들이 진료실에서 환자를 볼 때 컴퓨터 모니터를 들여다보는 대신, 구글 글래스를 끼고 환자를 바라보게 하겠다는 것이다.

현재 의사들은 전자 의료 기록Electronic Medical Record, EMR 시스템에 기록을 입력하기 위해서 업무 시간의 3분의 1을 소모한다고 한다. 그만큼 눈앞에 있는 환자에게 집중하거나 환자와 소통할 수 있는 시간은 줄어드는 것이다. 환자들의 입장에서는 어그메딕스의 애플리케이션 덕분에 의사들의 옆모습이나 뒤통수를 바라보고 이야기하는 것이 아니라, 서로 눈을 마주치며 이야기하게 됐다. 의사와 환자의 관계가 보다 인간적으로 변화된 것이다.

【 자동차 분야 】

현대자동차는 뉴제네시스의 블루링크에 구글 글래스를 연동했다. 이로써 구글 글래스는 제네시스의 온보드 컴퓨터 역할을 하게 됐다. 제네시스 운전자는 구글 글래스에 음성 명령으로 현재 날씨, 교통정보를 확인하는 것은 물론 내비게이션을 사용할 수도 있고,

▲메르세데스벤츠에서 구글 글래스를 통해 본 이미지(이미지 출처:http://www.tecmovia.com/2013/
08/18/mercedes-dice-si-al-uso-de-google-glass-al-volante/)

심지어는 자동차 문을 여닫는 것까지 할 수 있다. 구글 글래스를 착용하면 자동차 키가 필요 없는 셈이다.

메르세데스벤츠는 구글 글래스를 이용해 음성인식 내비게이션 시스템을 개발했다. 구글 글래스로 운전자는 음악을 듣거나 이메일 확인, 실시간 교통정보를 얻을 수 있다. 차 안에서도 스마트폰 등 다른 전자기기의 정보에 연동할 수 있기를 기대한다.

전기자동차기업인 테슬라 또한 '글래스테슬라'라는 애플리케이션을 개발했다. 글래스테슬라는 테슬라 모델 S와 연동해 음성 명령으로 원격 차량 잠금 해제, 배터리 잔량 확인, 내비게이션, 차량 실내외 온도조절 기능 등을 작동시킬 수 있다.

닛산자동차는 2013년 11월 구글 글래스와 비슷한 제품을 도쿄

모터쇼에서 선보였다. 명칭은 '3E'로 자동차 운전자에게 각종 정보를 전달하는 역할을 할 것으로 보인다. 구체적인 기능은 아직 밝히지 않았지만 내비게이션 기능이나 날씨, 교통정보 등이 될 것으로 보고 있다. 3E는 실시간으로 인터넷에 연결할 수 있으며, 정보가 중첩되어 표시되고 다른 사람들과 소통할 수 있다고 한다. 닛산은 같은 해 9월 운전자를 위한 스마트 워치도 소개한 바 있다. 이 시계는 자동차의 작동 현황 데이터를 표시해주고 효과적으로 모니터할 수 있으며, 소셜미디어 사이트 등과 연결된다고 한다.

그러나 운전 중 글래스나 그와 유사한 헤드마운트 기기를 착용하는 것은 집중력을 분산시켜 운전자를 위험에 빠트릴 수도 있으니 주의해야 한다. 미국 센트럴플로리다대학의 벤 소여Ben Sawyer 연구원은 "구글 글래스를 운전 중에 착용하면 위험하다"는 연구결과를 발표했다. 글래스를 통해 문자를 보내거나 받는 행동을 할 경우, 위험성이 더 커지는 것은 충분히 예상 가능하다.

【 스포츠 분야 】

스포츠 경기를 볼때 구글 글래스를 활용하면 정보 서비스를 통해 더욱 흥미로운 관람 경험을 할 수 있다. 예를 들어 경기장에서 경기를 관람할 때 각 선수들의 성적이나 특징을 알면 재미가 배가 된다. 축구 경기에서 골을 넣은 선수의 상세한 프로필과 성적을 보는 것은 TV에서나 가능하다. 그런데 구글 글래스는 이런 정보를 실시간으로 전달해준다.

클라우드 옵틱Cloud Optic의 글래스용 앱은 경기장에 있는 다수의 구글 글래스 이용자들의 영상을 실시간으로 수집해서 가장 인기순위가 높은 영상을 구글 글래스에 전송한다. 이를 통해 구글 글래스 이용자들은 자신이 보고 있는 장면뿐 아니라 다른 각도에서 촬영된 경기 영상을 함께 볼 수 있어 더욱 생동감 있는 경기를 즐길 수 있다. 예를 들어 포수 뒤에 앉아서 야구 경기를 관람하는 글래스 이용자는 외야수의 멋진 수비를 디테일하게 볼 수가 없다. 이때 외야석에 앉은 글래스 이용자의 영상이 그에게 전달되면 감동적인 장면을 하나도 놓치지 않고 경기를 관람할 수 있다.

아론 드락진스키Aaron Draczynski가 만든 야구 애플리케이션 블루Blue는 야구장의 위치를 파악해 구장 정보뿐만 아니라 타자와 투수 프로필, 공의 속도, 경기 스코어, 진행 상황 등 TV중계에서나 얻을 수 있는 정보를 글래스를 통해 제공한다.

▼APX 랩스의 스카이박스(Image used with permission from APX Labs, Photo © APX Labs)

APX 랩스의 스카이박스Skybox는 경기에 관련된 모든 정보는 물론 주요 경기 장면을 리플레이해서 보거나 다른 각도에서 보기 등의 프리미엄 영상도 제공하고 있다. 스카이박스는 펩시 등의 기업 스폰서를 받아 구글 글래스 이용자들에게 프리미엄 서비스를 무료로 제공하고 있다.

가상현실과 증강현실

가상현실Virtual Reality, VR이란 컴퓨터로 특정하게 만들어놓은 가상의 상황이나 환경을 주변과 마치 상호작용하는 것처럼 느끼게 함으로써 실제와 같은 체험을 할 수 있도록 도와주는 최첨단 기술을 말한다. 증강현실Augmented Reality, AR은 현실의 사물에 가상 물체나 관련 정보를 겹쳐 보여주는 것이다. 현실세계에 실시간으로 부가정보를 갖는 가상세계를 합쳐 하나의 영상으로 보여주기 때문에 혼합현실Mixed Reality, MR이라고도 한다. 증강현실은 비행기 제조사인 보잉사에서 1990년경 비행기 조립 과정에 가상의 이미지를 첨가하면서 처음으로 세상에 소개됐다.

가상현실은 자신과 배경, 환경 모두 현실이 아닌 가상의 이미지를 사용하는 데 반해, 증강현실은 현실의 이미지나 배경에 3차원 가상 이미지를 겹쳐서 하나의 영상으로 보여준다. 현실세계를 보완해주기 위해 컴퓨터 그래픽으로 만들어진 가상 환경을 사용하기 때문에 증강현실에서의 주역은 현실 환경인 셈이다.

2014년 10월, 가상/증강 현실 시장이 또 한 번 술렁였다. 구글이 가상/증강현실을 모두 아우르는 새로운 기술을 개발하는 '매직리프Magic Leaf'에 5억 달러가 넘는 대규모 투자를 주도했기 때문이다. 몇 달 새 페이스북이 증강현실 헤드셋을 만드는 오큘러스를 인수하고, 삼성이 기어VR을 발매했으며, 소니가 가상현실 헤드셋 모피어스Morpheus를 발표한 데 이어 MS가 룸 얼라이브Room Alive를 공개했다.

매직리프의 홈페이지를 방문해보면 손에서 미니 코끼리가 나와 공중에 떠다니거나 어린이방 안의 침대 위에서 발레리나가 실제로 공연을 하는 놀라운 영상을 만날 수 있다. 페이스북이 인수한 오큘러스처럼 가상과 현실을 기기로 구분하는 대신, 3D 광선을 활용해

▼매직리프 홈페이지에 나온 영상(이미지 출처:http://kr.wsj.com/posts/2014/10/23)

현실에 더 진짜 같은 가상현실을 더해 훨씬 흥미로운 체험을 제공하겠다는 것이 이 회사의 전략이다. 이를 위해 매직리프는 사용자 안구의 움직임을 포착해 이미지를 안구에 투사하는 기술과 현실감이 뛰어난 '영화적 현실'을 구현할 수 있는 3D 영상 기술 등을 선보일 예정이다.

매직리프 기술의 가장 큰 장점은 다른 가상현실 기기처럼 어지럼증을 유발하지 않는다는 것이다. 가상현실 기기를 사용할 때는 어지럼증으로 인한 멀미 현상과 균형 감각 상실 문제 등 인체가 가상현실에 적응하지 못해 생기는 증상들이 항상 문제로 지적돼 왔다. 이런 점에서 매직리프의 기술은 가상현실을 한 차원 업그레이드시킨 기술이 아닌가 생각된다. 구글이 구글 글래스로 증강현실 시장을 주도하더니 이제 가상현실까지도 주름잡을 듯하다.

현재 가상현실 시장은 아직 초기 단계로 기술 선점과 상용화 경쟁이 치열하다. 이 시장의 전통적인 강자들은 퀄컴토탈이머젼Total Immersion Qualcom, 메타이오Metaio GmbH, 오큘러스, 뷰직스Vuzix Corporation, 리얼리티Reality, Inc., 매직리프, 메타Meta 등인데 상용화된 제품이 아직은 거의 없다.

그런데 이 시장에 거의 모든 빅브라더가 다 뛰어든 이유는 무얼까? 우리가 스마트 기술이라고 하는 것은 모두가 가상/증강현실 기술의 산물이다. 가상/증강현실 기술이 추구하는 것은 현실과 컴퓨터로 만드는 가상세계의 결합이다. 우리가 살고 있는 물리적인 세계가 인터넷과 컴퓨터로 연결돼 마법 같은 사물인터넷 세상을 만들어낸다는 것이다. 지금은 가상/증강현실 기술과 기기가 나뉘어 있고 영상처리 영역에만 머물고 있지만 진정한 가상/증강현실기술은 앞으로 우리 실생활에 깊숙이 파고들 전망이다.

가령 미래의 온라인 쇼핑몰은 지금의 사이트 모습이 아니라 가상으로 공중에 떠 있는 실제 상점의 모습이 될 수 있다. 상품을 선택하면 상품의 실제 이미지가 부각돼 공중에 떠오르고, 입체 영상을 통해 상품을 사용하거나 착용하는 매력적인 체험을 즐길 수 있을 것이다. 인터넷 게임 화면도 답답한 컴퓨터 모니터나 옹색한 5인치 창에서 벗어나 들판이나 산에서 자연과 함께 펼쳐질 수 있다. 산길의 바위 틈에서 입체 영상의 적과 싸워 승리해 아이템을 얻고, 친구를 만나 즐기는 시나리오가 가능하다. 특히 꿈의 모바일 통신이라는 5G시대가 오면 진정으로 온라인과 모바일의 경계가 사라져 이런 상상이 현실이 될 것이다.

가상/증강현실 기술은 지금도 의료, 교육, 상거래, 광고 분야에는 당장 상용화할 수 있는 수준이다. 이와 같이 성장 가능성이 높지만 아직 초기 수준인 시장을 선점하기 위해 빅브라더들이 나선 것이다.

그럼 가상/증강현실 기술의 꽃이라 불리는 마커리스markerless 증강현실 기기를 통해 우리가 만나게 될 미래의 세계를 먼저 방문해보자. 마커리스는 컴퓨터와 첨단 모션캡처 기술을 접목해 마커marker가 필요 없는 모션캡처 기술이다. 과거에는 인체의 움직임을 표현하기 위해 마커나 특수복장body suits을 사용했는데 지금은 그와 같은 장비 없이도 모션을 캡처할 수 있어 실용성이 높다.

마커리스 기술을 이용한 증강현실은 메타가 가장 앞서 나가고 있다. 증강현실 솔루션 기업 메타는 자사의 글래스에 3D카메라를 탑재해 손동작인식 기능을 개발했다. 메타는 가상현실 헤드셋과 구글 글래스의 기능을 합친 증강현실 안경인 '메타 개발자 키트Meta Developer Kit'를 발매했다. 영화 〈아이언맨〉을 보면 허공에 3차원 홀로그램을 띄워놓고 손짓으로 컴퓨터를 제어하는 모습이 등장한다. 이제는 증강현실 기능이 탑재된 스마트 안경 '메타프로'를 이용하면 그와 같은 일이 현실에서 일어난다.

메타프로는 구글 글래스와 비슷하지만 몇 가지 차이점이 있다. 렌즈에 나오는 영상을 손동작으로 제어하고, 화면은 구글 글래스보다 15배 커졌다. 누구나 아이언맨이 된 것 같은 기분을 느끼게 해주는 이 안경은 눈앞에 3D홀로그램을 표시하고, 키넥트처럼 거리를

▼메타 1 개발자 키트(Image used with permission from Meta Company, Photo © Meta company)

판별할 수 있는 적외선 카메라를 사용해 사용자의 손을 인식한다. 이로써 가상공간에서의 개체와 인터페이스를 자유롭게 조작할 수 있다. 웨어러블 컴퓨팅의 선구자로 불리는 스티브 만Steve Mann이 수석 과학자로 팀에 합류, 제작에 참여했다.

메타는 스마트폰이나 PC와 접속함으로써 디스플레이를 확장하고, 화면의 창을 직관적으로 상하좌우로 가져갈 수 있다. 또한 제로 사용자인터페이스로 손가락으로 직관적인 인터페이스를 사용할 수 있도록 해주는데, 사용자는 홀로그램 공간에 손으로 3D 개체를 만들 수도 있다. 그 개체를 그대로 3D 프린터로 전송하면 실물 제작도 가능하다. 공식사이트에는 현재 메타가 500개 이상의 응용프로그램에 대응한다고 나와 있다. 가장 인기 있는 프로그램은 수술이나 응급처치에 사용할 수 있는 의료용 애플리케이션 'AMT'Augmented Medical Technology'이다.

미투(Me-too) 글래스

구글 글래스가 등장하면서 다양한 유사 글래스들이 등장하고 있다. 그들은 구글 글래스를 뛰어넘고자 노력하고 있지만 아직은 구글 글래스만큼 놀랄만한 기능은 선보이지 못하고 있다. 제2의 구글 글래스를 표명하고 나선 제품은 소니의 '스마트 아이글래스Smart Eyeglass'이다. 2014년 9월 선보인 소니의 아이글래스는 안드로이드 스마트폰의 보조 화면 역할을 하며, 렌즈 중앙에 홀로그램으로 증강현실 이미지를 보여준다. 또한 안면인식 기술을 적용, 글래스로 응시하는 사람의 인적 정보를 읽는다. 안경을 쓰고 사람을 쳐다보면 〈로보캅〉이나 〈터미네이터〉 시리즈에 나온 것처럼 푸른색 영문 정보가 눈앞으로 흘러간다. 물론 상대방이 자신의 신분을 등록한 사람일 경우에 한한다. 많은 사람이 등록하는 국제 회의장에서 유용하게 사용될 수 있다. 그러나 아이글래스는 유선 컨트롤러로 조정해야 하며 배터리 문제를 해결하지 못해 아직은 완성도가 낮다.

바이두는 중국판 구글 글래스인 '바이두 아이Biadu-Eye'를 공개했다. 바이두 아이는 카메라와 음성으로 스마트폰을 통해 증강현실을 구현하는 기기로 글래스보다는 헤드셋 쪽에 가깝다. 사진에서 보는 것처럼 카메라가 전방을 주시하게 돼 있어 사람의 육안으로 보는 이미지를 동일하게 볼 수 있도록 설계돼 있다. 카메라의 주 기능은 사진 촬영보다는 사물인식이다. 바이두가 개발 중인 딥러닝 기술을 이용, 카메라로 인식한 사물을 식별하고 음성과 모션으로 명령을 할 수 있는 기능을 탑재하고 있다. 예를 들어 특정 건물에 대한 정보가 필요할 때 그 건물을 향해 손으로 원을 그리면 지적한 건물만을 특정해 정보를 제공하는 방식이다. 스마트폰이 모니터 역할을 하므로 헤드셋의 배터리는 구글 글래스보다 오래 가는 장점이 있다.

사물인식 기능은 우리의 삶의 질을 크게 향상시켜줄 것으로 예상된다. 이 기능이 발전하면 꽃이나 나무를 보는 것만으로 그 이름과 특징을 알 수 있다. 처음 보는 상품을 쳐다보기만 해도 가격과 제품

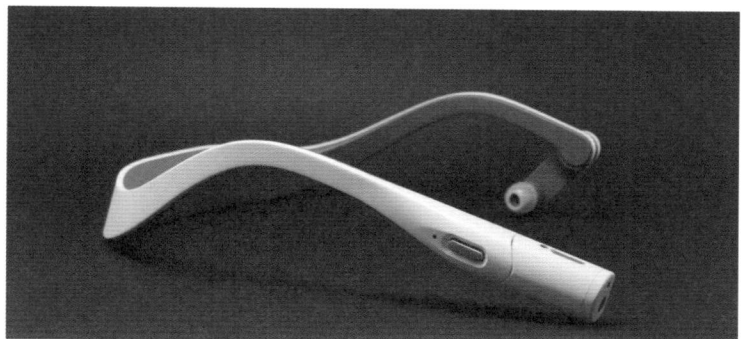

▲중국판 구글 글래스 바이두 아이(이미지 출처 : http://mashable.com/2014/09/03/baidu-eye-first-look/)

상세 정보를 알 수 있고, 가격 비교까지 할 수 있다. 그리고 큰 대회나 회의장에서는 상대방을 보는 것만으로도 그 사람의 이름과 신분을 알 수 있다. 머지않아 구글 글래스나 바이두 아이를 착용한 고객들을 매장에서 자주 만나게 될 것 같다.

다양한 웨어러블 디바이스

팔목 밴드나 안경이 웨어러블 디바이스의 주류를 이루는 가운데, 다른 액세서리 웨어러블도 꾸준하게 등장하고 있다. 아예 처음부터 여성을 공략해 목걸이, 반지, 귀걸이로 개발된 웨어러블 디바이스들도 있다. 이 기기들은 여성들이 겪는 불편함을 해결해주는 데 초점을 맞췄다. 여성들이 핸드백에 스마트폰을 넣어두기 때문에 전화나 메시지가 왔을 때 알아채지 못하는 경우가 많은 것을 공략한 것이다.

　이 웨어러블 디바이스들은 액세서리라는 패션 콘셉트에서 출발했기에 일반 디바이스들보다는 패션을 강조하고 있다. 제품 디자인에서부터 마감에 이르기까지 전문 디자이너의 손길을 거친다. 아름다움과 테크놀로지의 융합이 이들의 주요 목표다. 최근에는 명품 브랜드를 달고 나오는 웨어러블 제품도 등장하고 있다.

【 링리 】

　패션 테크를 표명한 스타트업 기업 링리Ringly는 스마트 주얼리와 액세서리를 개발했다. '세상에서 가장 스마트한 반지'라는 슬로건

▼반지를 웨어러블 디바이스로 만든 링리(Image used with permission from Ringly, Photo ⓒ Ringly)

을 내세운 링리는 칵테일 스마트 반지를 시판하고 있다. 오닉스, 사파이어, 레인보우 월장석, 에메랄드 등 4가지 모델로 출시했으며, 여성 고객만을 타깃으로 한다.

링리의 기능은 단순하면서도 유용하다. 반지의 베이스에 있는 작은 LED전구와 바이브레이터가 스마트폰과 저전력 블루투스로 연결돼 전화나 메시지에 따라 LED로 신호를 보내든지 진동으로 알림을 전한다. 메시지 개인화를 기본 원칙으로 하고 있기 때문에 선택하지 않은 전화번호에 대해서는 통보를 중지시킬 수도 있다.

【 어비어링 】

우리나라 중소기업 어비팩토리는 귀걸이 형태의 웨어러블 디바이스 '어비어링UhBeeaRing'을 개발했다. 세계 최초의 귀걸이형 웨어러블 디바이스 어비어링은 골전도 스피커와 마이크를 통해 스마트폰이나 비콘의 신호를 송수신하는 장비다. 기존 블루투스 이어폰과는 달리 골전도 스피커를 이용하기 때문에 고막에 직접적인 영향이 없으며, 심박 센서가 탑재돼 있어 이용자의 건강 상태를 실시간으로 체크할 수 있다. 특히 대형 재난 발생 시 '어비콘'을 활용한 재난 대처 인텔리전트 시스템을 통해 어비어링 착용자의 생존 여부를 확인할 수도 있다. 어비어링을 착용하고 차량을 운전하면 자체 기울기 센서에 의해 졸음 운전이나 운전 부주의 현상을 감지해 운전자에게 경고 메시지를 전달하며, 박물관이나 미술관에서 작품에 다가가면 각 언어별로 작품을 안내하는 도슨트 기능도 갖추고 있다.

【 미스핏 샤인 】

아이폰 광고에 소개되면서 세계적으로 주목을 받았고 세계 3대 디자인 어워드 중 하나인 독일의 '레드닷 디자인 어워드'와 'A디자인 어워드'에서 제품 부문 디자인상을 수상한 제품이 스타트업 기업의 웨어러블 제품, 미스핏Misfit이다. 이 제품은 2013년 4분기에만 약 20만 개가 팔렸을 정도로 돌풍을 일으키고 있다.

'미스핏 샤인Shine'은 몸에 착용해 움직임을 측정하고 데이터를 모아 운동량과 거리, 패턴 등을 분석하는 웨어러블 기기다. 샤인 내부에는 3축 가속도계가 내장돼 있어 각종 행동 데이터를 수집할 수 있는데 특히 다이어트하는 여성들에게 유용하다. 500원짜리 동전 모양이어서 스트립에 끼우면 손목에 착용할 수 있고 목걸이로도 사용할 수 있다. 특히 코카콜라와 공동 브랜딩해서 출시한 코카콜

▼미스핏 샤인(Image used with permission from Misfit, Photo ⓒMisfit)

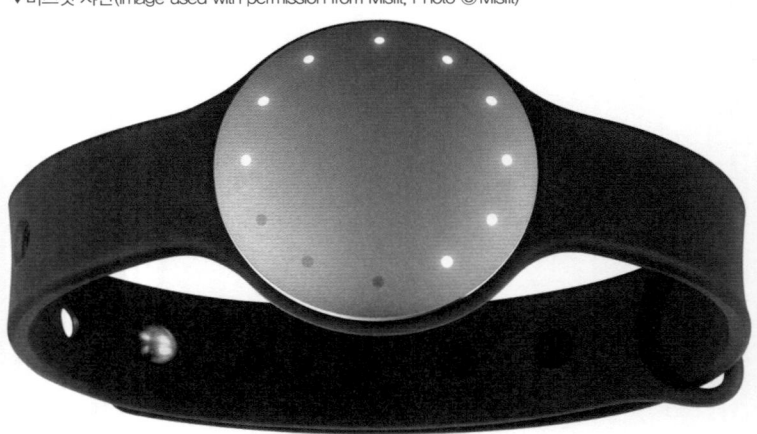

라 레드 제품이 인기를 끌고 있다. 코카콜라가 이 제품을 구입해 전 세계 코카콜라 임직원들에게 배포했다고 한다.

이 제품은 한국에서 만들었다. 미국에서는 디자인과 연구개발을 하고 한국의 중소 벤처기업 비전스케이프에서 제조를 담당했다. 또 실리콘밸리에 있는 한국계 벤처캐피털인 트랜스링크캐피털에서 전략적 투자를 했다.

【 CSR 팬던트 】

영국의 칩 제조기업 CSR과 부티크 주얼리 브랜드인 첼리니Cellini 가 만나서 블루투스 기능이 탑재된 팬던트형 목걸이가 탄생했다. 아직은 스마트폰과 연동되며 전화 혹은 문자가 도착할 때마다 사

▼CSR 팬던트(Image used with permission from Octopus Group, Photo © Octopus Group)

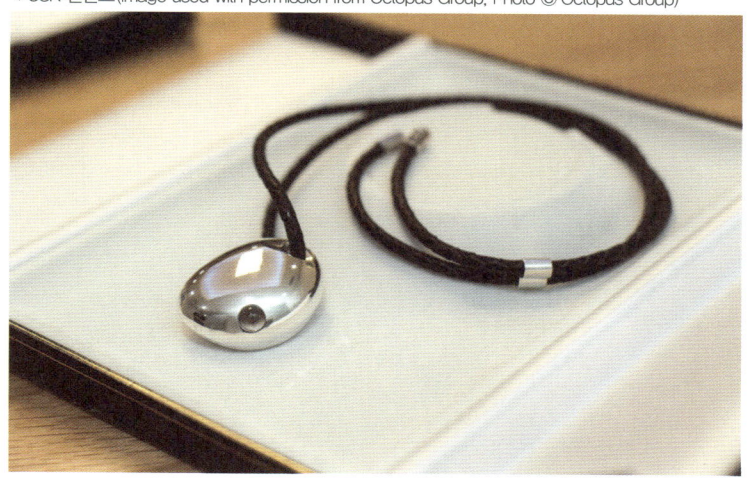

용자에게 조명으로 알림메시지를 전달하는 정도이지만 향후 다양한 분야에 이용될 예정이다.

【 자외선 보호팔찌 준 】

기상 서비스 전문 기업인 네타트모Netatmo는 '준June'이라는 자외선 모니터링 팔찌를 개발했다. 이름부터 6월 여름을 상징하는 이 웨어러블 디바이스는 자외선 수치를 감지하는 차별화된 능력을 가지고 있다. 태양광선 세기를 측정하고, 사용자 피부 타입을 고려해 자외선 차단과 관련된 맞춤형 정보를 제공한다. 준의 디자인은 프랑스의 유명 주얼리 디자이너 카밀 투페Camille Toupet의 작품으로 실제 보석 팔찌와 차이가 없다. 다이아몬드 형상으로 가공된 보석은

▼자외선 정보를 제공하는 팔찌, 준(Image used with permission from Netatmo, Photo ⓒ Netatmo)

합금 소재로 제작됐고 골드, 플래티넘, 건메탈gunmetal 세 가지 색상 중에서 선택할 수 있다. 줄은 가죽과 실리콘 두 가지가 제공된다.

【 레찰 】

안데르센의 동화《빨간 구두》는 붉은색 구두를 신은 주인공이 죽을 때까지 춤을 멈추지 못하는 이야기다. 그 빨간 신발이 나타났다. 이번에는 잔혹한 신발이 아니라 인간을 돕기 위한 것이다.

인도의 스타트업 기업 듀세레Ducere는 스마트폰의 구글맵과 블루투스로 연동해 길을 안내하는 신발 레찰Lechal을 출시했다. 이 신발은 지도에 따른 이동 방향을 진동으로 알려준다고 한다. 동시에 이동한 거리와 운동량을 스마트폰에 알리는 기능도 있다.

▼내비게이션 슈즈 레찰과 깔창(Image used with permission from Lechal, Photo ⓒ Lechal)

듀세레의 창업자 크리스피안 로렌스Krispian Lawrence에 의하면 이 신발의 아이디어는 시각장애인들의 거리 보행에 자유를 주기 위한 것이었다고 한다. 이름 'Lechal'은 인도 토속어로 '나를 인도하라'라는 뜻이다. 이미 많이 사용되고 있는 햅틱 기술을 신발에 도입한 레찰은 실제로 시각장애인들에겐 필수품이 될 것 같다.

레찰은 걷거나 달릴 때뿐 아니라 자전거나 오토바이를 타고 낯선 곳을 방문할 때도 유용하게 사용될 수 있다.《빨간 구두》동화에 거부감이 있는 사람들을 위해 검정색도 나온다고 하며, 신발의 디자인이 마음에 들지 않는 사람들을 위해 모든 기능이 담긴 깔창만 따로 판매한다고 한다.

웨어러블과 패션의 만남

스마트폰, 태블릿PC 등 스마트 기기가 대중화되고 최근엔 입는 컴퓨터인 웨어러블 기기가 주목받으면서 IT와 패션의 만남은 지속적으로 이뤄지고 있다. IT 기기의 성능과 기능 이상으로 이용자의 개성을 드러내줄 만한 장치가 필요하기 때문이다.

모토로라의 '모토360'은 스마트 워치의 경쟁을 기능 경쟁에서 패션 경쟁으로 바꿨다. 사실 현재 스마트 워치는 혁명적인 기술적 변화 없이는 차별화 요소가 없다고 말할 정도로 기술이 평준화돼 있다. 이제는 스타일 전쟁이 시작된 것이다. 모토 360은 그냥 보기에 고급시계 같다. 세계 시간을 알려주는 두 개의 크로노그라프 디자인이 인상 깊다. 지금까지 출시된 전자제품의 분위기를 완전히 떨어냈다. 고급 메탈 스트랩과 움직이는 시침과 분침이 시계의 생명력을 더해주고 있다. 드디어 '웨어러블 2.0시대'가 본격 개막된 것이다.

웨어러블 기기 시장 공략에 박차를 가하고 있는 삼성전자는 서울 패션위크에서 '갤럭시노트'와 '갤럭시기어'가 등장하는 패션쇼를 개최하는 등 IT와 패션을 접목하는 데 관심이 많다. 브라질 상파울루 JK이과테미몰JK IGUATEMI Mall에선 브라질 출신의 세계적인 패션 디자이너 페드로 로렌소Pedro Lourenco와 함께 '갤럭시S5 & 기어핏 패션쇼'를 했다. 상파울루 패션위크 기간에 진행된 이 행사에서는 모델들이 페드로 로렌소가 디자인한 갤럭시S5 전용 핸드백과 기어핏 전용 팔찌를 선보였다.

삼성전자는 크리스털 액세서리 전문 업체 스와로브스키Swarovski와 협력해 갤럭시S5 케이스와 삼성 기어핏 참Charm을 출시하기도 했다. 삼성전자는 패션 브랜드와의 협력을 비롯해 패션과 IT를 접목한 새로운 시도들을 지속해나갈 것이라고 한다.

HP는 세계적인 디자이너 마이클 바스티안Michael Bastian과 콜라보레이션해 럭셔리 쇼핑몰 길트Gilt를 통해 명품 스마트 워치를 출시하기로 했다. HP의 스마트 워치는 명품의 이미지를 살리기 위해 터치 방식보다는 측면에 있는 버튼을 이용해 스마트폰과 연동한다고 한다. 애플은 영국 명품 브랜드 버버리의 최고경영자인 앤젤라

아렌츠Angela Ahrendts를 700억 원 상당의 스카우트비를 주고 영입한 한편, 이브 생로랑의 유럽 사장 폴 데네브Paul Deneve를 디자인 담당 부사장으로 영입했다. 이들은 스티브 잡스 사후로 주춤했던 애플의 디자인 DNA를 이어가고 애플을 명품 브랜드로 재탄생시키는 임무를 수행 중이다. 새로 출시된 애플 워치에 명품 버전으로 18K 금으로 만든 모델이 가세한 것은 아마도 이들의 작품이 아닌가 싶다.

인터넷 오브 마이 베이비(Internet of My Baby)

아기들은 의사 표시를 정확하게 할 수 없기 때문에 자주 위험에 노출된다. 아기를 키워본 사람들이라면 아기가 제대로 호흡하고 있는지를 점검하는 것이 정말로 큰 스트레스라는 것을 안다. 특히, 아기가 아플 때면 더욱 그렇다. 아기들은 아기들대로 의사소통이 안 되고 스스로를 돌보지 못하는 데서 오는 스트레스가 정말 크다. 배변 후 기저귀를 제때 갈아주지 않으면 불편한 상태로 계속 누워있어야 한다. 배가 고픈데도 의사 전달이 잘 안 되니 본인이 원할 때 식사를 못 하는 경우도 많다. 잘 때 자세를 잘 못 잡아 호흡이 곤란해지는 큰 위험에 처하기도 한다.

오로지 울음으로 의사를 전달하는 아기들의 의사 표현을 도와주는 웨어러블 디바이스가 시장에서 큰 인기를 끌고 있다. 이 웨어러블 기기를 아기에게 착용시키면 아기가 더 건강하고 쾌적하게 생활할 수 있고, 부모는 아기를 모니터하면서 안심할 수 있다.

오울릿Owlet은 아기를 위한 스마트 양말이다. 이 양말을 아기에게 신기면 아기의 심박수, 체온, 잠자는 자세는 물론 맥박 산소 농도까지 지속적으로 모니터링해서 보기 쉬운 내용으로 변환해 부모의 스마트폰에 전송한다. 아기가 자다가 뒤척여서 잠자는 자세가 바뀌면 경보를 보낸다. 또한 아기의 체온이 오르거나 자던 아기의 큰 움직임이 감지됐을 때도 알림메시지를 보내준다.

오울릿은 아기의 수면 상태 정보를 데이터화해 예측 정보를 통해 아기가 몇 분 후에 일어날 것인지도 알려준다. 또한 아기가 잠들기 좋은 온도, 습도, 시간 등도 지속적으로 조언한다. 이 제품의 개발을 위해 IT기술자, 소아과 의사, 그리고 갓난아기를 키우는 실 사용

▼오울릿 유아용 스마트 양말(Image used with permission from Owlet, Photo ⓒ Owlet)

자들의 의견과 아이디어를 모았다고 한다. 오울릿은 고급 면 양말 형태로 만들어져 아기의 연한 피부에 자극을 주지 않는다. 오울릿과 유사한 제품에는 미모Mimo, 스프라우트링Sproutling 등이 있다.

아기를 처음 키우는 엄마에게 가장 신경 쓰이는 것은 아기 기저귀가 젖었는지 여부다. 그래서 자주 기저귀를 열어봐야 한다. 아기들에게 보다 쾌적한 기저귀를 제공하기 위한 노력은 세계적인 기저귀 브랜드 하기스에서 시작됐다. 하기스는 아기의 기저귀가 젖었을 때 트위터로 알려주는 '트윗피TweetPee'를 발매했다. 하기스 기저귀 위에 부착하는 이 제품은 기저귀가 젖으면 부모의 트위터로 알려준다. 엄마들의 스트레스를 덜어준 것이다. 그리고 기저귀 교체 횟수를 자동으로 카운트해서 사둔 기저귀가 떨어져 갈 때쯤 재구매를 하라고 알려준다.

유아들을 위한 웨어러블 디바이스는 배터리와 센서를 사용하는 만큼 과열 방지 장치와 전자파를 막는 장치가 중요하다. 이와 같은 장치들이 완벽하지 못하면 아기들을 위해 만든 장치가 오히려 위험한 기기가 될 수 있다.

아동용 웨어러블 디바이스 시장도 매우 매력적인 시장이다. 웨어러블 기기는 어린이들을 더욱 안전하고 건강하게 키울 수 있도록 도와준다. SK텔레콤은 미취학 어린이들을 위한 아동용 웨어러블 기기 'T키즈폰 준'을 출시했다. 팔이나 목에 착용할 수 있는 형태로 만들어진 이 기기는 스마트폰을 사용하기 어려운 5~8세 사이의 아동을 보호하기 위해 개발됐다. 이 기기에는 세 가지 기능이 있다. 전화를 걸거나 받을 수 있다. 단 별도의 숫자 키가 없기 때문에 미리 저장된 전화번호로만 통화 연결이 가능하다. 문자메시지 역시 같은 이유로 수신만 가능하다. 해당 기기 사용자의 위치를 추적할 수 있는 것은 물론이다.

손목 밴드는 어른들 것만 있는 것이 아니다. 아이들을 위한 손목 밴드도 나왔다. 키드핏Kid Fit은 어린이들 전용 밴드다. 이 밴드를 착용하면 활동과 수면에 대한 상세한 데이터를 알 수 있다. 이 데이터는 부모의 스마트폰에 전송된다. 이를 통해 부모는 아이의 하루 활동량과 수면의 질을 알 수 있다. 아이들이 거칠게 사용하는 것을 대비해 충격이나 방수에 대한 대비도 돼 있으며, 아이의 목표 활동량을 미리 설정해서 아이의 달성 여부를 점검해볼 수 있는 기능도 있다. 100점이 되면 목표 활동량을 채우는 것이다.

이 기기를 보다 효과적으로 활용하려면 키드핏을 채운 다음 저녁에 아이와 항상 스코어를 확인하고 칭찬과 격려를 해줄 필요가 있다. 그렇게 하지 않으면 아이는 부모의 관찰 대상이 될 뿐이다. 키드핏은 아이에게는 아무런 흥미를 주지 않는다. 아이는 차는 것 자체를 귀찮게 생각할 수 있다. 이 점을 고려해 기능성 게임이 추가되면 효과적일 듯하다.

기능성 게임화

기능성 게임serious game이 웨어러블 디바이스와 결합한 형태로 진화하고 있다. 웨어러블 기기들이 첨단화되면서 모바일의 동작인식 센서를 활용한 실감형 형태로 진화하고 있는 것이다. 기능성 게임은 게임의 재미와 몰입, 동기부여 등을 통해 현실에서 일어날 상황을 가상으로 체험하거나 특정 문제를 해결하는 방안을 찾기 위해 개발된 게임으로 건강, 치료, 교육 등의 분야에서 쓰이고 있다.

요즘 출시되는 건강관리 웨어러블 기기들은 기능성 게임이 필수 콘텐츠로 탑재될 정도로 우리의 신체를 이용한 실감형 게임이 주목받고 있다. 나이키 플러스 게임비전이 구글 글래스 이용자들을 위해 출시한 러닝 게임은 슈퍼마리오나 소닉 게임을 연상하게 한다. 이용자는 구글 글래스를 착용하고 정해진 조깅 코스를 뛴다. 뛰는 루트에 나이키 점수가 나타난다. 이들을 통과할 때마다 점수가

▼나이키 플러스와 구글 글래스가 만나 조깅을 기능성 게임으로 만들었다. (이미지 출처:http://www.gutewerbung.net/nike-game-vision-future-running-google-glass/)

올라간다. 중간에 점프를 해야 하는 코스도 나온다. 점수를 더 얻으려면 지시대로 점프를 해야 한다. 전력질주를 해야 하는 코스도 있다. 이런 식으로 이용자는 조깅을 게임하듯이 즐길 수 있어 '자신과의 외로운 싸움'에서 해방된다.

웨어러블에 기능성 게임을 접목하기 위해선 IT 기술자 외에도 다양한 전문가의 참여가 필요하다. 예를 들어 키드핏의 경우 아동들의 활동을 측정해 점수화할 때 연령별로 어느 정도의 활동에 얼마만큼의 점수를 할당해야 할지에 대해서는 좀 더 과학적으로 접근하는 것이 필요하다. 제조사가 기준점을 가지고 제품을 출시하면 부모들은 아이의 능력과 체력에 맞게 점수를 약간씩 조절해서 기기의 효용성을 극대화할 수 있을 것이다.

아이들이 사용하는 기기를 기능성 게임화할 때는 아이들도 흥미를 느끼도록 만드는 것이 중요하다. 앞에서 예로 든 키드핏은 사용 중에는 아이들이 아무런 흥미를 느끼지 못하는 제품이다. 아이들은 흥미를 느끼지 못하면 금방 싫증낸다. 예전에 다마고찌라는 선풍적인 인기를 끈 게임기가 있었다. 단순한 그래픽의 가상 동물 다마고찌를 키우는 프로그램인데, 시간에 맞춰 먹이도 주고, 놀아주기도 하고, 배설물도 제때 갈아줘야 한다. 이렇게 아이들이 관심을 갖고 몰입할 수 있는 뭔가를 제공해야만 지속적인 사용이 가능하다. 기기 안에 가상의 캐릭터를 설정해두고 버튼을 누를 때마다 아이의 활동량을 게임화해서 응답해주는 것 정도는 바로 적용할 수 있을 것이다.

시니어들을 위한 기기들 역시 지금까지 출시된 것들은 너무 무미건조하다. 활동과 수면, 건강 상태를 체크하고 본인과 클리닉, 주변 사람들에게 정보를 보내주는 것은 이제 기본이다. 활동량에 따라 점수를 주는 것 역시 그다지 흥미롭지 못하다. 이런 기기에는 증강현실을 이용한 게임을 결합시키면 좋을 것 같다. 밴드를 손목에 차고 지시하는 대로 움직이면 스코어가 올라가는 사운드가 들리거나 약한 진동이 감지되는 햅틱 반응을 느낄 수 있도록 만드는 것이다. 이런 방식으로 체조나 스트레칭, 요가와 같은 프로그램을 제공하면 제품의 효용성이 훨씬 높아질 것이다.

웨어러블 디바이스의 기능성 게임은 기기에서만 끝나는 것이 아니라 스마트폰 게임, 또는 집이나 주변의 다른 사물들과 연동된 게임으로 확장시킴으로써 더 많은 재미를 유발하고 기기 사용에 대한 동기를 일으킬 수 있다. 웨어러블 기기를 착용한 채 빨래, 설거지, 청소와 같은 집안일에 대한 미션을 수행하면 점수를 추가해준다든지, 일주일 동안 연속으로 목표를 달성하면 이용자가 좋아할 만한 상품을 파격적인 가격에 구입할 수 있게 한다든지 다양한 게임의 확장과 추가적인 동기부여가 가능하다.

해피포크Hapipork라는 제품은 천천히 먹는 식습관을 돕기 위해 개발됐다. 이 포크에 기능성 게임을 넣어보면 어떨까? 이 포크가 지시하는 대로 천천히 음식을 먹을 때마다 점수가 올라가는 것이다. 그리고 만점을 받으면 다이어트나 건강에 도움이 되는 보조식품을 저렴한 가격에 구입할 수 있는 쿠폰을 스마트폰으로 제공한다. 또

▲해피포크와 식습관 측정 앱(Image used with permission from HAPI Labs, Photo © HAPI Labs)

한 이 포크를 사용하면서 생기는 점수를 트위터나 카카오톡과 같은 모바일 메신저를 통해 지인들과 공유하고, 지인들의 점수와 비교표도 제공한다. 그러면 이 포크를 제대로 사용해야 할 좋은 이유가 추가될 것이고 식습관은 보다 효율적으로 개선될 것이다.

아시아 사람들을 겨냥한 스마트 젓가락을 개발하고 식습관 측정 프로그램에 이런 게임 프로그램을 포함시키면 정말 재미있지 않겠는가. 중국 바이두는 산폐된 식용유나 불량음식을 가려내 스마트폰에 통보해주는 스마트 젓가락을 개발했다. 공기밥을 빨리 흡입하길 좋아하는 중화권 사람들을 위해 이 젓가락에다 젓가락질 속도 점수를 측정해 '건강 젓가락질 4대 천왕'을 선정해 순위를 공개하는 것도 큰 인기를 끌 것 같지 않은가?

여행지나 리조트에서는 웨어러블 기기가 방문 확인 도장 역할을 하면 정말 재미있는 기능성 게임이 될 것이다. 테마파크에 놀러 가면 주요 장소별로 방문 확인 도장이 있다. 가는 곳마다 스탬프북에 기록을 남겨서 좋은 추억거리로 간직할 수 있는 것이다. 이 방문 확인 도장 날인 기능을 웨어러블 기기에 넣어보면 어떨까? 주요 장소마다 기기를 태깅하면 방문 확인 도장이 자신의 스마트폰에는 물론 페이스북이나 트위터, 카톡과 같은 곳에 자동으로 올라간다. 그 장소에서 찍는 사진도 방문 확인 도장과 함께 올라가면 더욱 재미있을 것이다. 미션이 완성되면 방문한 장소들의 사진과 함께 방문 확인 도장 모음집이 자동으로 편집된다. 스탬프북은 친구들과 공유할 수 있고 필요하면 인쇄해서 보관할 수 있다. 추억의 사진과 함께 찍힌 방문 확인 도장 모음집, 꽤 멋지지 않을까?

앞으로 웨어러블 디바이스는 디자인과 패션으로 승부를 내고 기능성 게임이 추가돼야 성공할 수 있을 것이다. 웨어러블 기기는 항상 몸에 지녀야 하는 물건이기 때문에 친근하고 재미있어야 한다. 우리의 몸을 움직이면서 수행하는 게임은 매우 많다. 이 게임들이 스마트 밴드를 통해 점수화되는 동시에 보상이 이뤄지고, 결과가 공유돼 지인들과 즐길 수 있게 된다면 성공적인 웨어러블 기기 개발이 될 것이다.

웨어러블 결제 기능

세계적인 금융 결제 서비스 회사 페이팔에선 모바일 결제가 웨어러블 기기의 핵심 콘텐츠가 될 것이라고 했다. 사실 웨어러블 기기의 모바일 결제는 우리에게 매우 익숙한 기술이다. 워터파크에 가면 손목 밴드에 현금을 충전시킨 다음, 파크 내의 모든 결제에 사용할 수 있다. 찜질방에선 옷장 열쇠가 모바일 결제를 위한 웨어러블 기기 역할을 한다.

이와 같이 편리한 결제 방법을 웨어러블 기기들이 채택하지 않은 이유가 없다. 웨어러블의 결제 기능은 모바일 결제의 발전 속도와 그 궤를 같이 할 것 같다. 미국에선 2020년이 되면 모바일 결제가 플라스틱 카드를 완전히 대체할 것으로 전망한다. 모바일 기기 회사들의 입장에선 눈이 번쩍 뜨일 정보다. 결제 시장은 기기 시장보다 더 큰 돈맥(脈)이기 때문이다.

삼성의 기어 시리즈에 안드로이드가 탑재되고 음성으로 여러 가지 부가서비스를 소환할 수 있게 되면서 웨어러블 기기가 결제 플랫폼이 될 것이라는 전망이 더욱 짙어졌다. 예를 들어 기어를 툭 치면서 택시를 불러달라고 명령한다. 그러면 카톡의 택시 중계 서비스와 연결된다. 가까운 곳에 있는 택시가 호출되고 택시를 타고 목적지에 도착하면, 결제는 시계를 결제 단말기에 갖다 대는 것으로 자동으로 이뤄진다. 목적지에 도착하면 그냥 내리면 되는 것이다.

페이팔 비콘 서비스의 동영상을 보면 웨어러블 기기를 통한 결제가 어떻게 응용될 수 있는지 쉽게 상상이 된다. 마트에서 이용자가 상품을 쇼핑카트에 담는 순간 손목에 있는 웨어러블 기기가 바코드를 읽고 자동으로 결제한다. 쇼핑이 끝난 다음에는 그냥 카트를 끌고 나가면 된다. 계산대 앞에서 줄을 설 필요가 없고, 현금이나 신용카드가 없어도 쇼핑을 할 수 있다.

미국의 정보기술 연구 및 자문 회사 가트너Gartner, Inc.에 의하면 미국의 모바일 결제 시장은 2013년 2,350억 달러에서 2017년 7,200억 달러로 성장할 것이라 한다. 이미 성장 가능성을 인정받고 있는 것이다. 미국 내 모바일 결제 시장의 선점을 위한 치열한 경쟁은 두 파로 나뉜다. 구글과 페이팔을 중심으로 한 IT파와 아메리칸 익스프레스, 마스터카드, 비자카드 등 신용카드파로 나뉘어 모바일 결제 플랫폼 시장 선점을 노리고 있다. 페이팔은 6개국 모바일 결제 시장 1위와 2위를 기록하고 있다. 스타벅스는 미국 전체 매출에서 모바일 앱 비중이 14퍼센트를 차지한다. 시장 진출에 한발 늦은 애플은 5,000만 이용자 정보를 토대로 한 모바일 결제 적용을 검토하고 있다고 한다.

미국 은행들도 모바일 결제 시장의 가능성을 깨닫고 부리나케 개발에 나섰다. JP모건과 시티그룹, 뱅크 오브 아메리카, 웰스파고는 결제 앱 개발을 비롯해 '클리어익스체인지ClearXchange'라는 합작 플랫폼 서비스로 시장 확대를 꾀하고 있다.

우리나라에서도 모바일 결제는 항상 뜨거운 이슈다. 그러나 아직은 수많은 규제로 성장이 지지부진하다. 모바일 결제에 필요한 인증 단계와 규제가 많아 모바일 결제를 한번 하려면 숨이 턱 막히고 짜증이 난다. 이런 암담한 모바일 결제 시장에 획기적인 솔루션이 등장했다. LG유플러스의 '페이나우 플러스'다. 페이나우 플러스는 3초 결제를 약속하면서 황량한 대한민국 모바일 결제 시장에 출사표를 던졌다. LG유플러스는 페이나우 플러스 애플리케이션을 설치하고 최초 1회만 결제 정보를 등록하면, 액티브X나 공인인증서 확인 등 추가 절차 없이 모바일과 PC에서 3초면 결제할 수 있다고 한다.

페이나우 플러스는 가상 카드 번호를 이용하기 때문에 실제 신용카드 정보를 보관하지 않아 정보유출 우려가 없다. 본인 인증수단으로는 디멘터 그래픽, ARS, 패스워드, 안전패턴, 모바일 OTP 등을 선택할 수 있게 했다. 이 중 '080 ARS 시스템'을 활용하는 ARS 인증은 LG유플러스가 특허 출원 중이며, 여기에 디바이스 인증과 유심 USIM 인증도 추가적으로 이뤄진다.

통신사에 관계없이 이용 가능한 페이나우 플러스는 모바일 지갑 서비스 스마트 월렛과 연계해 멤버십 및 쿠폰 혜택도 제공하며, 향후 오프라인 가맹점을 지속 확대할 예정이다. 해외 메이저 카드사와 제휴해 글로벌 시장 진출도 타진 중이다.

모바일 결제 시장 성장을 주도해야 할 금융권이나 정부가 공인인증서 대체 수단을 내놓지 못하는 상황 속에서 페이나우 플러스가 국내 모바일 결제 시장을 활성화하는 성공적인 출발점이 될 것으로 기대한다.

애플은 아이폰6와 아이워치를 공개하는 자리에서 '애플 페이'를 처음 공개하면서 한 번의 터치로 결제가 완료된다고 설명했다. 애플 페이는 손가락을 스마트폰 화면에 대면 결제가 완료되는 지문인식 결제 수단이다. NFC 칩과 지문인식 기술 '터치 ID'가 탑재된 애플 페이는 아메리칸 익스프레스, 마스터카드, 차량 공유 앱 우버, 소셜커머스 그루폰 등과 제휴를 맺었다. 애플 페이가 획기적인 것은 결제 때 스마트 기기를 보거나, 조작·확인할 필요도 없다는 것이다. 우리가 지하철 탈 때 하듯이 아이폰이나 워치를 결제 기기에 갖다 대기만 하면 된다. 결제가 되는 순간 진동으로 결제가 됐음을 확인할 수 있다.

애플은 이미 전 세계에 8억 명의 사용자를 확보하고 있으며 이 사용자들은 이미 아이튠스를 통해 신용카드나 직불카드를 등록했기 때문에 애플 페이가 모바일 결제 시장의 지배자가 될 것이라는 전망이 지배적이다.

삼성전자와 구글, 페이스북 등은 이미 모바일 결제 시스템 사업을 시작했다. 삼성전자 스마트폰으로는 '삼성 월렛'과 '앱카드'를 통해서 온·오프라인 결제가 가능하다. 다만 온라인 결제 서비스업체 페이팔과 해외 25개국에서 시행하는 갤럭시S5 지문인식 결제 서비스를 아직까지 국내에선 하지 않고 있다. 신용 및 고객 정보의 보안 문제 때문이다. 구글은 온라인 결제 시스템인 '구글 월렛'을 오프라인까지 확대하고 구글 글래스에도 적용할 예정이다.

중국 스마트폰 제조업체 화웨이는 중국 최대 전자상거래 업체 알리바바와 협업해 지문인식을 이용한 모바일 결제 시스템을 새 스마트폰에 적용하기로 하면서 이 대열에 동참했다. 알리바바의 전자지갑 앱 '알리페이'의 지문인식 결제 시스템은 화웨이의 새 스마트폰 '어센드 메이트7'에 탑재될 예정이다. 화웨이의 새 스마트폰에 들어간 터치 방식 지문인식 모듈은 국내 중소기업 크루셜텍이, 지문인식 센서는 스웨덴 생체인식 기술 업체 핑거프린트 카즈Fingerprint Cards가 공급했다. 알리페이는 높은 수준의 암호화를 사용한 칩 레벨의 보안을 적용해 정보 유출을 방지하고자 노력하고 있다.

이와 같이 많은 기업들이 지문인식을 결제 수단과 결합하는 이유는 지문은 유일무이한 신체 정보로 기존 인증 수단보다 높은 수준의 보안성을 제공하기 때문이다. 현재 삼성 갤럭시 스마트폰과 HTC원 등에 지문인식기를 공급하고 있는 터치센서 칩 제조업체 시냅틱스Synaptics Inc.는 앞으로 모바일 결제 시장에서 가장 주목받을 기술로 홍채인식 기술을 꼽기도 했다.

모바일 결제의 걸림돌은 NFC 인식 단말기다. 대당 300달러가 넘기 때문에 미국에서는 보급률이 전체의 10퍼센트도 안 된다. 보안 문제도 걸려있다. 애플은 사용자 거래 정보를 저장하지 않고 기기를 분실해도 타인에게는 정보가 노출되지 않는다고 했지만 최근 아이폰을 이용하는 할리우드 배우들의 사생활 사진이 유출된 바 있어 정보 유출에 대한 의구심이 있다. 애플은 '토큰화'라는 보안 기술을 적용해 결제 데이터 유출 위험을 최소화하는 노력을 하고 있다.

앞으로 더 정교하고 보안이 강화된 새로운 생체인식 기술들이 지속적으로 나오고 생체인식 기기 비용이 감소하면 웨어러블 기기들은 대부분 지문인식 기능을 탑재할 것으로 예상된다.

웨어러블 기기의 한계

웨어러블 디바이스가 시장에 처음 나왔을 때, 사람들은 아이언맨의 시대가 올 것처럼 호들갑을 떨었다. 그러나 이 기기들을 사용하는 사람들이 늘어나고 사람들의 생활 속에 정착하는 과정에서 많은 문제점이 발견되고 있다. 웨어러블 시장이 성장하기 위해서는 기술, 프라이버시, 법 제도, 해킹, 수익성, 사용자 습관 등의 여러 관점에서 개선이 이뤄져야 한다. 그러나 더욱 큰 문제는 현재 출시된 웨어러블 제품들이 사용자의 관점에서 만들어지지 않는다는 것이다. 따라서 웨어러블 디바이스가 시장에서 소비자의 관심을 꾸준히 받을 수 있을지는 아직 미지수다.

웨어러블 디바이스의 가장 큰 장애물은 이용자가 습관을 새롭게 가져야 한다는 것이다. 새로운 습관을 가지는 것은 매우 큰 스트레스다. 팔찌가 운동량을 측정해주기는 하지만 팔찌를 차고 운동한다는 것은 여간 불편한 일이 아니다. 처음에는 재미로 시작하지만 운동량을 매번 체크하는 것도 귀찮다. 생김새도 전자제품이나 플라스틱 장난감 같아서 금방 싫증이 난다. 게다가 고령층이 착용하기에는 대부분 디자인이 너무 튄다.

구글 글래스를 비롯한 스마트 안경은 기막힌 발명품임에는 틀림 없으나 이미지 촬영 기능이 다른 사람들의 프라이버시를 침해할 위험이 높다는 치명적인 약점을 가지고 있다. 이 점은 당신이 구글 글래스를 착용한 사람과 만나면 금방 이해가 될 것이다. 그리고 착용 시 정보를 볼 때 불편하다는 시험 이용자들도 많다. 또한 남에게 보여지는 모습도 그다지 좋은 편이 아니다. 특히 배터리가 들어간 오른쪽 넓은 면을 착용한 모습을 보면 산업용 기기를 착용하고 있는 것 같은 거부감이 든다. 물론 구글은 세계적인 디자이너나 안경 회사들과의 협업으로 스타일 문제를 곧 극복할 것이라 장담하지만 배터리와 모니터가 장착돼 있는 기기인 만큼 이 두 요소를 세련된 스타일로 승화시키는 것을 아마 구글이 지금까지 해낸 것보다 더 어려운 과제일 수 있다.

웨어러블 디바이스는 효용성에 비해 가격이 너무 비싼 것도 문제다. 예를 들어나는 삼성기어를 처음 구입했을 때, 메시지를 확인하는 기능은 편리하지만 이런 기능 때문에 지불한 돈이 너무 크다는 생각이 들었다. 또한 항상 충전을 해야 하는 배터리로 인한 스트레스도 있다. 기어의 경우 배터리를 충전하는 방식도 사용자를 전혀 고려하지 않았다. 기어를 크레들에 잘못 삽입해서 감지가 되지 않은 탓에 아침에 확인해보면 충전이 안 돼 있는 경험을 몇 번 했더니 그 다음 번부터는 충전이 귀찮은 일이 됐다. 제조업체 입장에서야 습관을 들여야 한다고 주장할지 모르지만 사용자들에게는 스트레스가 된다는 사실을 인지해야 한다. 기존 손목시계는 배터리를 한번 넣으면 몇 년간은 잘 간다. 자동 태엽식 시계는 차고 다니기만 하면 배터리 충전을 걱정할 필요가 없다. 그러나 웨어러블 워치는 항상 충전을 염려해야 하는 것이다.

웨어러블 기기는 섭취한 음식의 칼로리, 외부 활동(걸음 수 등), 수면 상태, 몸무게, 심박수, 감정 상태 등 착용자의 다양한 행동 정보와 피트니스 정보를 수집한다. 이렇게 각종 센서는 사용자의 수많은 정보를 다양한 방식으로 수집했지만, 그 다음 단계가 없다는 것이 문제다. 사람들은 내가 하루에 얼마나 걸었는지, 얼마나 많은 칼로리를 소모했는지 등 피트니스 및 헬스 데이터에 관심을 보였다. 하지만 그 다음이 없었다. '그래서 어쩌라고?'라는 물음에 만족할 수 있는 답변을 구하지 못한 것이다. 데이터는 쌓였는데, 어떻게 사용해야 하는지 알 수가 없는 셈이다. 여기서 '왜'라는 물음이 다시 등장했다.

IDC의 조사에 따르면, 웨어러블 밴드나 워치를 구입한 후 1년 이내에 사용을 중지하는 소비자가 3명당 1명꼴이라 한다. 앞서 말한 배터리 수명, 편의성, 기능성, 디자인 등이 사용을 중단하도록 만드는 주 이유였다. 이런 장치의 사용자 대다수는 젊고, 부유하고, 건강한 사람들이다. 이들은 평소에도 올바른 식생활과 건강이 중요하다고 여기는 사람들이다. 그들은 몇 차례 트래커를 이용해보지만 금세 싫증을 느낀다. 트래커에서 보내주는 정보가 별로 흥미로운 것이 없기 때문이다. 정보만 쌓아뒀을 뿐 이용자들에게 제공하는 부가정보가 없다. 오히려 운동을 할 때 디바이스를 차고 매번 충전해야 하는 것이 귀찮아진다.

사실 트래커가 필요한 사람들은 만성질환자들인데, 이들은 대다수 건강관리 및 웰빙 프로그램을 사용하는 사람들과 다른 사람들이다. 그들 대부분은 고령에 운동 능력이 떨어지고, 건강 및 의료 정보에 정통하지 못한 사람들이다. 휴대전화 조작마저 어려워하는 이들에게 스마트폰에 웨어러블 앱까지 조작하라고 하는 것은 너무 지나친 주문이다.

사용자들은 이제 '지금까지 내가 하루에 5,000걸음씩 걸었으니 이제 나에게 처방을 내려줘'라는 단계에 접어들었다. 이것이 바로 사용자들이 원하는 '왜'이다. 그리고 업체는 이제 '왜'에 대한 해답을 제공해야 웨어러블 디바이스 산업을 본격 성장궤도에 올릴 수 있다.

아직 기술적으로 보완해야 할 부분도 많이 남았다. 현재 스마트 밴드는 사람들이 소모하는 칼로리와 운동량 등을 측정하는 수준에 머물렀다. 어떤 음식을 얼마나 섭취했는지, 칼로리량은 얼마나 되는지는 알지 못한다. 칼로리 섭취량도 소모량만큼 중요하지만, 이를 정확하게 알 수 있는 방법은 아직 없다. 더구나 음식의 양과 종류, 그리고 각 음식에 따른 칼로리량 데이터도 방대하다. 이에 대한 준비도 선행돼야 한다.

측정하는 데이터의 정확성도 문제다. 아직도 의사나 전문 헬스 트레이너들 중에는 웨어러블 기기에 대한 불신을 가지고 있는 사람들이 많다. 웨어러블 기기가 측정할 때마다 결과가 다르게 나온다는 것이 주된 이유이다. 따라서 제조사들이 주장하는 것처럼 웨어러블 기기가 건강 개선이나 치료 보조용 도구로서 사용되는 것은 아직 시기상조라고 의료계에서는 주장한다. 밴드나 워치의 정보가 자신의 주치의에게도 전달돼 자신의 건강을 책임져줄 것이라는 사용자들의 기대와 바람은 아직 충족되기 어려운 것이다.

웨어러블 기기 열풍과 함께 시작한 스마트 헬스의 대략적인 방향과 도착지는 눈에 보이기 시작했다. 업계는 지금 수많은 센서와 이동통신의 발달, 빅데이터 분석 기술, 전문 의료 산업과의 협업 등을 통해 결과물을 만들기 위해 고군분투 중이다.

웨어러블 기기 개발 전략

지금 웨어러블 시장을 보고 있으면 2000년 대 초 MP3 시장을 보는 것 같다. 수많은 제품들이 쏟아져 나오고 있으나 시장을 주도할 것이라고 믿음을 주는 제품이 없다. 기능이 다 거기서 거기인 것 같다. 구글 글래스는 웨어러블의 백미로 손꼽히지만 대중 시장에 나올 전망은 점점 더 희박해지고 있다. 카메라를 달고 있는 한 문제라는 오명을 벗기 힘들고 카메라 없이는 속 빈 강정이 되기 때문이다.

몇몇 제품이 디자인이 뛰어나기는 하지만 웨어러블 디바이스 시장이 디자인만으로 승부가 나기도 어렵다. 결국 MP3 시장을 평정한 것은 애플의 아이팟이었다. 아이팟은 모든 면에서 우월했다. 디자인은 말할 것도 없고 사용자에게 주는 경험도 탁월했다. 특히 아이튠스라는 온라인 생태계는 경쟁구도에 마침표를 찍었다. 아이팟을 제외한 모든 MP3들은 그저 기타 등등 브랜드로 전락하고 만 것이다. 웨어러블 디바이스 시장에도 아이팟 같은 브랜드가 분명히 나타날 것이라 기대하면서 획기적인 웨어러블 디바이스 개발을 위한 전략을 살펴보겠다.

【 상호운용성 】

디지털 경제 이론에는 메카프의 법칙Metcalfe's Law이 있다. '네트워크의 연결이 늘어날 때마다 네트워크의 가치는 그 늘어난 수치의 승수 배만큼 증가한다'는 디지털 비즈니스의 기본 이론이다. 그런데 좋은 아이디어는 기본에서 나오는 경우가 많다.

웨어러블 디바이스가 인터넷으로 연결된 모든 기기들과 상호운용된다면 지금의 밴드들과는 비교할 수 없을 정도의 엄청난 가치를 제공할 것이다. 스마트 밴드나 워치가 우리 몸의 일부분처럼 여겨지는 생활필수품이 될 수 있을 것이라 전망한다.

지금의 웨어러블 기기들은 스마트폰의 보조 기기 역할만 하거나 스마트폰에 기생해서 작동되는 것들이 대부분이다. 앞으로 개발할 웨어러블 기기는 스마트폰은 물론 집 안의 스마트 기기, 공공시설의 스마트 기기, 상업시설의 스마트 기기들과 모두 연결된 확장된 플랫폼 위에서 작동됐으면 한다.

물론 이런 노력이 여러 곳에서 시도되고 있다. 그러나 여전히 새롭게 출시되는 제품들을 보면 아직도 스마트폰에 갇혀 있는 경우가 태반이다. 이런 한계를 극복하고자 삼성의 새로운 기어 제품은 스마트폰 없이도 단독으로 통화할 수 있는 기능을 가졌고 애플은 워치 단독으로 결제가 될 수 있는 기능을 탑재했다.

모든 사물에 연결된 웨어러블 기기가 나타난다면 마치 마법지팡이 같은 매우 재미있는 기기가 될 것이다. 손목에 밴드를 두르고 집에 들어갈 때 현관문이 자동으로 열리고, 조명이 자신에 맞게 조절된다. 오븐 속은 아침에 넣어둔 요리를 조리하기 시작하고, 목욕물은 내가 좋아하는 온도로 데워진다. 거울에는 내게 온 메시지들이 자동으로 나타나고, 그날 내 기분에 맞춘 음악이 흘러 나왔다. 손짓으로 오디오가 꺼지고 스마트 TV가 켜진다. 손짓으로 채널과 볼륨이 조절된다. 간단한 손동작이나 생각만 해도 오븐은 꺼지고 집안의 온도조절기의 온도가 올라간다. 커튼 역시 손가락 동작으로 열린다.

사실 팔 근육을 읽을 수 있는 웨어러블 기기는 이미 시중에 나왔다. 탈믹 랩ThalmicLabs 의 마이오 제스처 컨트롤 암밴드Myo Gesture Control Armband는 팔에 착용하는 밴드 모양의 디바이스로 팔의 움직임만을 통해 컴퓨터와 소통할 수 있게 해준다. 마이오 밴드 안에 내장된 센서가 근육의 작은 움직임을 분석해 소통을 가능하게 한 것이다. 이 기술이 지금 나와 있는 밴드와 결합되면 위에서 생각했던 시나리오가 가능할 것이다.

웨어러블 글래스는 마음을 읽는 솔루션과 이미 결합하기 시작했

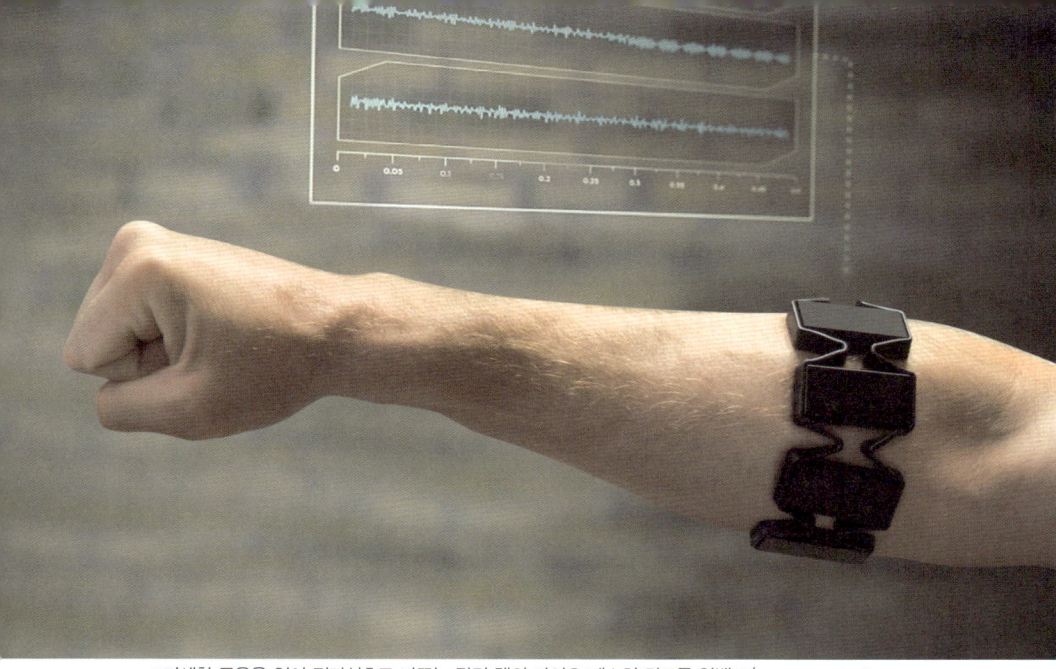

▲미세한 근육을 읽어 전자신호로 바꾸는 탈믹 랩의 마이오 제스처 컨트롤 암밴드(Image used with permission from ThalmicLabs, Photo © ThalmicLabs)

다. 구글은 '뉴로스카이 마인드웨이브 모바일 뇌파 측정'이라는 장치를 블루투스로 구글 글래스와 연결해서 생각만으로도 사진 촬영을 할 수 있는 솔루션을 개발했다. 마인드RDR 앱을 켜면 구글 글래스 화면에 카메라 인터페이스가 뜨는데, 이때 사용자가 피사체 방향으로 머리를 돌리고 집중하기 시작하면 EEG, 즉 뇌파 측정 기기가 뇌파를 읽어 들인다. 강하게 집중하면 뇌파 수치가 올라가고, 최고 수준에 이르면 구글 글래스의 카메라로 촬영이 이뤄진다.

이런 방식으로 SNS에 사진을 올릴 수도 있다고 한다. 아직은 두 기기가 분리돼 두 개를 모두 착용해야 하는 불편함이 있다. 그러나 장애인들이나 의료 목적으로는 현재 상태도 매우 요긴한 제품이

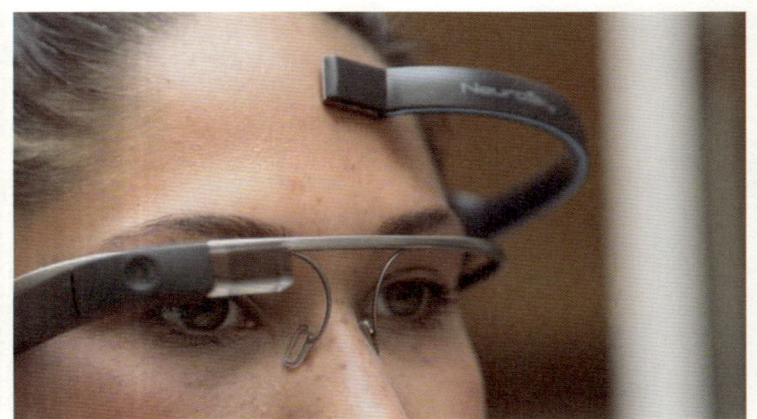
▲구글 글래스와 뉴로스카이의 결합(이미지 출처: http://www.medgadget.com/2014/07/)

다. 뇌파를 읽어 기기까지 움직이는 매우 강력한 솔루션도 출시를 앞두고 있다. EEG를 이용, 뇌파를 읽는 헤드셋에는 이모티브 시스템도 있다.

　근육의 움직임이나 생각을 읽는 솔루션과의 결합은 앞으로 웨어러블 기기가 결합하는 방향의 한 예일 뿐이다. 중요한 것은 상호운용성을 어떻게 확장해서 웨어러블 기기를 생활에 없어서는 안 되는 필수품으로 만드느냐다. 앞으로 웨어러블 기기를 개발할 예정이라면 기기 개발에 앞서 이용자의 시각에서 기기의 효용성을 극대화할 수 있는 전략을 먼저 생각하길 바란다.

【 고객 중심 효용성 제고 】
　오래 전에 PDA폰을 산 적이 있었다. PC의 장점과 휴대전화의 장점을 결합한 제품이었다. 그러나 나는 6개월이 못 돼서 다시 일반 휴대전화로 바꿨다. 실제로 사용을 해보니 PC의 단점과 휴대전화의 단점만을 결합한 제품이었던 것이다. 과거에 PDA폰을 써 본 사람들은 내 말에 공감하리라 본다.

지금의 웨어러블 디바이스들 대부분은 과거의 PDA폰과 매우 닮아 있다. 일단 디자인이 투박하다. 시계의 역사가 200년이 넘어가는 지금, 앞에서 본 것들과 같은 시계나 밴드 디자인을 내놓는다는 것은 이해가 되지 않는다. 백화점에 가서 명품 시계 숍들만 한번 둘러봐도 그들이 얼마나 척박한 디자인의 기기들을 내놓았는지 알 것이다.

웨어러블 기기의 디자인을 개선하기 위해 시간을 재해석하는 방법도 추천할만하다. 시간의 재해석이란 옛것을 오늘날의 소비자 니즈에 적합하도록 바꾸거나 또는 오늘날의 현대적인 감각을 입혀 혁신적으로 재창조하는 방법이다. 과거로부터 전해져오는 상품의 본원적인 기능을 유지하면서 그 시대의 기술, 감각 등 요소를 가미해 재구성함으로써 확장된 편익을 제공하는 것이다. 특히 실버 세대를 위한 밴드나 워치 등의 디자인에는 복고풍의 디자인에 첨단 기능을 이식해도 좋을 것이다.

애플은 명품 분위기를 내려고 18K 금으로 된 케이스를 낸다고 하는데, 그다지 매력적으로 보이진 않는다. 차라리 롤렉스, 파텍스와 같은 전통 시계의 강자나 위블로, 브라이틀링과 같은 신흥 명품 시계 강자와 콜라보레이션해 진짜 명품을 만드는 것을 고려해볼만

하다. LG는 예전에 명품 브랜드 프라다와 제휴해서 프라다 워치를 발매한 적이 있는데, 크게 성공하진 못했다. 프라다는 시계로서는 명품 이미지가 없었기 때문이다.

웨어러블 기기를 계속 사용하는 데 또 하나의 걸림돌은 배터리를 계속 충전해야 한다는 것이다. 휴대전화를 충전하는 것은 어느 정도 습관이 됐는데 웨어러블 기기가 하나 더 추가되니 새로운 충전 스트레스가 생길 수 있다. 많은 사람들이 배터리 충전 때문에 웨어러블 기기 사용을 중단했다고 한다. 사실 배터리 충전 스트레스를 극복하는 방법이 없는 것은 아니다. 충전 패드를 사용해서 그 위에 올려놓기만 해도 충전이 되게 하면 어느 정도 충전 스트레스에서 해방될 수 있다. 그러나 아직 이런 무선 충전 방식을 제공하는 기기는 극소수다. 그만큼 아직은 공급자 입장에서 제품을 개발하고 있다는 것이다. 나는 무선 충전은 웨어러블 기기의 기본 사양이 돼야 한다고 생각한다.

린 던브랙Lynne Dunbrack은 〈소비자들이 피트니스 트래커 사용을 멈추는 이유Why Consumers Stop Using Fitness Trackers〉라는 보고서에서 소비자들이 기기 이용을 중단하는 몇 가지 이유를 알아보고 앞으로 나올 웨어러블 기기를 개선할 수 있는 방안들을 제시했다.

• **음성 메모** : 갑자기 떠오르는 좋은 생각을 음성 메모로 바로 저장할 수 있게 한다. 이 기능은 워치 형태나 글래스 형태의 웨어러블 디바이스에는 이미 적용돼 있다. 그러나 피트니스 밴드와 같은 간단한 기기

에서는 찾아보기 힘들다. 음성녹음은 지금도 바로 적용 가능한 기능이다. 피트니스 트래커들은 대체로 스마트폰과 블루투스로 연결돼 있기 때문에 음성인식 센서와 버튼만 추가하면 가능한 일이다.

• **즉각적인 사진 촬영** : 길을 가다가 발견한 정보, 책을 보다가 발견한 좋은 글귀 등 눈으로 보고 기억하고 싶은 것들을 바로 사진을 찍어 저장할 수 있게 한다.

기어 시리즈에서도 워치에는 촬영 기능이 있으나 핏에선 제외했다. 그러나 워치나 핏 모두 항상 착용하고 다니는 것을 전제로 하는 기기인 만큼 피트니스 트래커에 촬영 기능이 있으면 좋을 것 같다. 경쟁이 치열한 밴드 제품들 중 차별화할 수 있는 기능이라 본다. 글래스에 카메라를 다는 것은 거부감이 있었으나 밴드나 워치에 달린 카메라는 그다지 불만이 없었다. 카메라는 화소수가 높을 필요가 없다. 그리고 촬영한 사진은 밴드에 저장할 필요가 없다. 어차피 밴드에는 모니터가 없기 때문에 스마트폰이나 태블릿에 저장하고 확인해볼 수 있게 하면 된다.

• **바로 검색** : 평소에는 알기 어려웠던 사물의 정보를 이미지 인식을 통해 자연스럽게 파악할 수 있게 한다.

지금도 구글의 운영체제를 사용하고 구글 나우를 탑재하면 음성이나 문자 입력으로 바로 검색이 가능하다. 구글은 이미 딥러닝 기술을 통해 바로 검색 기능을 더욱 강화하고자 노력하고 있다. 이 기능은 머지 않은 미래에 구현되리라 본다. 그런데 문제는 이 기술을 통해 처음 보는 사람의 신분도 바로 알 수 있다는 것이다. 이 기능이 사법기관에서 일하는 사람들에게만 제한적으로 제공된다고 해도, 누군가가 나를 보는 순간 내 신분을 알 수 있다는 것에 대해서는 프라이버시와 관련된 윤리적인 문제 해결이 필요하다.

• **알레르기 방지** : 액세서리에 대한 알레르기를 가진 사람들이 의외로 많다. 그런 사람들을 위해 알레르기를 유발하지 않는 소재로 만든 선택사양을 제공하는 것도 중요하다. 애플처럼 18K금을 소재로 해서 알레르기를 방지하는 방법을 사용해볼 수도 있겠다. 물론 가격은 올라간다. 그렇지만 고객의 다양한 니즈에 대응한다는 것이 더욱 중요하다.

• **정확성** : 정확하지 못한 측정은 전혀 도움이 되지 않을 뿐 아니라 오히려 문제를 야기한다. 수면 측정기를 사용해본 사람들은 다들 알고 있다. 한밤중에 깨어나 밤을 꼬박 지새웠는데도 디바이스는 잘 자고 일어난 것으로 측정결과를 내놓는다. 이런 한계점을 이용자들에게 반드시 고지하고 사용법을 좀 더 쉽게 안내할 필요가 있다. 더욱 좋은 것은 수면 상태에 일어나는 신체 변화 중 혈류나 맥박 등의 정보를 연구해 이를 파악할 수 있는 센서를 만들어 밴드에 포함시키는 것이다. 아직은 어떤 제품도 정확한 수면 상태를 측정하지 못하는 것 같다. 음성 인식 또한 아직 문제가 많고 자연어를 처리하는 기술도 한계가 있다. 앞으로 딥러닝 기술의 발전을 통해 차차 해결되리라 본다.

• **오픈 API** : 앞으로는 웨어러블 기기도 솔루션 경쟁이 될 것이다. 어떤 기기가 다양한 솔루션을 탑재할 수 있을 것인가가 중요하다. 많은 개발자들이 피트니스 목표와 동기부여에 도움이 되는 새로운 애플리

케이션을 개발하고 있다. 그들이 개발하는 앱들과 자유롭게 연동되는 개발 전략이 필요하다.

• **방수 :** 방수 기능은 기본이다. 생활방수 가지고는 부족하다. 제품의 태생 자체가 운동을 위해 제작된 것이니만큼 물하고는 반드시 친해야 한다. 다이버 워치 정도의 방수를 제공해야만 고객들의 불만이 사라질 것이다. 지금까지 나온 밴드들 중에서 가장 방수 기능이 뛰어난 피트니스 트래커. 이런 제품이 곧 나올 것 같다.

또한 던브랙은 "의사와 임상의가 피트니스 트래커가 생성하는 정보를 어떻게 이용할지도 아직 답이 없다"고 지적했다. 이용자들을 도와주는 트레이너나 의사들 입장에서는 워낙 다양한 제품들이 출시되다 보니 여러 기기들의 여러 데이터 포인트를 여러 앱으로 이용해야 한다. 보통 고역이 아니다. 또한 이 기기들이 의약품 허가를 받은 것들이 아니고 측정의 허점이 아직 많은 상태이므로 이들로부터 나온 데이터를 신뢰하는 데도 어려움이 있다. 만일 잘못된 데이터를 토대로 한 처방 때문에 문제가 생겼을 때, 모든 책임은 의사나 트레이너가 져야 하기 때문이다. 이런 점들이 개선되지 않으면 귀중한 환자 생성 데이터를 그냥 빅데이터로 놀릴 수 있다. 환자가 정말로 필요한 순간에도 그 데이터가 무용지물이 되는 것이다.

이미 시장에 많은 사용자를 확보한 핏빗이나 기어 같은 브랜드들은 유명 클리닉이나 피트니스센터와 제휴를 맺고 고객들의 데이터에 값진 조언을 피드백하는 여건을 마련하는 것도 필요하다. 기기의 특성이나 한계점을 인지하고 고객들에게 피드백을 제공하고, 이런 피드백 과정을 통해 신규 고객을 유치하는 기회도 가질 수 있다. 피드백 서비스도 솔루션으로 자동 답변하는 무료 서비스에서 주치의나 담당 트레이너가 제공하는 프리미엄 서비스까지 다양하게 구성할 수 있다.

마지막으로 던브랙은 '내재적·외재적 동기'를 제안했다. 피트니스 트래커의 기본 틀은 소통이다. 사람들은 목표를 달성했을 때 그에 상응하는 보상이 뒤따르면 환호하고 그 기기의 사용에 열중한다. 웨어러블 기기에 기능성 게임을 포함시키고 그 결과에 따른 보상 프로그램을 마련하는 것이 필요하다.

보상은 반드시 물리적인 보상일 필요는 없다. 한때 대한민국을 휩쓸었던 '애니팡'이란 게임이 좋은 예다. 지인들과의 경쟁심리, 다른 사람들로부터 인정받는다는 자각만으로도 사람들은 게임에 열중한다. 프리미엄 건강검진 할인권, 피트니스클럽 무료 이용권, 다이어트나 건강식품 할인, 추가 보상형 건강보험료 할인, 무료 코칭 등 고객과 공급자, 협력자가 모두 윈윈 할 수 있는 방법은 상당히 많다. 치밀한 보상체계를 구상하는 것도 웨어러블 기기 성공의 중요한 전략이다. 기기 간의 생태계뿐만 아니라 기기가 사용되는 생활 속의 생태계를 구축하는 일도 매우 중요한 전략이라고 인식해야지만 경쟁에서 승리할 수 있다.

인터넷 오브 홈
Internet of Home

"컴퓨터는 아파트촌에도 손을 뻗치고 있다. 인텔리전트 아파트가 그것이다. 예컨대 인텔리전트 아파트는 최신의 통신기재를 마련하고 컴퓨터와 연결시켜 온·냉방 자동 조절, 방범, 방화, 방재는 물론이거니와 멀리 외국과의 화상전화(TV전화), 전자사서함 등을 갖추고 있다. TV는 두께가 작아져서 벽에 걸릴 것이다. 이 아파트에는 '열려라 참깨'라고 하면 스르륵 열리는 대문이 현실화될 것 같다. 아무 말이건 미리 등록만 해준다면 그 속에 내장된 손톱만 한 마이크로칩의 도움으로 주인의 말소리 파동 속에 들어있는 여러 특성을 분석해서 본인 여부를 판단한다. 잠금장치로는 카드 열쇠를 사용한다. 역시 문에 있는 마이크로 컴퓨터 덕분이다."

과학 대중화에 앞장섰던 김정흠 고려대 물리학과 교수가 1980년대 초반에 동아일보에 연재한 90편의 칼럼 〈서기 2000년 미리 가

본 미래의 세계〉 중 스마트홈과 관계되는 내용만을 발췌한 것이다. 인터넷이 널리 보급되지 않던 시절이었는데도 불구하고 사물인터넷시대의 스마트홈이 상세히 묘사돼 있다.

마법의 집, 스마트홈

인류는 오래 전부터 스마트홈을 꿈꿔왔다. 과학기술과 산업이 발달하기 전의 스마트홈은 동화나 설화 속에서 등장했다. 과학적 상상력을 동원할 수 없었던 시절이니까 그때는 도깨비, 마녀, 귀신이 사는 집이 스마트홈이었다.

마녀의 집에서는 모든 것이 자동이었다. 호출하면 문이 자동으로 열리고 촛불은 자동으로 점화돼 내부를 밝혀준다. 부엌에 걸어둔 커다란 냄비는 스스로 끓기 시작하며, 테이블 위에 놓인 수정구슬에선 마녀가 좋아하는 왕자의 행동이 실시간 모니터링된다. 마법 빗자루는 주문 한마디에 저절로 춤을 추며 청소를 시작한다. 이 장면을 지금 개발된 사물인터넷 기기들이 사용되는 스마트홈으로 대치시켜보면 어떨까?

스마트폰을 지니고 문 앞에 서니 스마트 도어록이 내 이름을 표시하며 문을 스르륵 열어준다. 문이 열리는 신호를 감지한 스마트 조명조절기는 밴드로부터 생체신호를 읽어내 컨디션에 맞는 밝기와 색상으로 조명을 맞춘다. 아침에 스마트 오븐에 보관한 요리는 나의 귀가 사실을 알고는 스스로 요리를 시작한다. 벽에 걸린 스마트 TV에서 와이프의 얼굴이 보인다. 잔소리가 시작된다. 일찍 귀가했으면 청소나 해놓으란다. 와이프는 스마트 도어록을 통해 내가 귀가했다는 알림메시지를 받은 것이다. 그래도 문제 없다. 요즘은 로봇청소기가 마법 빗자루보다 더 똑똑하다. "청소 시작"을 외치니 로봇은 저절로 청소를 시작한다.

영화 〈아이언맨〉의 주인공 토니 스타크의 집에 등장하는 자비스는 홈 오토메이션의 허브 역할을 하는 인공지능 운영체제다. 'J.A.R.V.I.S.'는 'Just A Rather Very Intelligent System'의 약자로 시리와 같이 음성을 인식하고, 클라우드에 접속해서 빅데이터를 이용한다. 고성능 3D프린터까지 컨트롤하고 있어 못 만드는 물건도 없다. 그런데 요즘 자비스와 같은 운영체제가 등장하고 있다.

그 중에서 가장 가능성이 높아 보이는 것이 삼성전자의 움직임이다. 삼성전자 윤부근 사장은 CES 2014에서 메가트렌드에 의해 변화하는 미래의 가정에 대해 소비자들이 기대하는 가치를 '외부 환경과 유해물질로부터 보호protective,' '개방형 다목적 공간flexible,' '사람의 요구에 응답하는responsive'이라는 3대 키워드로 정의했다.

그리고 앞으로의 스마트홈이 다양한 소비자의 니즈와 라이프스타일을 만족시킬 수 있는 '소비자에 맞춰주는 홈adaptive home'이 돼야 한다고 강조했다. 그리고 소비자에 맞춰주는 홈을 구현하기 위해선 "복잡한 데이터를 한눈에 표시해 최적의 선택을 할 수 있게 하는 '보여주는 홈show me home,' 소비자의 니즈를 파악하고 라이프스타일 패턴을 학습하는 '이해하는 홈know me home,' 스스로 최적의 제안을 하고 실행하는 '제안하는 홈tell me home'이 돼야 한다"고 주장했다.

스마트홈은 집 안의 가전제품, 각종 센서들과 사용자의 웨어러블 기기들로부터 수집된 빅데이터를 분석해 개인의 라이프스타일 패턴을 학습하고, 개별 구성원에게 맞춰진 솔루션을 제공해 궁극적으로 '인간 배려'를 극대화하는 방향으로 만들어져야 한다는 것이다. 삼성전자는 앞으로 다양한 업계 파트너에게 플랫폼을 개방하고 협력을 위해 노력한다고 하니 스마트홈 기기를 개발하는 스타트업 업체들은 삼성전자의 플랫폼을 염두에 둘 필요가 있겠다. 그럼 스마트홈 플랫폼에는 어떤 일이 벌어지고 있는지 살펴보겠다.

빅브라더 간 쟁탈전

지금 IT 업계는 스마트홈의 생태계를 선점하기 위한 네트워크 플랫폼 전쟁이 한창이다. IT업계 빅브라더 삼성, 구글, 애플이 다 나섰고, 인텔도 끼어들었다.

플랫폼은 응용프로그램을 구동하는 데 기반이 되는 시스템으로 하드웨어와 소프트웨어가 모두 있어야 한다. 우리가 자주 접하는 플렛폼이 바로 OS라 불리는 스마트폰 운영체제다. 애플은 iOS, 구글은 안드로이드 OS로 스마트폰 플랫폼의 양대 산맥이 됐다. 노키아, 삼성과 마이크로소프트가 '심비안', '타이젠'과 '윈도모바일'이라는 독자 OS를 내놓았지만 아직은 갈 길이 멀다.

【 구글의 안드로이드앳홈 】

2014년 사물인터넷 산업을 달군 가장 뜨거운 뉴스는 구글의 네스트 인수였다. 구글은 스마트 온도조절 장치와 연기 감지 장치 제조 기업 네스트랩을 32억 달러라는 어마어마한 금액을 주고 인수했다. 인수 당시만 하더라도 사람들은 너무 많은 금액을 지불했다고 수군거렸다. 그런데 요즘 구글의 행보를 보면 그 인수는 단순히 온도조절 장치 제조사 인수가 아니었음을 알 수 있다. 구글은 네스트랩의 기술을 기반으로 안드로이드앳홈Android@Home을 내놓았다. '인터넷 오브 홈Internet of Home'의 스마트 기기들을 연결하는 기술 표준을 발표한 것이다.

【 애플의 홈키트 】

그러자 2014년 7월 애플의 반격이 시작됐다. WWDCWorld Wide Developer Conference(세계개발자대회) 2014에서 애플은 홈 오토메이션용 iOS8 솔루션인 '홈키트HomeKit'를 발표했다. iOS8의 주요 기능 중 하나인 홈키트는 아이폰의 음성 비서인 시리를 이용해 음성으로 도어록, 가전제품, 조명 기구, 온도조절기 등을 제어할 수 있는 기능을 갖추고 있다. 홈키트는 수많은 홈 오토메이션 기기들을 애플의 운영체제를 기반으로 보다 편리하게 사용하고 통제할 수 있도록 도와주는 역할을 할 것이다.

애플은 홈키트 사업 활성화를 위해 뭉친 연합군도 함께 발표했다. 여기에는 도어 잠금장치 업체인 어거스트Eugust, 조명 업체인 필립스, 하니웰Honeywell, iHome, 중국의 최대 가전 업체 하이얼 등이 참여했다. 애플은 홈키트 발표와 함께 앞으로 인증 프로그램을 가동할 계획이다. 인증을 받은 제품은 홈키트상에서 제어 가능한 제품이란 증명을 얻는 셈이다. 앞으로 홈키트는 TV와 홈 시큐리티, 세탁기, 도어록, 조명 조절 장치, 온도조절기 등과 연동될 예정이다. 이 모든 가정용 기기들이 아이폰과 아이패드로 제어 가능해지고 시리에게 명령하는 것으로 작동된다는 의미다.

【 쓰레드 동맹 】

애플의 발표를 지켜본 구글은 진일보된 홈 기기 생태계인 '쓰레드Thread 동맹'을 출범했다. 쓰레드는 지그비 프로Zigbee Pro와 아이피IP, 더스트 네트웍스Dust Networks, 퀄컴의 올조인AllJoyn, 블루투스, Z-Wave, 와이파이, 홈키트, XMPP 등과 같이 집 안의 스마트 기기와 앱을 연결해주는 홈 오토메이션 프로토콜이다. 홈 기기들끼리는 쓰레드라는 내부 네트워크로 연결하고 이 연결은 안드로이드 운영체제를 가진 스마트폰이나 패드를 통해 클라우드에 연결된다.

쓰레드를 업계 표준으로 만들기 위해 애플의 스마트폰 경쟁 업체이자 세계 최대의 가전업체인 삼성과 CPU 아키텍처 기업 ARM, 자물쇠 제조업체 예일 씨큐리티Yale Security, 칩 제조업체 실리콘 랩스Silicon Labs와 프리스케일 세미콘덕터Freescale Semiconductor, 그리고 실링팬 메이커인 빅 애스 팬스Big Ass Fans 등 6개 업체가 연합군으로 참여했다. 구글이 인수한 네스트가 주도하는 이 쓰레드 프로토콜에서는 네트워크에 참여하는 모든 기기들이 네스트의 온도조절기와 화제경보기가 서로 소통하듯이 공통의 네트워크 언어를 사용해서 상호 연결되고 조절될 것이다.

【 삼성과 SK의 스마트홈 】

2014년 8월 삼성은 사물인터넷 개방형 플랫폼 개발회사인 스마트씽즈Smart Things를 인수했다. 삼성전자가 사들인 스마트씽스는 2012년 설립된 미국 벤처기업으로, 현제 스마트씽즈의 사물인터넷 개방형 플랫폼에서는 1,000개 넘는 기기와 8,000개 넘는 앱이 지원된다. 삼성은 집 안 가전제품들과 IT 기기들을 연결하는 '스마트홈' 서비스를 시작했으며, 스마트씽즈 인수를 계기로 완전한 개방형 플랫폼을 지향할 방침이다. 삼성 제품뿐만 아니라 다른 제조사 가전이나 기기들도 모두 삼성 스마트홈 앱으로 제어할 수 있도록 생태계를 구축한다는 의미다.

삼성이 구글이나 애플보다 유리한 점은 가전제품 제조 경쟁력이 있다는 것이다. 여기에 모바일 기술과 사물인터넷 기술을 접목하게 되면 가전제품에 경쟁력이 없는 구글이나 애플과의 경쟁에서 충분히 우위를 차지할 수 있다.

SK텔레콤도 11개 가전·홈 기기 제조사들과 손잡고 스마트홈 사업에 나섰다. 2014년 10월 SK텔레콤은 11개 제휴사 대표들과 '스마트홈 사업 제휴 협약'을 체결했다고 밝혔다. 이날 협약식에 참가한 11개 제조사는 경동나비엔(보일러), 게이트맨(도어록), GE 라이트닝

(조명), 위닉스(제습기), 모뉴엘(로봇청소기), 대성 셀틱(보일러), 유진로 봇(로봇청소기), 타임밸브(가스차단기), 오텍캐리어(에어컨), 금호전기 (조명), 아이피타임(공유기) 등 가전 마이너리그와 가정용 난방기 메이저리그의 각 분야를 대표하는 기업들이다. 삼성, LG는 빠졌다.

발표 내용만으로는 이타적인 생태계 전략이 엿보인다. 제휴사별 시장 주력 제품에 스마트홈 기능을 우선적으로 적용하고, 별도 장비 구입 없이 유무선 공유기만 있으면 사용 가능하도록 구성해 고객의 서비스 진입 장벽을 최대한 낮출 예정이라고 한다. 그러면 기술적으로는 SK의 브로드밴드가 아니더라도 무선인터넷만 연결되면 협력사들의 기기를 사용할 수 있다는 말이다. 특히 통신사 제한 없이 모든 고객들이 이용할 수 있다는 점에서 서비스가 상용화되면 많은 고객들이 쉽게 활용할 수 있을 것으로 기대된다.

이와 같이 구글과 애플을 포함한 많은 기업들이 기기들을 상호 연결하는 표준 운영체제를 기반으로 사물인터넷 생태계를 구축하고자 하는 것은 이 운영체제가 미래 비즈니스의 허브 역할을 할 수 있기 때문이다. 스마트홈 기기들은 당연히 스마트 미디어에 연결될 것이다. 그런데 우리는 대부분의 시간을 스마트 미디어와 함께 보내고 있다. 이런 스마트 미디어가 스마트 기기의 허브가 되면 기기의 내용물이나 소모품의 구매를 비롯한 이용자의 모든 쇼핑 활동이 쇼핑 모두가 허브를 통할 가능성이 높아진다.

결국 스마트 홈의 표준 프로토콜이 된다는 것은 우리 생활의 근간을 지배하는 진정한 빅브라더가 되는 것이다. 스마트폰의 안드로이드와 iOS 양대 진영의 싸움과는 비교도 되지 않는 어마어마한 싸움이 시작된 것이다. 이번 싸움은 구글과 애플 간의 싸움으로 국한되지는 않을 것 같다. 앞으로 스마트홈 기기를 개발할 때 안드로이드와 iOS용 두 가지를 모두 개발해야 할지, 또는 삼성의 개방형 플랫폼에 조인을 해야 할지는 좀 더 관망해야 할 것 같다.

퀄컴이 개발한 올조인을 앞세운 '올신 얼라이언스 AllSeen Alliance' 에는 MS, 소니, 일렉트로룩스, GE를 비롯, 델, 아트멜, 브로드컴, 윈드리버 등 70여 개 업체가 가입했다. 이들은 독자적인 기술 또는 통신 프로토콜과 관계없이 기기가 스스로 주변 제품을 발견해 상호작용할 수 있도록 지원하는 올조인 오픈소스 코드를 토대로 제조사나 운영체제에 상관없이 와이파이, 블루투스, 이더넷 등을 이용해 디바이스 간 상호운용을 가능하게 할 계획이다.

삼성전자는 스마트씽스 인수와는 별개로 사물인터넷 컨소시엄에도 적극 참여하면서 생태계를 넓혀가고 있다. 삼성전자는 구글이 주도하고 있는 사물인터넷 프로토콜 컨소시엄 쓰레드 그룹에 참여한 데 이어, 최근 인텔이 주도하는 오픈 인터커넥트 컨소시엄에도 참여하고 있다. 이 컨소시엄은 모바일에서 플랫폼 장악에 실패한 삼성과 통신 칩 경쟁에서 퀄컴에 밀린 인텔이 손잡고 만든 동맹이다.

【 구글의 피지컬 웹 프로젝트 】

이 가운데, 2014년 11월 구글은 '신의 한 수'라 할 수 있는 새로운 플랫폼을 발표했다. 바로 피지컬 웹Physical Web이다. 피지컬 웹의 개발 목적은 사물인터넷 기기를 인터넷주소URL로 직접 연결해 특정 운영체제나 앱의 종속에서 벗어나게 하는 것이다. 지금까지 거의 모든 사물인터넷 기기는 앱을 통해 운영되고 있다. 구글과 삼성이 올해 각각 인수한 스마트홈 플랫폼 네스트나 스마트씽즈도 앱을 거쳐야만 한다. 그러나 폭발적으로 늘어나는 사물인터넷 기기를 각자 다른 앱으로 통제한다는 것은 현실적이지 않다고 판단한 구글은 사용자가 언제든지 모든 장치와 상호작용할 수 있는 시스템으로 피지컬 웹을 제시했다.

구글은 이미 안드로이드 운영체제를 통해 오픈 플랫폼에 대한 학습을 충분히 했다. 그래서 그들은 개방적 사물인터넷 생태계를 만드는 방안으로 '웹'이라는 오픈소스를 생각해낸 것이다. 피지컬 웹의 원리는 매우 단순하다. 사용자가 사물을 URL을 통한 웹으로 연결하고, 이를 사용자와 소통하는 창구로 만든다는 것이다. 장점은 두말할 것 없이 사물과 사용자 간 연결이 쉬워지고 편리해진다는 것이다. 여기에는 플랫폼이 필요 없다. 따라서 개발자의 고민도 줄어든다.

버스 정류장에서 버스 도착 시간 앱을 통해 다음 버스가 언제 올지 확인하는 사항을 떠올려보자. 앞으로 피지컬 웹 서비스가 시작되면 앱을 켤 필요가 없다. 당신이 정류장에 도착하면 스마트폰이 비콘을 통해 정류소임을 자동으로 인지해 화면에 버스 도착 정보를 띄우기 때문이다. 굳이 버스 관련 앱을 가동하는 수고를 할 필요가 없는 것이다. 버스 정류장이 하나의 개체로서 웹과 연결되고, 그곳에 가면 사용자가 스마트폰을 통해 자동 접속하는 방식이다.

이 개념을 확장하면 버스 정류장뿐만 아니라 버스에도 활용이 가능하다. 센서를 탑재한 버스가 정류장을 통과할 때, 차량 운행 정보를 정류장에 전달한다. 정류장들은 자체적으로 웹에 연결돼 있으므로 서로 소통해서 사용자에게 운행 중인 버스 정보를 전달할 수 있다. 물론 앱 형태로 제공할 수도 있겠지만, 접근성과 플랫폼 선택에서 생길 수 있는 장애요인을 고려하면 웹을 이용하는 것이 훨씬 유리하다.

구글은 'Walk up and use anything', 즉, '어떤 스마트 기기든 가서 쓰면 된다'는 슬로건으로 피지컬 웹의 개념을 요약했다. 자동판매기, 포스터, 장난감, 버스 정류소, 렌터카 등에 가까이 가기만 하면 이곳에 설치된 해당 기기가 제공하는 서비스가 어떤 것인지 웹을 통해 스마트폰으로 전송되고 바로 이용할 수 있다는 것이다.

개인이 사용하는 사물은 앱 형태로 제공하더라도 문제될 것이 없다. 다수가 접근할 이유가 없기 때문이다. 그러나 버스 정류장처럼 하나의 객체가 다수의 이용자들과 소통해야 하는 사물은 웹을 활용하면 접근성을 높일 수 있고 관리도 수월하게 할 수 있다. 관리가 수월하다는 건 비용이 줄어든다는 것을 의미한다. 따라서 피지컬 웹은 제조사로서는 환영할 만한 제안이다.

기존의 웹이 수많은 웹페이지를 URL로 연결해 가상의 정보네트워크를 만들었듯, 피지컬 웹은 사물 간의 정보네트워크다. 예를 들어 어떤 사람이 자율주행 자동차를 렌트하고자 한다고 하자. 사용자가 도심 곳곳에 주차된 자율주행 자동차 근처로 이동하면 그를 비롯한 근처의 사물인터넷 기기들이 스마트폰에 뜬다. 이제 간편 결제를 이용해 대여료를 내면 목적지까지 데려다주는 서비스를 이용할 수 있다.

피지컬 웹 프로젝트는 아직 콘셉트 단계이다. 앞으로 상품화까지는 몇 년이 걸릴 수도 있다. 그러나 사물인터넷의 플랫폼 주도권에 대한 경쟁이 가열되는 상황에서 피지컬 웹 전략은 독자적인 플랫폼 싸움을 피하면서 여타 플랫폼에서도 이익을 취할 수 있고, 오픈 소스로 지지도 얻을 수 있는 매우 이상적인 접근 방법이라는 의견에 무게가 실리고 있다. 이렇게 된다면 구글은 플랫폼 경쟁에서 우위를 차지할 카드를 내놓은 셈이다.

집 안의 모든 기기들이 서로 연결되는 커넥티드 홈connected home 시장은 2020년까지 폭발적인 성장을 할 것 같다. 그랜드뷰 리서치 Grand View Research의 2014년 7월 발표에 의하면 세계 스마트홈 시장은 2020년까지 476억 달러에 이를 것이라 한다. 스마트홈 분야 중에서 에너지 관리 분야의 성장이 가장 빠를 것이라고 전망했는데, 이는 지구 온난화에 따른 에너지 규제 조치들이 본격화될 것이기 때문이다.

스마트홈이나 홈 오토메이션은 집을 관리하고 모니터링하고 자동화하는 모든 분야에 사용되는 모호한 표현이다. 시장조사회사들이 스마트홈 시장 규모를 예측할 때 사용하는 각 분야를 알아볼 필요가 있다. 시장조사기관인 베르그인사이트 Berg Insight는 스마트홈을 온도조절 시스템, 방범 시스템, 조명 시스템, 가전제품 등 크게 4가지 분야로 구분했다.

이 분류에 따라 각 분야별 대표 스마트홈 제품과 개발 전략을 짚어보자. 대표 제품은 2014년 7월 씨넷Cnet에서 선정한 베스트 스마트홈 기기와 톰스가이드Tom's Guide에서 2014년 7월에 발표한 베스트 스마트홈 기기를 중심으로 선정했다.

온도조절 시스템

이 분야의 스타는 단연코 네스트다. 씨넷은 별 다섯 개 만점에 별 다섯 개를 줬다. 2014년 1월, 구글이 인수해서 큰 화제가 됐던 네스트의 학습하는 온도조절기Learning Thermostat는 하드웨어, 소프트웨어, 서비스가 완벽한 조화를 이루고 있다.

네스트의 개발자가 2001년부터 2008년까지 애플에서 일하면서 아이팟의 아버지로 불렸던 토니 파델Tony Fadell이라는 것을 알면, 구글은 네스트가 아니라 파델의 스카우트비로 거금을 투자한 게 아닌가 하는 생각도 든다. 파델이 만든 회사라서 그런지 이 회사 직원 중 100여 명 이상이 애플 출신의 마케터와 엔지니어, 디자이너라고 한다. 아이팟처럼 휠 인터페이스가 돋보이는 네스트는 파델의 디자인 철학인 단순함과 기능적 완벽성을 갖춘 데 이어 이번에는 스스로 이용자의 행동까지 학습하는 능력까지 갖췄다. '나보다도 나를 더 잘아는 온도조절기'를 내놓은 것이다.

네스트를 뛰어넘는 온도조절기가 나오기란 쉽지 않겠다고 여겨지는 가운데, 파델은 스모크 디텍터smoke detector를 출시했다. 스모크 디텍터는 연기, 가스 누출을 감지하고 경고하는 장치다. 이러한 솔루션은 냉난방조절기, 온도·습도조절기 등의 시장까지 흡수할 수 있다.

네스트를 인수한 후 구글의 행보를 보면, 쓰레드 그룹에서 나타났듯이 네스트를 스마트홈 허브화해서 집 안이나 건물 안의 모든 사물인터넷 기기들을 통합 컨트롤하려는 의도가 엿보인다. 궁극적인 목표는 기기의 컨트롤이 아니라 스마트홈 시장의 선점일 것이다.

온라인에선 크롬으로, 모바일에선 안드로이드로 구글은 우리의 눈과 귀를 이미 사로잡았다. 앞으로 네스트가 제공하는 구글의 안

▼네스트가 장착된 집(Image used with permission from Nest, Photo © Nest)

드로이드 네트워크를 사용하는 가정은 오프라인에서도 구글이 제공하는 모든 서비스를 이용하게 되고, 그러다 보면 결국엔 지구촌 사람들의 대다수가 구글 라이프를 살게 되지 않을까?

그럼 이 네스트를 넘어서는 전략은 어디서 찾을 수 있을까? 있을 것 같다. 바로 컨버전스 전략이다. 온도조절 시스템을 개발하는 기업은 우선 네스트가 제공하는 모든 기능을 기본 사양으로 설계할 필요가 있다. 그 다음은 과거에서 배우면 된다. 우리의 전통적 스마트홈 기기는 어땠는가? 20년 전쯤에 나온 홈 오토메이션 기기도 화상 인터폰, 도어 열림 기능, 각 방별 온도조절 장치, 방범, 화재/가스 누출 경보가 모두 통합돼 있었다. 당신이 커넥티드 온도조절기를 개발하고 있다면 컨버전스는 기본이 돼야 한다.

스마트 온도조절기에 모니터를 넣는 것이 좋을까? 일단 네스트는 모니터 없이 출발했다. 그러나 구글이 네스트를 차세대 광고 미디어로 여기고 있는 것을 볼 때 네스트에도 모니터가 등장할 가능성이 높다. 파델은 일단 부인했지만 그가 개발했던 아이팟도 나중에 모니터가 붙고 결국엔 스마트폰까지 되지 않았던가?

모니터는 스마트폰, 태블릿, PC, TV 어디와도 연결될 수 있다. 그래서 기기 자체 내에 모니터가 있는 버전과 모니터가 없는 버전을 구분해도 좋겠다. 모니터가 있는 버전은 우선 우리에게 친숙해서 좋다. 지금 나온 스마트 도어록은 현관의 카메라를 통해 수집되는 이미지를 스마트폰으로도 볼 수 있지만 사람이 올 때마다 스마트폰을 꺼내는 건 고역일 수 있다. 홈 허브에 모니터가 있으면 집안

식구 누구라도 문 앞의 방문객을 바로 인식할 수 있다.

각 방에는 네스트와 유사한 기기를 한 대씩 제공한다. 이 기기들은 온도조절 허브와 연결된다. 이렇게 되면, 네스트처럼 방 하나가 아니라 집 안 전체가 각 방별로 방 주인의 기호에 따라 온도가 조절되고 각 방과 공용 공간인 주방과 거실의 온도가 연동돼 환상적인 쾌적함을 제공할 수도 있다. 방범은 방범 전문 서비스 회사의 시스템과 연동되거나, 집합 건물의 경우 위험 단계별로 프로그래밍할 수 있다. 방범이 필요한 곳에는 초소형 무선 감지기와 카메라를 설치한다. 화재/가스 누출 경보기도 무선 센서만 달면 된다. 모든 것은 스마트홈 허브에서 알아서 클라우드에 접속해서 해결할 것이다.

여기서 의욕이 좀 더 넘치는 개발자는 로봇 개발까지 생각해볼 수 있다. 일본의 소프트뱅크가 개발한 페퍼와 같은 로봇이면 된다. 인공지능이 달려 있지 않기 때문에 개발이 별로 어렵지 않다. 모든 동작은 클라우드와 연결돼 수행하기 때문에 클라우드에서 나오는 답변에 따라 로봇 내부의 모터가 움직여주고 스피커로 음성이 나오게 하면 된다. 나머지는 구글 나우처럼 음성으로 물어보면 모니터에 답변이 나온다. 검색어 찾기, 예약이나 주문은 더욱 잘한다. 클라우드 운영자와 개발자에게 돈을 벌어주기 때문이다.

페퍼처럼 가슴에 태블릿이 하나 달려있는 게 좋겠다. 이 로봇은 홈 허브다. 가슴에 달린 태블릿이 홈 허브의 모니터 역할을 한다. 필요하면 이 태블릿을 떼서 사용할 수 있다. 이 로봇은 간단한 심부름도 할 수 있다. 쟁반이 달려서 음식을 나를 수 있는 정도만 돼도

용도가 커진다. 그래서 어떤 질문에도 말대답을 잘한다.

　컨버전스란 이종의 기기나 기술을 한 곳에 모아놓은 것이 아니라 그들이 모여서 조화롭게 상호운용되는 것을 말한다. 온도조절기가 컨버전스를 거쳐 스마트홈 허브로 탄생하는 과정은 조화와 합목적성이 전제돼야 한다. 당신이 개발할 허브가 과거의 홈 오토메이션 기기와 다른 점은 각 기능들이 다시 집 안의 다른 기기들 및 당신이 몸에 달고 다니는 기기들과 항상 소통하고 학습하며, 이용자를 위해 무엇을 해줄 것인가를 항상 고민하는 것이 돼야 한다.

홈 시큐리티

　　　　　씨넷이 꼽은 베스트 도어록은 시중에 나온 지 벌써 2년이 된 예일Yale 스마트 도어록이다. 사물인터넷 도어록으로는 이미 많은 제품들이 출시됐다. 대부분의 사물인터넷 도어록은 스마트폰과 블루투스로 연결, 출입자의 신분을 확인하고 문을 개폐하는 기능을 가지고 있다. 지정하는 사람에게 도어를 열 수 있는 권한을 주는 기능은 기본으로 들어가 있다. 좀 더 고가의 제품들은 카메라까지 달려 있어 현관 벨을 누르는 사람의 모습을 스마트폰을 통해 확인할 수도 있다. 도어록과 현관, 복도의 조명을 연동시킨 제품들도 있는데 이런 기능은 구태여 사물인터넷을 적용시키지 않더라도 가능하다. 동작감지 센서를 부착한 전등은 이미 보편화돼 있기 때문이다.

예일은 요즘 나오는 제품들과 달리 스마트폰에 반응하지 않는 버튼식을 채택했다. 지금 우리가 많이 사용하는 도어록들처럼 암호 버튼만 맞게 누르면 열리는 것이다. 다른 점은 암호 번호를 수시로 여러 개 생성할 수 있다는 것이다. 외출 중에 집에 손님이 오거나 집 수리 등을 위한 방문자가 있을 때는 원격으로 문을 열어 줄 수 있다. 예일은 음성기능도 가지고 있는데, 3개 국어 중 선택이 가능하다. 예일의 모든 기능(리모트컨트롤, 제한적 오토메이션 등)을 이용하려면 별도의 홈 오토메이션 네트워크가 필요하다.

스마트폰과 대응하는 방식의 현관 도어록은 고지Goji가 가장 디자인이 뛰어나다는 평가다. 고지의 디자인은 네스트처럼 깔끔하다. 등록된 스마트폰과 저전력 블루투스로 연결되면 웰컴 메시지와 함께 스마트폰 주인의 이름이 표시된다. 고지에는 카메라가 달려 있

▼스마트폰으로 열리는 고지 도어록.(Image used with permission from Goji, Photo ⓒ Goji)

어서 집에 온 사람들의 모습을 스마트폰을 통해 확인할 수 있다. 방문자의 모습은 실시간으로 모바일 메시지나 이메일로 받아볼 수 있다. 고지 역시 만약 친구가 오면 멀리서도 현관문을 열어줄 수 있다. 고지는 와이파이에 직접 연결되므로 별도의 홈 오토메이션 네트워크가 없이도 단독으로 사용이 가능하다. 고지와 비슷한 스마트 도어록에는 어거스트August, 락키트론Lockitron, 케이윅셋Kwikset, 케보Kevo, 캐멀롯Camelot 등이 있다.

새로운 사물인터넷 도어록을 구상 중인 기업이라면 예일과 고지의 장점을 합한 제품 개발을 고려했으면 한다. 예일에 스마트폰과 연동해서 자동으로 열리는 기능과 카메라 기능이 추가되는 것이다. 이렇게 만들면 스마트폰을 잊고 나갔을 때도 번호로 현관문을 열 수 있는 전천후 도어록이 된다. 특히 스마트폰이 없는 아동들이 있는 집에서는 버튼식 개폐 장치가 있어야 한다. 보조 열쇠, 버튼식 키나 지문인식 키는 비상시를 위해서도 필요하다. 정전으로 와이파이나 홈 네트워크가 작동을 하지 않을 때를 예상할 수 있다.

보안과 건강을 결합한 상품도 고려해볼 수 있다. 홍채인식 기술을 이용한 도어록이다. 현관 자물쇠가 이용자의 홍채를 인식해서 열린다. 홍채는 지문처럼 사람마다 다르기 때문에 보안 능력이 뛰어나다. 그래서 많은 SF영화에서 홍채인식이 등장한다. 그런데 홍채를 읽으면 수행할 수 있는 중요한 일이 하나 더 있다. 바로 건강 체크다. 홍채는 우리 건강의 바로미터이기도 하다. 출입을 위해 홍채를 읽는 순간 등록된 사람의 건강검진이 매번 이뤄지고, 검진 정보는 이용자와 주치의에게 보내진다. 어느 날 갑자기 건강에 변화가 생기는 경우, 주치의는 이용자에게 소견서를 보내거나 정밀검사를 권할 수 있다. 보안과 헬스를 동시에 해결하는 솔루션이 되는 셈이다. 홍채를 통한 건강 체크는 밴드의 건강 체크 자료와 결합해 더욱 정밀한 건강 정보를 제공해줄 수도 있다. 건강관리에 민감한 사람들은 이 두 가지를 모두 사용할 수 있을 것이다.

도어록의 최종 기착지는 인공지능이 될 것이다. 지금 빅브라더 모두가 몰두하고 있는 딥러닝 기술은 사물인식을 기본으로 하고 있다. 특히 구글이 유튜브의 이미지 검색을 내놓으면서 이 분야의 맹주로 나서고 있다. 앞으로 스마트 도어록 개발자는 구글의 안드로이드 시스템을 기반으로 하는 것을 우선적으로 고려해볼 수 있다. 그렇게 되면 문을 열 때, 스마트폰이 필요 없을 뿐 아니라 열심히 손가락을 뗐다 붙였다 하거나, 눈을 갖다 대려고 허리를 구부리는 우스꽝스러운 모습을 연출하지 않아도 된다. 얼굴을 인식하는 도어록이 출입 허용자를 자동으로 인식하고 저절로 문을 열어주는 진짜 마법을 부릴 수 있기 때문이다.

도어록 개발에서도 잊지 말아야 하는 것 역시 상호운용성이다. 현관은 집에서의 생활을 시작하는 게이트웨이다. 현관 출입은 우리들의 생활방식이 반영돼 있다. 예를 들어 혼자 사는 직장인은 주중에는 대개 저녁에 한 번 도어록을 열 것이다. 도어록을 작동시킨다는 것은 퇴근을 의미한다. 퇴근을 하고 집에 들어오면 하는 여러 가지 행동들이 있다. 홈 네트워크에 연결된 기기들은 그런 행동들을 지속적으로 학습해서 퇴근하고 집에 들어왔을 때 집을 가장 편안한 보금자리로 만들어줄 수 있다. 도어록이 집 주인을 인식하는 순간 집 안의 모든 기기들이 마법에서 풀려난 것처럼 집 주인의 생활습관대로 움직이고, 준비하고, 대기하게 만들 수 있는 것이다.

조명 시스템

자려고 침대에 누웠다. 그런데 전등의 불을 끄지 않았다. 이때 세상에서 가장 귀찮은 일이 불을 끄기 위해 다시 일어나는 것이다. 침대에 누워서 해결할 방법은 없을까? 이런 고민을 해결해주는 조명이 바로 필립스에서 내놓은 스마트 전구 '휴Hue'다. 스마트폰과 인터넷을 통해 전구를 끄고 켤 수 있으며, 그것도 귀찮으면 어렸을 때 동생에게 시키듯이 말로 하면 된다. "불 꺼"라고.

씨넷은 별점 네 개로 휴를 사물인터넷 조명 부문 대표 제품으로 선정했다. 국내에는 2013년 12월에 공식 판매를 시작했는데, 블루투스 방식이 아닌 전구와 통신하는 '브리지Bridge'를 인터넷에 연결해 사용하는 방식이다. 따라서 외부에서 휴대전화를 이용해 언제든 전구를 조작할 수 있다. 휴는 가정에서 일반적으로 쓰는 조명기구에 전구만 교체해서 사용할 수 있으며, 밝기나 색상 조절 외에도 타이머 및 알람 제어, 외부 소리와 음악에 싱크로된 조명, 페이스북 댓글과 같은 SNS 알림을 조명으로 알려주는 기능 등 다양하고 재미난 기능들이 탑재돼 있다.

휴의 스타터 키트 안에는 3개의 휴 조명과 인터넷 랜선에 연결해 사용하는 브릿지가 포함돼 있다. 인터넷 선과 브릿지가 연결되면 엡스토어에서 필립스 휴 어플을 다운받아 설치한 조명을 제어할 수 있다. 1,600만 가지 색의 표현이 가능한 휴 어플은 내장돼 있는 사진 외에도 자신의 갤러리 내에 있는 모든 사진 속 색상을 표현할 수 있다. 휴 전구는 우리가 흔히 아는 백열전구의 모습을 지니고 있다. 우리가 흔히 쓰는 E26전구 소켓과 사이즈가 같기 때문에, 브릿지를 랜선에 연결하고 나면 바로 설치가 완료된다. 하나의 브릿지에는 50개의 휴 램프를 연결할 수 있다.

휴는 필립스에서 제공하는 기본 앱 외에 마켓에서 다양한 어플을 제공, 휴 생태계 구축에 일찌감치 나섰다. 휴 토크는 음성인식 어플이다. 어플 이름처럼 스마트폰을 실행하고, 설정된 언어로 이야기 하면 지시한 동작이 실행된다. 예를 들어 "불 꺼"라고 하면 꺼진다.

휴의 기본 앱에는 알람 기능도 포함돼 있다. 기상 시간을 맞추고 1분 페이드를 설정해두면 원하는 시간부터 서서히 불이 밝아지면서 1분 후에는 완전히 다 켜진다. 침실 메인 조명등으로 휴를 쓰고 알람시계를 함께 사용하면 정한 시간에 확실하게 눈을 뜰 수 있다. 휴는 지오펜싱 기능도 갖추고 있다. 이 기능을 사용해서 집 위치를 설정하고 켜기, 끄기 설정을 체크해두면 당신이 스마트폰을 들고 집 근처로 왔을 때 자동으로 인식해서 불이 켜지고, 당신이 집 밖으로 나가면 자동으로 불이 꺼지도록 할 수 있다.

▲필립스 휴 스타터 키트와 스마트폰 앱(Image used with permission from Phillips, Photo © Phillips)

일조 시간도 설정할 수 있다. 일몰 후에는 자동으로 불이 켜진다. 이 기능을 사용하면 집에 사람이 있는 것처럼 보여 방범 효과가 있다. 휴에는 엔터테인먼트 기능을 제공하는 '앰비파이ambify'라는 앱도 있다. 이 앱은 뮤직플레이어로 음악에 맞춰 조명의 색상과 조도를 연출하는 기능을 제공한다. 클럽의 현란한 조명을 당신의 집으로 갖고 올 수 있는 것이다. 이 외에도 할로윈 분위기, 파티 모드, 크리스마스 모드 등 깨알 같은 재미를 주는 앱들이 많다.

스마트 전구의 기술적 진입 장벽은 높지 않아 보인다. 요즘은 LED전구를 생산하는 기업 중 많은 기업들이 스마트 전구를 개발하고 있다. 우리나라에서도 LG전자와 삼성전자가 약속이나 한 듯 비슷한 시기에 스마트 전구를 출시했다. 두 제품 다 블루투스 기반으로 스마트폰을 이용해 조작이 가능하다. 그러나 거기까지다. 휴처럼 다양한 앱 생태계를 가지고 있지도 않고 스마트하지도 않다. 그 대신 가격은 저렴하다.

전구가 아니라 아예 등기구 형태로 나온 사물인터넷 조명기기도 있다. 우리나라 스타트업 기업인 매직에코는 루미스마트LumiSmart 라는 사물인터넷 스탠드를 개발했다. 루미스마트에는 조명 외에도 다양한 기능이 탑재돼 있다. 온도·습도·빛 등을 감지하는 각종 센서와 카메라와 마이크, 모션 센서에 스피커까지 있다. 와이파이 칩과 CPU도 내장돼 있다. 단순한 탁상용 조명기구가 아니라는 뜻이다.

이 스탠드는 센서, 스마트폰과의 상호작용과 자체 연산 처리 능력을 통해 필립스 휴처럼 스마트폰으로 LED 색상을 직접 제어하는 것은 물론, 방 안 온도가 설정해둔 온도 이하로 내려가면 경보음을 울리고, 친구에게 문자메시지가 오면 스피커로 알린다. 디지털 도어록과 연동해 집에 들어서는 사람의 사진을 찍는 방범 설비 역할도 한다. 이 스탠드가 품고 있는 놀라운 아이디어는 사용자들이

▼휴의 컬러로 연출한 라운지(Image used with permission from Phillips, Photo © Phillips)

특별한 지식 없이 직접 프로그래밍해서 앱을 제작할 수 있다는 것이다. MIT 미디어랩에서 개발한 청소년·어린이를 위한 학습용 프로그램 언어 '스크래치'로 블록을 붙이듯 명령과 결과를 조합해 만들면 된다.

'온도가 17도 이하로 내려가면'이라는 조건과 '스피커에 경보음을 낸다'는 결과를 레고 놀이하듯 붙이면 자신만의 사용법이 생기는 것이다. 이를 응용, 생태계가 구축되면 더욱 놀라운 제품들이 계속 나올 것 같다.

사물인터넷 조명 분야에서도 상호운용성 전략이 매우 중요하다. 사물인터넷 조명은 필립스처럼 편안함과 재미를 주기도 하지만 에너지 절약을 위한 용도로도 개발 가능하다. 예를 들어 넓은 사무실이나 공장에 항상 사람들이 자리를 차지하고 있지는 않다. 시간대나 업무의 성격에 따라 사람들의 밀도가 변하는 것이다. 사람들이 별로 없는 곳에도 항상 모든 조명을 환하게 켜 두는 것이 일반적이다. 물론 큰 에너지 낭비다. 이를 위해 사물인식 CCTV와 연동된 조명 장치를 개발해보면 어떨까?

요즘 CCTV로 사물을 인식하는 솔루션들이 시중에 나오고 있다. 주로 쇼핑 현장에서 고객의 동선을 측정하기 위해 개발된 제품들이 많다. 이를 응용해서 스마트 전구나 조명기기들과 연동하면 에너지 절약 솔루션이 개발될 수 있다. 사람들의 밀집도에 따라 조명이 자동으로 온·오프되고 밝기가 조절되는 것이다. 넓은 공장에 사람들이 아예 없는 곳은 조명이 자동으로 꺼진다. 사람이 많지 않은 곳에는 일부 조명만 들어온다. 이 제품에서는 사람들이 작업에 방해 받지 않을 정도의 조명 조절이 중요할 것이다. 그리고 근무자들이 CCTV에 대한 부담감을 느낄 경우, 얼굴 인식이 되지 않고 녹화되지 않는 CCTV나 키넥트와 같은 동작인식 카메라를 대신 사용해도 좋을 것이다.

웨어러블 기기와 상호운용되는 사물인터넷 조명 시스템도 매우 전망이 밝은 분야이다. 웨어러블은 우리의 몸이나 기분 등의 상태를 표시해준다. 수면의 질을 측정하는 기기도 많다. 예를 들어 웨어러블이 수면을 감지하면 조명이 함께 서서히 꺼지는 앱을 개발해볼 수 있다. 기상을 감지하면 창에서 들어오는 햇빛을 측정해서 알맞은 밝기로 조명이 다시 들어오게 되는 것이다. 바이오리듬이 좋은 날과 피곤하거나 몸이 불편한 날의 조명이 다르게 적용되는 앱도 개발 가능하다. 창호에 있는 자동커튼과도 연동돼 아침에 커튼이 열리면 자동으로 조명이 약해지거나 꺼질 수 있도록 하는 앱도 필요할 것 같다.

가전제품

사물인터넷 가전시장은 진입장벽이 매우 높다. 첫 번째 진입장벽은 한 브랜드로 집의 모든 가전제품을 채울 수 있는 능력이 있어야 한다. 이렇게 돼야 연결된 가전제품들이 진정한 가치를 발휘하기 때문이다. 두 번째 장벽은 한 메이커가 모든 가전/모바일 기기를 만들고 서비스 플랫폼까지 통합할 수 있는 능력까지 갖추고 있어야 한다. 이것은 구글, 애플, 페이스북도 못한다. 이런 능력을 가진 회사는 전 세계에 단 두 군데밖에 없다. 삼성전자와 LG전자다. 가전업계의 리더들답게 두 회사 모두 사물인터넷 가전 시스템을 출시했다.

삼성은 스마트홈이다. '삼성 스마트홈'은 냉장고, 세탁기, 에어컨, 오븐, 로봇청소기 등의 생활가전제품과 조명을 비롯한 생활 제품을 스마트폰, 웨어러블 기기, 스마트 TV 등으로 언제 어디서든 편리하게 사용할 수 있는 홈 솔루션 서비스다.

삼성 스마트홈 서비스는 클라우드 서버에 모든 가전 기기들을 연결한다. 각 기기들은 와이파이나 블루투스로 스마트홈 플랫폼에 연결되고 이 플랫폼이 클라우드와 연동되는 것이다. 따라서 집 안의 모든 가전제품들은 모바일 기기들을 통해 외부에서 컨트롤될 수 있다. 스마트폰의 스마트홈 서비스 앱을 활용해서 각 가전 기기들로 들어가 다양한 명령과 제어가 가능하다는 것이다. 삼성이 스마트 전구를 발매하면서 필립스처럼 브릿지를 함께 내놓지 않은 것도 스마트홈이 있기 때문이다.

삼성이 사물인터넷 플랫폼 개발사인 스마트씽즈를 인수한 것도 다 이런 그림을 완성시키기 위한 포석인 것이다. 이밖에도 삼성 스마트홈은 에어컨 필터의 교체 시기와 세탁, 조리의 종료를 알려주는 등 간편한 기기 관리까지 도와준다. 삼성 스마트홈은 스마트폰과 웨어러블 기기 화면을 터치하거나 가전제품들과 대화를 나누듯

문자 채팅으로 간단히 이용할 수 있으며 향후 음성인식 기능도 추가해 사용 편의성을 높일 예정이라고 한다.

구글과 쓰레드 연합을 형성한 만큼 구글 나우 서비스와 연동하면 음성인식의 품질은 더욱 높아질 것이다. 삼성 스마트홈은 2014년형 삼성 스마트에어컨 Q9000, 버블샷3 W9000 세탁기, 스마트 오븐, 스마트 TV와 사운드바, 안드로이드 4.0 이상 운영체제를 탑재한 갤럭시S5 등의 스마트폰, 기어2 등의 기기를 중심으로 서비스에 들어갔다. 향후 냉장고, 조명, 로봇청소기, 기어핏 등을 추가하고 에너지관리, 보안과 같은 영역의 신규 서비스를 발굴해 새로운 생활방식을 제시할 예정이다.

삼성전자는 외부 기업들과 스마트홈 생태계를 구축하는 데에도 본격적으로 나서 삼성 스마트홈 플랫폼을 개방하고 다양한 운영체제를 지원해 산업계 전반의 기업과 개발자들이 참여할 수 있게 할 예정이다.

LG는 홈챗으로 스마트홈 시장 공략에 나섰다. 홈챗은 스마트폰을 통해 가전제품과 친구처럼 일상언어로 대화할 수 있는 서비스다. 모바일 메신저 라인과 카카오톡을 기반으로 가전제품의 원격 제어와 모니터링 및 콘텐츠 공유를 할 수 있다. 홈챗은 현재 삼성의 스마트홈처럼 홈 네트워크 서비스가 아니라 각 가전기기와 개별적으로 연결돼 소통하는 구조다. 가전 기기들의 상호운용성보다는 개별 기기의 원격 조작을 더 강조했다. 사물과의 더욱 나은 소통 방법을 강조한 홈챗은 친근하고, 따뜻하지만 자기가 관리하고 있는 기계들에

▲LG 홈챗 개념도(이미지 출처:http://social.lge.co.kr/lg_story/the_blog/product/homechat/)

게는 엄격하게 일을 지시하는 개인비서와 같은 시스템이다.

홈챗이 '정말 작은 시작에 불과하다'고 했던 LG는 2014년 9월 구글 및 사물인터넷 플랫폼 올조인 등 글로벌 스마트 플랫폼 업체들과 협력을 본격화한다고 밝혔다. 구글의 안드로이드앳홈 플랫폼에 합류한 LG의 스마트 가전제품들은 이용자가 홈챗 채팅창 또는 네스트 단말기를 통해 외출/귀가를 입력하면 해당 모드에 맞게 집 안 스마트 가전들이 자동 설정된다. 외출 모드의 경우 냉장고는 전력 사용량을 줄여주는 스마트 절전 모드로 바뀌고, 로봇청소기는 홈 가드 기능을 작동한다. 에어컨, 스마트 조명, 무선 멀티룸 오디오 등은 동시에 전원이 꺼진다. LG전자는 네스트와 연동한 홈챗 서비스를 곧 미국 시장에 출시할 예정이다.

LG전자는 스마트홈 플랫폼 연합인 올씬 얼라이언스의 올조인과 자사의 스마트 가전을 연동할 계획도 가지고 있다. 이 경우 LG 스마트 가전의 작동 상태를 웹 운영체제 스마트플러스 TV에서 확인할 수 있다. LG전자는 홈챗 서비스를 세탁기, 냉장고, 광파오븐, 에어컨 등 기존 생활가전뿐 아니라 로봇청소기, 스마트 조명, 무선 멀티룸 오디오 등까지 확대한다고 발표했다.

또 냉장실 내 카메라를 탑재해 홈챗이나 전용 애플리케이션을 통해 냉장실에 보관 중인 식품의 이미지를 확인할 수 있는 '스마트뷰' 기능, 로봇청소기에 탑재된 카메라를 이용해 스마트폰에서 집 안 상태를 동영상으로 확인할 수 있는 '홈뷰' 서비스도 선보인다.

씨넷은 아로스Aros 에어컨을 최고의 가전제품으로 선정했다. GE는 쿼키Quirky와 지적재산권 공유를 통해 아로스를 출시했다. GE와 쿼키의 합작으로 탄생한 아로스는 쿼키의 윙크Wink 애플리케이션을 스마트 가전으로 재탄생시킨 창문 부착형 에어컨이다. 아로스는 커넥티드 기술로 사용자의 일정, 생활 습관, 거주 지역, 날씨 정보, 에어컨 작동 상태 등을 분석해서 최적의 조건으로 작동한다. 미리 계획한 전기요금에 따라 에어컨 작동 환경을 선택할 수도 있어 마음 놓고 에어컨을 사용할 수 있다. 창문 부착형이라 가격도 30만 원내외로 매우 저렴하다. 이 제품이 우리나라에 와서 삼성이나 LG에서 개발되면, 커넥티드 시스템 에어컨으로 재탄생되지 않을까?

사물인터넷 가전제품을 개발할 때 반드시 고려해야 할 점은 IFTTT 전략이다. IFTTT는 'If this, then that'에서 따온 말로, '만약 상황이 이렇다면 저렇게 하라'는 식으로 귀찮은 일을 해결하기 위해 만든 솔루션이다. 말 그대로 상황에 맞춰 스마트 기기들의 기능을 알아서 작동시켜주는 것으로, 상호운용 전략의 핵심이다.

상호운용은 이용자에게 개별 운영방식보다 더욱 많은 가치를 제공할 수 있다. 예를 들어 로봇청소기는 공기청정기의 실시간 먼지 농도 측정 결과에 따라 자동으로 작동을 개시할 수 있다. 청소가 끝나면 제습기는 방안의 습도와 일기예보를 측정해서 자동으로 환기창과 커튼을 개폐해 제습 효율성을 높이고 전기를 절약할 수 있다. 또한 거실의 TV를 켜면 오디오는 자동으로 꺼지되도록 설정할 수도 있다.

사물인터넷 가전제품 개발에는 상호운용성을 넘어 제품 융합을 고려해볼 수 있다. 두 개 이상의 가전제품이 하나로 결합돼 더욱 실용적이고 고급스러운 스마트 가전으로 재탄생되는 융합 전략이다. 예를 들어 소프트뱅크의 페퍼와 같은 로봇을 만든다면, 그 로봇의 발은 청소용 로봇과 결합해도 좋을 것 같다. 로봇이 움직일 때마다 청소를 함께할 수 있고, 청소 전용 모드에선 로봇 발 역할을 하는 무선 청소기가 분리돼 독립적으로 작동되면 어떨까? 페퍼의 가슴에 달린 모니터는 새로운 로봇을 만들 때는 분리형으로 만들어서 평소에는 태블릿으로 사용할 수 있도록 해도 좋을 것 같다. 새로운 로봇은 간단한 형태의 트랜스포머가 되는 것이다.

오븐과 냉장고가 결합된 상품도 상상해볼 수 있다. LG 홈챗에서 보여주는 것처럼 오븐에게 메신저로 귀가 시간과 요리 명령을 내린다면, 오븐에 냉장 기능을 넣는 것이 필요하다. 사실 오븐에 요리를 명령하려면 오븐에 넣는 음식 재료들이 상하지 않는 것들이어야 한다. 그런데 오븐에 냉장 기능을 융합시키면 신선식품도 낮 동안 보관했다가 저녁에 요리할 수 있다. 예를 들어, 아침에 출근할 때 된장찌개 재료들을 뚝배기에 담아 오븐 안에 넣어둔다. 그런데 찌개 재료들 중 일부는 쉽게 상할 수 있으므로 보관 시간 동안은 냉장 모드로 전환된다. 오븐이 미니 냉장고가 되는 것이다. 퇴근시간이 되어 오븐에 명령을 내리면 오븐은 냉장 모드에서 오븐 모드로 전환되면서 조리를 시작하는 것이다.

아직 스마트홈 기기들은 미완의 성공을 보이고 있다. 스마트홈이 성공하려면 이용자들의 생활방식에 대한 연구가 필요하다. 이용자가 기기를 어떻게 사용하면서 생활하는지에 대한 철저한 연구가 있어야만 스마트 기기가 정말로 스마트해지는 것이다. 아직은 스마트 기기들을 사용하기 위해서는 이용자가 먼저 스마트지고 학습을 해야 한다. 나이 든 사람들은 아예 사용할 엄두조차 못 낸다. 진정한 스마트홈은 이용자에게 아무것도 요구하지 않고 스스로 이용자들의 생활에 암묵적으로 맞춰나가는 것이다. 앞으로 스마트라는 단어의 이런 본질을 잘 이해하는 개발자가 시장을 주도할 것이다.

인터넷 오브 더 시티
Internet of the City

　나는 오늘은 광화문에 있는 친구의 사무실을 방문하기로 했다. 친구 사무실 주소를 내비게이션에 불러준다. 내비게이션이 작동하자 마자 "딩동"하고 알림이 들어온다. 도심 혼잡통행료 요금 안내 메시지다. 오늘은 금요일이라 도심에 차가 많은 모양이다. 통행료가 무려 3만 원이다. 이 정도면 거의 벌금에 가깝다. 나는 자가용을 포기하고 지하철역으로 향한다.

　내가 상상하는 스마트 서울의 미래 모습이다. 서울의 미래 콘셉트는, 진부하지만 '친환경 환경도시'다. 그런데 이번 '친환경'은 다르다. 진짜다. 서울 도심은 혼잡통행료를 받는 톨게이트로 철벽 방어된다. 물류차량이나 버스, 택시 등 대중교통 차량들은 도심 혼잡통행료를 내지 않아도 된다. 그대신 그것들은 모두 전기자동차다. 도심에 자가용을 가지고 들어갈 때는 탑승 인원에 상관 없이 혼잡통행료를 내야 한다. 혼잡통행료는 도심 교통량에 따라 달라진다. 도심 곳곳에 설치된 교통량 측정 CCTV로부터 받은 데이터를 분석해서 혼잡통행료는 실시간으로 바뀐다. 교통체증이 시작되면 통행료가 상상을 초월할 정도로 높아진다. 그래서 도심에는 차가 막히는 일을 좀처럼 볼 수가 없다. 이런 혼잡통행료로 얻어진 수익은 모두 도심 생태공원을 가꾸고 관리하는 데 사용된다.

서울 도심의 테마는 생태공원이다. 서울 도심의 모든 도로는 왕복 한두 개 차선씩이 줄어들었다. 그리고 줄어든 차도는 모두 생태공원과 인도, 노천카페가 됐다. 도심 자체가 둘레길이 된 것이다. 길 곳곳에는 역사 유적이 발굴되고 이야기가 채집돼 우리 전통문화에 대한 자긍심을 느끼게 해준다. 서울은 이제 자연이 숨 쉬는 도시, 꼭 한번 가봐야 할 관광명소가 됐다. 서울 도심의 모든 공공시설은 인터넷으로 연결돼 있다. 교통신호, 가로등, 거리의 휴지통, 심지어는 도심을 가로지르는 냇물까지 모두 센서로 측정되고 원격으로 조절된다. 버스와 지하철은 대기하는 사람 수에 따라 자동으로 배차 간격이 조절되고, 토양의 수분 함유량을 측정해 자동으로 도심 공원의 수목에 물을 주도록 스프링클러가 작동한다.

도시인가, 로봇인가?

모든 시설이 인터넷으로 촘촘하게 연결된 스마트 시티는 한 대의 거대한 로봇이다. 시티라는 이름의 로봇 안에서 움직이는 시민들과 시설들은 신경망처럼 서로 연결돼 있다. 이 로봇의 목표는 단 한 가지. 인간들에게 최상의 거주 환경을 제공하는 것이다.

도시를 대표하는 이미지는 '복잡'이다. 수많은 사람, 차량, 건물, 기반시설이 유기적으로 움직여야 도시는 '살고 싶은livable' 곳이 된다. 전 세계 모든 지방자치 정부들은 도시를 좀 더 살고 싶은 곳으로 만들기 많은 노력을 하고 있다. 우리나라도 사물인터넷 개념이 사용되기 전에는 'U-Cityubiquitous city'를 목표로 스마트 시티를 추진해왔다. U-City는 첨단 IT 인프라와 유비쿼터스 정보 서비스를 도시 공간에 융합해 원스톱 행정 서비스, 자동화한 교통·방범·방재 시스템, 주거 공간의 홈 네트워크화 등의 서비스가 가능해지는 21세기 미래형 도시다. 이 미래형 도시는 이제 사물인터넷을 기반으로 온전한 모습을 드러낼 것이다.

스마트 시티를 위한 제품개발은 사물인터넷 사업들 중에서도 가장 전망이 밝은 분야로 예상된다. 세계적인 도시화 추세로 도시 규모가 점차 늘어나고 있기 때문이다. 시스코에 의하면 전 세계 도시 인구는 매년 6,000만 명가량 증가하고 있으며, 2050년에는 전 세계 인구의 70퍼센트가량이 도시에서 살게 될 것이라고 한다. 이렇게 되면 지구인의 3분의 2가량이 지구 전체 면적의 2퍼센트도 안 되는 곳에서 거주하게 되는 것이다. 이 전망이 맞다면, 매년 100만 명 이상 규모의 도시가 100개씩 생기게 된다. 이렇게 많은 도시들이 스마트 시티를 꿈꾸며 사물인터넷 기기와 시스템을 도입한다고 생각하면 정말 엄청난 시장이다.

　도시는 주거, 환경, 안전, 경제, 고용 등에 있어 많은 난제를 안고
있다. 전 세계 많은 도시들이 이런 문제를 해결해줄 첫 번째 방안으
로 사물인터넷을 꼽는다. 사물인터넷 기기들은 더 강력한 분석 도
구를 지닌 인공지능, 보다 저렴해지고 다양해지는 센서들로 인한
모니터링 능력의 발전, 보다 많은 사람들과 기기 및 시설들이 상호
운용되며 생기는 상황 인지 능력, 연결된 기기의 증가로 인한 높은
편재성과 원격 조종을 통한 텔레프레즌스로 난제를 해결해줄 솔루
션들을 속속 내놓고 있다.

　사물인터넷이 도시 시설에 적용되면 도시가 제공하는 많은 서
비스가 실시간으로 제공되는 실시간 도시real time city로 변화돼 더
욱 편리하고 안전한 도시가 된다. 우리 주위에서 찾아볼 수 있는 가
장 간단한 예가 바로 버스 정류장에 가면 볼 수 있는 버스 도착 시
간 알림판이다. 이 알림판 하나로도 도시 내 버스 이용이 더욱 편안
해 졌다. 이와 같이 디지털을 기반으로 도시의 시설과 사람들의 생
활이 네트워킹이 되는 것을 '디지털 도시주의digital urbanism' 라 부른
다. 그러면 이 디지털 도시주의가 어떻게 진행되고 있고, 앞으로는
어떤 개발 전략이 필요한지 살펴보겠다.

스마트 주차

　　　주차는 도시의 가장 큰 골칫거리 중 하나다. 미국의

한 조사에 의하면 뉴욕 중심부인 브루클린에서 운행되는 차량 중 45퍼센트의 차량들이 노변 주차 공간에 주차를 하기 위해 계속 주변을 돌고 있는 것으로 파악됐다. 브루클린 정도로 복잡하지 않더라도 혼잡한 도심에서 운행되는 차량들의 30퍼센트 이상이 비어있는 주차 공간을 찾기 위해 도심 혼잡을 초래하는 것은 물론, 시간과 에너지를 낭비하고 공해도 유발한다는 분석도 나왔다. 이 문제를 해결하기 위해 사물인터넷 기술을 접목한 스마트 주차 서비스들이 나오고 있다.

시스코는 주차 앱 개발사인 '스트리트라인Streetline'과 함께 스마트 주차 솔루션을 개발했다. 이 솔루션은 주차장 바닥에 설치된 스트리트라인의 센서가 자동차가 들고 나는 것을 감지한다. 센서가 만들어낸 데이터는 시스코의 중계기와 모바일 게이트웨이를 통해 스트리트라인 클라우드 데이터센터에 전달된다. 그러면 스트리트라인이 이 데이터를 분석하고 클라우드 내 센서 데이터를 분석해서 이용 가능한 주차 공간에 대한 정보를 전달해주는 것이다. 주차 공간 정보는 스트리트라인의 무료 스마트폰 애플리케이션 '파커Parker'를 통해 제공하게 된다.

스트리트라인을 다양한 주차 환경에서 사용하도록 하기 위해 시스코 이미지 탐지 엔진을 이용한 스마트 주차 감지 시스템도 개발했다. 이 카메라 기반의 시스템을 바닥 센서와 함께 사용하면 센서로는 주차선이 잘 그어져 있는 주차 전용 공간에 들어오는 각 차량을 감지하고, 비디오로는 주차선이 제대로 그려지지 않은 곳에 여분의 주차 공간이 있는지도 파악할 수 있다. 운전자들이 언제나 주차선에 딱 맞춰 주차를 하지 않는 문제도 해결했다. 차량 크기에 따라 주차선 안에서 차량이 차지하는 면적이 다르기도 하며, 주차선이 제대로 그려지지 않은 공터 같은 곳이 주차장으로 운영되는 등 다양한 예외적인 사례까지 해결한 것이다.

이외에도 스트리트라인은 최근 도로 온도 및 소음 감지 기술도 개발, 주차 공간 확보에서 더 나아가 커넥티드 시티 구현, 지속가능한 도시 구현을 통해 다양한 부문에서 도시를 보다 살만한 곳으로 만드는 일을 하고 있다.

미국에 스트리트라인이 있다면 한국에는 파킹스퀘어Parking Square가 있다. 미래창조과학부가 주최한 '스타트업 2013'에서 은상을 수상한 바 있는 파킹스퀘어는 위치기반 서비스를 활용해 운전자 주변의 주차장 위치와 요금을 안내하고 주차장 검색과 동시에 이용 예약과 주차비 결제를 편리하게 해주는 실시간 주차장 할인 예약 서비스 '파크히어PARK HERE'를 개발했다.

파크히어 서비스는 스트리트라인과 닮아 있다. 주차장 운영자에게는 빈 주차 공간을 효율적으로 홍보하고 판매할 수 있도록 도와주며, 운전자들에게는 실시간으로 최적의 주차 장소를 찾을 수 있게 도와준다. 파크히어의 서비스가 활성화될 경우 주차난이나 불법주차 등의 문제에 대한 대안을 제시하는 공공서비스의 역할도 수행할 것으로 기대되며, 관광이나 여행 등의 다양한 산업 영역에서도 다양하게 활용 가능할 것으로 예상된다.

파킹스퀘어는 현대엠엔소프트와 전략적 업무 제휴를 위한 양해 각서를 체결, 파트너십을 구축할 예정이다. 현대엠엔소프트는 파크히어가 제공하는 실시간 주차장 정보 서비스를 자사 내비게이션 기기에 탑재할 예정이다. 이렇게 되면 현대의 내비게이션에선 자신의 목적지에 최적화된 최단 거리, 최저 가격 주차장 정보를 얻을 수 있는 것은 물론 최대 30퍼센트까지 할인된 가격으로 주차 자리를 미리 예약할 수도 있다.

그럼 미래의 스마트 주차는 어떻게 진화할 것인가? 방문지에 도착했을 때 차가 자율주행으로 스스로 빈 주차 공간을 찾아가 주차하면 정말 편리할 것이다. 한국전자통신연구원ETRI은 '무인발레파킹 기술'을 개발, 미래의 스마트카를 대비하고 있다. 주차를 원하는 운전자가 스마트폰의 발레파킹 앱을 실행하면, 자동차가 스스로 주행해 빈자리를 찾아 자리를 잡는다. 업무를 마치고 스마트폰을 꺼내 호출하면, 이번에는 스스로 시동을 걸고 운전자가 있는 곳까지 돌아올 수 있다. ETRI가 개발한 무인발레파킹 기술은 지금 당장은 상용화가 힘들다. 무인주행이 가능한 스마트카를 위한 기술이기 때문이다. 그러나 스마트카는 가까운 미래에 상용화될 기술이기 때문에 ETRI의 기술은 큰 잠재력을 지녔다.

주차요금 정산만 조금 스마트하게 바꿔도 스트리트라인보다 더 스마트한 주차 솔루션이 나올 수도 있다. 예를 들어 복잡한 도심에서는 주변에 빈 주차 공간을 스마트폰에서 확인하더라도 그 주차 장소로 이동하는 동안에 다른 차가 먼저 자리를 차지할 가능성이 높다. 다른 차들도 동일하게 앱을 사용할 가능성이 높기 때문이다. 이 문제는 '파커' 앱에 주차 공간 예약 기능을 추가하면 쉽게 해결이 될 것 같다. 파커에서 주차 공간을 발견하면 먼저 예약을 하는 것이다.

예약을 하는 순간 그 공간은 파커의 빈 주차 공간에서 사라지고 센서는 예약 표시등을 점멸한다. 물론 5분에서 10분 정도의 주차비를 더 부담하는 불편함은 있겠지만 복잡한 도심에서 빨리, 안정적으로 주차 공간을 확보할 수 있다는 효용을 감안한다면 소액의 추가 지불은 큰 부담이 아닐 것이다. 파킹스퀘어가 개발한 솔루션에는 이와 유사한 기능이 이미 반영돼 있다.

스마트 교통

도시 문제라고 하면 가장 먼저 떠오르는 것 중 하나가 '교통체증'이다. 영원히 치료되지 않을 불치병 같아 보이던 교통체증 문제가 사물인터넷으로 인해 그 해결의 실마리를 서서히 찾고 있다. 솔루션은 바로 스마트카와 스마트 도로다.

자동차와 자동차car to car, 자동차와 도로car to curb가 연결돼 소통을 시작하면, 당신은 도로 위의 모든 것들과 연동해 더 안전하고 빠른 주행을 할 수 있다. 교통 기기들과 시설 간의 연결로 도로에서 일어나는 모든 정황에 대한 디테일한 정보를 수집, 분석할 수 있기 때문이다. 교통사고나 악천후로 인해 교통체증이 유발될 경우, 사고나 재난 처리가 훨씬 빨라지는 것은 물론이고 실시간으로 우회도로를 안내해서 교통체증을 해소할 수 있다. 그러나 스마트카와 도로는 아직 미래의 일이다. 당장 적용 가능한 스마트 트래픽 솔루션은 없을까?

아직 완전한 해결책은 안 되지만 교통체증을 완화해줄 수 있는 솔루션이 나오고 있다. 시스코와 스위스의 보안회사 AGT 인터내셔널은 2014년 2월 스마트 트래픽 운영 시스템을 개발했다. 이 시스템은 도로, 차량번호판 인식 시스템, 소셜미디어, 비디오 카메라 등을 이용해 실시간으로 교통사고 등의 돌발상황을 예측·파악·해결해 교통체증을 해결하고자 했다.

교통체증은 사물인터넷에 기반한 스마트 교통신호 체계만으로도 크게 완화될 수 있다. 캐나다 토론토공대의 엘-탄타위El-Tantawy와 동료들은 교통체증 해소를 위한 교통신호 체계에 관한 연구로 큰 주목을 받았다. 엘-탄타위는 게임이론과 인공지능을 이용해서 교통신호가 실시간으로 교통 패턴을 학습해 신호 체계를 변경할 수 있는 방법을 개발했다. 엘 탄타위의 인공지능 교통신호 컨트롤러를 실제로 토론토의 시내 중심부에 있는 60개의 교차로에서 테스트한 결과 약 40퍼센트의 교통체증 감소 효과를 가져왔다고 한다. 이 시스템은 인터넷으로 연결된 각 컨트롤러가 서로 소통하면서 보낸 정보를 클라우드에 있는 컴퓨터가 분석한다. 이 분석된 정보는 다시 각 컨트롤러에 보내져 정해진 지역 전체의 교통흐름이 최적화된다.

스마트 가로등

                    스마트 시티의 여러 부문들 중에서 사물인터넷 기술이 효율적으로 적용되고 있는 분야는 바로 가로등일 것이다. 스마트 가로등은 거리의 밝기, 교통량, 날씨, 계절, 시간 등 조명과 관련된 모든 변수들을 분석해서 시민들이 가장 편안하게 생활할 수 있는 거리 조명을 제공하는 시스템이다. 스마트 가로등의 작동 원칙에서 가장 중요한 변수는 사람과 차량이다. 예를 들어 거리에 차량이나 보행자가 없을 경우, 가로등은 약한 조명으로 조절되고 통행 인구가 많을 때는 100퍼센트로 밝기로 스스로 조절되는 것이다.

스마트 가로등은 주로 LED 전구를 사용한다. LED는 디지털 신호에 가장 잘 반응하기 때문이다. 스마트 가로등이 다른 스마트 시티 솔루션들보다 더 빨리 상용화된 이유는 날이 갈수록 저렴해지고 있는 LED 전구의 가격 덕분이다. LED 전구가 원래 지니고 있는 낮은 소비전력과 긴 수명에 저렴한 가격까지 더해져 가로등은 이제 LED등으로 교체를 하지 않는 것이 이상할 정도가 됐다. 그리고 이와 함께 가로등은 세계 곳곳에서 스마트한 변신을 하고 있다.

스마트 가로등은 에너지 절약과 편의라는 두 가지 장점으로 요약할 수 있다. 스마트 가로등은 LED를 사용하므로 기본적으로 전력 소모가 일반 가로등의 20퍼센트밖에 되지 않는다. 게다가 교통 흐름에 따라 빛의 강도를 조절하니 전기 사용은 더욱 줄어들 수밖에 없다. 전구의 사용 가능 기간이 거의 10년 이상이다 보니 전구를 교환하는 데 드는 비용 또한 파격적으로 줄어든다.

편의성도 높아졌다. 기존의 가로등은 미리 설정한 시간에 따라 점멸한다. 그러다 보니 기상 악화로 하늘이 갑자기 어두워진 경우에는 무용지물이 된다. 좀 더 발전한 모델이 조도 센서를 부착한 모델이다. 그런데 조도 센서를 달아도 사물을 인식하진 못하므로 에너지 낭비가 많다. 스마트 가로등은 사물의 움직임에 따라 밝기가 조절되므로 좀 더 많은 가로등을 설치해도 에너지 걱정이 없다. 따라서 과거에는 설치하지 못했던 후미진 지역이나 범죄 다발 지역에 좀 더 촘촘하게 설치해 시민의 안전을 돌볼 수 있다.

1992년에 올림픽을 개최한 스페인의 바르셀로나 시는 2013년부터 사물인터넷을 이용한 스마트 도시를 만들고 있다. 여기에 스마트 가로등이 빠질 리 없다. 바르셀로나 본 시장 앞 광장에 있는 LED 조명을 이용한 스마트 가로등은 광장에 모이는 사람들의 목소리나 움직임을 통해 인구 밀집도를 파악, 사람이 많으면 조명 밝기를 높이고 사람이 없는 늦은 밤에는 조도를 낮춰 연간 최소 30퍼센트 정도의 전력을 절약하고 있다. 엔데사Endesa라는 스페인 에너지 기업이 설치한 이 가로등은 자체 네트워크를 통해 무선으로 컨트롤센터와 연결돼 있다.

영국의 메이플라워는 2014년 6월, 기존의 스마트 가로등보다 전기를 50퍼센트 이상 더 절약할 수 있는 새로운 스마트 가로등을 개발했다고 발표했다. 지그비 무선 네트워크를 사용하는 메이플라워의 가로등은 무선 연결 기능이 더욱 강화돼 시스템의 안정적인 운영은 물론 가로등 아래 사람들의 움직임을 더욱 정밀하게 측정할 수 있다고 한다. 메이플라워의 중앙운영센터는 영국과 아일랜드 내에 있는 18만 개 이상의 가로등과 옥외광고용 빌보드 및 간판을 관리한다. 이 회사는 앞으로 영국 햄프셔 주에서 5만 개의 가로등을 스마트 가로등으로 교체할 예정이라 하는데, 이 작업이 완료되면 햄프셔 주는 연간 4,000톤에 이르는 이산화탄소 배출을 줄일 수 있다고 한다.

스마트 시티의 또 다른 선두주자인 노르웨이의 오슬로 시는 6만 2,000개의 가로등 중 1만 개의 가로등을 스마트 가로등으로 교체했다. 오슬로 시의 스마트 가로등에 적용된 방식은 좀 다르다. 가로등 주변의 교통 흐름을 측정하는 대신 날씨와 계절, 그리고 교통량 데이터에 따라 조도를 자동 조절한다. 예를 들어 CCTV에 교통체증이 감지되면 빛의 강도가 높아진다. 또한 LED 대신에 고압나트륨 HID 램프를 사용, 빛의 품질을 차별했다. 조도조절센터의 웹사이트를 일반에게 공개해 비효율적인 조도 운영에 대한 의견을 실시간으로 반영하기도 했다. 오슬로 시는 이 스마트 가로등으로 전기료의 70퍼센트를 절약할 것을 목표로 하고 있다.

또한 가로등의 폴은 스마트 사인을 위한 지지대로 사용할 수 있다. 스마트 가로등은 인터넷에 연결돼 있기 때문에 폴에다 LED 스크린을 달면 매우 훌륭한 스마트 사인이 되는 것이다. 이 사인에다, 시민들을 위한 유용한 공익 정보, 실시간 교통 정보, 문화, 예술 정보 등을 제공할 수 있는 것은 물론 광고 매체로도 활용할 수 있다.

스마트 가로등은 도시 분위기에 따라 빛을 연출할 수도 있다. 이와 같은 연출은 관광지에선 매우 중요하다. TVI라이트TVIlight는 네덜란드의 반 고흐 빌리지(정식 명칭은 Nuenen)에 스마트 가로등을 설치했다. 이때 시 정부의 주문은 최첨단 조명 시스템을 사용하되 19세기 도시와 같은 클래식한 분위기를 유지해 달라는 것이었다. 이에 따라 TVI는 사람의 통행이 없는 곳은 약 20퍼센트의 조도로 고풍스런 분위기를 연출하는 것은 물론 사람 수의 증가에 따라 100퍼센트 밝기로 자동 조절되는 스마트 가로등 시스템을 개발했다. 여기에는 TVI가 개발한 고성능 센서가 이용됐는데, 이 센서는 어떤 미세한 생명체의 움직임도 감지할 수 있다고 한다. 또한 TVI는 시 정부의 특수 목적이나 이벤트에 따라 가로등의 밝기를 수동으로 조절할 수 있게 했다. 이와 같은 스마트 가로등으로 반 고흐 빌리지는 더욱 찬란하게 빛나는 문화 도시로 재탄생했다.

스마트 쓰레기통

스마트 시티에서 사물인터넷 기술이 활발히 적용되고 있는 또 하나의 분야는 쓰레기 수거 분야다. 쓰레기 수거를 돕는 스마트 쓰레기통에는 미국의 빅밸리 솔라Bigbelly Solar와 핀란드의 에네보Enevo라는 두 회사가 두각을 나타내고 있다.

두 회사 모두 방법은 비슷하나 비즈니스모델이 약간 다르다. 빅밸리 솔라는 사물인터넷 쓰레기통을 개발했다. 이 회사의 쓰레기통은 쓰레기량을 스스로 측정한다. 쓰레기가 차면 메시지를 보내는 기능이 있어 쓰레기 수거 비용을 획기적으로 줄여준다. 일반적으로 공용 쓰레기통은 쓰레기의 부피와 관계없이 일정한 시간이 되면 수거차가 순회하며 수거해야 한다. 가득 차 있지 않은 쓰레기통들도 모두 점검을 해야 하니 시간과 인력의 낭비가 크다. 빅밸리의 쓰레기통은 이 점을 해결할 뿐 아이라, 그 안에는 쓰레기를 압축해서 부피를 줄이는 장치도 탑재했다.

에네보 역시 쓰레기량을 측정해서 수거 비용을 줄이도록 도와준다는 점에서는 빅밸리 솔라와 유사하다. 그러나 에네보는 쓰레기통을 파는 대신 쓰레기통 뚜껑 안쪽에 부착할 수 있는 센서를 쓰레기 수거 회사에 무상으로 제공한다. 이 센서를 통해 각 쓰레기통의 쓰레기량이 측정되고 측정된 데이터는 에네보에서 수집한다. 에네보는 쓰레기 수거 회사에 수집된 정보를 판매하는 것이다. 에네보는 수거가 필요한 쓰레기통을 기준으로 최적의 수거 루트를 만들어 수거 회사에 제공하는데, 이 서비스를 이용하면 쓰레기 수거 비용을 30퍼센트 이상 절약할 수 있다고 한다.

빅밸리의 경우에는 쓰레기통을 빅밸리 제품으로 교체만 하면 반

▼에네보의 쓰레기 센서(Image used with permission from Enevo Oy, Photo © Enevo Oy)

영구적으로 비용을 줄일 수 있기 때문에 도심이나 학교 같은 공공 장소의 쓰레기통에 많이 적용된다. 반면 에네보는 쓰레기통을 교체할 필요가 없고, 기기 설치 비용이 전혀 들지 않으므로 좀 더 도입이 쉽다. 서비스 요금도 절약된 쓰레기 수거비의 일부로 내는 것이기 때문에 금전적 부담도 적은 편이다.

우리나라에서는 스마트 쓰레기 수거 장치가 더 재미난 방법으로 사용되고 있다. 아파트 단지의 음식물 쓰레기 종량제를 위해 사물인터넷 기술을 적용한 것이다. 음식물 수거함에는 RFID 카드리더가 부착돼 있다. 아파트 주민은 자신의 집에 전달된 음식물 수거 카드를 터치해 수거함을 열고 음식물을 버린다. 그리고 다시 카드를 터치해 수거함을 닫는다. 이때 수거함은 버린 쓰레기의 중량을 LED 화면에 표시한다. 이와 같이 계량된 각 가정의 음식물 쓰레기의 배출량 정보는 이동통신사의 통신망을 통해 모아진다. 이 정보를 기반으로 관리사무소나 지자체 등에서는 음식물 쓰레기 배출량에 따라 배출 비용을 관리비에 합산해 각 가정에 청구한다. 여기서도 카드와 수거함의 통신에 배출량 측정이라는 기능이 더해진 것이다.

쓰레기를 버리고 처리하는 방식은 각 나라의 환경 정책에 따라 달라진다. 따라서 스마트 쓰레기 처리함은 각 나라의 정책에 맞게 얼마든지 응용 개발될 수 있다. 우리나라를 포함, 많은 나라에서 지하철과 같은 인구 밀집 장소에 쓰레기통이 없는 경우가 많아 매우 불편하다. 쓰레기통이 테러를 위한 폭발물을 잠복시키는 장소로 사용될 수 있기 때문인데, 이런 문제는 폭발물 감지 센서를 부착한 사물인터넷 쓰레기통을 개발하면 바로 해결되지 않을까? 물론 인터넷에 연결돼 있으니 쓰레기량에 따른 수거 메시지 전달은 기본으로 할 수 있다.

스마트 환경

사물인터넷 기기의 모니터링 기능을 이용하면 다양한 환경보호 솔루션을 개발할 수 있다. 일례로 대기나 물 환경을 감지하는 다양한 센서가 인터넷에 연결되고 있다. 지구 상에는 약 10억 명의 사람들이 열악한 식용수를 마시며 생활하고 있고, 오염된 물로 인해 매년 200만 명의 사람이 사망하고 있다. 더욱 큰 문제는 식수의 안전성이 시간에 따라 변한다는 것이다. 한때 음용에 문제가 없던 물도 주변의 침출수로 인해 갑자기 오염될 수 있으며, 세균 번식이 급증할 수 있다. 가장 좋은 방법은 물의 음용 안전성을 자주 측정하는 것인데, 여기에는 많은 장비와 전문인력이 필요하다. 이런 문제를 해결할 사물인터넷 기기가 출시됐다.

모보센스MoboSens는 물의 오염도를 측정하는 기구다. 이 기구를 스마트폰에 연결하고 채취된 시료를 센서에 스포이드로 주입하면 자동으로 오염도가 측정되어 스마트폰에서 그 결과를 바로 알 수 있다.

대기오염이 가속화되고 있는 요즘, 대기 중 오염 물질을 지속적으로 측정하는 한편 오염된 지역에서는 환경을 개선해나가기 위해 많은 노력을 기울일 필요가 있다. 우리나라는 항상 미세먼지 농도 때문에 고통을 받고 있다. 미세먼지는 호흡기 질환을 비롯, 많은 질병의 원인이 되기도 한다. 그런데 대기를 지속적으로 그것도 다양한 지역에서 측정한다는 것은 매우 비용이 많이 드는 일이다.

앞으로 여러분이 사는 주변의 공기는 대기 측정 에그air quality egg 의 도움을 받아 개선해나갈 수 있을 것으로 보인다. 달걀처럼 생긴 이 측정기는 창 밖에 내놓은 대기 측정 센서와 연결돼 있다. 센서는 이산화질소NO^{2}와 탄소, 습도, 온도 등을 측정해서 에그로 보내고 에그는 모아진 데이터를 공기측정 서버로 전송한다. 이렇게 하면 에그를 사용하는 지역에선 언제나 공기의 오염도를 알 수 있다.

내가 환경과 관련해 개발해봤으면 하는 기기는 농약검출기다. 마트에 가면 친환경 농산물이 일반 농산물보다 비싼 가격에 팔리고 있다. 그런데 종종 친환경 제품들이 무늬만 친환경이지 실제로는 일반 제품들보다 더 많은 농약이 검출되는 경우가 있다. 아기를 키

▼에그의 작동 모습(이미지 출처:http://sensemake.rs/portfolio-item/air-quality-egg/)

우는 엄마들의 경우 농약 문제는 더욱 민감한 사안이다.

농약 성분이나 유해 성분을 검출하는 센서를 만들 수 있다면, 이를 스마트폰과 연결해 마트에서 친환경 농산물을 구입할 때마다 검사용으로 사용할 수 있을 것이다. 잔류 농약의 양과 유해 물질은 스마트폰 앱을 통해 확인할 수 있고, 실시간 구매 상황에서는 허용치를 초과할 경우 불빛으로 표시를 해주면 좋을 것 같다. 이런 앱이 보급되면 친환경 농산물을 가장한 거짓 친환경 상품들로 인한 소비자 피해와 식품 사고가 현저히 줄어들 것이다.

거대한 사물인터넷 비즈니스 세계로 들어가는 문을 열다

사물인터넷 구명조끼?

"이 구명조끼는 사용자가 물에 빠지면 조끼가 스스로 발열해 4시간 이상 체온을 유지시켜 줍니다. 조끼는 조난자의 심박수와 체온도 지속적으로 측정해 구조신호와 함께 구조센터로 메시지를 보냅니다. 물론 이 메시지에는 조난 위치도 포함돼 있습니다. 이 데이터가 있으면 여러 사람을 구조해야 할 경우 좀 더 위급한 사람 순으로 구조를 할 수도 있습니다. 구조가 되면 생체 정보에 맞춘 응급 매뉴얼이 구조대원에게 전달돼 신속하고 정확한 응급조치를 할 수 있습니다. 날이 어둡거나 기상조건으로 시야가 확보되지 않으면 조끼 어깨 부분에 장착된 여러 개 LED조명이 점멸합니다. 그래서 밤에도 조난자를 찾기가 쉽습니다."

이 책이 나오기 얼마 전 내가 일하는 회사에서 개발한 구명조끼의 기능 설명이다.

나는 전기어선이나 요트의 동력시스템을 만드는 비즈니스를 한다. 바다를 무대로 비즈니스를 하는 내게 세월호 사건은 너무 큰 슬픔이었다. 한동안 가슴이 너무 먹먹했다. 배를 만드는 것도 중요하지만 사람을 살릴 수 있는 무엇인가를 만들고 싶었다. 그래서 생각한 것이 구명조끼였다. 찬 바다에 빠지면 구명조끼를 입고 있더라도 한 시간 안에 구조되지 못하면 저체온증으로 사망하는 경우가 많다. 이를 고려해 발열패드와 센서들을 몇 개 달고 간단한 앱을 만들었더니 세상에 없던, 사물인터넷 구명조끼가 나왔다. 비용도 많이 들지 않아 회사가 욕심만 부리지 않으면 일반 구명조끼와 비슷한 가격에 공급할 수 있다.

우리 회사가 사물인터넷 비즈니스를 시작했다. 정확히 말하면 기존 제품에 센서를 달고 모바일로 인터넷에 접속할 수 있는 기능을 추가한 것이다. 제품을 개발하면서 알게 된 중요한 사실은 앞으로 사물인터넷 기술이 선택사항이 아니라는 것이었다.

삼성, LG를 포함해 요즘 잘 나가는 회사들은 앞으로 사물인터넷에 회사의 명운을 건다고 한다. 별로 놀라운 이야기가 아니다. 가까운 미래에 사물인터넷 비즈니스라는 말이 없어질지도 모른다. 지금의 확산 속도라면 모든 비즈니스가 사물인터넷을 기반으로 이루어지게 될 것이기 때문이다. 그때가 되면 구태여 사물인터넷이란 단어를 비즈니스 앞에 특정할 필요가 없어질 것이다.

이 책《디스럽션》은 거대한 사물인터넷 비즈니스의 세계로 들어가는 작은 문을 하나 열어놓은 것이라 자평한다. 이 문이 다른 학자들에게 더 좋은 연구를 할 수 있는 통로가 되었으면 좋겠다.

이 책에선 사물인터넷시대의 소비자들을 '신이 된 소비자'와 '커넥슈머'로 묘사했다. 모두가 신이 되고 있는 사회에서는 자신의 신격을 인식하는 것이 쉽지 않다. 이러한 소비자 변화를 중심으로 사물인터넷 신화를 묘사해보면, 그리스 신화보다 더 재미난 스토리가 나올 수도 있다. 당신의 커뮤니티가 어떤 신들의 세계인지, 당신의 집과 직장은 어떻게 신전이 되는지 알아보면 미래 비즈니스에 대한 새로운 통찰력을 가질 수도 있다. 이런 상상력을 동원한 연구는 재미있지만, 비즈니스에 활용하기엔 한계가 있다. 다음 번에는 소비자들에 대한 실증조사를 통해 보다 과학적으로 그들의 행동변화에 대해 연구해야 할 필요를 느낀다.

사물인터넷 비즈니스 전략은 아직은 현상 묘사와 추정에 근거하고 있다. 딥러닝은 기계학습과 인공지능, 빅데이터의 개념과 비교해서 그 차이점과 각 개념의 전략적 의미에 대해 보다 깊이 연구할 필요가 있다. 특히 클라우드에 있는 인공지능을 쉽게 활용할 수 있는 방안에 대한 구체적인 연구가 더 필요하다.

나는 컨텍스트 기반의 세분화는 완전 시장세분화 전략의 진화된 모습이라 주장했다. 사물인터넷 때문에 생겨난 액티브데이터를 통해 고객 개개인의 민낯을 들여다볼 수 있는 초 정밀 세분화를 주장한 것이다. 이와 같은 세분화는 타기팅과의 경계를 모호하게 만들수 있다. 마치 타기팅을 끝낸 고객들을 다시 한 번 모아 세분이라는 틀 속에 넣은 느낌마저도 든다. 여하튼, 이와 같은 세분화는 스마트데이터와 딥러닝 기술의 도움 없이는 실용성이 떨어진다. 앞으로 구체적인 방법론에 대한 연구가 더 필요하다.

처방적 타기팅의 개념은 어떻게 보면 지금까지 타기팅 개념에 대한 역발상이다. 표적시장을 알아보고 이들을 지목하는 데서 끝났던 지금까지의 타기팅 개념과 달리 기업의 마케팅 능력, 자원과 표적 시장과의 적합성이 타기팅의 기준이 된다는 개념이다. 빛의 속도로 빅데이터가 분석되고, 액티브데이터가 가세하고, 인공지능이 실시간으로 대안을 제시한다면 처방적 타기팅은 최고의 마케팅 전략이 될 수 있다.

실시간 마케팅은 모든 이동통신사들이 미래의 먹거리로 지목하는 분야이지만 전략적 프레임 제시에는 아직 미흡한 부분이 많다. 고객과 대면할 수 있는 가장 가까운 접점에서 리테일 마케팅을 성공적으로 돕는다는 개념은 너무 매력적이지만 마케팅 인공지능 솔루션과의 결합 없이는 스팸성 전단지 같은 성가신 마케팅 도구로 전락할 수 있다. 앞으로의 연구에선 사례 연구와 더불어 보다 구체적인 방법론 제시가 필요하다.

어댑티브 마케팅은 미래 SF영화의 단골 소재였다. 마케터가 고객들을 '알아서 모신다'는 개념이다. 취지는 좋지만 '고객을 아는 부분'에 대해 다양한 윤리적 문제가 개입될 수 있다. 특히 딥러닝 프로그램이 가동되면 무의식에 어필하는 법률적 문제가 대두된다. 이러한 문제를 비켜나갈 수 있는 논리적 근거로 '프라이버시 스왑'이란 개념을 제시했지만 부족한 느낌이 든다. 앞으로 윤리적 문제를 극복할 수 있는 어댑티브 마케팅 방법론들이 보다 구체적으로 제시되어야 한다.

옴니채널은 유통 전문 기업들의 최대 관심사다. O2O가 일반화되면서 채널 아이덴티티는 유통기업의 경쟁력으로 여겨지고 있다.

단순히 가격과 서비스를 통일하는 것을 넘어서 유통채널이 가치 마케팅의 일부가 돼야 한다. 사물이 연결되는 비즈니스에서는 채널이 제품 그 자체에도 존재하게 된다. 채널로서의 제품에 대한 연구가 좀 더 필요하다.

가격은 가정법과 상상력을 근거로 전략들을 제시했다. 너무 앞서 나가지 않았나 하는 느낌도 들 수 있다. 그러나 여기 소개된 전략들은 앞으로의 가격 전략 수립에 통찰력을 제공하리라 본다. 앞으로 사례를 지속적으로 수집하면 보다 실용적인 이론으로 발전될 수 있다.

사물인터넷 광고에선 광고의 확장된 역할을 주장했다. 이런 주장은 광고의 정의에 대한 논란을 부추길 수 있다. 그러나 이제는 광고의 역할에 대해 진지하게 생각해볼 시기가 왔다고 생각한다. 인터넷의 등장으로 양방향 소통이 미디어의 중심이 되면서 광고 메시지 전달 방법은 고객의 참여라는 새로운 패러다임을 요구했다. 광고와 제품, 고객이 모두 한 몸이 되는 사물인터넷시대의 광고는 판매의 한 부분을 담당해야 한다고 본다. 이 주장이 이론화 되려면 보다 다양한 케이스를 살펴 볼 필요가 있다. 이 연구는 새로운 형태의 광고대행업 탄생의 모태가 될 수도 있다.

기발한 사물인터넷 제품이 매일 새롭게 나오고 있다. 아직까지는 여기서 제시한 네 가지 전략의 테두리를 벗어난 제품은 없는 것 같아 보인다. 하지만 언제 새로운 전략이 필요하게 될지 누구도 알 수 없다.

이 책의 마지막 교정을 보는 기간에도 책의 내용을 업데이트할 정도로 사물인터넷 비즈니스는 빠르게 진화하고 있다. 그래서 나의 사물인터넷 비즈니스 연구는 일상이 되었고 항상 진행형이다. 이 책의 내용을 통해 독자들이 사물인터넷 비즈니스를 좀 더 쉽게 이해할 수 있었기를 바란다. 또한 앞으로 새로운 연구결과를 가지고 다시 여러분들을 만나길 기대한다.

Introduction

— Christensen, Clayton, Curtis W. Johnson, Michael B. Horn(2008), "Disrupting Class: How Disruptive Innovation Will Change the Way the World Learns" McGraw-Hill, p 12

— Kerley, Kristina(2014), "The Smart Revolution: A Guide to Building Smart Brands for Tomorrow's Smarter World, http://allthingsck.com/the-smart-revolution-ebook

— Rayport, Jeffrey F. (March, 2013), "Advertising and the Internet of Things," Harvard Business Review Blog, http://blogs.hbr.org/2013/03/advertising-and-the-internet-o/

Part One. 커넥슈머 혁명

— Godin, Seth(2004), "Purple Cow: Transform Your Business by Being Remarkable," Portfolio Hardcover; New edition

— Moon, Youngme(2011), "Different: Escaping the Competitive Herd," Crown Business, pp. 169

— Mohler BJ, Creem-Regehr SH, Thompson WB and Bülthoff HH(2010) The Effect of Viewing a Self-Avatar on Distance Judgments in an HMD-Based Virtual Environment Presence: Teleoperators and Virtual Environments 19(3)230-242.

Part Two. 사물인터넷 비즈니스 전략

— 이수경(2014), "실내 길 안내 서비스 선도하는 휴빌론," http://www.ittoday.co.kr/news/articleView.html?idxno=43551,2014년 10월 4일

— Lorenz, Alissa, April 17, 2013, "Big Data, Fast Data, Smart Data," http://www.wired.com/2013/04/big-data-fast-data-smart-data/)

— McKenna, Regis(1995), "Real-Time Marketing," Harvard Business Review," July 1995

— McCulloch, Warren S. and Walter Pitts(1943), "A logical calculus of the ideas immanent in nervous activity," The bulletin of mathematical biophysics, December 1943, Volume 5, Issue 4, pp 115-133

— Rayport, Jeffrey F.(March, 2013), "Advertising and the Internet of Things," http://blogs.hbr.org/2013/03/advertising-and-the-internet-o/

— Scoble, Robert and Shel Israel(2013), "Age of Context: Mobile, Sensors, Data and the Future of Privacy," CreateSpace Independent Publishing Platform; p xxxi

— Schmitt, Bernd H.(1999), "Experiential Marketing: How to Get Customers to Sense, Feel, Think, Act, Relate, Free Press, pp 186~188

— Zaltman, Gerald(2003), "How Customers Think: Essential Insights into the Mind of the Market," Harvard Business School Press, p 17

Part Three. 사물인터넷 제품개발 전략

— Dunbrack, Lynne A.(2014), "Perspective: The Consumer Experience -Why Consumers Stop Using Fitness Trackers," International Data Corporation(IDC)

— Sawyer(2014), "Drivers, Don't Trade in Your Smartphone for Google Glass ... Yet," http://today.ucf.edu/drivers-dont-trade-smartphone-google-glass-yet/

— 김보영(2014), "IoT램프 '루미스마트' 만든 매직에코, 삼성 출신 2명 공동 창업 - IoT스탠드 개발," http://www.hankyung.com/news/app/newsview.php?aid=2014022336161

— 신상윤(2014), "[IFA 2014]윤부근 삼성전자 사장 - 미래의 가정은 인간 위한 맞춤형 집이 돼야," http://news.heraldcorp.com/view.php?ud=20140905000979&md=20140908003344_BK

— Cisco(2013), "The Internet of Everything for Cities - Connecting People, Process, Data, and Things To Improve the 'Livability' of Cities and Communities, http://www.cisco.com/web/about/ac79/docs/ps/motm/IoE-Smart-City_PoV.pdf

— El-Tantawy, Samah, Baher Abdulhai, and Hossam Abdelgawad (2013), "Design of Reinforcement Learning Parameters for Seamless Application of Adaptive Traffic Signal Control," Journal of Intelligent Transportation Systems